U0031526

Mistakes
Were Made
(but Not by Me)
Third Edition

錯不在我

Why We
Justify Foolish Beliefs, Bad Decisions,
and Hurtful Acts

美國重量級心理學家聯手出擊，
（ 探究人類最危險的心理機制， ）
為什麼我們會替愚蠢的信念、錯誤的決定和傷人的言行辯解？

Carol Tavris, Elliot Aronson
卡蘿・塔芙瑞斯、艾略特・亞隆森/著　溫澤元/譯

獻給提出認知失調理論的利昂·費斯汀格（Leon Festinger），
他獨創的觀點啟發了這本書。

我們都有能力相信明知為誤的事實，而錯誤的觀點最後被推翻時，我們會厚臉皮地扭曲事實，藉此顯示自己是對的。理智上，我們有可能一直處於這種狀態，但過程中唯一會碰到的阻礙是：錯誤的觀點遲早會撞上堅不可摧的事實，兩者狹路相逢時，衝突或戰爭通常也已發生。

——喬治·歐威爾（George Orwell）

即便昨日不自覺犯了錯，今天也沒道理在意識清醒的狀態下繼續犯錯。

——美國最高法院大法官羅伯·傑克森（Robert H. Jackson）

Contents

增修版序　**更聰明的決策、思考、看待世界**　*6*

前　　言　**無賴、蠢蛋、惡人和偽君子：他們怎麼受得了自己？**　*10*

Chapter 1　**認知失調：自我辯護的動力來源**　*23*
如果不能撤回先前的決定，我們就會更堅信自己做的決定是對的。

Chapter 2　**傲慢與偏見，以及其他盲點**　*63*
為什麼看見你弟兄眼中有刺，卻不想自己眼中有梁木呢？

Chapter 3　**記憶——自我辯護的歷史學家**　*103*
我們篤定稱為記憶的東西，其實是種說故事的形態。大腦不停說故事，說著說著，故事內容通常還會有所改變。

Chapter 4　**好心腸，壞科學：臨床診斷的封閉迴路**　*139*
不管你提出的假設有多完美，不管你有多聰明，不管提出假設的人是誰，也不管他名聲有多響亮，如果假設與實驗結果背道而馳，假設就是錯的。錯就是錯。

Chapter 5　**法律與失序**　*181*
我想，對每一位檢察官來說，承認錯誤並表示：「天啊，我們竟霸占了這傢伙二十五年的光陰，快點停止。」肯定很不容易。

Chapter 6 **愛情殺手：婚姻中的自我辯護** *225*
愛是最艱難的了悟：除了自我之外，世上原來還有其他真實之物。

Chapter 7 **傷口、嫌隙及戰爭** *255*
他倆心高氣傲、性格暴烈。
盛怒之下，有如大海一般充耳不聞、如烈火一般魯莽急躁。

Chapter 8 **釋懷與坦白** *293*
一名男子長途跋涉，有事想請教國內最有智慧的大師。抵達之後，他問那位智者：
「智慧無比的大師啊，幸福人生的祕訣是什麼？」智者說：「好的判斷。」男子又問：
「但是，英明的大師，要怎麼樣才能有好的判斷？」大師回道：「壞的判斷。」

Chapter 9 **衝突、民主與政治煽動者** *333*
人若自欺，聽信自己的謊言，終將無法分辨內心或外在周遭的真相，因而失去所有
對自己與他人的尊重。失去尊重，他也不再有愛。他用激烈的情感與粗俗的歡愉，
來填補缺愛的空洞、分散注意力，在暴行中墮落沉淪。這都是因為他不斷對自己與
他人撒謊。

致謝 *385*

參考資料 *388*

更聰明的決策、思考、看待世界

2007 年，本書第一版問世時，伊拉克戰爭已經將美國社會搞得分化對立了。雖然民主黨跟共和黨起先都支持小布希總統（George W. Bush）出兵伊拉克，也都認為海珊（Saddam Hussein）正在開發大規模毀滅性武器，但這個說法很快就被推翻。海珊根本沒有在研發武器，美軍也沒有找出任何證據。大規模毀滅性武器一說從此絕跡，但社會對立依然存在，讀者在網路書店亞馬遜上給本書的評價就顯示這點。

當時，許多保守派人士認為我們對小布希的抨擊有失公允，對此深感不滿（某些人依舊這麼認為）。在滿分為五顆星的情況下，有位讀者給《錯不在我》三顆星，他的書評標題為「差一點就稱得上是本好書」。這位讀者表示，要不是我們浪費這麼多篇幅，試著將自己的政治觀強加於讀者身上、忽略民主黨的差勁決策跟他們犯的錯，這本來會是一本完美無瑕的好書。他建議我們應該在未來的修訂版中，將所有關於「小布希說謊」的案例刪去，讀者才不會每翻四頁就看到小布希說謊的例證。

不過，也有讀者持相反意見，寫下標題名為「超級好書！」的評論，並且給這本書滿分五顆星的評價。那位讀者說這本書探討的不只是政治，而是人類行為的所有面向。她覺得這本書的論點很平衡，提到本書有舉出兩黨人馬的錯誤、自我辯護的舉動以及天馬行空的妄想，例如我們將詹森總統（Lyndon Johnson）無能從越戰中撤軍的情形，與小布希總統堅持「繼續攻打」伊拉克相提並論。

這兩篇亞馬遜評論中，我們更認同、更喜歡第二篇，大家讀這本書時就會知道為什麼了。我們覺得這位讀者超級聰明敏銳，顯然也見多識廣！相較之下，第一位讀者根本是腦袋糊塗了。說我們見解偏頗？怎麼可能！為了提出公平的論述，我們可是絞盡腦汁、費盡苦心呢！每四頁就有一例小布希說謊的事證，卻完全沒說民主黨人的壞話？哪有這種事！難道沒有看到我們對詹森總統的批評，沒有讀到我們稱他為「自我辯護大師」嗎？他怎麼沒讀到我們對共和黨員的讚美呢？而且他怎麼會誤解我們想傳達的重點？我們的意思並**不是**小布希總統刻意欺騙美國人民、謊稱海珊手上握有大規模毀滅性武器。我們想說的是，小布希的作為其實跟所有領導者還有我們沒兩樣：自我欺騙，為自己做下的決定辯護。為了進一步自我辯護，我們得再次強調，在我們動筆寫這本書的時候，代價高昂的伊拉克戰爭正使美國人民分化對立。時至今日，這場戰爭的後果仍存在美國社會，以及中東持續延燒的戰事和騷動混亂之中。作為整本書的開場白，難道還有比這更重大、更強而有力的例子嗎？

得意洋洋地針對第一份評論提出自我辯護之後，我們還是得面對令人害怕的問題：「等一下，我們說的話是對的嗎？還是只是在

自我辯護？完了！假如他的看法確實有道理，那該怎麼辦？」同樣身為人類的我們，一樣也會陷入本書描述的各種思考圈套之中。沒有人能徹底屏除偏見，我們也不例外。不過這本書的目標是讓讀者了解這些偏見，並點出偏見在各個生活範疇中的運作。就連身為作者的我們，也不免會受到偏見的影響。

這本書首度問世後的幾年間，我們從讀者、評論家、鄰居跟朋友那邊收到許多評論、研究以及個人故事。來自牙醫、工程、教育與營養學界的各界專業人士，都力勸我們新增章節，探討他們個人與身邊那些拒絕留意實證數據的固執同事之各種故事。身在英國與澳洲的友人還組成「『錯已鑄成』糾察隊」，隨時跟我們報告有誰在他們國家講出這句經典台詞。

若將手邊的素材全部加進去，增修版的篇幅絕對會立刻比前版多出一倍，但讀者獲得的資訊未必會是原先的兩倍。在 2015 年出版的第二版中，我們除了更新研究發現，也提供一些案例，介紹有哪些組織或機構試著導正錯誤、終結有害無益的操作（例如刑事訴訟、審訊手法、醫院政策，以及科學界的利益衝突）。但遺憾的是，這種以系統性的方式來導正錯誤的現象仍然不多見，不過這個事實應該不會讓本書讀者太意外才對。而在某些領域，被群眾認真看待的錯誤觀念甚至變得更根深柢固，例如有些人就更堅決反對讓孩子注射疫苗。在新版中，我們大刀闊斧修改第 8 章的內容，探討我們原先刻意迴避的議題：有些人無法為自己的錯誤、傷人的行為或差勁的決定辯解，所以長期深受創傷後壓力症候群（PTSD）、罪惡感、懊悔或是失眠所苦，他們又會碰到哪些問題？我們在第 8 章

提供一些研究發現與見解，或許能讓讀者在無謂的自我辯護和殘酷的自我責罰之間，找到一條值得奮力探尋的出路。

第二版出版之後，川普（Donald Trump）就獲選為美國總統，迅速加劇數十年來越演越烈的政治、民族、種族與族群衝突。當然，左派與右派、進步與傳統，以及都會與農村之間的政治對立，在歷史上早就不是新鮮事，時至今日更是隨處可見，各方人馬都以自己偏好的視角來看待世界。不過在美國史上，川普現象可是前所未見，因為他刻意違反政府規則、規範、協議以及正規程序。他的行為受到支持者的喝采與擁戴、遭到敵手譴責批判，許多先前反對他的人後來成了擁護者。不管你翻開這本書時，川普是否依然在位，美國人還是得長期面對他任後遺留下來的道德、情緒與政治渣滓。

共和黨員鮑伯‧杜爾（Bob Dole）稱比爾‧柯林頓（Bill Clinton）為「我的對手，而非敵人」。這句非常有教養和氣度的話，聽起來彷彿已經是好久以前的事，不過他說這句話的時候才 1996 年。如今川普卻將對手（或單純反對他的人）視為叛國、不忠的卑鄙小人與仇敵。相較之下，這種態度實在是非常過時。因此，在最新版的最後一章，我們仔細檢視川普、他的執政團隊和他的支持者，是如何提倡和宣揚這種觀點、對美國民主造成慘烈的傷害。從「對手」到「敵人」，這種思維的轉換雖然進展緩慢，對民主卻極其有害。我們之所以寫下這章，就是希望能讓讀者將這段過程看得透徹，進而開始找尋往回頭之路。

卡蘿‧塔芙瑞斯 & 艾略特‧亞隆森，2020 年

無賴、蠢蛋、惡人和偽君子： 他們怎麼受得了自己？

「我任職的政府單位很有可能犯了錯。」

——亨利‧季辛吉

（在美軍於 1970 年代對越南、柬埔寨與南美洲採取的軍事行動中，季辛吉因扮演特定角色而被控犯下戰爭罪，以上是他對控訴的回應。）

「如果我們事後發現錯誤可能已鑄成……我深感抱歉。」

——紐約總主教愛德華‧伊根（Edward Egan）

（提到有些主教未能妥善懲處猥褻兒童的天主教神職人員時，伊根這麼說。）

「我們知道錯已鑄成。」

——摩根大通執行長傑米‧戴蒙（Jamie Dimon）

（政府提供財務援助讓摩根大通免於破產，獲得政府援助後公司卻支付鉅額獎金給高層主管，戴蒙在談及此事時這麼說。）

「與大眾與消費者溝通薯條與薯餅成分時，中間出了差錯。」

——麥當勞

（麥當勞向素食者致歉，因為他們沒有告知顧客馬鈴薯食品中的「天然調味」含有牛肉副產品。）

每個人都會犯錯，也都忍不住想替自己辯解。就算後來發現某些行為是有害、不道德或愚蠢的，我們心中也會萌生一股想推託責任的衝動。多數人在一生中做的決定，都不會影響數百萬人的生死，但無論我們的錯誤是無關緊要還是會釀成悲劇、是小錯小過還是殃及全國的過失，我們就是無法輕鬆講出：「我錯了，我犯了大錯。」有些人甚至根本開不了口。因為情感、金錢與道德層面的風險越高，我們就越難坦承錯誤。

　　不僅如此，多數人就算直接面對自己犯錯的例證，他們也不會改變原本的觀點或操作手法，態度甚至更頑強堅定。政治人物就是最顯而易見的案例，而他們造成的後果通常也最慘烈。我們撰寫第一版時，擔任美國總統的是喬治‧W‧布希，他內心的自我辯護盔甲之堅固，就連最無可辯駁的證據也無法攻破。小布希指稱海珊握有大規模毀滅性武器；表示海珊跟蓋達組織（Al Qaeda）共謀合作；預期伊拉克人民會開心地在街上迎接美國士兵；堅信衝突很快就會落幕；認為戰爭的人力與金錢成本不高。以上每一點他都錯了。而他最為人所知的過錯，就是在美軍入侵伊拉克六週後的一場演講中，宣布：「伊拉克的主要作戰行動已經結束。」（當時他還站在寫了「任務完成」的橫幅底下。）

　　左派與右派的評論家開始呼籲小布希公開認錯，但小布希只是繼續找其他藉口來替戰爭辯解：他搞定了一個「非常壞的壞蛋」、打擊恐怖分子、促進中東和平、將民主帶進伊拉克、提升美國國家安全，以及「完成美國部隊奉獻生命執行的任務」。在 2006 年的中期選舉，共和黨在美國參議院與眾議院都吃了敗仗。許多政治觀察

家都將這場選舉，視為選民對伊拉克戰爭的表態公投。不久之後，美國十六所情報單位提出一份報告，指出美軍占領伊拉克的舉動，**確實進一步催化伊斯蘭激進主義、增加**恐怖主義的風險。不過，小布希仍對保守派專欄作家代表團表示：「我做的決定是正確的，這點我深信無疑。」[1]

在小布希總統之前，就有許多政治人物會替自己的決策辯解，往後政壇絕對還會出現這種人。他們的決策要不是奠基在錯誤的前提之上，就是造成慘不忍睹的後果。詹森總統的顧問不斷告訴他美國鐵定會在越戰中吃敗仗，但他就是置之不理，最後也犧牲掉總統一職，因為他一直堅定地自我辯護，認為美國如果撤軍，整個亞洲都會「赤化」。等到真的無路可退，政治人物或許會心不甘情不願地**認錯**，但他們依然不會承擔責任。從「錯已鑄成」這句話，就能看出當事人想脫罪卸責的渴望，這個說法甚至也已成為全國上下的笑柄。政治新聞記者比爾‧施奈德（Bill Schneider）就將這四個字稱為「過去釋罪」（past exonerative）式。「噢，好吧，錯已鑄成，但不是我的錯，是別人的錯，但我們就不說那個人是誰了。」[2] 季辛吉說他任職的政府單位有可能犯了錯時，就是在迴避自己同時身為國安顧問與國務卿的事實。基本上，他**就是**自己口中所謂的政府單位。這番自我辯護的說詞，讓他能毫不心虛、面不改色地接下諾貝爾和平獎。

政治人物的言行使人發笑，同時也讓人感到驚訝和恐懼，不過從本質上來看，他們的行徑跟多數老百姓在私生活中的舉止沒有太大差異，只是一般人的決策肯定不會造成多麼嚴重的後果。我們待

在一段不快樂或看不見未來的關係中，因為我們已經付出太多時間努力與對方磨合。就算工作令人沮喪消沉，我們還是不願轉換跑道，因為我們找出各種理由說服自己留下來，無法看清離開的好處。我們買了一輛問題百出的爛車，只因車子的外表看起來很酷炫拉風，還散盡千金，只為了讓車子能繼續上路，甚至為了證明這些開銷是正當的而花更多錢。因為真的受到親友冷落或誤以為被他們輕視，我們自以為是地跟他們鬧不合，同時卻認為自己是想求和的那一方，等著對方開口道歉或提出補償。

自我辯護跟說謊或找藉口不同。為了平息愛人、父母或雇主的怒火，為了不想被告或被關，因為怕丟臉或丟掉工作，以及為了保有權力，我們顯然會說謊或捏造空想的說詞。不過，有罪之人向大眾傳遞自己明知有違事實的訊息（「我沒有跟那個女人發生性行為」；「我不是騙子」），跟他說服自己其實自己做了一件好事，這兩者有很大的差異。前者的狀況就是在說謊，而且他知道自己是為求自保而說謊，後者則是在自我欺騙。這就是為什麼自我辯護比直截了當的謊言更強大、更危險。自我辯護能讓人相信自己已經盡力做出最好的決策。其實仔細想想，這麼做是對的。「我盡力了，已經找不到更好的解決辦法。」「其實這個解決辦法還挺不賴的。」「我的決策都是為了國家好。」「那些混蛋是自找的。」「我的行為很正當。」

自我辯護能淡化我們的過錯跟不當的決定，這就說明為什麼除了偽善者自己之外，其他人都看得出來他有多偽善。自我辯護能讓我們將自己的道德缺失，跟別人的錯誤區隔開來，模糊我們的行為

與道德觀之間的差距。在阿道司‧赫胥黎（Aldous Huxley）的小說《針鋒相對》（*Point Counter Point*）中，有位角色就說：「我不覺得偽君子有自知之明。」身為美國前眾議院議長兼共和黨策略家的紐特‧金瑞契（Newt Gingrich），八成不會對自己說：「天啊，我真是個偽君子。我在檯面上公然抨擊柯林頓的性醜聞，自己卻私下搞婚外情。」知名傳教士泰德‧哈加德（Ted Haggard）一邊公開批評同性戀，一邊盡情與男妓發生性行為，他似乎也對這種偽善之舉不以為意，這就是一樣的道理。

每個人都會用這種方式劃定自己的道德界線，並且為自己的行為辯護。舉個例子，你報所得稅時，有沒有在支出的項目與金額上動過手腳呢？沒關係啦，反正你可能也把一些支出給忘了，剛好能跟浮報的金額相抵銷，而且大家都這麼做，你不照辦豈不是太蠢了嗎？你有沒有少報額外的現金收入呢？反正政府都把納稅人的錢浪費在政治分肥的計畫上，或是用來推動那些你反對的法案，所以少報一點也沒什麼不對。上班的時候，你是不是曾在辦公室座位上傳簡訊、回私人郵件或是網路購物，沒有專心辦公呢？這些都是工作的額外福利啦，而且這也是你個人對愚蠢的公司規定表示抗議的方法。再者，就算你額外完成一些工作，老闆也不會表達感激。

有一次，哲學與倫理學教授戈登‧馬里諾（Gordon Marino）下榻某飯店，結果他的筆不小心從夾克滑出來，在絲質床罩上留下一灘墨漬。他有想過要告知飯店經理，但他實在是太疲倦了，而且也不想額外支付賠償金。當天晚上他跟幾位朋友出去，同時也徵詢他們的意見。馬里諾說：「有位朋友叫我不要再這麼道德狂熱了，他

說：『飯店管理人員早就預料到會發生這種事，所以已經把成本算進住房費用裡了。』我很快就被他說服，覺得沒必要驚動飯店經理。經過一番思考，我還想著如果是住在家族經營的旅館或民宿，我就會立刻去通報老闆，但因為這是一間連鎖飯店，而且……反正我就找了一大串藉口跟理由。不過退房的時候，我有在櫃檯留紙條說床罩上有墨漬。」[3]

你可能會說，這些理由都成立啊！飯店本來就有預料到笨手笨腳的房客會毀損物品，早就把維修成本納入房價了！另外，政府也真的是在浪費納稅人的錢啊！反正我遲早會完成工作，只要把工作做完，公司應該也不會在意我挪出一點時間來回簡訊吧！無論這些說法是對是錯，那都不重要。當我們踩線越界的時候，會替這些心裡明知不對的行為找藉口，這樣才能繼續把自己視為誠實的人，而不是罪犯或小偷。小至將墨水灑在飯店床罩上，大至挪用公款，自我辯護的機制都是一樣的。

而且，在有意識地說謊唬弄他人，以及不自覺用自我辯護來自我欺騙之間，有一塊超級有趣的灰色地帶，這塊灰色地帶是由一個不可靠、自我圖利的歷史學家所主掌。這位歷史學家就是**記憶**。大腦在裁減、形塑記憶時，通常會帶有所謂的自我提升偏誤（ego-enhancing bias），這種偏誤會模糊過往事件的輪廓、減輕自我罪責，並且扭曲事實的真相。研究人員訪問夫妻當中的妻子，問到她們自己做的家事比例時，她們會說：「拜託，這還要問嗎？幾乎都是我在做啊，大概有90%。」對丈夫提出同樣問題時，他們則會回答：「我做很多家事，差不多有40%吧。」雖然每一對夫妻回答的

數字都不同，但雙方的比例加起來都遠超出 100%。[4] 大家可能會忍不住推斷其中一方在說謊，但丈夫與妻子的數字加起來之所以超過 100%，更有可能是因為他們都在記憶中提升自己對家事的貢獻。

隨著時間推移，自我圖利的傾向逐漸扭曲記憶，使人忘記或是記錯過往事件時，我們就有可能開始漸漸相信自己的謊言。我們知道自己犯了錯，卻一點一滴開始認為這不全是我們的錯，並說服自己當時的狀況很複雜。我們開始低估自己的責任，不斷推託逃避，直到肩膀上的重擔成為輕飄飄的影子。我們很快就會說服自己，私下也開始相信自己對外的公開說詞。美國前總統尼克森（Richard Nixon）的白宮顧問約翰·迪恩（John Dean），出面揭發掩蓋水門案非法行為的陰謀時，就解釋了這整段過程的運作：

採訪者：你的意思是，捏造這些故事的人也相信自己的謊言囉？

迪　恩：沒錯。只要重複多講幾次，謊言就會成真。舉例來說，媒體發現新聞記者跟白宮人員遭到竊聽時，他們百口莫辯，只好謊稱這都是為了國家安全。我相信很多人都認為竊聽**確實**是為了國家安全，但這不是事實。這只是真相被揭穿後捏造的藉口而已。不過他們開口這麼說的時候，你就知道他們真的也這麼**相信**。[5]

前總統詹森跟尼克森一樣都是自我辯護大師。根據詹森的傳記作家羅伯特·卡羅（Robert Caro）所言，詹森相信某件事的時候，

他會「徹底無視先前的看法或事情的真相，全心全意、徹徹底底地相信那件事」。詹森的其中一位助手喬治・里迪（George Reedy）則說，「詹森超級會說服自己，不管什麼時候，他總是認為自己堅守的原則是最正確妥當的。只要有人出面證明他之前秉持不同的看法與觀點，他就會展現出一種受到傷害的無辜感，這種特質確實有其迷人之處。他不是在演戲。他真的非常會說服自己，也會告訴自己對當下最有利的『事實』才是**唯一的事實**。任何與這個事實牴觸的觀點，全是敵方的謊言。他竭盡全力讓自己的意念成為現實。」[6]雖然詹森的支持者認為這種性格很迷人，但詹森之所以無法讓美國脫離越戰的困境，這很有可能就是一大主因。向公眾辯解自身行為的總統，還有可能在勸導之下自我修正，但是說服自己接納自身行為、相信手上握有**真相**的總統，是不可能自我導正的。

· · · ·

　　蘇丹的丁卡人（Dinka）與努爾人（Nuer）有項非常另類的傳統。他們會將孩子正面的恆牙拔掉，下排最多拔到六顆、上排兩顆，這會導致下巴凹陷、下唇萎縮，讓人說起話來含糊不清。這項傳統顯然是始於破傷風（會導致咀嚼肌痙攣，造成牙關緊閉）大流行期間。由於破傷風症狀的緣故，村民拔除自己跟孩子的正面恆牙，這樣就能透過缺牙的縫隙飲用液體。然而，破傷風已經是很久以前的事了，為什麼丁卡人和努爾人還是繼續幫孩子拔牙？[7]

　　1840 年代，維也納某座醫院面臨一個神祕難解、令大家非常恐懼的問題：院內有兩間產科病房，而在其中一間病房內，產後感

染導致 15% 的產婦死亡。在產後感染情況最嚴重的那個月份，有三分之一的產婦喪生，死亡率是另一間產科病房的三倍。在死亡率較低的病房中，接生工作是由助產士負責。伊格納茲·塞麥爾維斯（Ignaz Semmelweis）這位匈牙利醫師提出假設，試圖解釋為什麼在院內的這間病房中，有這麼多產婦死於產後感染。那時，接生的醫生跟醫學院學生，都是直接從解剖室到產房，雖然當時還沒有人曉得細菌的存在，塞麥爾維斯卻認為醫生跟學生手上帶了某種「致病毒素」。於是，他請學生在進產房之前，先用含氯的消毒劑清洗雙手，結果產婦的死亡率因此驟降。這項措施成效驚人，而且還能拯救產婦的性命，但塞麥爾維斯的同事卻拒絕接受鐵錚錚的事實：塞麥爾維斯接生的產婦死亡率較低。[8] 為什麼他們拒絕立即接受塞麥爾維斯的發現，不願意熱烈感謝他找到問題所在、讓寶貴的生命不再平白消逝呢？

第二次世界大戰後，費迪南·隆德博（Ferdinand Lundberg）與瑪麗妮亞·法爾罕（Marynia Farnham）出版《現代女性：失落的性別》（Modern Woman: The Lost Sex）這本暢銷書。他們在書中聲稱，在「男性行動場域」有所成就的女性，或許看似是各行各業的佼佼者，但她們也付出極大代價，「這些女性犧牲最基本、源於本能的追求。在理性的現實環境中，女性生來就不適合與他人激烈競爭。這種生活方式對她構成傷害，更會深刻摧殘她的感受。」而且她還會因此性冷感，「在各方面挑戰男性，拒絕扮演相對臣服順從的角色，這讓許多婦女發現自己越來越無法享受性愛的歡愉。」[9] 在出版這本書的後續十年間，法爾罕醫師在明尼蘇達大學取得醫學博士

學位，並在哈佛醫學院進行博士後研究，她的工作是告訴婦女不要追求職場上的成就。她難道不怕自己會越來越性冷感，影響最基本的本能追求嗎？

加州克恩縣的警政單位逮捕了退休高中校長派翠克·鄧恩（Patrick Dunn），因為他涉嫌謀殺妻子。警方找來兩位證人進行偵訊，他們的說法互相矛盾。其中一位證人是一名沒有犯罪紀錄的女子，她沒有針對嫌犯捏造謊言的私人動機，而且她的上司跟行程紀錄也能佐證她對事件的描述。她的證詞顯示鄧恩是無辜的。另一位證人是即將入監服刑六年的職業罪犯，他與檢察官協議談好交換條件，同意出面指控鄧恩有罪。除了說詞之外，他沒有其他證據能支持自己的說法。他聲稱鄧恩有罪。警探必須做出抉擇，該相信那名女子的說詞（鄧恩是清白的），還是罪犯的指控（鄧恩是兇手）？他們選擇相信罪犯[10]，為什麼？

只要了解自我辯護的運作機制，我們就能回答上述問題，還能搞清楚為什麼會有人做出各種看似瘋狂、難以理解的選擇。殘忍的獨裁者、貪婪的企業執行長、以神之名謀殺他人的宗教狂熱者、猥褻兒童的神職人員，還有把親戚繼承的遺產騙走的家族成員，面對這些人的時候，大家都會問：「**他們怎麼受得了自己的行為？**」答案是：「就跟所有人一樣，靠自我辯護來說服自己。」

自我辯護必須付出代價，同時也能帶來好處。自我辯護本身不全然是件壞事，它能讓我們在晚上睡得著覺。沒有自我辯護，我們會一直陷在難堪的極度痛苦之中。我們會不停折磨自己，後悔為什麼沒有選擇另一條路，或是因為在自己選擇的道路上走得跌跌撞撞

而深感懊悔。每項決定造成的後果，都會讓我們在事後深受折磨，例如：我們的決定是對的嗎？有嫁對人嗎？有買對房子嗎？有選到最棒的車嗎？選擇的職業是正確的嗎？但盲目無謂的自我辯護如同流沙，使我們陷在困境中更無法抽身。我們無法看清自己的錯誤，更遑論修改導正。盲目的自我辯護會扭曲現實，讓我們無法取得所有必要資訊、無法清楚評估局勢，更會讓愛人、親友與國家之間的嫌隙更根深柢固。自我辯護使我們無法擺脫壞習慣，讓罪人不必為自己的行為負責，更令許多專業人士無法改變過時的態度和做法，使社會大眾深受其害。

大家都免不了會犯錯，但我們也都有能力說出這句話：「這樣行不通，這樣不對。」人非聖賢，孰能無過，但我們能在掩飾錯誤或面對錯誤之間做選擇，而我們的決定會大幅影響下一步行動。大家總說要從錯誤中學習，但我們得先承認自己犯了錯，才有辦法從中學習。想坦然面對錯誤，必須先了解自我辯護是種非常誘人卻危險的心理機制。在下一章節，我們會進一步探討認知失調（cognitive dissonance），這是人類與生俱來的心理機制，不僅讓我們有了自我辯護的行為，更能維護我們的信念、自尊跟群體歸屬。在接下來的章節中，我們將詳述自我辯護會造成哪些慘烈的後果，包括自我辯護是如何加深偏見、讓個人或機關單位更腐敗、扭曲記憶、使專業自信變成傲慢自大、造成不公不義的現象或使其延續、令愛情變質，以及引發仇恨與嫌隙。

幸好，只要了解自我辯護的運作機制，我們就有辦法擊敗這種固有思維。因此，我們會在第 8 章退一步思考，看看能替個人以及

人際關係找出哪些解決辦法。在第 9 章，我們會拓展觀點，探討當代的重大政治議題：為了對政黨忠誠，選擇支持危險的政黨領袖時，人民所產生的認知失調。是該以政黨為重、國家其次，還是放棄輕鬆簡單的道路，踏上崎嶇艱難但勇氣十足、合乎道德倫理的路徑呢？人民選擇用來消減失調的方式，都將對他們的生活與國家帶來莫大影響。要找到改變與救贖的解決辦法，第一步就是理解。這就是我們寫這本書的原因。

1 /

認知失調：
自我辯護的動力來源

如果不能撤回先前的決定，我們就會更堅信自
己做的決定是對的。

——艾略特·亞隆森

新聞稿發布日期：1993 年 11 月 1 號

「在前一份新聞稿中，我們提到紐約將在 1993 年 9 月 4 號跟 10 月 14 號被摧毀。我們沒有搞錯，我們沒有錯，一點錯也沒有！」

新聞稿發布日期：1994 年 4 月 4 號

「在先前的新聞稿中，我們提出的世界末日日期，都是上帝在《聖經》中透露的正確日期。沒有任何一個日期是錯的……以西結（Ezekiel）預言耶路撒冷會被圍困四百三十天……經過計算，1994 年 5 月 2 號就是世界末日。現在，我們已經事先警告所有人了。我們已經完成使命……

世上唯一能指引群眾，讓全人類獲得安全、保障與救贖的就是我們！

從歷史紀錄來看，我們的預言零失誤！」[1]

這些末日預言讀起來很引人入勝，有時又令人捧腹大笑。不過看著真心相信世界末日的信徒，是如何在預言破功、全人類繼續混日子過活後找藉口自圓其說，反而比讀預言更有趣。仔細觀察，就會發現從來沒有任何信徒說：「我搞錯了！我當時怎麼會相信這種蠢到不行的事，太扯了！」反之，多數末日預言者對自己的預言力量更深信不疑。有些人就相信《聖經》的啟示錄，或是十六世紀時自稱先知的諾斯特拉達姆士（Nostradamus）的預言，並認為這些預言都成功預知大大小小的災難，例如黑死病以及九一一事件。儘管

這些預言模稜兩可、不清不楚，而且總要等到事件發生後大家才讀得懂，信眾的信念仍然堅定不搖。

半個多世紀前，年輕的社會心理學家利昂・費斯汀格跟兩名同事滲透進一個團體，這個團體深信世界會在 1954 年 12 月 21 日毀滅。[2] 費斯汀格等人想知道在預言破功之後（他們希望預言不要成真！），這群人會有何反應。費斯汀格跟同事將這個團體的領導人稱為瑪莉安・基奇（Marian Keech）。基奇堅稱在 12 月 20 號半夜，信眾會被飛碟接送到空中的安全之地。許多基奇的追隨者辭掉工作、把房子送人、散盡存款，等待世界末日到來。如果要到外太空，誰還需要錢？其他人則驚恐絕望地在家等待。（基奇的先生不信這一套，他很早就上床，睡得非常安穩，任由太太跟其他追隨者在客廳禱告。）對此，費斯汀格也提出自己的預言：那些對預言沒有強烈信念的民眾（在自家等待世界末日，希望不會在半夜死去的人），會漸漸失去對基奇太太的信心。不過那些拋棄家當財產、跟其他信眾一起等待飛碟的人，會對她神祕的預言能力越來越深信不疑。實際上，這群信徒會不擇手段拉攏其他人加入。

午夜降臨，庭院裡似乎沒有飛碟出現的跡象，這群人略感緊張。到了凌晨 2 點，他們既擔心又焦慮。到了凌晨 4 點 45 分，基奇太太對未來有了新的洞見：她說因為這群跟隨她的信眾凝聚出強大的信念，世界因此得到救贖。她對追隨者說：「神的話語無堅不摧，祂說你們都得到救贖，擺脫死亡的籠罩。地球上未曾出現過如此強大的力量。這個房間充溢著虔誠良善的力量與光芒，這可是開天闢地以來前所未見。」

這群人的心情從絕望轉為狂喜。許多團體成員在 12 月 21 日來臨以前，都不覺得有改變信念的必要。一聽到世界不會滅亡，他們就開始打電話給媒體轉述這個奇蹟。他們隨即衝到街上攔住路人，試圖說服他們加入自己的小組。基奇太太的預言並未成真，費斯汀格的預言卻如實應驗。

• • •

那種讓人想自我辯護、覺得需要替自身行為與決定辯解，尤其是想幫錯誤決定找藉口的動力，是一種令人不愉快的感受。費斯汀格將這種感受稱為「認知失調」。認知失調是一種精神緊繃的狀態。內心同時出現兩種不協調、相互矛盾的認知（觀點、態度、信念、見解）時，我們就會陷入這種精神緊繃的狀態，例如一邊認為「抽菸超蠢，因為抽菸有可能會要了我的命」，同時又認知到「自己一天抽兩包菸」。失調會導致心理不適，小至使人略感鬱悶，大致讓人陷入劇烈的折磨之中。要是不想辦法解決失調，我們就無法放鬆寬心。對於有菸癮的人來說，解決失調最直接的方式就是戒菸。但如果嘗試戒菸卻失敗了，就必須靠另一種方式來減輕失調：說服自己抽菸其實沒那麼傷身，而且吸菸雖然有害健康，但還是很值得，因為抽菸能讓人放鬆以及預防發胖（畢竟肥胖也是健康風險）等諸如此類的藉口。多數吸菸者都成功地用這種巧妙、自我欺瞞的方式來減輕認知失調。[3]

認知失調之所以令人不安，是因為懷抱兩種互相衝突的認知，就像與荒謬周旋一般。正如法國作家卡繆所說，人類一輩子都在努

力說服自己，讓自己相信自己的存在並不荒謬。費斯汀格的理論想探討的，其實就是民眾如何努力從矛盾的念頭中理出頭緒，過著至少對他們來說協調、有意義的人生。這項理論啟發了三千多份實驗，而這些研究成果也徹底改變心理學家對人類心智運作的認知。認知失調甚至跨出學術界來到流行文化領域，這個術語如今隨處可見。我們兩位作者就曾在各類媒體平台看過這四個字，像是政治專欄、健康相關新聞報導、雜誌文章、懷爾·米勒（Wiley Miller）的漫畫《沒邏輯》（*Non Sequitur*）[4]、汽車保險桿貼紙、電視肥皂劇、節目《危險邊緣》（*Jeopardy!*），以及《紐約客》（*The New Yorker*）[5] 雜誌中的幽默專欄。雖然這個說法相當普遍，但真正了解其意涵或領略其強大力量的人卻不多。

1956 年，本書作者艾略特到史丹佛大學唸心理學研究所。同年，年輕的費斯汀格也開始在史丹佛心理系擔任教授。他們倆立刻展開合作，設計各種實驗來測試、擴展認知失調理論。[6] 他們的觀點挑戰許多心理學界與社會上的準則，例如行為主義的心理學家認為人之所以做事，主要是為了獲得回報；經濟學家相信人類原則上都會做出理性決定；以及精神分析師認為激烈的行為能消除強烈的衝動和渴望。

讓我們來了解一下認知失調理論是如何挑戰行為主義的觀點。當時，絕大多數科學的心理學家都深信，人類行為是由獎勵與懲罰所支配。確實，如果在迷宮終點餵老鼠吃東西，老鼠就會比在沒有食物回饋的情況下更快破解謎宮；比起坐在那邊等小狗自己學會跟你握手，在小狗伸出手掌時給牠一塊餅乾，牠能更快學會這個把

戲。反之，一發現小狗在地毯上尿尿，就立即懲罰牠，牠很快就會戒掉這個習慣。行為主義學派進一步指出，只要與獎勵劃上等號，任何事都會變得更有吸引力：小狗喜歡你，是因為你會給牠餅乾。但只要涉及痛苦，事情就會變得討人厭、不受歡迎。

當然，行為主義法則同樣適用於人類。沒有人願意無償做一份無聊的工作。在孩子鬧脾氣時，你給他餅乾，他下次就知道想吃餅乾的時候要發脾氣。但無論好壞，人類心智都比老鼠或小狗的大腦還複雜。被逮到在地毯上尿尿，小狗或許會擺出懊悔的表情，但牠不會試圖替自己的不當行為辯解。人類會思考，而正因如此，失調理論就證明我們的行為不會被獎勵或懲罰束縛，通常還會跳脫獎勵或懲罰的制約。

為了測試這項觀察，艾略特預測如果人在獲得某樣事物之前，先經歷了極大的痛苦、不適與尷尬，更費盡千辛萬苦才完成，那他對「某事物」的滿意程度，會比得來不費吹灰之力還高。對行為主義的心理學家來說，這根本是無稽之談。人類怎麼可能會喜歡跟痛苦掛鉤的事物呢？不過對艾略特而言，答案卻是顯而易見，那就是自我辯護。舉個例子，「我是理智、有能力的人」的認知，跟「我費盡千辛萬苦達成某個目標，卻發現那個目標超無聊、沒意義」的認知相互牴觸。這時候，個體就會扭曲自己對那個團體的認知，讓自己對該團體抱持正面看法，試著找出其中優點並忽略缺點。

想測試這項假說，最簡單的方式似乎是訪問大學兄弟會成員，先評估他們的入會儀式有多嚴苛，接著再訪問會內成員，問他們有多喜歡會中的其他兄弟。假如入會程序嚴格的組織成員，比入會程

序輕鬆的組織成員更喜歡其他兄弟，就代表艱難的入會過程會提升喜好度。是這樣嗎？不對。嚴格的入會程序也可能會降低喜好度。假如兄弟會成員認為自己是受歡迎的精英團體，他們就會因此設立嚴格的入會儀式，來避免烏合之眾加入。只有那些原本就非常想加入這種高門檻兄弟會的人，才會願意經歷嚴苛的入會考驗。而其他對兄弟會沒有特定偏好、只是想隨便加入其中一個的人，就會選擇入會儀式比較輕鬆的社團。

這就是為什麼我們必須在實驗中設計對照組。實驗的美妙之處就在於，研究者能將受試者隨機分配到不同的實驗情境中。無論有多想加入某團體，每位受試者都會被隨機分配到入會儀式嚴苛或輕鬆的團體中。假如歷經千辛萬苦進入某個團體的受試者，比加入輕鬆團體的受試者更喜歡自己所屬的小組，我們就能推論這種喜好是努力所造成，而不是事前對團體的偏好差異所致。

艾略特跟同事賈德森·米爾斯（Judson Mills）共同進行了這種實驗。[7] 他們邀請史丹佛的學生加入一個討論性心理學的團體，不過他們必須先滿足入會條件才能取得資格。經過隨機分配後，有些學生得面對超級尷尬的入會考驗。他們必須對著實驗人員，大聲朗誦《查泰萊夫人的情人》（*Lady Chatterley's Lover*）和其他情色小說中，描述性愛場景的露骨火辣段落（對保守的 1950 年代學生來說，朗讀這種文字可是無比尷尬）。其他受試學生接受的入會考驗則沒那麼尷尬，他們只要大聲朗讀字典中與性相關的字眼即可。

通過入會儀式後，每位學生會聽一段錄音檔。實驗人員告訴受試學生，錄音檔內容是他們所屬團體成員的討論對話。但不管學生

被分配到哪一組，他們聽到的其實是同一卷錄音帶。這段錄音事前就已經準備好了，內容可說是乏味、無用到了極點。錄音帶中的對談者說話吞吞吐吐，談話之間有很長的停頓，而且內容還是關於鳥類的第二性徵，像是求偶時換毛等話題。錄音帶中的對談者語調猶豫不決，還常常打斷彼此發言，而且說起話來也沒頭沒尾的。

最後，受試學生會從各個面向來評斷錄音帶的討論內容。那些通過輕鬆入會考驗的學生，清楚聽出錄音內容的本質，認為團體成員的討論無趣沒用，也準確判定討論會成員既乏味又缺乏魅力。錄音帶中有位男子說話含糊不清、吞吞吐吐，他坦承自己還沒讀關於稀有鳥類求偶行為的規定讀物，而那些經歷輕鬆入會儀式的學生都對他很不耐煩。「那個笨蛋也太不負責任了吧！連最基本的指定文章都沒讀！整個小組都對他很失望！誰要跟他同組啊！」不過，那些經歷尷尬入會考驗的學生，都認為討論內容很有趣新奇，而且討論會成員很聰明、有魅力。他們也原諒那位沒責任感的白痴。他如此坦誠，這種特質實在很難得！大家都想跟這種誠實的人同一組啊！聽完他們評論，實在難以想像他們聽的是同一段錄音。這就是認知失調的力量。

其他科學家想出不同入會儀式，重複進行幾次這類實驗，實驗內容從電擊到過度身體勞動都有。[8] 每項實驗的結果都一樣：嚴格艱難的入會儀式，會讓成員更喜歡所屬小組。研究人員在模里西斯（Mauritius）這個多文化島國中進行的觀察型研究，就完美證實在現實生活中，民眾會為自己付出的努力辯解。[9] 一年一度的印度教慶典大寶森節（Thaipusam）包含兩項儀式。在比較輕鬆的儀式

中，參與者只要唱歌跟集體禱告；另一個比較艱辛的儀式名為「卡瓦迪」（kavadi），意指「贖罪架」。用「艱辛」來形容其實還稍嫌委婉。參與者身上會被用叉子和針穿洞，他們還得扛著大型重物，並且拖著用鉤子鉤在皮膚上的拖車超過四小時。接著，他們會赤足爬山來到姆魯甘（Murugan）神廟。儀式結束後，實驗人員讓參與兩種儀式的民眾有機會匿名捐款給廟宇。結果發現，經歷痛苦儀式的民眾捐款的金額，遠高於經歷輕鬆儀式的民眾。參與者承受的痛苦越大，對廟宇的奉獻就越投入。

這些實驗的結果不代表民眾享受痛苦的事物，也不代表他們之所以喜歡某件事，是因為那件事與痛苦相關。研究發現的重點在於，如果個體**為了達成**某個目標或獲得某樣東西，而自願經歷艱難痛苦的過程，那這個目標或東西就會更具吸引力。舉個例子，假如你走去參加小組討論會的路程上，有個花盆從路旁公寓窗台掉下來砸到你的頭，你大概不會更喜歡那個討論小組。但如果你為了加入討論小組而自願被花盆砸頭，那你絕對會更愛那個討論會。

信念決定你眼中所見

「我會參考所有額外證據，來證實我既有的想法。」
——二十世紀英國政治人物默森爵士（Lord Molson）

我們以為身為智人的自己能有邏輯地處理資訊，但失調理論推翻了這種自以為是的觀念。事實正好相反。假如新的資訊與我們的

理念吻合，我們就會認為這項資訊很有道理、很受用，例如「我老是這樣講啊！」不過，假如新的資訊與我們的認知相抵觸，我們就會認為新的訊息很蠢、有所偏頗，像是「這個論點也太蠢了！」我們希望自己的觀點與外來資訊一致，這個需求強烈到只要被迫面對相悖的證據，我們就會想辦法批評、扭曲或駁斥那個論證，好繼續維持甚至加強既有信念。這種心理扭曲就是所謂的「確認偏誤」（confirmation bias）。[10]

只要意識到確認偏誤的存在，就會發現其實這種現象隨處可見，連你也會掉入確認偏誤的陷阱。想像你是世界一流的小提琴家，你最引以為豪的財產，就是那把要價數百萬元美元、已有三百年歷史的斯特拉迪瓦里名琴（Stradivarius）。這把琴實在太美了！陳年的溫潤音色！飽滿紮實的共鳴！而且拉起來又輕鬆上手！現在有位愚蠢的研究人員試著說服你，其實有些現代提琴只要幾十萬美金就買得到，而且從各方面來看都勝過你摯愛的斯特拉迪瓦里。聽到這番荒謬的論點，你忍不住笑出聲。研究人員說：「等等，其實我們在飯店房間進行了盲測，請來二十一位專業小提琴手，讓他們戴上護目鏡，這樣他們就不知道自己拉的是現代提琴還是斯特拉迪瓦里。結果，有十三位小提琴手說他們最愛的是現代提琴。而且在接受測試的六把提琴中，大家**最不喜歡**的都是斯特拉迪瓦里。」你反駁：「怎麼可能！實驗環境也太不實際了，誰有辦法在飯店房間裡評斷小提琴的聲音？」因此，研究人員跟同事對研究做了一番微調。這次，他們動用六把已有三百年歷史的義大利名琴跟六把當代小提琴。他們請來十位專業的小提琴獨奏家盲測，讓他們在排練室

中用小提琴演奏七十五分鐘，接著再到音樂廳中演奏七十五分鐘。最後請這些獨奏家針對小提琴的敏銳度、音色跟聲音投射進行評比，結果現代的新琴得分較高。不僅如此，研究人員請演奏家判斷自己演奏時用的是老琴還是新琴時，他們的正確率也沒有比亂猜來得高。[11]

在接續實驗中，研究人員發現聽眾也比較偏好新琴的聲音，不認為據稱音質較佳的斯特拉迪瓦里有比較好。[12] 只有在聽眾知道演奏家用的是哪一把琴時，他們才會認為斯特拉迪瓦里的聲音比新琴悅耳。主導這份實驗的研究人員表示：「如果你曉得演奏家用的是斯特拉迪瓦里，聲音聽起來就不一樣了。而且怎麼樣都擺脫不了這種印象。」

這些研究能成功說服最專業的小提琴家，讓他們相信斯特拉迪瓦里在某方面確實比不上新琴嗎？專業小提琴手可能會嚴格審視研究結果，仔細從中找出缺點。密爾瓦基管絃交響樂團（Milwaukee Symphony）的首席小提琴手，就擁有一把價值 500 萬美元的斯特拉迪瓦里，他說：「判斷不只是看樂器，演奏家也很重要。如果你已經習慣使用特定樂器，演奏效果自然會加分。新的小提琴反應本來就比較敏銳。在我認識的偉大小提琴獨奏家中，沒有人會把手上的斯特拉迪瓦里或瓜爾內里（Guarneri）名琴，拿去跟新的小提琴交換。」就算能現賺 490 萬美金也沒人願意！

觀察政治圈的現象，就能更清楚察覺確認偏誤的存在：看待自己支持的政治人物時，我們只看得見正面特質，評斷對立者時眼裡卻只看得到缺點。美國傳奇喜劇演員與社會評論家蘭尼・布魯斯

（Lenny Bruce），觀察尼克森與甘迺迪在 1960 年的首場總統辯論電視轉播。透過這場知名辯論，他生動描述確認偏誤這項機制：

　　跟一群甘迺迪的支持者一起看轉播，他們應該會說：「尼克森真的被甘迺迪電得慘不忍睹。」假如我們再到另一間公寓去，尼克森的鐵粉會說：「尼克森對甘迺迪的砲火超猛，你怎麼看？」我這才發現，雙方的支持者都太愛他們的候選人了，所以假如其中一位候選人想讓群眾知道他的真面目，他必須坦白地看著鏡頭說：「我是小偷、是騙子，你們聽清楚了嗎？我是最糟糕、最爛的總統候選人！」但就算他如此坦白，他的擁護者還是會說：「他這個人還真誠實，能坦誠面對自己的缺陷，真的是太偉大了。這種人才夠格當總統！」[13]

　　2003 年，大家都清楚知道伊拉克並沒有大規模毀滅性武器之後，在美軍入侵伊拉克前支持開戰的民主黨與共和黨人，大家都陷入認知失調：小布希總統聲稱海珊擁有大規模毀滅性武器時，我們都相信他，但我們跟他都錯了。這該怎麼辦？為了減輕認知失調，多數共和黨人拒絕面對證據，並在知識網絡（Knowledge Networks）的意見調查中指出，他們認為美軍**已經**找到大規模毀滅性武器了。民調中心主任百思不得其解，他說：「對某些美國人來說，支持美軍入侵伊拉克的渴望，或許已經使他們屏蔽部分資訊，不去接收美軍並未搜出大規模毀滅性武器的消息。新聞媒體大規模報導這個主題，社會大眾也對其投以高度關注，資訊錯誤的現象仍然如此嚴

重，這就顯示有些美國人可能正在逃避認知失調的感受。」說得好。[14] 確實，直至今日，偶爾還是會有讀者來信，試圖說服我們美**軍真的有**找到大規模毀滅性武器。我們回覆這些讀者，指出就連小布希政府的高官，像是唐納德·倫斯斐（Donald Rumsfeld）、康朵麗莎·萊斯（Condoleezza Rice）跟柯林·鮑爾（Colin Powell）等人，也都承認美軍沒有搜出任何大規模毀滅性武器，這些官員表示美軍頂多只找到一批被藏匿起來、幾乎都已腐蝕的化學性武器，根本沒有任何值得為其開戰的武器。在 2010 年出版的回憶錄《抉擇時刻》（*Decision Points*）中，小布希就寫道：「美軍沒有搜出大規模毀滅性武器時，沒有人比我更震驚、更憤怒。每次一想到這件事，我就感到難受，現在依舊如此。」這種「難受」的感覺就是認知失調。

曾支持小布希的民主黨人也試著消滅失調，但他們的方法跟共和黨員不同：他們忘記自己之前曾支持美軍開戰。美軍入侵伊拉克前，46％的民主黨人支持開戰。不過到了 2006 年，只有 21％的民主黨員記得自己曾支持開戰。戰前，72％的民主黨人認為伊拉克境內有大規模毀滅性武器，但後來只剩 26％記得自己曾有這種信念。為了維持認知協調，他們實際上是在表達：「我一直以來都知道小布希在對我們撒謊。」[15]

神經學家證實這種偏誤是內建於大腦處理訊息的程序中。不管政治傾向為何，每個人的大腦都有這種偏誤。在一份研究中，受試者必須試著處理支持或反對小布希或約翰·凱瑞（John Kerry）的資訊，並在消化這些資訊的同時接受磁振造影（MRI）監測。德

魯‧韋斯汀（Drew Westen）跟同事發現，受試者碰到與自身信念相抵觸的資訊時，大腦負責邏輯推理的區塊會幾乎徹底關閉，但是當外來資訊與既有觀點一致時，大腦的情緒迴路又會回到活躍的狀態。[16] 這項機制以神經學角度出發，解釋為何我們一旦拿定主意就很難再改變想法。

沒錯，就算是閱讀與自身觀點相抵觸的資訊，我們還是有可能更相信自己是對的。在某項實驗中，研究人員找來支持或反對死刑的兩種受試者，請他們閱讀兩篇提出充分證據的學術文章。兩篇文章都在探討死刑這個容易使人情緒激昂的議題，並各自從正反兩方來論述死刑是否有嚇阻暴力犯罪之效。假如受試者理性地分析兩篇文章的內容，應該會發現這個議題比原先設想的還要複雜，並且在思考死刑是否能嚇阻犯罪時，更願意貼近對立面的立場和看法。但根據認知失調理論的預測，讀者應該會設法扭曲兩篇文章。他們會找出各種理由，來替支持自己觀點的文章喝采，將那篇文章譽為論述完美的學術傑作。在閱讀持反對意見的文章時，讀者則會超級吹毛求疵，挑出各種微不足道的缺點，把這些缺點放大成自己不必接受反方看法的主因。而這項預測確實也準確應驗了。兩方人馬不僅試圖質疑對方的論述，對自己認同的看法也更堅定不搖。[17]

後來有許多學者複製這份研究，透過研究結果我們就能理解，為何科學家和健康專家，都難以說服懷抱既定意識形態或政治信念的民眾。就連拿出鐵錚錚的證據促使他們知道應該要改觀，這些民眾的態度依舊堅定不移。舉例來說，有些人就堅持認為「氣候變遷是場騙局」。面對與自身理念相悖或不討喜的資訊時，民眾通常會

拒絕接受，還有可能更強烈、更堅定地相信自己原先的（錯誤）認知，這就是所謂的逆火效應（backfire effect）。一旦我們耗費精力與時間建構一項理念，並且替這個觀念找到正當理由之後，要我們改變看法簡直是難如登天。將新的證據安插進既有的概念框架中，並透過自我心理辯護讓證據留在框架內，這比改變整套框架還要簡單得多。[18]

確認偏誤甚至會將缺乏證據的事實，當成證實自身信念的證據。美國聯邦調查局跟其他調查單位試圖查清美國是否被殺嬰獻祭的撒旦邪教滲透，但怎麼樣都找不到這些邪教存在的證據或跡象。儘管如此，這些邪教的信徒仍然不為所動。他們認為缺乏證據這點，就證實邪教領導人有多聰明、多邪惡——他們會把嬰兒的屍體吃掉，連骨頭都不剩。

會掉入這種推論陷阱的，不只有極端的邪教信徒或大眾心理學的擁護者。美國前總統小羅斯福（Franklin D. Roosevelt）在二戰期間做了個糟糕的決定，他將數千名日裔美國人趕出家園，將他們遷至拘留營中。他之所以這麼做，完全是因為聽信謠言，以為日裔美國人計畫要破壞軍事行動。但當時跟後來都沒有證據支持此謠傳。身為美國陸軍西岸指揮官的約翰‧德威特（John DeWitt）將軍，其實也坦承美軍根本沒有找到證據，無法證實任何一位日裔美國公民企圖叛國或破壞作戰計畫。不過他說：「破壞行動未曾發生的事實，是令人不安的指標，同時也證實此類行動未來**將會**發生。」[19]

英格麗的選擇、尼克的賓士車、艾略特的獨木舟

　　除了解釋人為何無法理智處理資訊這個合理的觀念，認知失調理論還能點出為何我們在做出重大決定後依舊受到偏誤影響。❶ 20 社會心理學家丹尼爾‧吉爾伯特（Daniel Gilbert），在《哈佛最受歡迎的幸福練習課》（*Stumbling on Happiness*）這本令人眼界大開的好書中拋出一個問題。他問讀者：假如英格麗‧褒曼（Ingrid Bergman）在電影《北非諜影》（*Casablanca*）的尾聲，沒有出於愛國情操回到對抗納粹的丈夫身邊，而是跟亨弗萊‧鮑嘉（Humphrey Bogart）留在摩洛哥，會有什麼發展？鮑嘉在電影中揪心地說：「就算不是今天、不是明天，但妳很快就會後悔一輩子。」英格麗真的會如他所言，一輩子後悔沒有回到丈夫身邊嗎？還是她會永遠懊悔自己離開鮑嘉呢？吉爾伯特搜集許多數據與資料，顯示這兩個問題的答案都是「不會」，而且不管她做出何種選擇，最後都會一輩子幸福快樂。鮑嘉的說詞雖然深情動人，但他預測錯了，而這能用認知失調理論來解釋：不管做出何種選擇，英格麗都會合理化自己的決定，也會找理由說服自己要為沒有做出另一個決定感到快樂。

---

❶ 有份相當早期的認知失調理論實驗顯示，群眾做完決定後會試圖消滅認知失調。傑克‧布萊漢姆（Jack Brehm）假扮成行銷研究人員，他向一群婦女展示八款不同的家電（烤吐司機、咖啡機、烤三明治機等等），請她們評比自己有多想要每一樣家電。布萊漢姆接著告訴她們可以將其中一款帶回家，並讓她們在自己評為同樣想要的兩款家電中做選擇。每位婦女做好決定之後，布萊漢姆就把家電包裝好交給她。之後，請這群婦女再對家電進行相同評比。這次，她們提高了自己選擇的家電評分，並降低了當時拒絕的那款家電評價。請參考：Jack Brehm, "Postdecision Changes in the Desirability of Alternatives," *Journal of Abnormal and Social Psychology* 52 (1956): 384–89.

做出決定後，我們就會有各種工具來支持這項決定。我們那位節儉、樸實的朋友尼克（Nick），在衝動之下將開了八年的本田喜美車賣掉，買了一輛配備齊全的全新賓士車之後，他的舉止越來越古怪（跟以前的他相比）。他開始批評朋友的車，他會說：「是時候該把這個破銅爛鐵賣掉了吧？你難道不覺得應該犒賞自己，買台設計精良的好車來開嗎？」或是「開小車真的很危險。假如出車禍，你有可能會送命。難道你的命還不值那多出來的幾千塊美金嗎？每次一想到我的車這麼堅固，想到家人坐在上面這麼安全，我就覺得好放心。」

　　尼克很有可能只是突然覺得安全第一，並且在冷靜理性的情況下，認為如果所有朋友都能開賓士那樣的高級轎車就太好了。但我們不這麼認為。他的行徑實在太反常，我們懷疑他應該是在消減認知失調的感受，因為他以前會說賓士車「不過就是一台車」，如今卻在衝動之下把畢生積蓄的一大部分拿去買賓士。此外，他買車的時候，孩子剛好準備上大學，戶頭正好相當吃緊。所以，尼克開始舉出各種論證來替自己的決定辯解：「賓士車是台好車；我這輩子工作這麼辛苦，是該買台賓士犒賞自己；而且，賓士車很安全。」如果他能說服自己的小氣鬼朋友也去買賓士，就會更覺得自己的決定很有道理。他跟基奇太太的追隨者一樣，開始說服其他人加入他的行列。

　　因為尼克無法撤回自己的決定，他才更需要消除失調感。假如他想反悔，就得損失一大筆錢。有份設計巧妙的研究探討賽馬場賭徒的心理謀略，研究結果證實了「不可撤銷性」（irrevocability）的

力量確實不容小覷。要研究不能撤銷的決定對心理有何影響，賽馬場是個非常適合的好地方，因為賭客一旦下注就不能改變心意，沒辦法跟窗口後面的那個好人說你想換押別匹馬了。在這份研究中，研究人員的方法很簡單，他們只會攔下排隊準備花 2 塊美金下注的人，以及剛剛才離開窗口的人，詢問他們有多確定自己的馬會贏。結果發現，已經花錢下注的人，比還在排隊等待的賭客更篤定。[21]除了花錢下注這個動作之外，其他條件和情況完全沒有改變。也就是說，如果不能撤回先前的決定，我們就會更堅信自己做的決定是對的。

讀到這裡大家就能發現，理解認知失調的運作方式能帶來一項立即的好處：不要聽尼克的話。只要某項決定的時間、金錢或心力成本更高，或是這個決定會帶來更多不便、後果更不可逆轉，認知失調感就會更強烈，當事人想縮減認知失調的需求也會更大。因此，他們會不斷過度強調這個決定的優點與益處。換句話說，如果你考慮購買價格高昂的物品或是準備做重大決定，都不要問那些剛做過這些事的人，像是該買哪台車或電腦、要不要做整形手術、該不該報名昂貴的自助課程等。那些剛做完決定的人，會有強烈動機想說服你這是對的決定。訪問那些已經花十二年、耗費 5 萬美金接受特定療程的人效果如何，多數人會說：「厭世醫師（Dr. Weltschmerz）太讚了！要是沒有他，我永遠都不可能會找到真愛／換新工作／開始學踢踏舞。」都已經花了這麼多錢跟時間，他們不太可能回答：「我已經看厭世醫師看了十二年，天啊，真是浪費錢跟時間。」行為經濟學家已經證實，群眾非常不願意接受這些沉沒

成本（sunk cost），也就是已經投資在某段經歷或關係中的時間與金錢。多數人並不會認賠出場，而是繼續將時間、精力或金錢投入無底深淵，希望能補償先前的損失、替原先的決定辯護。所以，如果你需要購物方面的建議，去問那些還在找資料、心中尚未有任何偏見的人吧。如果想知道某項課程是否對你有幫助，不要太過仰賴學員的推薦證詞，還是參考對照實驗的數據吧。

在意識清楚的狀態下做完決定之後，我們也知道自己有可能會替這個決定找藉口，此時自我辯護的機制就已經夠複雜了。不過在我們下意識做出某些抉擇，或是在我們也不曉得自己為何堅守某些信念、堅持某些習慣，卻因太愛面子而不願承認時，自我辯護也會出現。我們在前言中提到蘇丹的丁卡族與努爾族，描述他們有將孩童恆牙拔掉的傳統。他們會用釣魚鉤來拔牙，過程令人疼痛難耐。人類學家認為這項傳統是源於破傷風流行期。只要將前排牙齒拔掉，染上破傷風的患者就能從缺牙的洞口攝取營養。但如果這是拔牙的主因，為何在這個破傷風已可防範或治療的年代，村民還要繼續延續這項習俗呢？

對門外漢來說，這個習俗一點道理也沒有，但是從認知失調理論的角度來看，就能理解這項操作的動機。在破傷風流行期間，村民可能已經開始拔掉所有孩子的前排恆牙，這樣他們之後如果被感染，成人就能餵他們吃喝。不過孩童在拔牙過程中得承受劇痛，而且其實只有部分孩童會被感染。為了替這項行為辯護、說服自己跟孩子繼續延續傳統，村民必須想出其他拔牙的好處來美化這項決定。因此，他們可能會說服自己缺牙其實看起來很美：「你看，下

巴凹陷看起來挺迷人的！」另外，他們也有可能將痛苦的手術包裝成一種成年儀式。這些推測果真沒錯。「缺牙看起來很漂亮。」村民說：「沒有缺牙的人看起來好醜，看起來好像會把人吃掉的食人族。一整排牙齒讓人看起來好像驢子。」從審美的角度來看，缺牙對村民來說還有其他好處：「缺牙的人說話時會發出嘶嘶聲，我們很喜歡這種聲音。」面對恐懼的孩童，成人會安撫他們說：「這項儀式是成熟的象徵。」[22] 拔牙最初是出於醫療考量，而這個理由早就不成立了，但村民還是持續進行心理的自我辯護。

身為聰明、理性的個體，大家都想相信自己知道每項決定背後的動機。因此，當你揭露其行動背後真正的理由時，他們有時會不太開心。艾略特在進行入會儀式實驗後就親眼見證這點。他說：「當時每位受試者完成實驗後，我都鉅細靡遺地向他們介紹這份研究，仔細解釋所謂的認知失調理論。雖然每一位經歷嚴苛入會儀式的受試者，都認為這個理論的假設很有意思，也同意多數人確實會如我預期那樣受到認知失調影響，但他們還是不斷向我保證，說他們對討論小組的偏好跟入會儀式的難易度無關。每個人都宣稱自己之所以喜歡小組，是因為真的這樣覺得。但他們喜歡討論小組的程度，幾乎都比接受輕鬆入會儀式的受試者還要高。」

大家都有降低認知失調的需求，就連熟知失調理論的人也不例外。艾略特就說了這個故事：「當年身為明尼蘇達大學的年輕教授時，老婆跟我都不想繼續當租屋族。所以我們在 12 月開始看房，準備買下屬於自己的家。在預算範圍內，我們只找到兩間還不錯的房子。其中一間屋齡高，但外觀很迷人，而且走路就能到校。我很

喜歡這間房子，主要是因為我可以邀學生來家裡開研究會議、開啤酒請他們喝，當個時髦新潮的大學教授。不過那間房子在工業區，沒什麼空間讓小孩玩耍。另一個選擇是一棟住宅區房屋，雖然屋況比較新，但一點特色也沒有。房子位在郊區，從家裡到學校要開三十分鐘的車，但是一英里外就有一座湖。在這兩個選擇之間考慮了幾週後，我們決定買下位在郊區的那間房子。」

「搬到新家不久，我在報紙上看到一則出售二手獨木舟的廣告，我立刻把獨木舟買下來，想給老婆跟孩子一個驚喜。載著獨木舟回家那天是個寒冷刺骨的1月。我把獨木舟固定在車頂上，到家時老婆只看獨木舟一眼就笑了出來。我問：『有什麼好笑的？』她說：『去問利昂・費斯汀格啊！』說得對！買下這間在郊區的房子之後，我內心有一股強烈的認知失調感，所以必須趕快做點什麼來替買下這間房的決定辯解。結果不知為何，我竟然忘了冬天才剛過一半，而且在明尼阿波利斯，還得再等上幾個月，結冰的湖才會完全解凍，到時才能把獨木舟放到湖裡划。不過某種程度上來說，在我也沒有清楚意識到的情況下，獨木舟還是有派上用場。雖然獨木舟一整個冬天都待在車庫裡，它的存在仍讓我對我們的決定感到更舒坦。」

暴力與美德的漩渦

覺得壓力大嗎？有個網站專門教人製作專屬出氣娃娃，你能「捧它、戳它、踩它，甚至還能掐它掐到不再感到沮喪挫敗為

止。」網站還有一首形容出氣娃娃的短詩：

> 事事不順心，
> 想尖叫踢牆壁，
> 娃娃絕對能讓你消消氣。
> 抓緊娃娃雙腿，找個地方猛搥敲擊，
> 將娃娃扯得四分五裂，大喊：「去死！去死！去死吧你！」

出氣娃娃反映出人類文化中最根深蒂固的觀念。在精神分析的推波助瀾之下，我們都認為出氣娃娃有助於宣洩情緒：發洩怒氣或展現狂暴的行為，藉此消除憤怒。摔娃娃、揍沙包、對伴侶大吼，之後你就會感覺好多了。事實上，學界經過數十年研究後，發現事實正好相反：以狂暴猛烈的方式表達感受時，我們的感覺通常會更差，導致血壓升高，還會越來越憤怒。[23]

假如個體以攻擊性強烈的方式直接對待他人，這種宣洩情緒的方式更有可能造成反效果，這正好符合認知失調理論的預測。你的行為對別人造成傷害時，例如替他們帶來麻煩、言語羞辱他們，或是毆打他們一頓，某種極具影響力的因素就會浮出檯面──你需要替自己的行為辯解。舉個例子，有名男孩跟著其他七年級的同學，一起嘲笑霸凌另一位從未傷害過他們的弱小男孩。男孩喜歡跟這群同學玩在一起，但他內心其實根本不想霸凌別人。因此，他的行為造成認知失調，他很納悶：「像我這樣乖巧的小孩，怎麼會對一個這麼好、這麼無辜的孩子做如此殘忍的事？」為了消滅失調，他會

試著說服自己，其實受害者根本沒那麼好、也沒那麼無辜：「他根本是個書呆子，還很愛哭。而且，如果他有機會，他也會對我做一樣的事。」只要男孩開始責備受害孩童，下次一有機會，他就更有可能加倍猛烈地毆打對方。替自己初次傷人的行為找到辯護之後，攻擊也會跟著變本加厲，這就是為什麼宣洩情緒的假說不成立。

在第一份推翻宣洩情緒假說的實驗中，研究人員其實完全沒有預料到會出現這樣的結果。當時還是研究生的麥可・卡恩（Michael Kahn），在哈佛大學攻讀臨床心理學，他設計一份巧妙的實驗，很有信心能證實宣洩情緒的益處。卡恩假扮成醫療技術人員，利用儀器替大學生測謊以及量血壓。他每次只接待一名學生，告訴他們這是某醫學實驗的程序之一。測量數值時，卡恩假裝很不耐煩，還以侮辱性字眼評論受測學生（跟他們母親相關的評論）。學生完全被惹怒，血壓直線飆升。在實驗組中，學生有機會向卡恩的主管通報他的冒犯行為，藉此宣洩怒氣，所以他們都以為自己讓卡恩陷入大麻煩。而在對照組中，學生沒有機會宣洩內心憤怒。

身為佛洛伊德學派支持者的卡恩，對研究結果感到震驚：宣洩情緒根本無法讓人感覺更舒坦。有機會宣洩怒火的學生，比沒機會發洩情緒的學生更憎惡卡恩。此外，雖然每個人的血壓在實驗過程都有升高，但有向卡恩主管通報的學生，血壓上升的幅度更高，無法表達怒氣的學生的血壓很快就回到正常值。[24] 為了解釋出乎意料之外的實驗結果，卡恩遇上認知失調理論。當時認知失調理論正逐漸受到學界關注，卡恩發現這個理論剛好能完美解釋實驗結果。學生認為自己讓醫療技術員惹上大麻煩，所以得替自己的行為找藉

口，說服自己這是卡恩自找的，因此他們變得更氣憤，血壓也隨之上升。

孩童很早就會替自己的激烈行為辯護。有個男孩毆打自己的弟弟，弟弟開始大哭，男孩立刻說：「是他先開始的！他活該！」多數家長都認為這種幼稚的自我辯護不必認真看待，一般來說這確實也沒什麼大不了的。不過只要體認到，孩子成群結黨欺負弱小孩童、老闆虐待員工、戀人傷害彼此、警察持續毆打已投降的嫌犯、暴君監禁或打壓少數族群、士兵對平民施暴，這些都跟孩童幼稚的自我辯護源於相同機制，我們就會有所警覺。上述情況都將演變成惡性循環——殘暴激烈的行為引發自我辯護，自我辯護又誘發更多暴行。杜斯妥也夫斯基就很懂這套機制的運作方式。在《卡拉馬助夫兄弟》（ *The Brothers Karamazov* ）中，三兄弟的惡棍父親費奧多爾・帕弗洛維奇（Fyodor Pavlovitch）就想起，「他以前曾被問過：『你怎麼這麼恨誰誰誰呢？』他厚顏無恥、傲慢地回道：『我告訴你，他根本沒傷害過我。不過有一次我把他整得很慘，之後我就看他很不順眼。』」

幸好，認知失調理論也顯示，寬厚慷慨的行為能打造出仁慈與憐憫的循環，也就是所謂的「良性循環」。做好事的時候，我們會以更寬厚仁善的態度來看待慷慨行善的益處。假如我們的善舉是出於興致或偶然，這種傾向就更顯著。另一種情況則是，我們特意伸手助人的舉動，跟心中對受助者懷抱的任何負面想法相互抵觸。實際上，我們會在幫助對方之後捫心自問：「我為什麼要對那個混蛋這麼好？所以，他應該沒有我想像的那麼壞。其實他人還不錯，幫

他一把也是應該的。」

幾項研究的結果都支持此推論。在一份實驗中，受試大學生參加一項競賽，贏家能奪得高額獎金。競賽結束後，實驗人員主動向三分之一的學生解釋，告訴學生實驗經費其實是他自掏腰包出的，所以他現在很拮据，可能得被迫提前結束實驗。他問學生：「你們願不願意幫我，把剛才贏到的錢還我呢？」學生都同意了。第二組受試學生同樣被要求還錢，但這次是由系上祕書提出要求，表示心理系正好缺研究經費。學生也一致同意。剩下的第三組受試者則完全沒有被要求歸還獎金。最後，所有受試學生會填寫一份問卷，其中有一題是替實驗人員評分。那些被勸說幫忙實驗人員的學生最喜歡他，他們說服自己實驗人員是值得幫助的大好人。其他受試者也覺得研究人員不錯，但都沒有像直接在他要求下給予幫忙的學生那樣，認為他是個大好人。[25]

良性循環的機制其實很早就開始了。在一份研究中，4 歲大的孩童會拿到一張貼紙，並由研究人員向孩童介紹一隻「今天心情不好」的小狗玩偶。接著他們會請部分孩童將貼紙送給小狗，其他孩童則能自由決定是否把貼紙送給小狗。接下來，每位孩童會再拿到三張貼紙，研究人員這回介紹另一個名叫艾利的娃娃給他們認識，艾利那天也心情不好，研究人員告訴孩子他們最多能給艾利三張貼紙。在第一階段中，能**自由決定**是否要慷慨將貼紙送給哀傷小狗的孩童，比在**指示之下**將貼紙送給小狗的孩童，送給艾莉更多貼紙。換言之，只要孩童發現自己是慷慨大方的孩子，他們就會繼續慷慨待人。[26]

雖然良性循環在學術界還算是相當新的領域，但早在十八世紀時，全心研究人性、科學與政治的班傑明‧富蘭克林（Benjamin Franklin），或許就已經理出良性循環的基本概念了。在賓州議會服務時，有位議員看他不順眼、處處跟他作對，令他深感困擾。富蘭克林決定要讓那位議員成為自己的盟友。在文字紀錄中，富蘭克林表示他沒有靠「卑躬屈膝向對方表示敬意」來贏得他的心，也就是說他並沒有殷勤地幫對方的忙。反之，富蘭克林誘導**對方幫助他**。他請那位議員借他一本相當稀有的書。

> 他馬上把書寄給我，一個禮拜後我把書寄還給他，並附上一張紙條，熱切表達我對他的感謝。我們下次在議會碰面時，他主動跟我交談（他以前從來不曾這麼做），而且還非常客氣、有禮貌。此後，無論是在任何時刻，他都展現出幫助我的意願。我們成了非常要好的朋友，直到他離世前，我們的友誼都未曾動搖。這個經驗印證了我從前聽過的一句古老格言，那段格言說：「幫助過你的人，會比你幫助過的人更願意幫你。」[27]

無論是在任何情況下，認知失調都很惱人，但是當自我概念中的某項重要元素受到威脅時，認知失調最令人痛苦。通常，群眾在做出某些跟自我觀感相抵觸的行為時，失調感也最強烈。[28] 假如你欣賞的名人被控做出不道德行為，失調感造成的痛苦就會向你襲來。你越喜歡、越欣賞那位名人，失調感就越大。〔我們在本書後段會提到，麥可‧傑克森的粉絲面對確切證據、知道他與年輕男孩

的性關係之後，許多人心中都出現強烈失調感。〕但是跟你**自己**做出不道德舉動時的感受相比，那根本算不了什麼。假如你認為自己非常正直，卻做出傷害別人的行為，失調感會比聽聞喜愛的電影明星行為失當還要強烈。畢竟你隨時都能把自己支持的名人換掉，轉而擁護其他偶像明星。但如果你違反自己的價值觀，失調感會更嚴重，畢竟你永遠都得面對自己。

一項非常有趣的實驗清楚顯示，我們內心需要的其實是自尊，而不是務實謙遜的美德。在研究中，多數人都認為自己的水準「高於平均」，我們將此現象稱為「烏比岡湖效應」（Lake Wobegon effect）。受訪者說自己在各方面都高於平均，例如更聰明、人更好、更有品德、更幽默、能力更強、更謙虛，甚至更會開車。[29] 這些人之所以努力縮減認知失調，目的就是為了維持正面自我形象。[30] 基奇太太的末日預言失敗時，她的追隨者肯定被排山倒海而來的失調感給淹沒——「我是個聰明人」的認知與「我剛做了一件宇宙無敵蠢的事。我竟然把房子跟財產拱手讓人，還把工作辭掉，只因為我相信這個瘋女人」的認知互相衝突。為了消減失調，她的追隨者要不是得改變對自己智商的認知，不然就是要替剛才做的超蠢決定辯解。若將這兩個選擇比喻成比賽中的對手，他們的戰況並非勢均力敵。自我辯護簡直是遙遙領先。真心追隨基奇太太的信徒為了挽救自尊，會認定自己剛剛什麼蠢事都沒做。事實上，他們真的是聰明過人，知道要加入這個團體，因為他們的信念讓世界逃過一劫。事實上，其他人要是夠聰明，也會加入這個團體。是嗎？我們怎麼沒看到那群排隊等著入會的信眾呢？

沒有人能擺脫這個套路。**我們**或許會覺得**他們**很好笑，納悶怎麼會有人對末日預言深信不疑，但政治科學家菲利普・泰特洛克（Philip Tetlock）在《狐狸與刺蝟 —— 專家的政治判斷》（*Expert Political Judgment*）中指出，專家學者在預測經濟與政治走勢時，通常未必會比沒受過訓練的門外漢更高明，也不見得會比基奇太太的預言更準確。[31]

　　面對**自己**提出的預言被推翻，專家會怎麼做？2010 年，二十三位知名經濟學家、基金經理人、學者與新聞記者聯合簽署一封反對信，反對美國聯邦準備理事會以購買長期債權來壓低長期利率的手法。專家團指出此策略可能會造成「貨幣貶值與通貨膨脹」，而且無法提升就業率，因此應該「重新評估、終止操作」。四年後，通膨率還是很低（比美國聯準會設定的目標 2％還低）、失業率大幅下降、就業率有所改善，股市也不斷飆升。因此，記者重新訪問簽署那封反對信的專家，問他們是否改變了當初的看法。在所有簽署反對信的二十三位專家中，有十四人並未回覆，其餘九人則說自己保持同樣看法，他們現在仍然跟當時一樣擔心會出現通貨膨脹。這些專家跟失敗的末日預言家一樣，為了不承認自己錯得離譜，以非常聰明的方式自我辯護。有位專家說通貨膨脹**曾經**出現，只不過其效應還沒體現在消費者物價上。有位專家聲稱美國正處於雙位數的通貨膨脹中，但他後來坦承自己使用的是假造數據。還有位專家說「官方數字有誤」，通貨膨脹率實際上比美國勞工統計局公開的數字還高。幾位專家說他們的**預測**是正確的，只是**日期**出了錯，聽起來就像末日預言家的口吻：「通貨膨脹率終究會來到高點，我們

只是還沒說是什麼時候。」[32]

專家的話有時聽來令人肅然起敬，尤其是他們以多年的訓練和專業經驗來支持自己的說詞時，更是威嚴十足。不過數百份研究已經顯示，與那些根據精算數據推算得來的預測相比，專家憑多年訓練與個人經驗做出的預測，幾乎不比隨機亂猜的準確率高。不過專家判斷錯誤時，專業身分的核心會受到威脅。因此失調理論推斷，只要專家越有自信、名氣越大，他就更不可能承認錯誤。泰特洛克的發現就印證此推論。為了減輕預測失誤造成的失調感，專家會找出理由，解釋他們的預測原本應該是正確的，「要是……」：要是那場不太可能發生的災難沒有出來攪局……；要是事件發生的時間點不同……；要是怎樣怎樣……

消滅認知失調的行為如同火爐的燃燒器，能讓我們的自尊持續燃燒沸騰。這就是為什麼我們總是對自我辯護不以為意，允許自己撒點小謊，讓自己不必面對犯錯或做出愚蠢決定的事實。不過失調理論也能套用在自卑者，以及那些自認愚蠢、無能或壞心的人身上。當他們的行為與負面的自我形象吻合時，這些人不會感到意外。當他們做出錯誤預測，或是通過嚴格入會儀式加入一個愚蠢的團體時，這些人只會說：「對，我又搞砸了，這就是我會做的事。」二手車商如果知道自己本來就不老實，便不會因為在賣車時隱瞞慘不忍睹的維修紀錄而感到失調。認為自己不值得被愛的女子被男人拒絕時，也不會出現失調感。騙子把自己祖母的畢生積蓄騙光時，內心同樣不會產生失調感。

自我信念帶著我們度過每一天，我們也時常將這些核心信念當

成濾鏡，用這些濾鏡詮釋自己碰到的大小事。如果出現違背信念的事，我們會感到不自在，就算是碰到好事也是如此。只要了解自我辯護的力量，就更容易理解為何自卑或認為自己在某方面能力不足的人，在表現很好的時候完全不會有狂喜的反應，他們通常還覺得自己被騙了。假如認為自己不值得被愛的女子，被一位條件非常好的男子猛烈追求，她會暫時感到開心，但這股喜悅很有可能隨即被認知失調感取代：「他喜歡我哪一點？」她內心的解讀不太可能會是：「太棒了，我肯定比自己想像中更迷人。」反而是：「一旦他知道真實的我是什麼樣子，就會把我甩了。」為了重建協調感，她得付出極高的心理代價。

確實如此，許多實驗發現多數自卑或低估自身能力的人，都對於與自我認知相互衝突的成功表現感到不自在，因此將這些成功視為意外或反常現象。[33] 這就說明為何家人跟朋友試圖鼓勵這些人時，他們總讓人覺得太固執。「你看，你得到普立茲文學獎欸！這不就代表你很棒嗎？」「是很棒沒錯，但也只是僥倖而已，我再也寫不出什麼屁了，你等著看吧。」因此，根據個人原先對自己的認知，自我辯護能讓自負者跟自卑者維繫原本的自我觀感。

選擇金字塔

想像一下，現在有兩位在態度、能力與心理健康等各方面都十分相似的年輕男子。他們都算誠實，對於作弊這類小惡也都抱持著一般態度：作弊不是好事，但也不是世上最差勁的壞事。現在他們

正在參加研究所入學考試。寫到一題關鍵的申論題時，他們腦筋一片空白。失敗的陰影逐漸籠罩……就在某個時刻，他們正好都有作弊的機會，能偷看另一名學生的答案。這兩位年輕男子努力克服誘惑。經過一陣痛苦掙扎，其中一人屈服，另一人則成功抗拒誘惑。他們的決定其實只有一線之隔，兩人當時都有可能採取另一種做法。他們各自獲得非常重要的東西，同時也付出代價：其中一人為了好成績而背棄誠信，另一人為了維持正直而放棄高分。

問題來了：經過一週後，他們對作弊又是什麼感覺？兩位學生有充分時間替自己當時的行動找藉口。屈服於誘惑的學生會認為作弊其實沒什麼大不了的。他會告訴自己：「拜託，大家都會作弊，哪有那麼嚴重。而且為了未來職涯著想，我真的很需要考到高分。」不過那位拒絕作弊的學生，則會認為作弊比他原本所想的還要不道德。他將對自己說：「其實作弊的人很可恥。作弊的人真該永遠被逐出校園，嚇嚇那些想作弊的人，讓他們打退堂鼓。」

這兩位學生的自我辯護越來越激烈，最後來到巔峰，這時會發生兩件事：第一，他們的態度已經相差十萬八千里。第二，他們都將自己的信念內化，深信自己自始至終一直是這麼想的。❷ 34 他們

---

❷ 我們並非閒來無事在這裡胡亂臆測。在一份已有半世紀歷史的經典實驗中，社會心理學家賈德森．米爾斯測量六年級學童對作弊的態度。接著，他讓這群學生參加一場非常競爭的考試，贏家能獲得獎賞。在他的設計與安排之下，要是學童不作弊，是不太可能贏得考試的，而且他也讓學童認為自己能在不被發現的狀態下輕鬆作弊（他偷偷觀察他們）。後來大約有半數學生作弊，另外半數沒有。次日，米爾斯詢問學生對作弊與其他不當行為的看法。選擇作弊的學生對作弊的態度變得更寬容，而拒絕作弊誘惑的學生，對於作弊則抱持更嚴厲的心態。請見：Judson Mills, "Changes in Moral Attitudes Following Temptation," *Journal of Personality* 26 (1958): 517–31.

一開始都站在金字塔頂峰，之間只有一毫米的距離。但是在為自己的行為找到藉口之後，他們已經滑到金字塔底部，各自站在底座的兩個對角上。沒作弊的學生認為另一個人超不道德，作弊者卻認為對方太自命清高。藉由上述過程，我們就能理解那些起初受到強烈誘惑、努力抗拒、差點就要屈服，但在關鍵時刻抵抗成功的人，是如何逐漸討厭甚至鄙視那些沒有成功抵擋誘惑的人。會率先發難批判作弊行為的，就是那些**差一點**就要作弊的人。

　　紐約市史岱文森高中的學生成就都很高，但課業壓力也很龐大。2012 年，這所學校爆發舞弊醜聞，有七十一名學生被逮到在考試時交換答案。接受《紐約時報》採訪時，學生對記者說了各式各樣的自我辯護藉口，好讓他們繼續將自己視為既聰明又正直的學生。有位學生說：「如果不作弊的話，就等於『我為了維持誠信讓考試被當』。我不要，沒有人想被當。讀書讀了兩小時能考八十分，如果願意冒險作弊，就能拿到九十分。」他將作弊重新定義為「冒險」。對其他學生來說，作弊是「必要之惡」。對很多學生而言，作弊是「幫助需要幫忙的同學」。有位女學生發現同學原來一直都靠她幫忙寫報告時，表示：「我尊重他們，認為他們還是很正直……不過，有時候想要達成目標的話，就得在某些事情上稍微放寬道德界線。」**稍微放寬道德界線**？輕描淡寫帶過違反道德的行為，這是相當常見的自我辯護手法。哈娜・貝莎拉（Hana Beshara）架設了一個專門非法拷貝電影與電視節目的網站，能讓用戶立即下載這些節目，這種做法顯然觸犯著作權法。她被警方逮捕，因共謀與非法侵犯著作權被判十六個月有期徒刑。她有覺得自己犯錯、做

錯事嗎？沒有。她對記者說：「我從來沒想過這會犯法。這感覺沒什麼大不了的。就算不應該，也沒那麼嚴重。」[35]

碰到任何與道德或人生方向相關的重大抉擇，我們都能套用金字塔的譬喻來解釋。除了作弊之外，你也可能在猶豫是否要來一場不放感情的風流韻事、是否服用類固醇來增進運動能力、是否留在充滿問題的婚姻中、是否要說謊來保護雇主和工作、是否要生小孩、該找份挑戰性十足的工作還是該在家帶孩子，以及判斷你欣賞的名人蒙受的聳動指控是真是假。站在金字塔頂端的人拿不定主意，兩個選項都各有利弊，這時他就會更迫切想替自己做的決定辯解。等他滑到金字塔底端時，猶豫不決的態度就會變成百分之百的篤定，此時他已經跟選擇另一條路的人差距甚遠。

大家喜歡劃清界線，將群眾分為「我們這些好人」跟「他們那些壞人」，但上述過程會模糊這條界線。站在金字塔頂端時，我們面對的通常不是非黑即白、非進即退的決定，而是看不清後果的灰色抉擇。我們跨出的前幾步通常在道德上都很模稜兩可，還無法明確分辨怎麼做才是正確的。我們會早早做出顯然無關緊要的決定，並找藉口合理化這項決定，使其顯得沒那麼模稜兩可。「行動，辯解，進一步行動」的圈套就在這段過程中成形，讓我們的信念更強烈、更投入自己採取的行動，還有可能讓我們大幅偏離原先的意圖或原則。

沒錯，對前總統尼克森的特助傑布・斯圖爾特・馬格魯德（Jeb Stuart Magruder）來說，事實就是如此。在侵入民主黨全國總部的水門案醜聞中，馬格魯德扮演非常關鍵的角色。他不僅隱瞞白

宮涉入此案的事實，更為了保護自己與其他需為此案負責的人，在法庭上說謊作偽證。馬格魯德最初受僱時，尼克森的顧問鮑勃·霍爾德曼（Bob Haldeman）並沒有告訴他工作內容包含作偽證、欺騙跟犯法。要是霍爾德曼一開始有打開天窗說亮話，馬格魯德肯定會拒絕。但是，他最後又怎麼會成為水門醜聞中的關鍵人物呢？事後才說他早該搞清楚工作內容，或第一次被要求採取違法行動時就該斷然拒絕，這種話當然說來容易。

在自傳中，馬格魯德描述初次與霍爾德曼在聖克萊門特（San Clemente）會面的情形。霍爾德曼不斷奉承馬格魯德，把他給迷住了。霍爾德曼說：「這份工作不只是替你的公司賺錢，你的任務是替這個國家和全世界解決問題。傑布，你知道嗎？太空人首次登陸月球那晚，我就坐在總統身旁……跟他一起攜手共創歷史。」面談結束後，霍爾德曼跟馬格魯德離開莊園，往總統住處走去。發現自己的高爾夫球車沒有在屋前待命時，霍爾德曼氣得火冒三丈，他「厲聲斥責」助理，還說要是他沒辦法把事情辦好，就要開除他。馬格魯德聽到之後覺得不可置信，尤其當晚夜色優美，他們也只需要走一小段路就能到目的地。起初，馬格魯德認為霍爾德曼太過分、態度粗魯無禮。不過他渴望得到這份工作，所以隨即替霍爾德曼的行徑找藉口：「我才抵達聖克萊門特不出幾小時，這裡的**完美**生活令我心神嚮往……在這裡享受高規格禮遇之後，高爾夫球車不見蹤影這種小差錯，彷彿也像是極大的輕蔑和侮辱。」[36]

因此，在與尼克森共進晚餐、甚至還沒正式拿到這份工作之前，馬格魯德就上鉤了。雖然這只是一小步，但他已經步上通往水

門案的道路。進入白宮之後，他就跟其他政治人物一樣，以替政黨服務為藉口，不斷在道德上做出各種小小的讓步與妥協。馬格魯德跟其他人一起為尼克森的第二場選戰打拼時，G‧戈登‧利迪（G. Gordon Liddy）出現了，他受僱於當時的司法部長約翰‧米歇爾（John Mitchell），擔任馬格魯德的法律總顧問。利迪不按牌理出牌，自以為是特務詹姆士‧龐德（James Bond）。為了確保尼克森能成功連任，他提出的第一份計畫是花 100 萬美元聘請「特別行動小組」來毆打遊行示威者、綁架可能會擾亂共和黨全國代表大會的社運分子、破壞民主黨全國代表大會、聘請「高級」性工作者來勾引民主黨高官並事後勒索，還有闖入民主黨總部安裝電子監控設備與監聽器材。

米歇爾否決計畫中過於極端的項目，還說這些行動的經費太高。所以利迪回頭修改計畫，只保留一項行動，就是闖進位於水門綜合大廈的民主黨總部裝設竊聽器材。這回米歇爾點頭答應，其他人也跟著接受。他們是怎麼替這種違法行為辯解的？馬格魯德寫道：「假如利迪一開始就說：『我的計畫是闖進民主黨總部，竊聽賴瑞‧歐布萊恩（Larry O'Brien）的辦公室。』我們或許會斷然拒絕。不過他一開始先是精心策畫各種行動，像是應召女郎、綁架、當街攻擊、搞破壞跟竊聽等等，我們逐一刪去太過火的計畫，同時也覺得應該留點空間讓利迪發揮。我們覺得自己還是需要他，不想否決他提出的所有點子。」馬格魯德最後補充，利迪的計畫之所以獲准，是因為白宮當時瀰漫著一股偏執的氛圍，「如今看來瘋狂的決定，當時卻顯得非常合理……我們不能繼續使用溫文儒雅的手段

或中庸的策略了。」[37]

　　剛踏入白宮時，馬格魯德是個好人，但他一步步接受那些不正當的行為，一次次替這些行徑找藉口。他就跟社會心理學家史丹利‧米爾格蘭（Stanley Milgram）招攬的三千位實驗對象一樣 ❸ [38]，都掉入類似的圈套。米爾格蘭的實驗舉世聞名，在他設計的原始實驗中，三分之二的受試者對另一人施以他們認為有可能致命的電擊，只因實驗人員不斷對他們說：「你必須繼續施加電壓，我們才能完成實驗。」這份實驗向來被描述為是研究「服從權威」的實驗，這麼說確實沒錯。不過除了服從權威之外，這份研究也顯示出自我辯護的長遠後果。[39]

　　想像有位身穿實驗白袍、看起來學術成就非凡的人朝你走來，說要給你 20 塊美金，邀請你參加一份科學實驗。他說：「我想請你對另一人施以會讓他痛不欲生的 500 伏特電擊，協助我們了解懲罰在學習過程中扮演什麼角色。」你有可能會拒絕。為了這麼一點錢傷害別人並不值得，就算是科學實驗也一樣。或許有少數人會為了 20 塊美元點頭答應，不過多數人會叫科學家不必浪費這筆錢。

　　讓我們換個方式，想像科學家用漸進式的方法來引誘你掉入圈套。假設他給你 20 塊美金，請你對隔壁房間的人施以微不足道的電擊，例如 10 伏特，來看看這個小刺激是否能增進他的學習能力。研究人員甚至讓你體驗看看被 10 伏特電擊是什麼感覺，體驗

---

❸　受試者的總人數是參考心理學家湯瑪斯‧布拉斯（Thomas Blass）的估計。布拉斯寫過多篇文章探討米爾格蘭的原始實驗，也針對後續相關研究的眾多實驗進行分析，因此他的評估相當可靠。參與米爾格蘭的原始實驗的受試者大約有八百人，其他人則是在接下來的二十五年中，參與複製性實驗或針對典型實驗稍做變動的後續研究受試者。

過後你發現 10 伏特根本沒什麼感覺。你點頭答應，反正傷不了人，而且研究感覺滿有趣的（你早就想搞清楚打小孩到底能不能讓他們表現得更好）。你配合了一段時間，這時研究人員告訴你假如學習者答錯了，你就必須將電擊控制器移動到下一閘，以 20 伏特來電擊學習者。一樣，20 伏特傷不了人，沒什麼大不了的。你剛剛已經用 10 伏特電他了，現在用 20 也無妨。開到 20 伏特之後，你又對自己說：「30 跟 20 也差不了多少，開 30 好了。」學習者又答錯了，科學家說：「請繼續往下，這次開到 40 伏特。」

你該在哪裡停手？何時才會覺得不能再繼續這樣電下去呢？你會一路開到 450 伏特嗎？甚至是繼續往上，將調整桿拉到標註「極度危險」（XXX DANGER）的電閘呢？受試者在實驗前被問到自己最大會開多少電壓時，幾乎沒人提到 450 伏特。但置身實驗情境中，三分之二的受試者一路開到他們也認為非常危險的最大電壓。他們之所以做到這種程度，是因為不斷在過程中自我辯解：「小小的電擊不會痛；20 伏特沒有比 10 伏特痛多少；如果已經開 20 了，開 30 也沒差吧？」每次辯解都讓他們能繼續進行實驗。直到受試者施加自認為最強的電擊，多數人都找不到收手的理由。有些受試者在實驗初階就拒絕對另一人施加電壓，並對實驗程序的效度提出質疑，他們就比較不會掉入圈套，更有可能抽身離開。

米爾格蘭的實驗讓我們發現，透過行為以及替行為辯護的一連串連鎖反應，平凡人最後也有可能會做出不道德的傷人之舉。以旁觀者之姿驚訝、不解地看待他人行徑時，我們都忘了其實他們是經過一連串緩慢的過程，最後才來到金字塔底端的。接受法院判決

時，馬格魯德對法官約翰・西瑞卡（John Sirica）說：「我知道自己做了什麼，庭上也知道我做了什麼。我並未在理想與企圖之間拿捏好分寸，我把自己的道德指南針搞丟了。」要怎麼樣才能讓一個誠實正直的人無法準確拿捏道德分際呢？只要讓他每次前進一小步，自我辯護就會帶他走到終點。

・　・　・

了解認知失調的運作方式，並不會讓我們對自我辯護的誘惑自動免疫。住在明尼蘇達的艾略特在 1 月買下獨木舟時，就體悟到這點。你不能像艾略特在實驗結束後向受試者解釋失調理論那樣，對別人說：「你現在知道自己是如何消減失調了吧？是不是很有趣？」然後期待他們會回答：「哇，謝謝你讓我知道自己喜歡這個團體的真正原因。那確實讓我覺得自己滿聰明的！」為了捍衛我們很聰明的自我信念，每個人偶爾都會做蠢事。我們就是克制不了，因為這就是本性。

但這不代表我們注定得在事後不斷替自己找藉口，像希臘神話中被懲罰的薛西弗斯（Sisyphus）那樣，反覆將巨石推上山頂，永遠抵達不了「自我接納」的山峰。進一步了解心智的運作方式以及為何如此運作，是打破自我辯護習慣的第一步。因此，我們必須對自身行為更有意識，更清楚知道選擇背後的原因。這不僅需要時間，還必須自我省思，更要有執行的意願。

2003 年，保守派專欄作家威廉・薩菲爾（William Safire）寫道，選民面對的「心理政治挑戰」就是「如何應付認知失調」。[40]文

章開頭，他先提到自己面對認知失調的經驗。薩菲爾說在前總統柯林頓任內，他曾批評希拉蕊（Hillary Clinton）試圖隱瞞專屬健康照護小組成員的身分。他寫了一篇專欄特稿批評她行事不光明磊落，認為這有害民主。對此他並沒有感到認知失調，因為那些差勁的民主黨員一天到晚在做壞事。不過六年後，他發現認知失調使他非常「苦惱」，因為當時身為副總統的錢尼（Dick Cheney），堅持不公開能源政策小組成員的身分，而身為保守派共和黨員的錢尼是薩菲爾欣賞的政治人物。薩菲爾後來怎麼做呢？因為他知道自己出現認知失調，也熟知認知失調的運作方式，所以他深吸一口氣、拉起褲帶，做了一個艱難但正直的決定。他寫了一篇專欄文章公開批評錢尼的行為。諷刺的是，薩菲爾因為批評錢尼而收到幾封自由派人士的稱讚信。他坦承這讓認知失調更嚴重。天啊，他竟然做出**那些人**贊同的事！

　　薩菲爾意識到自己的認知失調，並以公正真誠的方式來消除失調，這實在非常難得。我們接下來也會提到，其實很少有人能像他那樣坦然承認自己支持的陣營犯了錯。不管是保守派還是自由派，大家碰到類似狀況時，反而會極力以對自己和同伴有利的方式來消減失調。消除失調的確切手段各有不同，但我們在自我辯護上耗費的努力與心血，目的都是讓我們能更舒心接受自己做過的事、相信的理念，以及自己這個人。

2/

傲慢與偏見，
以及其他盲點

為什麼看見你弟兄眼中有刺，卻不想自己眼中
有梁木呢？

——《馬太福音》第七章第三節

前最高法院大法官安東寧・史卡利亞（Antonin Scalia）曾搭乘政府專機，飛往路易斯安那州與當時身為副總統的錢尼一同獵鴨。不過那時錢尼還有案件在最高法院待審，大法官飛去與他一同獵鴨的消息曝光後引發民眾抗議，因為史卡利亞的行為顯然有利益衝突。錢尼向最高法院聲稱自己有權不公開能源政策任務小組的細節，而外界認為史卡利亞在審理此聲明是否合憲時，會因為曾跟副總統一起獵鴨並獲得特殊待遇，而無法做出公正判斷。這個說法讓史卡利亞非常氣憤。他投書至《洛杉磯時報》表明自己不會迴避審理此案，因為：「我認為我的中立性無可置疑。」

$$\cdot \quad \cdot \quad \cdot$$

CSX 運輸（CSX Transportation）與陶氏化學（Dow Chemical）這兩家公司，請來神經心理學家史丹利・伯倫特（Stanley Berent）與神經學家詹姆斯・亞伯斯（James Albers），調查鐵路工人的指控。鐵路工人聲稱他們因為暴露在化學物質中，大腦出現永久性損傷，身體也出了其他狀況。經過診斷檢查，來自十五州的六百多位鐵路工人，確實在大量接觸氯化烴溶劑後出現某種腦部損傷。CSX支付伯倫特與亞伯斯的顧問公司超過 17 萬美金的研究費，這家公司後來在研究中提出質疑，他們不認為 CSX 的工業溶劑與大腦損傷之間有任何關聯。進行研究調查時，伯倫特與亞伯斯在工人未知情、也未經同意之下，擅自調閱瀏覽他們的醫療檔案。此外，他們還在工人對 CSX 提出的法律訴訟案中，替代表 CSX 的律師事務所擔任專家證人。伯倫特不覺得他的研究有任何不妥之處，還表示研

究「產出關於暴露在化學溶劑環境中的重要資訊」。後來，伯倫特與亞伯斯受到聯邦人類研究保護辦公室（Office of Human Research Protections）譴責，[1] 因為他們的角色在本案中涉及利益衝突。

. . .

走進洛杉磯的寬容博物館（Museum of Tolerance），會先來到一個互動式展間，這個空間的目的是讓你辨識誰是你無法忍受的人。最常被歧視的對象當然沒有缺席（黑人、女性、猶太人、同性戀），不過其中還有矮個子、胖子、金髮女性以及身心障礙者……接下來你還會觀賞一段描述各類偏見的影片，目的是讓你相信每個人多少都存有偏見。觀賞完影片後，博物館會邀請你從兩扇門的其中一扇正式進入博物館，其中一扇標示「懷有偏見」，另一扇則寫著「不帶偏見」。「不帶偏見」的這扇門是上鎖的，以免有人沒有搞懂博物館的用意。不過，偶爾還是有參觀者搞不清楚狀況。某天下午我們到博物館參觀，正好碰到四位屬於極端正統派的哈西迪猶太人，目睹他們氣憤地敲著「不帶偏見」的門，要求博物館讓他們進去。

. . .

大腦天生就有視覺盲點與心理盲點，這些盲點最高明的手段，就是讓我們獲得一種安心舒適的錯覺，以為自己一點盲點也沒有。某種程度上來說，認知失調理論就是一種盲點理論，解釋群眾如何以及為何在不自覺之下自我蒙蔽，不去注意會使自己質疑自身行為

或信念的重大事件或資訊。包含確認偏誤在內，我們腦中充斥各種自我圖利的習慣，好替自己找理由與藉口，說服自己我們是正確、實際而且不帶偏見的。社會心理學家李・羅斯（Lee Ross）將此現象稱為「素樸實在論」（naive realism），指的是我們無論如何都認為自己對物體或事件的感知，就是它們「最真實的模樣」。[2] 我們假設其他理性的人對於事物的觀點與我們相同。假如別人與我們意見不合，顯然是他們看得不夠清晰透徹。素樸實在論的兩大前提造就出邏輯盲點：第一，心胸開闊、公平公正的人應該會認同合理的見解；第二，我秉持的所有見解都是合理的，要是我的見解不合理，我就不會有這種見解。因此，假如我能讓反對我的人坐下來聽我解釋事情的真相，他們就會同意我的觀點。假如他們不同意，就代表他們有偏見。

羅斯從自己的實驗室研究，以及試圖消弭以巴衝突的經驗中，都清楚觀察到這種現象。就算雙方都承認對方對相同議題有不同的理解，他們還是覺得對方抱持偏見，自己則是客觀公正的，因此自己對現實的認知才是解決問題的基礎。在一份實驗中，羅斯將以色列談判者擬定的和平草案，標記為巴勒斯坦的和平草案，並請以色列公民評論這份草案。他說：「比起被貼上巴勒斯坦標籤的以色列草案，以色列公民反而比較喜歡被貼上以色列標籤的巴勒斯坦草案。假如連自己這邊的提案被貼上對方的標籤時，內容都無法吸引你，那真正出自於**對方**的提案又怎麼能說服你呢？」[3] 回頭來看美國的案例。社會心理學家傑弗瑞・柯恩（Geoffrey Cohen）發現，儘管支持嚴格社福草案的通常是共和黨，但民主黨員只要以為條件

嚴格的福利提案是由民主黨所提出，他們就會全力支持。反之，只要共和黨員認為法案是由共和黨所提議，就算福利政策的條件相當寬鬆，他們也會力挺到底。[4] 只要將同一份政策提案貼上對立方的標籤，你也能說服他人支持希特勒、史達林或阿提拉（Attila the Hun）的激進理念。在柯恩的實驗中，受試者都沒有意識到自身盲點，完全不曉得自己受政黨立場影響。他們都稱自己是根據對政府基本原理的認知，並且仔細研究過政策內容後，才合乎邏輯地整理出對提案的看法與見解。

要克服這種盲點難上加難，就算你的工作內容是保持公平公正，同樣難以擺脫自身盲點。根據大法官小奧利弗・溫德爾・霍姆斯（Oliver Wendell Holmes Jr.）的觀察，最高法院成員的職責，是維護憲法第一修正案（First Amendment）保障的一項自由，那就是「我們厭惡的思想的自由」。大家可以想像一下這項挑戰有多艱鉅。雖然多數法官都認為自己已經準備好面對挑戰，但這種失調感根本難以克服。根據一份研究，在 1953 年至 2011 年間的五百多起審案中，總計有 4,519 次投票。在這些投票中，要是最高法院法官認同被審人的言論，他們就更有可能保障被審人的言論自由。在約翰・羅伯茲（John Roberts）法庭的保守派成員做出的判決中，有 65％都是支持保守派的言論，自由派的言論自由只在 21％的案例中得到保障。自由派法官的審理結果就沒有這麼大的落差，兩方言論得到保障的比例，差距只有 10％左右，但他們同樣比較容易將支持票投給政治理念與自己相同的發言人。[5]

我們總認為跟別人的見解相比，自己的判斷比較不帶偏見而且

更獨立。某種程度上來說，這是因為我們仰賴內省與反思來體察自己的思維與感受，但我們根本無從得知其他人到底在想什麼。[6] 審視自己的內心與靈魂時，避免失調的需求讓我們相信自己只有最良善、最正直的動機。因為切身關注或涉入特定議題時，我們總認為自己對該議題抱持正確、精闢的觀點，例如「多年來，我對槍枝控制有非常強烈、堅決的看法，所以我知道自己在說什麼。」但是持相反意見的人也有這種強烈的個人觀點時，我們卻將那些觀點視為偏見的源頭，舉例來說，「她多年來對槍枝控管有非常強烈、明確的見解，所以一定對這個議題懷抱偏見。」

　　大家都對自己的盲點渾然不覺，正如魚兒不會意識到自己是在水裡游泳一樣。不過那些在特權中自在倘佯的人，特別有保持渾然不覺的動機。在 1940 與 1950 年代，瑪麗妮亞・法爾罕呼籲女性待在家中照顧小孩，以免導致性冷感、精神官能症或失去女性特質，因而聲譽鵲起、名利雙收。不過，她自己卻沒有發現一個非常矛盾（或諷刺）的事實：她有幸能成為一名醫師，而不是在家照顧兩個小孩的家庭主婦。生活富裕者提到弱勢族群時，很少會感謝自己有幸能過這麼優渥的生活，更遑論想到自己可能擁有太多特權與好處。特權就是他們的盲點。[7] 特權對他們來說彷彿隱形一般，他們也不曾多想，理所當然認為自己就是有資格獲得這種社會地位。某種程度上來說，每個人多少都對自己在人生中獲得的特權視若無睹，就算那特權只是短暫存在也是如此。坐飛機時通常選搭經濟艙的人，大多都認為選搭商務艙或頭等艙、享有特別服務的少數乘客既浪費又虛榮，另一方面又很羨慕嫉妒。只是飛個六小時，竟然要

多付那麼多錢！不過當他們自己也花錢買商務艙時，這種態度就會煙消雲散，他們會開始自圓其說，並以同情、鄙視的心態，看著同機乘客可憐地往低等客艙魚貫走去。

駕駛無法避免視野上的盲點，不過好的駕駛會特別注意，知道倒車或變換車道時要格外小心，以免撞上消防栓跟其他車子。正如兩位法律學者所言，我們與生俱來的偏見，「從兩個重要面向來看就像視錯覺（Optical illusion）。偏見讓我們從數據中推導出錯誤結論，而且就算我們已經知道偏見的影響，仍覺得自己的結論看起來是對的。」[8] 我們無法避免心理上的盲點，但要是對盲點的存在渾然不覺，就會不知不覺變得不顧後果、跨越道德界線，並且做出愚蠢的決定。單靠內省是沒辦法讓我們洞察自身盲點的，因為內省只會強化自圓其說的信念，讓我們更相信自己絕對不會被攏絡或收買，堅信自己對其他團體的厭惡或憎恨是合理、正當的，絕對不是不明事理的見解。盲點會讓我們更傲慢，使我們產生偏見。

通往聖安德魯斯之路

「我必須說，最大的錯誤莫過於看不到任何錯誤。」
　　——湯瑪斯·卡萊爾（Thomas Carlyle），歷史學家兼評論家

前共和黨眾議院領導人湯姆·迪萊（Tom DeLay）接受傑克·阿布拉莫夫（Jack Abramoff）的邀請，到蘇格蘭高爾夫球聖地聖安德魯斯（St. Andrews）度假。當時，阿布拉莫夫這名道德敗壞的說

客還在接受調查。《紐約時報》編輯朵洛西・薩繆爾斯（Dorothy Samuels）得知此事後，百思不得其解地問：「多年來，就算沒有被法院找去出庭作證，我仍一直透過書寫來揭露強權高官的問題與毛病。但我一直搞不懂，怎麼會有人願意賭上自己的名聲和職涯，去接受說客免費招待的奢華度假村之旅呢？」[9]

為什麼？失調理論能告訴我們答案：循序漸進、得寸進尺。雖然不少不要臉的貪汙政客，會將自己的選票賣給最大的競選贊助人，但因為盲點的存在，多數政治人物都認為自己很公正清廉。剛踏進政壇時，他們接受說客請吃午餐，因為這畢竟是政治運作的其中一環，而且他們也能更有效率地了解待審的法案，不是嗎？「再者，」政治人物說，「說客跟其他公民一樣，也是在行使自由發言權。我只要聽就好了。投票時，我基本上還是會考量自己的政黨跟選民是否支持此法案，以及通過此法案對美國人民來說究竟是好是壞。」

不過，一旦接受第一份小小的誘惑並自圓其說，你就已經開始往金字塔底部滑了。既然都跟說客共進午餐討論正在審議的法案，為何不乾脆到高爾夫球場談呢？差別又不大，而且高爾夫球場更適合談事情。如果已經跟說客在美國一起打高爾夫，答應他的熱情邀約，到更高級的高爾夫球場打球也沒差吧？去蘇格蘭的聖安德魯斯打高爾夫球，應該沒什麼大不了的吧？這有什麼不對嗎？等到政治人物已經滑到金字塔底端，接受越來越大的誘惑、不斷替自己找藉口時，社會大眾也忍不住大喊：「還敢問有什麼**不對**？不要開玩笑好不好！」某種程度上來說，政治人物沒有在開玩笑。朵洛西・薩

繆爾斯說得對，誰會為了到蘇格蘭打高爾夫而賠上事業跟名聲？當然沒有。如果說客一開始就提出這個邀請，肯定不會有人答應。不過，要是在這之前我們已經接受幾項較無傷大雅的小好處，那就另當別論了。傲慢以及隨後出現的自我辯護，就鋪好了通往蘇格蘭之路。

利益衝突跟政治是同義詞，大家都曉得政治人物為了維護自身權力而互相勾結合作，犧牲社會大眾的福祉。但這段過程也會影響法官、科學家、醫生等專家，只不過這更難察覺。這些專業人士自信滿滿，認為自己在司法、科學進展或公共衛生方面有獨立思考能力。他們接受的訓練跟身處的場域，都提倡公平公正的核心價值，因此許多在這些領域服務的人，一聽到有人暗示他們的專業表現可能會被金錢或個人利益影響時，都很容易感到相當氣憤。專業方面的自尊心，讓他們認為自己不可能會被外在因素影響。當然，有些人能不受外力誘惑，但在另一個極端，也有部分科學家跟法官一點誠信也沒有，徹底被野心和金錢所攏絡。在公然背棄誠信以及罕見的正直這兩個極端之間，則是身為凡人的多數群眾，他們跟所有人一樣，每個人都有自己的盲點。遺憾的是，這些專家更容易認為自己一點盲點也沒有，所以才更容易上鉤。

曾幾何時，多數科學家都不在乎商業利益的誘惑。1954 年，約納斯・沙克（Jonas Salk）被問到是否會替自己研發的小兒麻痺疫苗申請專利，他說：「你能替太陽申請專利嗎？」如今看來，他的回應雖然充滿迷人魅力，卻也顯得很天真。想像一下，你將自己的新發現貢獻給社會大眾，完全沒有趁機從中撈個幾百萬美金。當時

的科學界在研究與商業之間劃清界線，大學則扮演防火牆的角色。由於科學家能從政府或獨立機構獲得研究基金，就算最後不一定能在理論或實務上有所斬獲，他們多少都能自由地花幾年時間研究特定議題。從前，科學家要是公開發表研究發現並從中獲益，都會遭到質疑甚至是輕蔑。生物倫理學家與科學家薛爾登·柯林斯基（Sheldon Krimsky）[10] 表示：「想當年，生物學家若是在進行基礎研究時想著商業利益，就會被視為不恰當的越界行為。研究與盈利在當年似乎毫無瓜葛。不過，隨著生物學界的領導人物開始密切尋求商業出路、構思快速致富的方法，整個學界的風氣也隨之改變。現在只有獲得各方贊助的科學家才能聲名遠播。」

　　研究風氣轉變的關鍵時間點為 1980 年。美國最高法院在當年宣判，無論研發培育過程為何，經過基因改造的細菌也能申請專利。這代表只要你發現某種病毒、改變植物、分離基因，或是將任何活體生物改造成「製造產品」，就能夠獲得專利。此時學界掀起一股淘金熱，科學家紛紛踏上通往聖安德魯斯之路。許多分子生物學的教授立刻到生物科技企業擔任顧問，不僅如此，在許多以他們的研究成果開發產品販售的公司中，這些學者同時也身為股東。大專院校為了開發新的收入來源，開始成立智慧財產權辦公室，並提供獎勵金給那些替個人研究發現申請專利的教職員。在 1980 年代，學界的意識形態從一開始單純為研究而研究，或是為公眾利益而從事科學活動，轉變成以私人獲利為導向。稅務與專利法規也出現重大變革，聯邦政府的研究基金劇烈縮減，稅收優惠使來自產業的研究基金大幅增加。政府解除對製藥業的管制，製藥業因而在十

年內成為全美最有利可圖的產業之一。[11]

　　接著，學界開始出現研究人員與醫生涉入利益衝突事件的醜聞。大型製藥公司生產能拯救生命的全新藥物，但其他沒太大療效，甚至可能危及生命健康的藥物也接續問世。在 1989 年到 2000 年間，在所有獲得批准許可的藥物中，超過四分之三在療效上都沒有太大進展，但價格卻是現有藥物的兩倍，而且風險也更高。[12] 到了 1999 年，七大廣泛使用的藥物都因安全問題被下架，糖尿病藥瑞素靈（Rezulin）和專治大腸激躁症的羅腸欣（Lotronex）就是其中兩例。這些藥針對的病症都無關生死（其中一種藥是用來治療胃灼熱、另一種是減肥藥，還有止痛藥跟抗生素），而且相較於比較安全的舊藥，這些新藥都沒有更出色。這七種藥總共造成一千零二人死亡，更在數千名患者身上引發折磨人的併發症。[13] 2017 年，耶魯醫學院研究人員指出，在 2001 年至 2010 年間通過美國食品藥物管理局（FDA）核可的新藥中，近三分之一的藥物有重大安全疑慮，而且這些疑慮都是在藥物上市平均四年後才浮出檯面。被下架的藥物包含消炎藥貝克斯特拉（Bextra）、大腸激躁症藥物暢能錠（Zelnorm），以及治療乾癬的瑞體膚（Raptiva）。前兩種藥會增加患者罹患心血管疾病的風險，第三種則會使大腦更容易染上一種罕見、致命的感染性疾病。在通過核准的兩百二十二種藥物中，總共有七十一種被撤銷核准許可，或者藥商必須針對副作用附上「黑盒警示」，不然就是得公告最新發現的用藥風險。風險最高的藥物莫過於抗精神病藥物、生物製劑，以及獲得「加速核准」的藥物。[14]

　　面對這些新聞，社會大眾就像聽到政治人物說謊時一樣憤怒，

但他們同時又感到錯愕與驚訝，科學家跟醫生怎麼可能會推銷他們明知對人體有害的藥物？他們難道不曉得這是出賣靈魂嗎？他們怎麼有辦法替自己的行為找藉口？當然，有些研究人員就跟政治人物一樣敗壞，而且也對自己的行徑心知肚明。他們的行為就是雇主要求他們做的：交出雇主想要的研究成果，並將雇主不想要的研究發現壓下去。過去幾十年來，菸草公司的研究人員一貫如此。但至少公益團體、監督機構以及獨立科學家，最後都會揭發劣質或欺瞞大眾的研究。立意良善的醫生或科學家替自己的行為辯解，這對社會大眾的威脅才更不可輕忽。他們為了降低認知失調而自圓其說，真心認為自己不會被贊助企業影響。不過就跟植物有向光性一樣，他們會在全然不自知的情況下向贊助者的利益靠攏。

要如何分辨研究人員是否迎合贊助者的利益？其中一種方法是透過實驗研究，評估專業人員的判斷是否會因出資者不同而改變。在一份實驗中，研究人員支付一百零八位法庭心理學家與精神科醫師現行酬金，請他們評估四起真實、相同的性罪犯訴訟案，並運用同一套有效的風險評估措施，來判斷這四位性罪犯再犯的機率是更高還是更低。專家在非敵對的情況下使用同一套評估措施時，判斷都相當一致。不過在這份實驗中，研究人員告訴其中某些專家他們是受僱於被告，再告訴另一群專家他們是受僱於原告，結果專家的評估一致有利於他們心中以為的雇主。以為自己受僱於原告的專家，認為被告再犯的機率更高。而以為自己受僱於被告的專家，則認為他再犯的機率較低。[15]

另外一種評估贊助者潛在效應的方法，是比對獨立研究以及獲

企業贊助研究的成果。比較之下，研究人員確實會受贊助影響而產生偏見。

- 兩位調查人員選出在相同六年間發表的一百六十一份研究，這些研究都是探討四種化學物質對人體健康構成的潛在風險。在所有獲企業贊助的研究中，只有 14% 指出化學物質對人體有害，獨立研究則有 60% 證實化學物質有害人體健康。[16]
- 研究人員檢視一百多份對照臨床試驗。這些試驗的目的是比較新藥與舊藥的療效。在所有指出傳統藥物療效較佳的試驗中，有 13% 是獲藥廠贊助，剩下的 87% 則是由非營利機構提供資金。[17]
- 兩位丹麥研究人員檢視一百五十九份臨床試驗，這些試驗都是在 1997 年至 2001 年間發表在英國醫學期刊上的報告。在期刊要求之下，如果研究有潛在利益衝突，作者都必須坦白公開。因此，這兩位丹麥調查人員能針對有利益衝突以及無利益衝突的研究進行比較。他們發現，假如研究是由營利團體贊助，研究結果會對「實驗介入」有明顯正向的支持（例如，測試新藥的療效是否優於舊藥）。[18]

假如多數接受產業贊助的科學家，都不是在清醒自覺的狀態下說謊，那贊助偏見又是從何而來？新藥物的臨床試驗結果會受到各種因素影響，像是治療時長、患者病況、副作用、劑量，以及病患的個體差異。因此，專家在解讀試驗結果時，很少能得到清楚、斬釘截鐵的答案。這就說明為何科學研究必須不斷重複進行、持續修

正，以及為何多數研究發現可能會有不同的合理解釋。假如你是正直的科學家，發現自己開發的新藥試驗結果模稜兩可、令人擔憂，或許還有可能會稍微升高心臟病或中風的風險，你大概會說：「這有點棘手，我們繼續研究吧。風險增加只是偶然嗎？還是藥物所致？或者患者本來身體就很虛弱？」

不過，假如你有證明新藥比舊藥更有效的動機，想得到贊助商的認可並持續獲得研究基金，你就會傾向放下內心的疑慮，並且以有利於贊助公司的方式來排除模稜兩可的研究結果。此外，你也會在不知不覺中尋求支持研究假設的臨床證據。「沒什麼啦，不用繼續研究了。」「反正那些病人本來就病得很重。」「在新藥被證明有風險之前，我們就先假設這個藥是安全的吧！」獲得默克（Merck）贊助的研究員，在研究替該公司帶來數十億美元收益的止痛藥羅非昔布（Vioxx）時，就是這麼想的。後來，獨立科學家出面證實此藥確實會對健康構成風險。[19]

1998 年，一群科學家在知名醫學期刊《刺胳針》（Lancet）上發表論文，表示他們發現自閉症（autism）與接種 MMR 疫苗〔麻疹（measles）、腮腺炎（mumps）與德國麻疹（rubella）〕呈正相關。此文一出便引發莫大恐慌，迫使科學家、醫生與父母來到金字塔頂端、面臨抉擇：是否該停止讓孩童施打疫苗？數千名父母往「是」的方向走去。有些父母感到寬慰，他們終於知道孩子為什麼會得自閉症。其他父母則感到心安，因為他們曉得該如何預防自閉症。

六年後，在十三位參與此研究的科學家中，有十位科學家撤回

此研究結果，並揭發論文的第一作者安德魯・韋克菲爾德（Andrew Wakefield）未向期刊透露自己的利益衝突：自閉症孩童父母聘用的律師，請韋克菲爾德進行此研究。這些律師付了韋克菲爾德80多萬美金，請他研究他們是否有理由採取法律行動。在論文出刊之前，他將研究得到的正相關結果呈報給律師。《刺胳針》編輯理查德・霍頓（Richard Horton）寫道：「編輯團隊認為，這些資訊會是判斷那篇論文是否適切、可信、有效的關鍵依據，可惜出刊前我們手邊沒有這些資訊。」[20]

不過韋克菲爾德並沒有簽名撤回研究，也不覺得這有什麼問題，更辯解說：「如果參與一項研究，有可能或確實會讓人在判斷另一份研究的程序或結果時，無法保持公正或客觀的態度，這才叫利益衝突。即便進行研究前，我們就知道自閉症孩童在接受臨床轉診和檢查後會提出訴訟，我們也不認為這會影響先前那份研究的內容和語調……我們在此加強聲明，這篇文章不是科學論文，只是臨床報告。」[21] 哦，因為不是科學論文，所以沒關係。

沒有人知道韋克菲爾德的真實動機為何，也不曉得他對這份研究到底有什麼看法。但我們懷疑他跟本章開頭提到的史丹利・伯倫特一樣，都不斷說服自己十分光明磊落、研究結果極具貢獻，認為自己並沒有因為收了律師的80萬美元而受影響。但他不像真正獨立進行研究的科學家，他沒有動機找尋反面證據去否定疫苗與自閉症之間的關聯，但他卻有充分動機去忽略其他解釋。事實上，被誤認為是自閉症成因的疫苗保存劑硫柳汞（thimerosal），跟自閉症之間根本沒有任何因果關係（2001年起，疫苗不再使用硫柳汞作為

保存劑，但自閉症的比例並未因此降低）。疫苗與自閉症之間看似存在的正相關，只不過是一場巧合。大家之所以有此推斷，是因為孩童被診斷出患有自閉症時，通常也正處於接種疫苗的年齡。[22] 截至 2019 年，已經有十多份經過同儕審查的大型研究，證實 MMR 疫苗與自閉症之間毫無關聯，其中有份來自丹麥的研究計畫更以六萬多名孩童為樣本。

當年有數千名孩童的家長，從金字塔頂端一路往下滑，滑到認為疫苗會導致自閉症的那個端點。這群家長得知最新研究結果後，有鬆一口氣說「太好了，這個資訊實在太有用」嗎？只要關注美國各地家長阻止孩子接種必要疫苗的新聞，大概就知道他們都做何反應了。花了六年的時間，說服自己硫柳汞是孩童自閉症與其他疾病的成因，這群家長拒絕相信那些證明這兩者毫無關聯的研究。美國疾病管制與預防中心、美國食品藥物管理局、國家衛生院、世界衛生組織與美國兒科學會，各大機構都宣傳施打疫苗的好處，但那些家長拒絕採信。「我是個好家長，我知道什麼對孩子最好」跟「這些機構說我的決定可能會對孩子造成傷害」兩種想法相互衝突，引發認知失調。面對這種失調感，家長選擇相信何者？想都不用想，他們都說：「科學家懂個屁。」

這就是為什麼「疫苗導致自閉症」的恐慌，會造成揮之不去的慘烈效應。有份大規模流行病學研究發現，自 1924 年起，兒童接種疫苗成功預防一億多人感染嚴重傳染病，更救了三、四百萬條人命。然而，部分家長開始停止讓孩童施打疫苗後，麻疹與百日咳的罹病率逐漸上升。自 1959 年後，百日咳感染率最高的年份是 2012

年，全美總共有三萬八千名病例，而 2019 年的麻疹病例數則是二十五年來之冠，總計超過一千兩百二十五起。有鑒於美國曾在 2000 年宣布麻疹已徹底絕跡，這些數字顯示美國的公衛水準嚴重倒退。費城兒童醫院的感染科與疫苗教育中心主任保羅・奧菲特（Paul Offit）寫道：「在美國，百日咳、麻疹、流行性腮腺炎以及細菌性腦膜炎的住院率與死亡率逐年上升。之所以會有這般發展，是因為對某些家長來說，疫苗已經變得比疫苗預防的疾病還要可怕。」[23]

我們在第 1 章提到，就算理智上知道某個觀念是錯的，民眾還是不會改變信念。如果他們為了支持錯誤的信念，已經朝金字塔下方走了好幾階，就更不可能會回頭。在這個階段，獲知與自身觀點相反的資訊可能還會造成反效果，讓人進一步堅守錯誤的觀念。布蘭登・尼漢（Brendan Nyhan）跟同事，提供一群能代表全國的家長樣本各種科學資訊，試圖消除他們對疫苗的疑慮，例如與疾病風險相關的資訊，描述要是孩子未施打疫苗可能會有哪些慘烈的下場，甚至還讓這群家長看病童的悲慘照片。那些先前對疫苗存疑或反對疫苗的家長，反而**更不可能**表示願意讓孩子施打疫苗。雖然他們相信疫苗並未造成自閉症，但他們依然會想出其他疑慮或無以名狀的不安全感，來替反對疫苗的立場找理由[24]（布蘭登・尼漢也找來未施打流感疫苗的人做實驗，這群人之所以沒打流感疫苗，是因為誤信疫苗會讓人得流感。那群受試者的反應，就跟拒絕讓孩童施打疫苗的父母一樣）。

這就是自我辯護揮之不去的效應，因為多數危言聳聽的疫苗反

對者從來沒有說：「我們錯了，你看我們對社會造成多大傷害！」雖然安德魯‧韋克菲爾德的醫師執照被英國醫療當局吊銷，他仍堅信疫苗會導致自閉症。他在一篇新聞稿中指出：「沒有人能阻撓我，這個議題太重要了。」[25] 芭芭拉‧蘿‧費雪（Barbara Loe Fisher）是反疫苗組織的代表人物，此組織四處散播錯誤訊息，極力阻撓各種確保孩童接種疫苗的手段。2015 年，迪士尼樂園爆發大規模麻疹病例後，她說所有的疑慮只是「詭計」，目的是要掩蓋疫苗的過失。我們猜想，她跟組織成員應該都住在幻想樂園吧[26]。

不斷送上門的禮物

　　醫生跟科學家一樣，都想相信自己不會在正直與誠信上妥協。不過每次醫生收取廠商提供的費用或獎勵酬金，替他們進行特定測試或療程、讓患者參與臨床試驗，或是開立更貴的新藥（但藥效不比舊藥更有效或更安全）時，醫師就得在患者的福祉與自己的經濟利益之間兩相權衡。盲點讓他們做出對自己有利的選擇，並替自己的決定找藉口：「藥廠如果想送我們筆、筆記本、日曆，或是請我們吃飯、提供報酬、支付小額的諮詢費，那又何妨？我們又不會被廉價的小禮品或披薩收買。」根據調查，醫生都認為從道德的角度來看，小禮品比貴重的大禮還說得過去。美國醫學協會也持相同看法，規定只要藥廠代表送的禮物價值不超過 100 美金，醫師就可以收禮。不過證據顯示，對多數醫師來說，小禮物的影響力甚至遠大於高額贈禮。[27]

藥廠都深知這點。有份全美隨機抽樣調查訪問近三千名基層醫療醫師與專科醫師，發現有 84% 的醫生曾收過藥廠提供的各類報酬，像是藥品樣本、食物飲料、津貼給付，或是服務費用。[28] 根據聯邦醫療保險和醫療補助服務中心，在 2013 年 8 月至 12 月的這五個月內，藥廠跟醫療器材公司花在健康照護專業人員與教學醫院身上的錢，總共高達 35 億美元，其中有 3 億 8 千萬是付給五十四萬六千名醫師的演講與諮詢費。該中心後來更發現實際數字比預估數字高出 10 億美金。[29] 在這群醫生當中，有些人收的服務費超過 50 萬美元，但多數都是獲得辦公文具用品、參加廠商支付的餐會或旅遊，或是參與「醫療進修教育」計畫（但唯一的「教育」是了解藥廠推出的新藥）以及「未經官方認證的訓練」。

　　行銷人員、說客跟社會心理學家，都知道為何大型藥廠要花這麼多錢送出大小贈禮：人只要收到禮物，內心潛在的回饋欲望就會被激發。富勒毛刷公司（Fuller Brush）的銷售人員，早在幾十年前就知道這個原則了，他們可是首創「得寸進尺法」（foot-in-the-door technique，又稱登門檻效應）這種銷售技巧的公司：先送家庭主婦一把小刷子當禮物，她就不會當面把門關上。收到禮物後，家庭主婦就更有可能會邀銷售人員進門，最後向他購買昂貴的刷具。多年來，羅伯特・席爾迪尼（Robert Cialdini）研究說服和影響他人的技巧。他仔細觀察印度教哈瑞奎師那派（Hare Krishna）信徒在機場募款的方式。[30] 他們知道，直接請疲倦的旅人捐錢是行不通的，這種方法只會讓旅客對他們發脾氣。因此，這些信徒想出更好的辦法。鎖定旅客之後，他們會接近他，在他手中塞一朵花或是把花別在他

的夾克上。假如旅客拒絕收花或試圖將花還回去，教徒就會反抗說：「這是我們給你的禮物。」這個時候，教徒才會要求對方捐款。旅客這時便很有可能答應他們的要求，因為收下他們贈送的花，會讓旅客覺得自己蒙受他們的恩惠，應該有義務回饋。該怎麼回報這份禮物呢？捐點錢好了……不然再跟他們買一本設計精美、價格高昂的《薄伽梵歌》（*Bhagavad Gita*）好了。

　　旅人有意識到自己的行為被互惠的力量影響嗎？完全沒有。一旦報答對方的餽贈，旅人就會開始自圓其說：「反正我一直都想買一本《薄伽梵歌》，想知道那到底是什麼。」旅人沒有意識到花朵的力量，他們說：「那只是一朵花。」住院醫師認為：「那只不過是一塊披薩。」醫師則說：「那只是一場教育座談會的小額捐款。」不過，醫生跟藥廠代表的往來頻率，以及醫生後來開立藥物的成本，這兩者之所以呈正相關，花朵的力量就是原因之一。「那個藥廠代表跟我介紹的新藥聽起來超有效的，我還是來試一下好了。搞不好病人的狀況能好轉。」不管禮物有多小，收下禮物的那一刻，這段過程就啟動了。就算一開始只是留意對方的舉動、傾聽他的說詞，或是對贈禮者表示認同，你都會有一種想回饋對方的渴望。最後，你會更願意開立處方箋、作出抉擇，或是用選票來報答對方。你的行為因此改變，但多虧盲點與自我辯護，你依舊不認為自己的思考能力與專業倫理有受影響。我們的一位共同朋友拿到一份處方箋，上頭的藥品附帶一長串警告標示。她在某個獨立單位的官網上發現，關於此藥的所有研究與試驗，都是由開發這種藥的藥廠所執行，她立刻告訴醫師這件事。醫師只說：「有差嗎？」

身為生物倫理學家兼哲學家的卡爾‧艾略特（Carl Elliott），同時也領有醫師執照，他寫過許多文章與著作探討小禮物如何讓收禮者掉入陷阱。他的哥哥哈爾（Hal Elliott）是位精神科醫師，他曾向卡爾描述自己成為大藥廠講師的過程。一開始，藥廠只是請他跟一個社群團體談談憂鬱症。好啊！他心想，反正就當成公共服務吧！後來，他們又邀請他到醫院講同一個主題。再來，藥廠開始針對演講內容提出建議，請他把重點從憂鬱症移到抗憂鬱劑上。接下來，藥廠又說能幫他安排全國巡迴演講，「這才有錢賺啊！」最後，他們請哈爾介紹藥廠新推出的抗憂鬱劑。回顧這段過程，哈爾對弟弟說：

　　想像你是一位參加派對的女子，老闆對妳說：「幫我一下，對那邊那個男的好一點。」妳看了一下，那個人長得不差，妳剛好也單身，於是一口答應：「好啊，我可以稍微對他獻殷勤。」不久之後，妳就發現自己在未標記編號的飛機貨艙中，朝曼谷的妓院飛去。妳說：「等一下，我當初沒有答應這個啊。」這個時候妳必須捫心自問：「我到底是什麼時候開始賣淫的？難道在派對上就開始了嗎？」[31]

　　現在，就連專業的倫理學家也會參加派對。看門犬被牠們本該看守的狐狸給馴服了。製藥與生物科技公司支付生物倫理學家顧問費，跟他們簽合約、提供報酬。而在生物倫理學家關注的各種議題中，其一就是醫師與製藥企業間的利益衝突會對社會構成何等危

害。卡爾·艾略特曾轉述他的同事是如何替收錢的行徑辯解,他寫道:「企業諮詢的擁護者,聽到外界質疑收取企業的錢會使他們失去公正性,而且更無法客觀做出道德批評時,他們都很生氣。生物倫理學家埃文·迪蘭佐(Evan DeRenzo)曾對我說:『客觀是種迷思。』她引用女性主義哲學的論點來支持自己的觀點,『我不認為世界上有任何人,會在毫不在乎最後結果的情況下參與某個活動。』」以下送給大家一句減輕失調的絕妙藉口:「反正人不可能絕對客觀,那還是我收下顧問費吧。」

托馬斯·唐納森(Thomas Donaldson)是華頓商學院倫理課程的主任,他認為這種做法沒什麼不對。他將企業聘用的道德倫理顧問,跟企業請來審計帳務的獨立會計師事務所相提並論。為何不能請倫理學家來審查公司的道德呢?艾略特並沒有被這番自我辯護的企圖給說服,他說:「道德分析跟財務審查完全不一樣。」會計師的違法行為是能被明確指認並證實的,但你要怎麼判斷道德顧問是否逾越界線?「你要怎麼判斷道德顧問之所以改變想法,是基於正當理由,還是因為被錢驅使?要怎麼分辨公司之所以聘請這位顧問,是因為他真誠正直,還是因為他支持公司的計畫與理念?」[32]艾略特諷刺地說,或許我們該感謝美國醫學協會的倫理與司法事務理事會,謝謝他們制定一套新的計畫,教導醫師注意收受藥廠贈禮時可能產生的道德問題。這套計畫獲得 59 萬美元贊助,贊助商為禮來公司(Eli Lilly and Company)、葛蘭素史克(Glaxo Smith Kline)、輝瑞(Pfizer)、美國製藥集團(U.S. Pharmaceutical Group)、阿斯利康製藥(Astra-Zeneca Pharmaceuticals)、拜耳

（Bayer Corporation）、寶僑（Procter and Gamble）和惠氏藥廠（Wyeth-Ayerst Pharmaceutical）等大型藥廠。

大腦的疏忽

「亞爾・坎帕尼斯（Al Campanis）是個大好人，個性可愛討喜，但他當然也有缺陷。在八十一年的人生中，他犯了個一輩子都無法擺脫的彌天大錯。」

——體育作家麥克・利文（Mike Littwin）

1987 年 4 月 6 日，美國電視節目《夜線》（*Nightline*）播出傑克・羅賓森（Jackie Robinson）初登大聯盟四十週年特輯。在節目中，坎帕尼斯接受泰德・科佩爾（Ted Koppel）訪問。當時坎帕尼斯是洛杉磯道奇隊總經理，他從 1943 年起就是道奇隊的一員，1946 年時更是傑克・羅賓森在蒙特婁皇家隊的隊友。那年，坎帕尼斯揍了一位侮辱羅賓森的偏激球員。後來，坎帕尼斯更挺身支持讓黑人球員進入職業棒球大聯盟。在那場與科佩爾的訪問中，坎帕尼斯讓大腦進入自動駕駛模式。科佩爾問身為羅賓森老友的坎帕尼斯，為什麼職棒界沒有任何黑人擔任教練、球隊總經理或老闆。起初，坎帕尼斯顧左右而言他，說什麼為了達成夢想得放下身段在小聯盟工作，還說一路往上爬的時候薪水真的很少。不過科佩爾沒有就這樣放過他：

科　佩　爾：是啦，但你其實也知道，你知道這都是鬼扯。我剛才說
　　　　　　的是，職棒界有很多黑人球員，他們都很優秀，也超想
　　　　　　擔任管理職。我就直接一點好了，我想問的其實是，你
　　　　　　覺得棒球界目前還有種族歧視嗎？直接告訴我你的想法。
坎帕尼斯：沒有，我不覺得那是歧視。我真心認為黑人的條件其實
　　　　　　還不夠，他們還沒有當總教練或是球隊總經理的能力。
科　佩　爾：你真的這麼想？
坎帕尼斯：我也不是說全部都能力不足，但他們確實還差一截。現
　　　　　　在有多少四分衛是黑人？又有多少投手是黑人？

　　採訪播出兩天後，批評聲浪四起，道奇隊因此將坎帕尼斯開
除。一年後，坎帕尼斯表示自己在接受採訪時「累斃了」，完全不
曉得自己到底在說什麼。

　　坎帕尼斯的真面目到底是什麼？他是黑人歧視者，還是政治正
確的受害者？兩者皆非。他喜歡、尊重自己認識的黑人球員，更在
違逆時代潮流與大眾預期的情況下支持羅賓森，**但是**他也有盲點：
他覺得黑人適合當球員，但沒有聰明到能當經理或教練。他是由衷
地對科佩爾說，他真心不認為這有什麼問題。「我不覺得那是歧
視。」坎帕尼斯沒有說謊或含糊其詞。身為球隊總經理的他，其實
能建議球隊聘用黑人擔任經理或教練，不過盲點使他完全沒有考慮
到這點。

　　我們都能看出誰是偽君子，卻看不見自己的偽善。我們都認為
別人顯然會受到金錢利誘，卻不覺得自己可能受錢左右。所以我們

也看得見別人身上的偏見，卻對自己的偏見渾然不覺。由於我們有捍衛自尊的盲點，所以我們不可能會對另一群人抱持偏見，畢竟偏見是種不理性、心胸狹隘的觀點。因為我們不是非理性或心胸狹窄的人，我們對其他群體的負面觀感肯定都是正當的。我們的厭惡都是理性、有憑有據的。我們需要打壓的，是他人群體的負面感受。如同在寬容博物館猛敲「不帶偏見」大門的哈西迪猶太人──我們都看不見自己的偏見。

人類心智以分類的方式來感知、處理資訊的傾向，就是偏見的來源。「分類」這個說法還算好聽、中性，講白一點其實就是「刻板印象」，這兩者其實沒什麼分別。認知心理學家將刻板印象視為節能裝置，能讓我們根據過往經驗作出有效的決策。刻板印象能讓我們更快消化新的資訊、汲取記憶，了解不同群體之間的實質差異，並預測他人的行為或思維，而且預測結果通常都相當準確。[33]我們明智地仰賴刻板印象、倚靠刻板印象迅速提供的資訊，來進一步迴避危險、接近可能會變成朋友的新對象、選擇該讀哪間學校或做什麼工作，或是認定站在擁擠房間另一頭的**那人**會是此生摯愛。

這些是刻板印象的優點。而刻板印象的缺點，是會縮小同一類別中個體的差異，並放大不同類別之間的差距。共和黨跟民主黨的支持者，總認為彼此之間毫無相似之處，但許多堪薩斯州的居民都希望學校能教演化論，很多加州民眾則反對任何形式的槍枝控管。很多人都知道，在跟自己同性別、支持相同政黨、屬於相同種族或來自相同國家的群體之中，每個個體都各有不同，但我們卻傾向概括看待其他類別中的人，一律將他們視為**他們**。這種習慣在我們很

小的時候就養成了。社會心理學家馬莉萊・布魯爾（Marilynn Brewer）多年來研究刻板印象的本質，她發現女兒有一次從幼稚園回家後，抱怨「男孩都是愛哭鬼」。[34] 女兒之所以這麼說，是因為她看到兩個男孩第一天到校上學時一直哭。身為科學家的布魯爾問她難道都沒有女孩哭嗎？女兒回答：「當然有，但只有一**些**女孩哭了，我沒哭。」

布魯爾的女兒已經將世界區分成我們跟他們了。「我們」是大腦組織系統中最基本的社會分類，同時也是與生俱來的概念。「我們」跟「他們」這兩個複數代名詞就是非常強大的情緒信號。在一份實驗中，受試者以為自己要接受語言能力測驗。實驗中，xeh、yof、laj 或是 wuh 等無意義的音節，會隨機配對內團體代名詞（我們、我們的）、外團體代名詞（他們、他們的），或是作為對照組的其他代名詞（他、她的、你的）。接著，受試者必須評估這些無意義音節有多麼討喜。你可能會懷疑，怎麼會有人對 yof 這種無意義音節產生任何情感？怎麼可能會有人覺得 wuh 比 laj 討喜？不過，實驗結果顯示，當無意義音節跟內團體代名詞配對時，受試者會認為這些音節更討喜。[35] 沒有任何一位受試者猜到為什麼會這樣，也沒有人察覺到這些字詞的配對方式。

我們一旦建立名為「我們」的分類，就會一概認為不屬於此分類的人「不是我們」。「我們」這個詞的特定意涵，能在轉眼間立刻改變：我們這些樸實的美國中西部居民，對上華而不實的東西岸人；我們這些開油電混合車的人，對上你們那些開耗油休旅車的車主；波士頓紅襪隊球迷，對上洛杉磯天使隊球迷（我們隨便舉的這

個例子，正好是本書兩位作者在球季期間的情形）。亨利‧泰菲爾（Henri Tajfel）等人進行的經典實驗，就證明我們能在短時間內從實驗情境中創造出「我們」的概念。[36] 泰菲爾跟同事找來英國男性學童，向他們展示投影片，投影片上有數量不一的圓點，並請他們猜測圓點的數量。他隨機告訴某些男孩他們猜得太多，並告訴其他男孩他們猜太少。接著，實驗人員請所有男孩接受下一項測驗。在這個階段，每個人都能替其他高估或低估圓點數量的男孩評分。雖然每位男童都在自己的隔間裡作業，但幾乎所有人都給跟自己同屬高估者或低估者的男孩更高分。受試男童從小隔間出來之後會彼此詢問：「你是猜太多還是猜太少？」假如兩人的判斷一致就會互相歡呼，要是不一樣就會被噓。

對於身分認同來說，某些「我們」的特定分類，顯然比開什麼車或猜測的圓點數量還重要，例如性別、性向、宗教、政治立場、種族跟國籍。一旦覺得自己跟賦予生命意義、身分認同與使命感的群體脫鉤，我們就會痛苦難耐，感覺自己是在浩瀚宇宙中飄蕩的石塊。因此，我們會不計代價維護這種依附感。民族中心主義（ethnocentrism）指的是認為自身文化、國籍或宗教更優越的信念，而演化心理學家認為，這種信念能強化我們與初級群體❶的連結，進而提升個體工作、奮鬥甚至是為群體犧牲的意願，因此可說是一種有助於生存的信念。如果生活過得很順遂，多數人都會覺得

---

❶ 初級群體（primary group），是一種社會學概念，指的是對個人極具影響力、成員關係緊密的團體，例如家庭群體、戀愛關係、摯友群體、教會群體等。與初級群體相對的則是次級群體。次級群體的個體互動程度較低，而互動的目的都是為了履行職責、完成任務或實踐目標，例如僱傭關係、買賣業主與客戶之間的關係等。

自己對其他文化與信仰很包容，就連對另一種性別也能展現寬容大度！不過在憤怒、焦躁或是受威脅的情況下，盲點就會自動啟動。「我們」擁有智慧以及深層情感等人類特質，「他們」則是蠢蛋、是愛哭鬼，根本不懂什麼是愛、羞恥、悲痛或悔恨。[37]

　　認為「他們」不比「我們」理智的思維，會讓我們對於與自己相似的群眾感到更親近。但更重要的是，這種念頭會合理化我們對待「他們」的方式。多數人都認為刻板印象是歧視的成因。坎帕尼斯認為黑人缺乏擔任管理職的「必要能力」，因此拒絕聘請黑人來當教練或經理。但認知失調理論顯示，態度與行動之間的路徑其實是雙向的。自圓其說的刻板印象往往是源自歧視。坎帕尼斯因為沒有足夠的意願或勇氣，去說服道奇球團聘用黑人經理，就替自己的被動消極找藉口，告訴自己反正黑人本來就擔不起這個職位。道理相同，假如我們奴役另一個群體的成員，剝奪他們接受適當教育或擔任體面職位的機會，不讓他們入侵我們的專業勢力範圍，或者否定他們的人權，我們就會為了替自己的行為辯解而啟動對他們的刻板印象。藉由說服自己他們是沒價值、不受教、無能、天生數學不好、行為不端、邪惡、愚蠢的人，或甚至不配為人，我們就不會因自己對待他們的方式感到內疚，不會認為自己的行為不道德，當然更不覺得自己抱持偏見。有趣的是，只要他們安分守己、知所進退，不要出現在我們的俱樂部、大學、職場或是住家社區，我們甚至會喜歡他們其中的某些人。簡單來說，我們用刻板印象為自己的行為辯解，否則我們無法舒心接納自己或身處的國家。

　　既然分類式思維是普世皆然的心智特徵，為什麼某些人對其他

團體的偏見特別強烈、嚴重呢？坎帕尼斯並沒有強烈厭惡或反對黑人，所以我們能說他並未抱持偏見。我們認為或許透過論述與說服，坎帕尼斯就不會再認為黑人無法勝任管理職。反證的效力或許能削弱或甚至是瓦解刻板印象，但**偏見**是完全不受理智、經驗或反面例證所影響的，這就是偏見的特徵。社會心理學家高爾頓‧奧爾波特（Gordon Allport），在 1954 年出版的經典著作《偏見的本質》（*The Nature of Prejudice*）中，生動描述了懷抱偏見的人碰到與自身信念相悖的證據時，會有什麼樣的典型反應：

X 先生：猶太人的問題就是他們只關心自己人。

Y 先生：但是從公益金捐款紀錄來看，就猶太人的人數比例而言，捐款給一般社區慈善組織時，他們比非猶太人更慷慨大方。

X 先生：這就顯示他們總是想用錢來收買別人的贊同跟認可，還企圖插手基督教事務。他們滿腦子想的都是錢，所以才會有那麼多銀行家是猶太人。

Y 先生：但最近有份研究顯示，銀行界的猶太人比例低到不行，比非猶太人低很多。

X 先生：這就是問題所在，他們都不從事值得別人尊敬的行業，只會跑去搞電影或開夜店。[38]

奧爾波特精準模擬 X 先生的思考過程。X 先生甚至沒有試著回應 Y 先生提出的證據，只是不斷拋出自己討厭猶太人的原因。我們一旦抱持偏見，就像擁有政治意識形態那樣，永遠不會改變自

己的觀點。即便眼前的證據直接推翻了我們的核心論述，信念依然絲毫不動搖。假設理智的 Y 先生告訴你昆蟲是很棒的蛋白質來源，而且轟動業界的「昆蟲餐廳」新主廚設計出一道超可口的前菜，菜裡混了壓成泥的毛毛蟲。你會立刻衝去進行這場美食大冒險嗎？假如你對吃昆蟲有偏見，大概就不會去試，就算這位新廚曾登上《紐約時報》美食版頭版，也無法打動你。你會像固執已見的 X 先生一樣，找出其他理由來自圓其說。你會對 Y 先生說：「好噁心，昆蟲那麼醜，又濕濕軟軟的。」他會反問：「是沒錯，但是你為什麼敢吃龍蝦跟生蠔？」

偏見一旦養成就難以根除。偉大的法學家小奧利弗‧溫德爾‧霍姆斯就說：「試著去教育固執已見的人，就像拿光照射瞳孔一樣——瞳孔會自動收縮。」多數人都會耗費許多精神能量來維護自己的偏見，而不是改變它。他們通常會打發那些反面例證，宣稱那是「證明規則存在的例外」（我們倒想問問，到底什麼證據才能推翻規則？），還有「但我有幾個好朋友是……」這句現在被譏諷到不行的台詞。這些藉口至今仍存在，因為當偏見迎頭撞上例外時，這些說法能有效率地消除失調。多年前，艾略特為了到明尼蘇達大學教書搬到明尼阿波利斯時，有位鄰居對他說：「你是猶太人？但是你比……」她停了下來。他問：「比什麼？」她這才弱弱地回答：「比我想的好太多了。」承認艾略特不符合她的刻板印象，讓她覺得自己心胸開闊、慷慨大方，同時還能保有她對全體猶太人的根本偏見。她甚至覺得自己是在讚美艾略特：「他比其他跟他同種族的人……都要好太多了。」

傑佛瑞‧薛曼（Jeffrey Sherman）等人就執行了一系列實驗，證明偏見極深的人已經做好準備，願意努力讓自己的偏見跟相抵觸的資訊不要造成失調。懷抱偏見的人，其實會將注意力擺在與自身信念相違背的資訊上，反而不會特別留意符合個人觀點的訊息，因為他們就跟 X 先生還有明尼蘇達的鄰居一樣，得想辦法替不符合偏見的證據找理由。在一份實驗中，實驗人員要求異性戀學生評估羅伯這位同性戀。在針對羅伯的描述中，他從事八種符合同性戀刻板印象的活動〔例如研究形意舞（interpretive dance）〕，以及八種不符合同性戀刻板印象的活動（像是會在週日看美式足球賽）。反同的受試者會扭曲關於羅伯的證據，而且跟不帶偏見的學生相比，那些反同的學生認為羅伯更「陰柔」，藉此維持他們的偏見。為了消滅反面例證造成的失調，他們會將反面例證解讀成人為事件。是啦，羅伯是看了美式足球賽沒錯，但只是因為他堂弟弗雷剛好來找他而已。[39]

這種為消滅失調而扭曲事實的現象，在實驗室以外的現實世界屢見不鮮。想像某些白人至上主義者，在得知潛在盟友不是百分之百的「白人」之後，會為了消滅失調付出多少努力。亞倫‧帕諾夫斯基（Aaron Panofsky）跟瓊安‧唐納凡（Joan Donovan）這兩位研究人員，瀏覽白人民族主義團體風暴前線（Stormfront）的網站，爬了上百篇貼文，想了解組織會如何與申請者商討溝通，處理申請者提出的「苦惱消息」，例如他們不具百分之百的白人基因，或是血液裡摻雜非歐洲人的血統。風暴前線的創辦人設下非常絕對的入會條件，他們只接受「百分之百歐裔的非猶太人，絕無例外」，而

且他們還表明白種與否是由基因來判定。不過在希望能盡量多收會員的前提之下，如果有申請者的基因不是百分之百白人，他們該怎麼辦？他們有兩種消減失調的方法，其中一種非常嚴格，另一種則相當彈性。嚴格的手法就是直接把他們踢出網站：

貼文：嗨，我拿到基因鑑定結果了，我今天才知道我是 61％ 的歐洲人。我以白種與歐洲血統為傲。我知道很多會員都比我更「白」，但我不在乎，我們的目標是一樣的。為了保護白種、守護歐洲血統以及白人家族，我什麼都願意做。

回應：我替你準備了一杯飲料，裡頭是 61％ 的純水，剩下則是氰化鉀。我想你應該不會拒絕把這杯飲料乾了吧……氰化鉀不是水，**你**也不是白人。

　　不過研究人員發現，多數風暴前線的成員會提出不合科學邏輯的說法，來消減 DNA 檢驗結果的可信度，藉此增加社團人數、降低失調，安撫那些擔心自己會被拒絕的申請者。「檢測白種基因的方式有很多種，留下來吧。」「他們詮釋檢驗數據的方法並不正確。」歷久不衰的猶太人陰謀論也派上用場：「這些基因檢測公司的老闆都是猶太人，大家都曉得他們的陰謀就是打造多元文化啊！」（有位社團成員寫道：「事實顯示 23andMe 這家基因檢測公司的老闆是猶太人。所以，就算其他基因檢測公司也在猶太人名下，想必大家也不會太意外。我想 23andMe 應該是個祕密行動，猶太人想利用這間公司取得基因，然後用基因製造生化武器來對付

我們。」）在風暴前線網站上最受鄙視的，莫過於黑人與猶太人血統，但就連基因檢測報告中有這兩種血統的申請者，也會獲得令人寬慰的回應。這些回應的主要目的，是替那些不符合預期的檢測結果找藉口，減低檢測的可信度與重要性。有位女子的母親經過檢測後，結果顯示為「11％的波斯土耳其高加索人」，她「恐慌」地請社團成員幫忙解讀數據。難道我媽的基因被汙染了嗎？有位成員叫她別擔心。雖然高加索人目前為穆斯林，但他們「原本是白種人」，而且「波斯人是雅利安人（Aryan）」。[40]

風暴前線的成員，跟其他大言不慚的白人至上主義者，張揚地把自己的偏見掛在嘴邊。不過對特定群體懷有偏見的多數美國人，都曉得最好不要公開透露自己的偏見，因為在許多人的生活或工作環境中，只要說出任何能被歸類為歧視的言論，都會被小小懲戒、公然羞辱甚至被解僱。面對矛盾資訊時，我們得花很大的力氣才能維持偏見，不過壓抑這些負面感受同樣也得費盡心力。社會心理學家克里斯・克蘭道爾（Chris Crandall）與艾米・埃斯勒門（Amy Eshelman），瀏覽大量關於偏見的研究文獻後，發現人在情緒耗盡時，更容易將自己對其他群體的偏見表現出來，像是想睡覺、沮喪、生氣、焦慮、喝醉或壓力大的時候。梅爾・吉勃遜（Mel Gibson）被逮到酒駕時，說了一大堆反猶太人的激烈言論。事發隔天，他在老套的道歉聲明中表示：「我說了連自己都不相信的事，我的言論實在相當卑劣，對此我深感羞愧……在酒醉期間，我做了完全不像我的事，我要為這些行為向大眾致歉。」翻譯：「不是我的錯，是酒精害的。」這個說法還不賴。不過證據清楚顯示，喝醉

酒雖然讓人更容易顯露內心偏見，但可不會將這些偏見植入他們腦中。所以，假如有人出面道歉說：「我之前說過的話，其實連我自己也不信，我只是累了／很擔心／很生氣／喝醉了。」或是當坎帕尼斯說自己「累斃了」的時候，我們都能確信他們真的就是那個意思。

多數人都不喜歡自己有這種偏見，因此這也造成認知失調。一方面，他們堅信從道德或社會層面來看，說出這種話是不對的，但他們另一方面又曉得自己「不喜歡這些人」。這兩種認知相互衝撞。克蘭道爾與艾米·埃斯勒門指出，受到這種失調感所困擾的人，會迫切尋找各種自圓其說的方法，讓自己在表達內心真正的想法時，還能覺得自己是個有道德的好人。這麼看來，難怪大家都喜歡靠自我辯護來消除失調。川普一天到晚誇誇其談，說自己有多討厭哪些人（尤其是拉丁裔美國人、穆斯林跟身心障礙者），大肆宣揚出生地懷疑派的謊言，稱前總統歐巴馬（Barack Obama）不是在美國出生，非裔美國人更長期飽受他的差別待遇。但是就連他這種人，也想靠發推特來向大眾宣告：「我是你這輩子見過最沒有種族歧視的人。」他還說：「我絲毫沒有任何種族歧視的思想！」克蘭道爾與艾米·埃斯勒門表示：「自我辯護能鬆開壓抑，就像一種掩護或偽裝，得以維繫主張平等、不帶偏見的自我形象。」❷ 41

❷ 在他們的實驗中，在受試者自認有道德資格說自己沒有偏見時（他們在實驗中有機會駁斥顯然帶有性別歧視意味的言論），對於自己在後續的投票實驗中選用男人來從事刻板印象中的男性工作，他們將更傾向認定這是正當且無偏見的。請見 Christian S. Crandall and Amy Eshelman, "A Justification-Suppression Model of the Expression and Experience of Prejudice," *Psychological Bulletin* 129 (2003): 425. 另可參考 Benoît Monin and Dale T. Miller, "Moral Credentials and the Expression of Prejudice," *Journal of Personality and Social Psychology* 81 (2001): 33-43。

在一份典型實驗中，研究人員表面上說這是某份生物回饋研究的一環，要求白人學生對另一位作為學習者的學生施以電擊。相較於面對白人學習者的學生，起初白人學生面對黑人學習者所施加的電擊強度較低，這或許是想顯示他們對黑人沒有偏見。接著，白人學生無意間聽到學習者出言貶低他們，使他們理所當然感到憤怒。現在他們又有機會施加電擊，這次對黑人學習者的施加電擊強度顯然更高於白人。在其他類似研究中，說英語的加拿大人對上說法語的加拿大人、異性戀對上同性戀、非猶太人學生對上猶太學生，男性對上女性，實驗結果都一模一樣。[42] 在正常狀態下，受試者能成功控制自己的負面感受，但在憤怒、挫折或自尊有所動搖時，他們就會直接表達內心的偏見，因為他們能自圓其說：「我不是壞人，也沒有偏見，那都是因為他侮辱我！」

由此看來，偏見就是民族中心主義的能量來源。偏見潛伏在暗處休息，等到民族中心主義召喚它出來執行下流勾當時才會現身，替我們這些好人偶爾想做的壞事找找藉口。十九世紀在美國西部，中國移民受僱在金礦中工作，間接奪走白人勞工的工作機會。白人經營的報社因此煽動社會對中國人的偏見，將中國人描述為「墮落又邪惡」、「噁心的貪心鬼」以及「嗜血又沒人性」。但十年過後，白人不願接下建造跨州鐵路這份危險、艱鉅的任務，中國勞工卻願意做這份工作時，社會大眾不再對他們抱持偏見，反而認為中國人很認真、勤奮而且守法。鐵路大亨查爾斯·克羅克爾（Charles Crocker）就說：「他們就跟最優秀的白人一樣，值得信賴、聰明機伶，而且遵守合約。」跨州鐵路竣工後，就業機會再度減少，南北

戰爭結束後又有一堆退役軍人重返職場，使原本就非常競爭的勞動市場更加緊繃。反中國人的歧視再度浮現，這次報章雜誌將中國人形容為「罪犯」、「不懷好意」、「詭計多端」還有「愚蠢」。[43]

偏見使我們對他人施加的不當行為找理由，而我們之所以惡劣對待他人，是因為我們不喜歡他們。那我們為什麼又會對他們沒好感呢？因為他們跟我們一起在工作機會稀少的就業市場中競爭；因為他們的存在讓我們的信念產生裂痕，我們原以為自己的宗教是唯一的真實信仰；因為我們想保有自己的地位、權力和優勢；因為我們的國家正與他們的國家交戰；因為他們的習俗讓我們感到不自在，尤其是性方面的傳統，他們根本是群淫亂的變態；因為他們拒絕融入我們的文化；因為他們太想融入我們，成為其中的一分子；因為我們必須覺得自己比**某些人**優越。

在我們知道「偏見」受「自我辯護」奴役之後，就能更清楚了解為何某些偏見這麼難抹除：我們會利用這些偏見，來捍衛對自己而言最重要的社會身分、鞏固其正當性，像是「白種」、信仰、性別、性向等等。同時，偏見還能消除「我是好人」跟「我不喜歡那些人」造成的失調。不過，幸好我們也更熟悉偏見會在哪些情況下消失，包括經濟競爭減少、簽訂停戰協議、職業相互結合、更熟悉與習慣**他人**、不再將**他們**視為無差別的群體，以及體認到他們跟我們一樣是多元多樣的一群個體。

・　　・　　・

希特勒的忠實追隨者亞伯特・史佩爾（Albert Speer）在回憶錄

中寫道：「在正常情況下，轉身背對現實的人，很快就會被周遭的批評或訕笑拉回現實世界，發現自己已經威信掃地。但是在第三帝國，這種矯正機制並不存在，對那些高層上位者來說尤其如此。反之，自我欺騙會不斷複製增生，彷彿處在扭曲的鏡廳中，不斷重複顯現，千真萬確地建構出奇幻夢境的形象，與無情嚴厲的外在世界毫無瓜葛。在這些鏡子中，除了無數張自身臉孔的反射鏡像，我什麼也看不見。」[44]

我們對自我修正的最大盼望，就是確保自己不是在扭曲的鏡廳中活動，放眼望去只看見自己的欲望和信念。在人生中，我們需要幾位值得信賴的批評者或是跟我們唱反調的人，好在我們偏離軌道太遠時把我們拉回現實，戳破用來保護自己的自我辯護泡泡。對位高權重的人來說這格外重要。

根據歷史學家桃莉絲・基恩斯・古德溫（Doris Kearns Goodwin），林肯（Abraham Lincoln）是少數了解忠言逆耳這個道理的總統，他知道身邊必須有幾位願意持反對意見的官員或助手。在林肯組織的內閣中，有四位是他的政治敵手，其中三人在 1860 年共和黨初選時，曾和他一起角逐競選資格，他們分別是威廉・西華德（William H. Seward，林肯任命為國務卿）、薩蒙・蔡斯（Salmon P. Chase，財政部長）以及愛德華・貝茨（Edward Bates，司法部長）。輸給林肯這位來自蠻荒之地、默默無聞的律師時，他們都覺得顏面掃地，感到不可置信和憤怒。雖然他們的目標都跟林肯一樣，是維繫聯邦並終止奴隸制度，但這群「由敵人組成的隊伍」（採用古德溫的說法）都強烈反對、否決彼此的做法。

南北戰爭初期，林肯深陷政治危機。北部的廢奴主義者希望逃跑的奴隸能重獲自由，而在密蘇里和肯塔基州等南北交界地帶，則有蓄奴的奴隸主。林肯必須安撫這兩派人馬。位於南北交界的州隨時都有可能加入南邊的美利堅邦聯，這對整個聯邦來說會是極大災難。林肯接續跟顧問討論、辯論，每位顧問對於如何整合南北地區都持不同見解，所以林肯無法自欺欺人地認為每項決定都能獲得群體共識。不過，他懂得考慮大家提出的各種替代方案與選項，最終贏得過往競爭者的尊敬與支持。[45]

　　要是我們一直以為自己絕對客觀、不可能被收買，相信自己對偏見免疫，多數人偶爾會發現自己正走在前往聖安德魯斯的路上，有些人則驚覺自己正搭機飛往曼谷路上。在前一章，我們提到陷入水門醜聞的馬格魯德。他被信念蒙蔽，相信為了擊垮尼克森的政治敵手，他們必須不擇手段，就算採取違法行動也無妨。但被逮捕時，馬格魯德卻有勇氣面對自己。對任何人來說，這都是非常驚天動地、極度痛苦的時刻，彷彿照鏡子時看見額頭上長了一顆偌大的紫色腫瘤。馬格魯德大可跟多數人一樣，傾向用濃妝將腫瘤遮蓋起來，然後說：「哪有什麼紫色腫瘤？」但他壓抑這股衝動。總之，馬格魯德說沒有人強迫他或其他人犯法。他寫道：「我們大可反對正在進行的計畫，或透過辭職以示抗議，但我們說服自己那些錯事是正確的，還一頭栽下去。」[46]

　　「我們沒辦法替破門竊盜、竊聽、作偽證跟其他掩蓋非法舉動的行為辯解……我跟其他人用政治常態、搜集情資或國家安全等理由來合理化非法行為。我們徹底錯了。我們只能先坦承錯誤、替自

己的過錯付出公眾代價，才能期待社會大眾信任我們的政府或政治
體系。」

Chapter

3 /

記憶——
自我辯護的歷史學家

我們篤定稱為記憶的東西，其實是種說故事的
形態。大腦不停說故事，說著說著，故事內容
通常還會有所改變。
——威廉・馬克斯韋爾（William Maxwell）

多年前，吉米・卡特（Jimmy Carter）擔任總統時，性格張揚、自信十足的小說家與媒體名人戈爾・維達爾（Gore Vidal）在《今日秀》（*Today*）上，接受著名電視記者兼主持人湯姆・布羅考（Tom Brokaw）訪問。根據維達爾的說法，布羅考對他說：「你在書裡寫了很多關於雙性戀……」維達爾在這裡把他打斷，接著說：「湯姆，晨間節目不能這樣做，現在聊性太早了。沒有人想在這種時候聽這種事，如果想聽，他們肯定是正在做。別提這個。」「是沒錯，但是戈爾，呃，你寫了很多關於雙性……」維達爾又把他打斷，表明自己的新書跟雙性戀無關，比起性他還寧願聊政治。布羅考又追問一次，但維達爾拒聊這個話題，他說：「來聊聊卡特吧……面對那些假裝熱愛自由、崇尚民主的巴西獨裁者，卡特到底是在搞什麼？」因此，整場訪談的內容最後都圍繞在卡特上。幾年後，布羅考成為《晚間新聞》的主播，《時代雜誌》做了一篇他的專訪，詢問他是否遇過特別難訪的來賓。布羅考就提到與戈爾・維達爾的那場訪問，他回憶道：「那個時候我想聊政治，他卻想聊雙性戀。」

「根本就反過來了，」維達爾表示，「他把我塑造成故事裡的壞人。」[1]

布羅考是故意要將維達爾塑造成故事裡的壞人嗎？難道布羅考真的像維達爾暗指的那樣說了謊嗎？其實不太可能。布羅考特別向《時代雜誌》的記者說了這個故事，他大可從漫長的媒體人職涯中，挑一位真的很難訪的來賓講，而不是刻意描述一段需要加油添醋或撒謊的訪談經歷。而且布羅考也曉得，訪問他的記者肯定會去

查當時的訪談紀錄。他下意識把自己跟維達爾的對話內容反過來描述，這並不是為了讓維達爾難堪，而是替自己的形象加分。畢竟剛當上《晚間新聞》新任主播的他，當年如果問出跟雙性戀相關的問題，未免有些不得體。相信（跟記得）自己當時像個知識分子那樣，探討比較有格調的政治話題，這樣反而比較好。

兩人對同一事件的記憶不同時，旁觀者通常會認為其中一方在說謊。當然，有人確實會憑空捏造或竄改事實，來操弄或欺騙觀眾（或是為了刺激書的銷量）。不過多數人在多數情況下，都沒有說出真正的實情，但也不會刻意說謊欺騙。我們不是在撒謊，而是在自圓其說（或說是自我辯護）。說故事的時候，大家多少都會稍微加油添醋，或省去一些不便透露的細節。我們對故事動了一點小手腳，藉此自我提升、讓自己更有面子。接著，我們發現改動過的故事頗受好評，所以下一次又稍微加入些許誇張的修飾。我們說服自己說這種無傷大雅的小謊，其實能讓故事更清晰動聽。結果最後，我們對事件的記憶可能會跟實際情形天差地別。

如此一來，記憶就成了住在我們腦中、而且會幫忙自我辯護的個人專屬歷史學家。社會心理學家安東尼‧格林瓦爾德（Anthony Greenwald）曾說，人就像被「極權專制的自我」統治那樣，冷酷無情地摧毀所有自己不想聽的資訊，像極了法西斯領導者，站在勝利者的角度改寫歷史。[2] 不過，極權統治者改寫歷史是為了欺騙未來世代，極權自我改寫歷史則是為了欺騙自己。歷史是由勝利者所寫，當我們撰寫自己的歷史時，目標與國家的征服者相同——替自己的行為找藉口，不管我們做了什麼或是有什麼事沒完成，都能繼

續自我感覺良好，營造光鮮亮麗的形象。假如錯已鑄成，記憶會讓我們認為錯誤是別人犯的。假如我們當時人在事發現場，那也只是無辜的旁觀者罷了。

從最簡單的層面說起，記憶會使確認偏誤保持啟動，讓我們選擇性遺忘與自身信念相抵觸或對立的資訊，藉此撫平失調的皺紋。假如我們是超級理性的生物，就會試著把聰明、合情合理的想法記下來，而不會去記一些愚蠢的事情來增加心智負擔。不過根據認知失調理論推斷，我們會自利地遺忘對手提出的絕妙論點，正如我們會把自己說出口的蠢話忘掉一樣。有利於自身立場的愚蠢論點會造成失調，因為這會讓人質疑這個立場到底有沒有道理，或是認同此立場的人到底聰不聰明。道理相同，對手提出的合理論述也會引發失調，因為對手說的搞不好是對的（拜託千萬不要），或是我們應該認真參考對方的看法。自己的愚蠢觀點跟對手的絕妙論述都會造成失調，因此失調理論認為，我們要不就是不把這些論述放在心上，不然就是立刻把它們忘得乾乾淨淨。愛德華·瓊斯（Edward Jones）跟瑞卡·寇勒（Rika Kohler）的經典實驗就證實這點。1958年，他們在北卡羅萊納州執行一項針對廢除種族隔離的實驗。[3] 支持與反對廢除種族隔離的受試者，都傾向記得與自身立場相符、貌似有理的論點，以及符合對立方觀點、聽起來沒什麼說服力的論述。而且，他們也會忘記自己這派提出的無腦說法，以及對方舉出的有力說詞。

當然囉，有些記憶確實鉅細靡遺、準確無比。我們記得初吻跟最愛的老師，也記得發生在家族中的故事、電影情節、約會經歷、

棒球賽比數、童年的丟臉和光榮事蹟。我們都記得人生故事中的重大事件。而記憶出錯時，這些錯誤可不是隨機發生的。每天，為了降低失調而產生的記憶扭曲，會協助我們理解這個世界以及自己在其中的位置，並且維護我們的決定與信念。要是我們不希望自我概念有所動搖、希望自己是對的、希望保有自尊、想替失敗或糟糕的決定找藉口，或是需要替當前問題找出解釋時（最好是來自過去的可靠理由），扭曲記憶的力量就會更強大。[4] 虛構杜撰、扭曲以及徹底遺忘，這些都是供記憶差遣的小兵。我們採取與核心自我形象不符的行為時，極權專制的自我為了保護我們、不讓我們被行為引發的痛苦或尷尬所困擾，就會差遣這些小兵上前線：「這是我做的嗎？」這就說明為何研究記憶的學者喜歡引用尼采的話：「記憶說我做了這件事，但自尊心卻說那不可能是我做的，而且堅決不讓步。最後，記憶屈服了。」

記憶的偏誤

　　作者之一的卡蘿，小時候最愛的童書是詹姆斯・瑟伯（James Thurber）的《美妙的 O》（The Wonderful O），她記得這是以前父親送她的禮物。「一群海盜占領一座小島，還禁止當地人說出任何帶有 O 這個字母的字，或是使用名稱中帶有 O 的物品。」卡蘿描述童書內容：「我還清楚記得當時我爸讀這本書給我聽，我們笑到不行，因為書裡有個害羞的女生叫歐菲莉亞・奧利佛（Ophelia Oliver），她在說自己的名字時刻意不把 O 的音發出來。我記得那

個時候我跟著家園被占領的島民一起猜想，想英勇地找出第四個帶有 O、不能失去的單字是什麼。前面三個字是愛（love）、希望（hope）跟勇氣（valor），我爸還開玩笑說：『第四個字是奧勒岡州（Oregon） 嗎？ 是 猩 猩（Orangutan） 嗎？ 還 是 眼 科 醫 生（Ophthalmologist）？』然而，不久之前，我找到自己擁有的第一版《美妙的 O》，那本書竟然是 1957 年出版的，當時我爸已經過世一年了。我不可置信地盯著出版日期，整個人驚訝到不行。送我那本童書的顯然是別人，唸故事給我聽的是別人，跟我一起笑菲莉亞・利佛（'Phelia 'Liver）也是別人，而且希望我了解第四個有 O 的單字是自由（freedom）的還是別人。但我記憶中卻沒有這個人。」

這則小故事描繪出記憶的三大重要面向。第一，充滿情感與細節的鮮活記憶竟然也會錯得徹底，這令人感到困惑、無所適從。第二，就算堅決肯定認為某段記憶是正確的，也不代表我們的記憶就真的是對的。第三，記憶中的錯誤能強化、印證我們的感受與信念。卡蘿自我觀察後表示：「我對父親有一套既定想法，在我心中他是個溫暖又幽默的人，而且花很多心思跟精力照顧我。他喜歡唸故事給我聽，還會帶我在圖書館裡找書，而且他也很喜歡玩文字遊戲。所以我理所當然會假設……不對，應該說我當然會**記得**是他讀《美妙的 O》給我聽。」

針對記憶的隱喻隨時代與科技演進而改變。幾世紀前，哲學家將記憶比喻為柔軟的蠟板，能保留所有印在上頭的文字和符號。印刷機問世後，民眾開始將記憶視為圖書館或是文件櫃，任何事件或事實都能收錄其中，事後若有需要可隨時取出參考，不過你可得先

在該死的卡片目錄中找到想要的資料才行。接著又出現電影跟錄音機，大家開始將記憶想像成錄影機。在每個人出生那一刻，錄影機就開始攝影。現在我們則以電腦來比喻記憶，雖然有些人希望擁有更多記憶體，但我們都假設人生發生的所有事都被「儲存」下來了。大腦或許不會展示所有記憶的內容，但記憶就儲存在裡頭，等你去點選播放、準備好爆米花、盯著螢幕觀賞影片內容。

這些關於記憶的隱喻相當普及，也令人安心，但其實都是錯的。記憶不像考古遺跡現場的骨骸那樣深埋在大腦的某處，記憶出土時不可能依舊完好如初。事實上，我們並不記得人生中發生的每件事，只會從中挑出重點來記。假如每樣細節都記得清清楚楚，大腦就無法有效運作，因為裡頭塞了一堆心理垃圾，像是上週三的氣溫、公車上的無聊對話、昨天市場上桃子的價格等等。極少數人的生理狀況能讓他們清楚記得每項細節，像是 1997 年 3 月 12 號的天氣這種隨機的事實，或者是公眾事件以及個人經歷。這種才能看似是上天賜福，實際上卻不盡然。一位具有這種能力的女子，形容她的記憶「怎麼樣都停不下來、無法控制，而且十分累人，簡直是一種負擔」。[5] 因此，適當刪除記憶其實是有利的，而且記憶力超群的人也不是真的像「錄影」那樣記下每件事。

另外，回溯記憶根本不像檢索檔案或回放錄影那樣，反而像是在欣賞影片中幾段不相連的片段，接著再建構出其他場景的大致輪廓。我們可以靠死背硬記來把詩歌、笑話或其他資訊記下來，但記住複雜的資訊時，我們會加工改造，讓事件與資訊融入故事線。

記憶可以重建，因此其中可能會出現虛構情節，例如誤將發生

在別人身上的事當成發生在自己身上，或是相信某些根本沒發生過的事。在重建記憶的過程中，我們會調度許多資源。回想 5 歲生日派對時，你可能會直接想起弟弟把手指插進蛋糕搞破壞的畫面，但你也有可能將後來從家庭故事、照片、家庭生活錄影，以及在電視上看到的生日派對等資訊放進記憶中。你將這些元素整合之後，重新打造出一段完整的敘事。假如有人將你催眠，讓你回溯 5 歲生日派對的場景，你會講出一段栩栩如生、超級寫實的故事，但其中有許多關於派對的細節根本從未發生。過一段時間，你就會無法分辨到底哪些是真實的記憶，哪些又是後續從其他地方竄入記憶中的資訊。這種現象稱為「來源混淆」（source confusion），也有人稱之為「我是在哪裡聽到這件事的？」難題。[6] 這是我在哪裡讀到、看到的嗎？還是別人告訴我的？

瑪麗・麥卡錫（Mary McCarthy）就在《一名天主教女孩的童年回憶》（*Memories of a Catholic Girlhood*）這本書中，完美展現她對偽記憶的了解，並以罕見且與眾不同的方式來描述往事。在每個章節的結尾，麥卡錫會讓自己的記憶接受正面或反面證據檢驗，即便證據會扼殺精彩的好故事也無所謂。在〈錫蝴蝶〉（A Tin Butterfly）這篇故事中，麥卡錫生動描述一段童年回憶：她父母過世後，苛刻的邁爾斯叔叔跟瑪格麗特嬸嬸收養了她跟兄弟。有一次，叔叔嬸嬸指控她偷了弟弟買零食獲得的獎品，也就是一隻錫蝴蝶。她根本沒偷，但他們翻遍全家都找不到那隻蝴蝶。某天用過晚餐後，大家發現蝴蝶出現在餐桌的桌巾下方，位置正好非常靠近麥卡錫。被指控偷竊的麥卡錫，遭到氣憤的叔叔和嬸嬸毒打。叔叔拿磨刀皮帶抽

她，嬸嬸則用梳子打她，但那隻蝴蝶到底發生了什麼事至今仍是個謎。幾年後，兄弟姐妹都長大了，有一次他們聚在一起聊往事，談起令人畏懼的邁爾斯叔叔。「當時我弟普雷斯頓告訴我，」麥卡錫寫道：「在那個眾所皆知的蝴蝶之夜，他看見邁爾斯叔叔偷偷從房間溜進餐廳，掀起桌巾，手中拿著錫蝴蝶。」

精彩的故事到此結束！好戲劇化的結尾，超引人入勝。不過麥卡錫又加了一段附錄。動筆寫這段故事時，她說：「我突然想到自己在讀大學的時候，曾以這個故事為底寫了一份劇本。邁爾斯叔叔把蝴蝶放到我桌巾下面的這個想法，會不會是老師灌輸給我的？我幾乎能聽見她激動地對我說：『一定是妳叔叔做的！』」為此，麥卡錫打電話給所有兄弟，但沒有人記得她對這段往事的回憶，普雷斯頓也不記得曾看到邁爾斯叔叔手拿蝴蝶（當時他只有 7 歲），更不記得自己在家庭聚會那晚說了這些話。麥卡錫總結表示：「最有可能的情況，恐怕是我把兩段回憶混在一起了。」其一是消失蝴蝶的故事，再來就是老師後來對當晚事件的推測。[7] 從人類心理的角度來看，這個說法完全成立：邁爾斯叔叔將蝴蝶放在桌巾底下的行為，符合他在麥卡錫心中一貫的惡毒形象，而且進一步合理化她受到不公平對待後的義憤心情。

不過，多數人在寫回憶錄或描述過往經歷時，通常不會像麥卡錫這樣反思。大家描述記憶的方式，基本上就像對心理治療師說故事那樣：「醫師，這就是事情的經過。」他們不認為聽者會問：「哦，是嗎？你確定事情的經過是這樣嗎？你確定你媽恨你？你爸真的有這麼禽獸嗎？既然聊到這裡了，我們就來檢視你對那位糟糕

前任的回憶吧。你有沒有可能把你做過的惱人醜事都忘了呢？比方說，你之前跟奧克拉荷馬州布魯格圖索爾的那位律師搞曖昧，你還說那沒什麼。」反之，我們說故事時都很篤定聽者不會質疑，不認為他們會要求我們提出反面證據，因此我們很少主動檢視故事的正確性。你腦中有一些關於父親的鮮明記憶，這些記憶建構出他的形象以及你和他的關係。但你把哪些事給忘了呢？你記得有一次你不乖，他狠狠教訓你一頓，你現在還很不爽他那個時候沒有解釋為什麼要管教你。但你當時搞不好是沒耐心、個性衝動，完全不聽人解釋的那種小孩啊？說故事的時候，我們習慣把自己省略，「我爸做了這些事，因為他就是這種人，跟我是什麼樣的小孩無關。」這就是記憶的自我辯護。正因如此，得知記憶有誤時我們會吃驚不已、無所適從，彷彿腳踩的地面開始晃動旋轉般。從某個角度來看確實是如此，這番體悟和衝擊將使我們重新思索自己在故事中的角色。

　　每位父母肯定都曾被迫參加「你贏不了」的遊戲。要求女兒上鋼琴課，她之後就會抱怨你毀掉她對鋼琴的熱情；因為她不想練習就允許她放棄上鋼琴課，之後她又會說你當初應該逼她堅持下去，唉，現在她根本全忘光了。要求兒子下午到希伯來學院上課，他會怪你阻擋他成為棒球明星漢克‧格林伯格（Hank Greenberg）；同意他不去希伯來學院，之後他又責怪你讓他跟自己的傳統脫鉤。貝西‧彼德森（Betsy Petersen）在回憶錄《與爹地共舞》（*Dancing with Daddy*）中大發牢騷，抱怨父母只讓她上游泳、體操、馬術跟網球課，但就是不讓她學芭蕾。她寫道：「我唯一想要的他們卻不給。」責怪父母是一種非常普遍、方便的自我辯護法。只要把錯推

到父母身上，我們就更能接受自己的懊悔與不完美。錯已鑄成，不過全是爸媽的錯。就算我當時瘋狂抱怨那些課，或是固執地不敞開心胸好好學習，這些都不重要。如此一來，記憶將我們的責任縮到最小，並將父母的責任放到最大。

在扭曲與虛構的記憶中，最重要的就是那些用來替人生辯護、幫自己找藉口的記憶。頭腦作為創造意義的器官，並不會將我們的過往經驗當成分散的碎玻璃來解讀，反而會將這些經驗拼湊成一整幅鑲嵌畫。經過幾年後，我們將看見這整幅鑲嵌畫的圖樣。畫中的圖樣看起來明確具體、無可改變。我們無法想像該怎麼將這些片段重組成另一幅畫。經年累月講述自己的經歷與回憶之後，這些片段整合成完整的人生敘事，其中有英雄與壞人等角色，紀錄我們是如何成為今天的模樣。透過這段敘事，我們得以了解世界以及自己在世界中的位置，因此這段敘事比片段的總和還要重大。假如故事中的某個片段、某段回憶顯然有誤，我們就必須降低記憶錯誤造成的失調，甚至得重新思考最基本的心理分類：你是說爸爸（媽媽）其實沒那麼壞（好）嗎？你的意思是，爸爸（媽媽）其實也有很多複雜的面向嗎？基本上，你的人生敘事確實成立，爸媽當時或許真的很可恨或值得敬重，但問題在於，當這段人生敘事成為自我辯護的主要來源，而敘事者仰賴這段敘事來替錯誤和失敗找藉口時，記憶就會扭曲變形，成為自我辯護的工具。到最後，敘事者只記得證明父母行徑惡毒的例子，忘記體現父母優點的反面例證。隨著時間推移，故事越來越不可動搖，敘事者就更難看出父母的全貌，無法認清他們其實是由善與惡、優點與缺陷、好意與遺憾的過失所集結交

織而成。

記憶創造我們的故事，但我們的故事也是記憶的源頭。敘事一旦形成，我們就會修改記憶，好讓記憶符合故事內容。芭芭拉·特沃斯基（Barbara Tversky）與伊莉莎白·馬什（Elizabeth Marsh）透過一系列實驗，顯示我們是如何「編造自己的人生故事」。在一份實驗中，受試者會閱讀一段關於兩位室友的故事，他們都各自做了一件惱人與友善的事。接著，受試者必須針對其中一位室友寫一封信，這封信可能是寫給大樓管理委員會的抱怨信，或是加入社交俱樂部的推薦信。寫信時，受試者都會在信中加油添醋，加入一些不存在於原本故事中的細節。假如他們寫的是推薦信，可能會額外補充「瑞秋很活潑」之類的話。之後，實驗人員要求受試者盡可能準確回想原始故事內容時，他們的記憶都被自己寫的信所誤導了。[8]受試者記得自己加進去的虛構細節，忘記自己沒寫到、與信件內容相抵觸的資訊。

為了顯示記憶會因應我們的敘事而有所改變，心理學家研究記憶是如何隨時間演變的。假如你對同一個人的記憶有所改變，並根據你的人生現況而變得更正面或負面，那這全是因為你的關係，與對方無關。記憶以非常緩慢的方式一點一滴改變，慢到你會非常驚訝自己以前竟然對那人有截然不同的感受。有位女子寫信到提供各種人生建議的專欄「親愛的艾咪」（Dear Amy），信中提到：「幾年前我找到一本自己在少女時期寫的日記，裡頭充滿不安全感跟憤怒。發現自己當時有這些感受，我整個人嚇一跳。我一直覺得自己跟媽媽很親密、感情融洽，完全不記得母女之間出過什麼大問題，

但日記內容可不是這樣寫的。」

　　來信的女子之所以「不記得母女之間出過什麼大問題」，原因能從布魯克・費尼（Brooke Feeney）與茱德・卡西迪（Jude Cassidy）的兩項實驗中得知。藉由實驗，她們呈現出青少年是如何記住（或記錯）自己與父母的口角與爭執。青少年與父母來到研究實驗室填寫表格，表格上列了各種典型的爭吵主題，像是穿著打扮、門禁、與兄弟姊妹之間的爭執等。接著，每位青少年能個別與爸爸和媽媽單獨相處十分鐘，來討論或試著解決彼此間最大的爭執點。最後，青少年會替他們與父母的爭執評分，像是他們認為自己的情緒有多激烈，以及對父母的態度為何等等。六週後，實驗人員要求青少年再次回想與父母的衝突和自己的反應，並且再進行一次評分。在第二次評分當下跟父母關係親近的青少年，都認為與父母的衝突不像第一次評分時那麼激烈嚴重。而那些對父母懷抱矛盾情緒、覺得自己跟爸媽疏遠的青少年，卻一致記得親子間的衝突比第一次認定的更激烈、情緒更憤怒。[9]

　　當下對父母親的觀感，會影響我們心中關於他們對待我們的回憶；而我們當前對自己的認知，也會改變我們對人生歷程的記憶。1962 年，丹尼爾・奧佛（Daniel Offer）還是一位年輕的精神科住院醫師，他跟同事一起訪問七十三位少年，訪問內容主要是針對他們的家庭生活、性向、宗教、父母、父母的管教方式，以及其他帶有情緒色彩的主題。三十四年後，當年那群受訪者已經 48 歲了，而奧佛跟同事幾乎把他們都找了回來，重新訪問他們還記得什麼。研究人員表示：「令人驚訝的是，這群男子幾乎猜不出他們在青少年

時期是怎麼描述自己的。」記得自己在青少年時期很大膽無畏的人，14 歲時大多都說自己很害羞。經歷 1970 與 1980 年代的性解放之後，他們都認為自己在少年時期，就已經在性方面很自由大膽了，但當時他們可不是這麼想的。幾乎有半數受訪者表示，他們當年就覺得高中生可以發生性行為，但在 14 歲時認同這種行為的受訪者，其實只有 15%。這群男子現階段對自己的感知，扭曲了他們的回憶，使他們將過去的自己與現在的自己完美結合。[10]

記憶會以各種方式朝自我提升的方向扭曲變形。無論性別，我們記得的性伴侶數都遠比實際上還少，不過記憶中與這些性伴侶發生性行為的次數，卻遠多於實際數字。另外，我們記憶中使用保險套的頻率也比實際上來得高。民眾也記得自己有投那場他們根本沒去投票的選舉；記得自己投給後來勝出的候選人，而不是當時真正投的候選人；記得自己捐給慈善團體的錢比真正捐的還多；也記得孩子比實際上更早學會走路、說話……舉出這些例子大家就懂了。[11]

理解記憶的運作模式、搞清楚為何記憶這麼常出錯，我們就能對大學校園性侵案與類似新聞中，他／她兩造說法不符的事件有更全面的判斷。我們這裡指的並不是那種其中一方確實遭到對方脅迫的案例，而是那些落在人際互動灰色地帶的多數事件。碰到這類事件，普羅大眾通常會有一種想選邊站、認定其中一方說謊的衝動。不過深入了解記憶與自我辯護的運作之後，我們就能採納更微妙、不那麼黑白分明的觀點——**即便一個人是錯的，也不代表他一定是在說謊。**

在性方面的溝通誤會、性侵害與性騷擾，都有可能發生在各種

形態的感情關係中，不管是同性戀、異性戀、雙性戀或跨性別都有可能碰到，而雙方當事人的說法都存有各種歧異與出入。不過，由於異性關係中的雙方得面對不同的性別角色、規範與期待，所以他們在互動時可能會額外產生另一層誤解。性研究人員反覆發現，許多人在發生性行為的初步階段，很少會清楚表明自己的意思，他們說出口的跟心裡想的通常是兩回事。多數人對於要講出自己不喜歡哪些事情會感到很不容易，因為他們不想傷害對方的感受。他們有可能以為自己想要性交，但之後又改變心意。或者，他們也有可能覺得自己**不想**做愛，後來又有不同念頭了。簡單來說，雙方當事人的互動與行為，就是社會心理學家黛博拉‧戴維斯（Deborah Davis）口中的「模稜兩可之舞」（dance of ambiguity）。透過研究與臨床診療，性學家發現，多數異性關係中的男方和女方，在表達性方面（或不想性交）的渴望時，都以間接、曖昧模糊的方式來溝通，就連已經在一起很久的情侶或夫妻也不例外。這些隱晦曖昧的表達手法包含暗示、肢體語言、眼神、「試水溫」以及讀心術（讀心術的準確度就像……就讀心術嘛！）模稜兩可之舞對雙方來說都有利，因為在曖昧不明、間接的表達方式之下，雙方的自尊不會因被對方拒絕而受傷。間接能讓人免於受到傷害，但也會造成其他問題：女性真的認為男性早該知道她希望他停止，但他卻真心以為她同意繼續。

戴維斯跟同事吉列爾莫‧維拉洛博斯（Guillermo Villalobos）和理查‧萊奧（Richard Leo）指出，男女當事人說法不一的主要原因，並非其中一方捏造控訴或謊稱自己有否認，而是因為雙方各自

針對彼此間發生的事情，提出「誠實但不符實情的證詞」。[12] 雙方同樣認為自己說的是事實，但其中一方或雙方都有可能是錯的，因為他們皆有動機為自己的行為辯解，而且記憶也未必可靠：記憶本身就是修整與重建後的產物，而且容易受到暗示或聯想所影響。自我辯護使個體扭曲或改寫記憶，讓記憶符合自身觀點，這就是為什麼他們會「記得」自己說過某些話，但其實當下他們只有想說或打算說，卻沒有真的把話說出口。這麼一來，女方或許會記錯當時的情況，以為自己有表態阻止事情繼續進行，因為她認為自己是態度堅定、會為自己挺身而出的女性，但當時她根本沒把話說出口。男方也可能記憶有誤，誤以為自己有試著確認女方是否同意，因為他認為自己是正人君子，絕對不會強暴女人，但事實上他根本沒有開口確認。她未必是在說謊，只是記錯罷了。他也不一定是在騙人，只是自我辯護而已。

　　若事件涉及酒精，記憶就更混亂且不可靠了。從令人不自在、模稜兩可的性協商，演變到雙方最後各自提出誠實但不符實情的證詞，這段過程中最常見的催化劑就是酒精。要是喝到酩酊大醉、失憶斷片，兩造對事件的認知更是天差地別，這種問題在大學校園中就時常出現。酒精除了讓人更鬆懈、更放得開，還會大幅減弱解讀他人行為的認知能力。喝醉的男子比較不容易正確解讀女方拒絕的行為，而喝醉的女性在拒絕時態度也沒那麼明確堅決。此外，酒精會嚴重毀損雙方當事人的記憶，讓他們記錯彼此到底做過什麼。雙方各自建構記憶時，自我辯護會進一步讓他們的認知結晶定型，再也無法改變。

· · ·

假如記憶是你身分認同的核心要素，記憶就更有可能因為自我圖利而扭曲。著名認知心理學家拉爾夫·哈伯（Ralph Haber），很常說自己當年違背母親的意思，選擇到史丹佛大學讀研究所。他記得母親希望他繼續留在密西根大學，這樣離家比較近。但他想到更遠的地方求學，想變得更獨立自主。「我一直記得當時收到史丹佛大學的入學許可跟研究獎金，我高興到跳起來，迫不及待決定到史丹佛唸書，立刻準備前往西岸。心意已決，誰都改變不了！」二十五年後，哈伯回到密西根慶祝母親八十大壽，她將一個鞋盒交給哈伯，裡頭裝滿他們那幾年來互通的信件。一讀他抽出的前幾封信，哈伯才發現自己當時顯然想留在密西根，打算拒絕其他學校的邀請。他說：「一直鼓勵我改變心意的是我媽，要我離開密西根的人也是她。」哈伯現在表示：「我一定是改寫了這整段關於選擇衝突的歷史，記憶才會這麼協調一致。改寫歷史之後，我的記憶就跟我離開家的庇護的事實相吻合，也符合我想建立的自我形象，也就是當個有能力獨自離家生活的人。而且，這段記憶也跟我的需求一致，因為我想要有個愛我、希望我留在她身邊的媽媽。」順道一提，哈伯的研究專長是自傳式記憶。

以哈伯的案例來看，扭曲記憶能讓他保有自我概念，認為自己一直以來都很獨立自主。不過對多數人來說，自我概念是奠基在改變、改進與成長的信念上。對某些人來說，自我概念是來自「我已經徹底改變」的信念。確實，過去的自己看起來簡直像另一個人。

改變信仰、劫後餘生、經歷癌症折磨，或是戒掉某種癮頭之後，人們通常會感到自己彷彿脫胎換骨變了個樣，認為過去的那個自己「不是我」。對於經歷過這種劇烈轉變的人來說，記憶會徹底改變他們的觀點，協助他們消除過去與現在的自己之間的歧異。回想與現階段自我觀點不符的過往行為時，我們會以第三人稱的角度來回憶過往，把自己當成中立的觀察者，例如要求虔誠的信徒回想以前不怎麼虔誠的經歷（自己應該參加宗教儀式，卻沒出席），或是要求反宗教者回想以前參加宗教儀式的行為。不過，回想起與現在身分認同一致的行為時，他們又會以第一人稱的角度來說故事，彷彿是透過自己的雙眼來看待過往的自己。[13]

不過，要是我們以為自己有所長進，實際上卻只是在原地踏步，那又會如何？沒錯，記憶會再次出動救援。在一份實驗中，麥可‧康威（Michael Conway）跟麥可‧羅斯（Michael Ross）這兩名研究人員，請一百零六位大學生參加增進讀書技巧的課程。這份課程就跟其他類似課程一樣，宣傳詞寫得天花亂墜，實際效果卻普普通通。一開始，學生需要先替自己的讀書技巧評分，然後被隨機分派到班上上課，或是被排入候補清單中。這份訓練課程完全無法改善讀書習慣或讓成績進步。既然如此，上過課的學生又會如何替自己浪費掉的時間與精力找理由呢？三週後，研究人員請他們盡可能精確地回想第一次針對自己的讀書技巧的評分，結果他們記得的給分遠比當初還要低。這麼一來，即便他們實際上完全沒變，還是會相信自己的讀書技巧大幅進步了。六個月後，研究人員請他們回想當初那堂課的成績，學生的記憶一樣有誤。他們記得的成績都比實

際成績還高。那些被分配到候補名單上的學生，因為沒有投入任何心神、精力或時間，所以完全沒有認知失調、無需替任何事辯解。因為沒必要扭曲記憶，這群人都能正確記得自己的能力與近期成績。[14]

康威跟羅斯將這種自我圖利的記憶扭曲，形容為「修改以前原有的，來得到現在需要的」。從更廣義的角度來看，許多人都會在人生中扭曲自己的記憶。只要記憶中的過去比實際上還要糟，就能扭曲我們的認知，讓我們覺得自己確實有進步，進而對現在的自己更滿意。[15] 所有人都會成長，也會變得越來越成熟，但改變幅度基本上沒有我們想像的那麼大。這種記憶偏誤就能解釋為何大家都認為自己與以前截然不同，身邊的朋友、敵人跟愛人卻是同樣那批人。我們在高中同學會上碰到哈利，聽他滔滔不絕說自己畢業後學到多少東西、整個人成長多少，而我們只是一邊點頭，一邊在心裡嘀咕：「哈利還是老樣子，只是更胖、頭髮更少而已。」

要不是我們都靠著那時常大錯特錯的記憶來生活，藉此對他人下判斷、形塑核心思想，以及建構整段人生敘事，記憶的自我辯護機制也不過是人性中另一個充滿魅力、卻時常令人惱怒的面向罷了。忘記曾經發生過的事讓人沮喪，記得完全沒發生過的事更使人驚慌。許多錯誤的記憶其實都是有益的，記錯讀《美妙的O》給我們聽的人就是一例。不過，錯誤記憶的效應有時更深遠，而且不只我們本人會受影響，家人、朋友跟整個社會都有可能遭到波及。

偽記憶的真故事

　　1995年，賓雅明・維高密爾斯基（Binjamin Wilkomirski）在德國出版《斷簡殘篇》（*Fragments*），這本回憶錄探討的是他在馬伊達內克（Majdanek）與比克瑙（Birkenau）集中營裡的恐怖童年經歷。《斷簡殘篇》一書獲得極高評價，維高密爾斯基在書中以孩子的視角，記錄他對納粹殘酷暴行的觀察，並描述自己最後被救出、逃到瑞士的過程。評論家將《斷簡殘篇》跟普里莫・萊維（Primo Levi）和安妮・法蘭克（Anne Frank）的作品相提並論。《紐約時報》說這本書內容「令人震驚」，《洛杉磯時報》則將之稱為「代表性十足的大屠殺實地紀錄」。1996年，《斷簡殘篇》在美國獲得國家猶太著作獎的自傳與回憶錄獎項，美國行為精神醫學協會還將海曼獎頒給維高密爾斯基，表揚他對大屠殺與種族滅絕研究的貢獻。在英國，本書贏得《猶太季度評論》（*Jewish Quarterly*）文學獎，在法國則榮獲大屠殺紀念獎。美國華盛頓的大屠殺紀念博物館（Holocaust Memorial Museum），還替維高密爾斯基舉辦巡迴六座城市的募資之旅。

　　後來大家卻發現《斷簡殘篇》其實從頭到尾都是杜撰的。作者本名叫布魯諾・葛洛斯讓（Bruno Grosjean），他根本不是猶太人，也沒有猶太血統。出生於1941年的葛洛斯讓是音樂家，他的母親伊馮娜・葛洛斯讓（Yvonne Grosjean）是未婚生子，出生幾年後他就被一對沒有子嗣的瑞士夫婦收養，那對夫婦的姓是莒賽克（Dössekker）。從沒進過集中營的他，寫作題材全部來自他讀過的

歷史書和看過的電影，以及傑茲・科辛斯基（Jerzy Kosinski）的《異端鳥》（*The Painted Bird*）。《異端鳥》是本超現實主義小說，內容描述一名男孩在大屠殺時期遭到的殘忍對待。[16]（諷刺的是，科辛斯基原本聲稱他的小說是自傳，後來被揭穿是虛構的。）

讓我們把焦點從瑞士拉到波士頓的富裕郊區，來到威爾・安德魯斯（Will Andrews）的居住地（這是訪問他的心理學家替他起的假名）。威爾長相英俊、表達清晰有條理，目前 40 多歲，婚姻也很幸福美滿。威爾認為他曾經被外星人綁架，而且他清楚記得外星人在他身上進行醫學、心理與性實驗，時間長達至少十年。他說，其實他的外星人嚮導還懷了他的孩子，兩人生下一對雙胞胎男嬰，現在已經 8 歲大了。他難過地說自己永遠見不到這對雙胞胎，但就情感層面來說，他們對他意義重大。他說被外星人綁架的經歷很可怕又痛苦，但整體而言他依然很開心自己被「選中」。[17]

這兩名男子是犯了詐欺罪嗎？難道布魯諾／賓雅明・維高密爾斯基／葛洛斯讓／莒賽克是為了一舉成名才捏造故事的嗎？威爾・安德魯斯是為了上全國脫口秀節目，才謊稱自己被外星人綁架嗎？我們不這麼認為，而且也不覺得他們在說謊。他們的行徑其實就跟湯姆・布羅考差不多。那好，這些男子有精神疾病嗎？也不盡然。他們的生活非常合理、運作正常，擁有穩定的工作跟感情關係，而且財務狀況良好。事實上，他們正代表成千上萬人，這群人記得自己在童年或成年時遭遇恐怖經歷，但這些經歷後來被證實未曾發生。替這些人進行檢測的心理學家都指出，他們並未罹患思覺失調症（schizophrenia）或其他精神病疾患。就算他們真的有精神方面

的問題，那也不過是一般人都會碰到的難題和困擾，例如憂鬱、焦慮、飲食失調、孤單寂寞，或是存在性脫序（existential anomie）。

所以，沒有，維高密爾斯基跟安德魯斯都沒瘋、也沒有騙人，但他們的記憶是虛假的，而這些記憶之所以虛假正是為了自我辯護。雖然他們的故事表面上看來截然不同，實際上都與常見的心理與神經機制相關，這些機制能創造出栩栩如生、情緒鮮明的虛假回憶。偽記憶無法在一轉眼或一夜之間成形，需要花數個月甚至是數年的時間來發展。如今，偽記憶建構成形的各個階段，對心理科學家來說已經不是謎了。

訪問維高密爾斯基的瑞士歷史學家史蒂芬·梅赫勒（Stefan Maechler）、維高密爾斯基的朋友、親戚、前妻以及所有與他相關的人士，大家都說布魯諾·葛洛斯讓的動機並非蓄意自我圖利，而是自我說服。葛洛斯讓花了二十多年的時間，讓自己變成維高密爾斯基，而撰寫《斷簡殘篇》只是脫胎換骨轉變新身分的最後一步，根本不是精心策畫的謊言的第一步。梅赫勒寫道：「錄影紀錄跟描述維高密爾斯基的目擊者報告都顯示，他親手建構的敘事讓他異常開心興奮。他將集中營受害者的角色詮釋得淋漓盡致，因為他終於在這個身分中找到自己。」[18] 大屠殺生還者的這個全新身分，讓他獲得強烈的意義與使命感，引來無數人的支持和景仰。難道他能靠別的方式來獲得這麼多獎座、收到來自各界的演講邀請嗎？當個二流單簧管樂手是不可能會有這種待遇的。

賓雅明·維高密爾斯基，又稱布魯諾·葛洛斯讓，在 4 歲之前四處流浪、居無定所。母親只會斷斷續續去探視他，最後甚至徹底

遺棄他，把他丟在一所育幼院，直到被莒賽克夫婦收養下他。成年後，維高密爾斯基認定自己現在碰到的人生問題，全是早年經歷所致。或許真的是這樣沒錯。不過，無力撫養他的單親媽媽生下他，最後被友善但拘謹刻板的夫婦領養，這種平凡無奇的故事，顯然無法以極具戲劇張力的方式來解釋他的人生困擾。假如他不是被領養，而是戰爭後被救出來，而且跟孤兒院裡一個叫布魯諾·葛洛斯讓的孩子交換身分，會不會更有意思呢？他的傳記作家表示，維高密爾斯基總覺得假如自己不是大屠殺生還者，「怎麼會被突如其來恐慌感壓得喘不過氣呢？後腦的畸形腫塊跟前額的疤痕從何而來？令他困擾不已的惡夢又該如何解釋？」[19]

還能怎麼解釋？承受不住壓力的時候，恐慌發作本來就是正常反應。再來，每個人身上都有各式各樣的腫塊或疤痕。其實維高密爾斯基的兒子後腦也有一樣的畸形腫塊，這個謎團的解答八成就是基因遺傳。普羅大眾都會做惡夢，而且令人意外的是，惡夢不一定是真實經驗的投射。許多經歷創傷的成人與孩童都不做惡夢，但不少沒有創傷的人反而會做惡夢。

不過，維高密爾斯基對這些解釋一點興趣也沒有。為了追尋人生的真義，他開始從金字塔頂端往下走，決定從 0 到 4 歲這段失落的時光中，找出症狀的真正成因。起初，他根本不記得任何早年創傷經歷，而且他對記憶越執著，早年經歷就越模糊朦朧。他開始閱讀關於大屠殺的書籍，其中包含生還者的敘述。他開始認為自己是猶太人，在門口掛了猶太教的門框經文盒，並穿戴起象徵猶太文化的大衛之星（Star of David）符號。38 歲時，他認識住在蘇黎世的

以色列心理學家伊利蘇爾‧伯恩斯坦（Elitsur Bernstein）。伯恩斯坦後來成了他的密友，並在他追尋過往的旅程中扮演顧問的角色。

　　為了回溯記憶，維高密爾斯基跟一群朋友來到馬伊達內克，同行友人包含伯恩斯坦一家。他們一行人抵達時，維高密爾斯基哭著說：「這就是我家！這就是小孩被隔離檢疫的地方！」他們還拜訪集中營檔案館的歷史學家，但維高密爾斯基問起孩子的隔離檢疫所時，歷史學家都笑他，說幼小的孩童要不是死了就是被殺，納粹根本不會為了孩童在特殊營區另闢育幼院。不過在這個時間點，維高密爾斯基已經在追尋身分的路上走了太遠，就算證據顯示他錯得離譜，他也不可能回頭，因此他的反應是透過反駁歷史學家來消減失調：「他們把我講得像個白痴一樣，真的很惡劣。」他對梅赫勒說：「從現在起，我知道我應該更仰賴自己的記憶，而不是聽信那些所謂歷史學家的言論。做研究的時候，他們根本沒有想到小孩的處境。」[20]

　　維高密爾斯基的下一步行動，是透過心理治療來解決惡夢、恐懼、以及恐慌症。他找到一位名叫莫尼卡‧瑪塔（Monika Matta）的精神分析師，她的分析手法是以心理動力學為取向。除了分析維高密爾斯基的夢之外，她也透過其他非語言的方式來進行治療，像是繪畫以及其他提升「身體情緒覺察」的方法。瑪塔鼓勵他把自己的記憶寫下來。對於忘不掉創傷或祕密經歷的人而言，書寫確實有幫助。書寫通常能讓受這些回憶折磨的人，以全新角度看待過往，並且放下這些經歷。[21] 不過，對於想死命記得根本沒發生的事的人來說，書寫、解夢跟繪畫等心理治療師常用的治療手法，反而會讓

想像與現實迅速融合。

　　伊麗莎白・羅芙特斯（Elizabeth Loftus）是記憶研究領域首屈一指的心理學家，她將這段過程稱為「想像膨脹」（imagination inflation）。越是去想像某件事，就會更篤定那件事真的曾經發生，也更有可能把想像混進真實的記憶中，並且在過程中不斷加入細節。[22]（科學家甚至為了釐清想像膨脹而探究大腦，利用功能性磁振造影，從神經層次來了解想像膨脹的運作過程。[23]）茱莉亞納・瑪佐妮（Giuliana Mazzoni）跟同事請研究對象描述一場夢，聽完受試者描述後，研究人員會提出（虛假的）「個人化」夢境分析。他們對一半的受試者說，那場夢代表他們 3 歲前曾被惡霸騷擾、曾在公共場所走失、或是曾經歷過類似不愉快的早年事件。對照組受試者則沒有獲得這種夢境解析。跟對照組相比，實驗組受試者更容易開始相信夢境解析的內容真的發生過，而且其中半數的人最後更替虛構經驗製造出詳細的回憶。在另一份實驗中，研究人員要求受試者回想，當年學校護士從他們的小指上取下一塊皮膚樣本，進行全國健康檢測的這段經歷（這種檢測根本不存在）。光是想像這種不太可能發生的情境，就能使受試者開始相信這件事真的發生過。而且他們越是篤定，就會在偽記憶中加入越多與感官相關的細節（「那個地方很難聞」）。[24] 只要請受試者解釋不可能發生的事件可能會如何發生，研究人員就能間接創造出想像膨脹。認知心理學家瑪麗安・加里（Maryanne Garry）發現，只要請受試者描述某起事件可能是如何發生的，之後他們便會覺得那件事越來越寫實。孩童

尤其無法抵抗這種暗示與聯想的影響。❶ 25

寫作會將轉瞬即逝的思緒轉換成歷史事實，對維高密爾斯基來說，動筆將記憶寫下就會印證其真實性。「我的疾病對我說，我該替自己將這一切寫下來了。」他對此表示：「彷彿這些經歷之前都被封存在我的記憶中，我要依循每個蛛絲馬跡，往回追溯出事情的原貌。」26 正如他拒絕相信馬伊達內克的歷史學家提出的反證，科學家告訴他記憶並不是這樣運作時，他也同樣不接受。

在《斷簡殘篇》這本書的印製過程中，出版社收到一名男子的來信，那人宣稱維高密爾斯基的故事不是真的。出版社有所警覺，便向維高密爾斯基求證。伊利蘇爾・伯恩斯坦跟莫尼卡・瑪塔得知後都去信出版社，替故事的真實性背書。伯恩斯坦在寫給出版社的信中提到：「閱讀布魯諾的手稿時，我從來沒有質疑過所謂的『真實性』，我必須冒昧表示，根據個人判斷，只有真實經歷過這些事情的人，才有辦法以這種方式描述這些事件。」莫尼卡・瑪塔則跳了一小段自我辯護之舞，她同樣不懷疑維高密爾斯基的身分或其記憶的真實性。她在信中表示他非常有才華、為人真誠，「記憶的運作也異常精確」，而且童年經歷對他的影響相當深刻。她希望所有

---

❶ 這個效果稱為「解釋膨脹」（explanation inflation），請見 Stefanie J. Sharman, Charles G. Manning, and Maryanne Garry, "Explain This: Explaning Childhood Events Inflates Confidence for Those Events," *Applied Cognitive Psychology* 19 (2005): 67-74。還不會說話的孩童，會透過視覺圖像來展現與成人相同的行為：他們會透過繪畫，畫出完全不可能發生的事件，例如在熱氣球上開茶會，或是跟美人魚一起在海底游泳。畫出這些圖畫之後，他們通常會將圖像導入自己的記憶。一週後，被問及這些奇異古怪的事件是否真的發生過時，比起沒有畫過這些圖的孩子，他們更有可能給出肯定的答案。參考 Deryn Strange, Maryanne Garry, and Rachel Sutherland, "Drawing Out Children's False Memories," *Applied Cognitive Psychology* 17 (2003): 607-19。

「荒謬的質疑都能煙消雲散」，因為出版這本書對維高密爾斯基的心理健康來說非常重要。她也在信中提到，她不希望「命運以這種背棄他的方式壓垮他，再一次證明他只是個『小人物』。」[27] 出版社被專家證詞跟認可說服了，如期出版此書。「小人物」終於成了大人物。

．　．　．

某晚在內布拉斯加州郊區騎腳踏車時，麥可・薛莫（Michael Shermer）被外星人綁架。一艘大型太空船降落，麥可・薛莫不得不退到路邊。外星人走下太空船，將他綁走九十分鐘，他完全不記得之後發生什麼事。薛莫的經驗並不稀奇，數百萬名美國人都自認曾與幽浮或外星人有過某種接觸。對某些人來說，這種情況通常發生在他們長途駕車、行駛在周遭景色毫無變化的無聊道路上，而且經常是晚上。他們開車開到出神，失去時間感和距離感，回過神來，才想著在剛剛出神的那幾分鐘或幾個鐘頭究竟發生了什麼事。有些人會看見空中出現神祕的光芒盤旋，就連專業的飛行員也不例外。而對多數人來說，這種經驗通常發生在精神狀態恍惚朦朧、半夢半醒之際，此時他們很容易會在床上看見鬼、外星人、黑影或幽靈。大多數時候他們常會感到自己身體癱瘓、動彈不得。

單車騎士、汽車駕駛以及半夢半醒的人，大家都在金字塔頂端，「剛才發生某件驚人、難以解釋的事情，但那到底是什麼？」如果你今天起床的時候心情很悶，你其實不會太在意，但如果醒來時床邊坐了個小妖精，你可沒辦法裝作什麼事都沒發生。假如你是

科學家或秉持懷疑精神的人，就會進一步探究，然後發現其實在這種駭人事件背後，有令人鬆一口氣的解釋：在最深層的睡眠階段，我們最有可能做夢，此時部分大腦關閉身體動作，我們才不會在夢裡被老虎追趕時也在床上激烈翻滾。如果你比身體更早從這個階段醒來，身體會暫時癱瘓不能動。假如大腦還在製造夢境畫面，則可能導致你有短短幾秒鐘的時間在清醒的狀態下做夢。這就是為什麼床邊的人影會看起來飄忽朦朧，如同惡夢中的場景。其實**你就是在做夢**，只不過眼睛處在睜開的狀態。研究記憶與創傷的哈佛臨床心理學家理查‧麥克奈利（Richard McNally）表示，從病理學角度來看，睡眠癱瘓（Sleep Paralysis）就跟打嗝差不多。他說睡眠癱瘓相當常見，「對於睡眠習慣受到時差、輪班或疲勞干擾的人來說，這種現象更頻繁。」大概有30％的民眾都有過睡眠癱瘓的經驗，但只有5％曾經歷過清醒的幻覺。同時體驗到睡眠癱瘓跟清醒夢境的人，幾乎都表示這兩種感覺加在一起很嚇人。[28] 我們敢說，這大概就是「置身外星般」的奇異感受吧。

　　性格與職業使然，麥可‧薛莫本身就充滿懷疑精神，他當下就知道到底發生什麼事，他後來寫道：「我之所以會覺得自己被外星人綁架，是因為極度缺乏睡眠，身體非常疲勞所致。當時我正在參加橫越美國單車賽，總長三千一百英里，中途完全不休息。那個時候比賽才剛開始沒幾天，我已經連續騎了八十三小時、一千兩百五十九英里。我昏昏沉沉、搖搖晃晃地騎在路上，我的支援野營車亮著大燈、往路邊停了下來，工作人員下車拜託我小睡一下。就在那個當下，1960年代電視劇《入侵者》（The Invaders）的陳年記憶竄

入我的清醒夢境中⋯⋯剎那間，所有支援小組的工作人員都變形成外星人。」[29]

跟薛莫一樣的人，碰到這類超自然經驗時會說：「天啊，這種清醒的夢境也太怪、太嚇人了，大腦真奇妙！」不過，自認與外星生物有所接觸的威爾・安德魯斯與三百多萬名美國人，則往另一個方向走下金字塔，相信自己與外星生物有某種形式的往來。臨床心理師蘇珊・克蘭西（Susan Clancy）訪問數百名外星接觸說的信徒後，她發現被外星人綁架的推斷看起來越來越可信時，信徒的信念就會更加堅定。她寫道：「我的所有訪談對象都遵照相同軌跡：只要他們開始懷疑自己真的曾被外星人綁架，就再也不會改變想法⋯⋯一旦種下信念的種子，一旦開始猜想自己被外星人綁架，被綁架的人就會到處尋找確認此事的證據。一旦他們開始找證據，證據幾乎都會出現。」[30]

嚇人的經驗通常就是啟動這段過程的關鍵。克蘭西的一位受訪對象表示：「我在半夜醒來，渾身動彈不得。我整個人恐懼到不行，覺得有人入侵我家了。我想大聲尖叫，但怎麼樣就是叫不出聲。這整段經歷大概只持續了一剎那，但我已經嚇到不敢回去睡了。」想當然，這人會想要搞清楚到底發生什麼事，並尋找一種也能用來解釋其他現有人生問題的說法。克蘭西研究中的另一位受訪者指出：「自從我有記憶以來，就一直很憂鬱沮喪，我一定是出了什麼嚴重的問題，我想搞清楚是怎麼回事。」其他受訪者則表示自己有性功能障礙、與體重奮鬥，以及其他令他們困惑擔憂的古怪經驗或症狀，例如「我不明白醒來的時候，睡衣怎麼會在地上。」「我

流好多鼻血，我以前從來沒流過鼻血。」還有「我不知道背上怎麼會有這些硬幣狀的瘀青。」[31]

為何這些人選擇用被外星人綁架來解釋自己的症狀和疑慮？為什麼他們不考慮其他更合理的解釋？例如「因為我睡到一半很熱，就把睡衣給脫了」或「會流鼻血可能是房間空氣太乾，還是去買一台加濕器好了」，還有「或許我應該要好好照顧自己了？」針對睡眠問題、憂鬱沮喪、性功能障礙，以及平凡無奇的身體症狀，民眾其實輕易就能找到其他更合理的解釋。所以克蘭西很納悶，不懂為什麼會有人選擇最不合情理的解釋，聲稱自己記得多數人都認為不可能發生的事件。美國人之所以這麼做，一部分是受美國文化影響，另一部分則是來自「體驗者」（experiencer）的需求與性格。許多相信自己曾被外星人綁架的民眾，都自稱為體驗者。

體驗者先是讀到被外星人綁架的故事，又聽到其他信徒的證詞，因而開始相信被外星人綁架的說法，能合理解釋他們的症狀。故事重複夠多遍之後，就會變得非常熟悉，以致於逐漸削弱一個人最初的懷疑，就連兒時目睹惡魔附身這種不可能發生的故事也變得可信。❷[32] 多年來，被外星人綁架的故事在美國大眾文化中隨處可見，無論是在書中、電影與電視影集裡，以及脫口秀上皆然，而這種敘事正好能滿足體驗者的需求。克蘭西發現，多數體驗者是在傳

---

❷ 茱莉亞納‧瑪佐妮跟同事利用實驗室實驗，展現受試者將不可能發生的事件（小時候目睹魔鬼附身）轉化為可信記憶的過程。這段過程的其中一環，就是讓受試者閱讀探討惡魔附身的文章段落和見證者證詞。受試者閱讀的文章都說，惡魔附身的發生機率遠比多數人想像的還要高。請參考：Giuliana Mazzoni, Elizabeth F. Loftus, and Irving Kirsch, "Changing Beliefs About Implausible Autobiographical Events: A Little Plausibility Goes a Long Way," *Journal of Experimental Psychology: Applied* 7 (2001): 51-59。

統宗教信仰中長大，但後來拒絕這些傳統宗教，轉而追求新時代推崇的通靈與另類療法。因此，他們比其他人更容易接受幻想以及暗示，碰到來源混淆時會更不知該如何是好，容易將自己想過或經歷過的事，直接與書中的故事或電視上的情節畫面合併。（相較之下，薛莫就察覺到自己的外星人幻想是來自 1960 年代影集。）更重要的一點，或許在於被外星人綁架的說法，能完美描繪出體驗者在經歷恐怖清醒夢境時，所感受到的情緒強度和戲劇張力。克蘭西點出，相較於平凡老套的睡眠癱瘓理論，那些人反而認為被外星人綁架更為真實。

被外星人綁架的說法能完美解釋自己的症狀，這種靈光乍現的感受讓體驗者振奮雀躍，正如維高密爾斯基發現，大屠殺生還者的身分能完美解釋他的困擾。被綁架的敘事，能讓體驗者解釋內心的痛苦與折磨，同時還不用替自己的錯誤、悔恨與問題負責。有位女性受訪者對克蘭西說：「我沒辦法讓別人碰我，就算我老公很溫柔體貼，我也沒辦法讓他碰我。妳能想像嗎？四十五年來都沒辦法體驗美好的性愛！現在我終於知道這跟外星人在我身上做的事有關，很久以前外星人就開始拿我做性實驗了。」克蘭西的所有受訪者都表示，被外星人綁架的經驗徹底改變他們，他們變成更好的人，生活有所改善，而且最讓人感動的是，他們的人生現在終於有了意義。威爾・安德魯斯表示：「我本來打算放棄，我不曉得到底哪裡出了問題，但我知道就是少了什麼。現在一切都不同了，我覺得很美好。我知道在遙遠的彼端有其他存在，比人類更巨大、更重要的存在。基於某些原因，他們選擇讓我知道他們的存在。我跟他們相

互連結……外星生物跟我們學習，我們也從他們身上學習，最後創造出一個新世界。無論是間接還是透過那對雙胞胎，我都是那個新世界的其中一分子。」威爾的老婆（地球上那個）哀怨地向克蘭西吐露內心的不解，揭露威爾編造自己與外星人產下隱形雙胞胎的另一項動機：「要是我們生得出小孩，事情會不會不一樣？」[33]

在最後階段，體驗者認定自己的問題是被外星人綁架所致，並且找回失落的記憶之後，他們就會尋找其他跟自己一樣的人，而且只閱讀支持全新說法的故事或敘事。他們堅決否定任何會造成失調的證據，以及其他能解釋他們的症狀或問題的說法。有位克蘭西的受訪者表示：「我發誓，要是有人再跟我提什麼睡眠癱瘓，我真的會當場吐出來。那天晚上我房間裡真的有什麼東西出現！我感覺天旋地轉、頭昏眼花……我沒有在睡覺，我被帶走了。」[34] 克蘭西的每位受訪者都曉得其實有科學說法能解釋這種感受，但一致氣憤地拒絕採信。多年前，麥克奈利跟約翰・馬克（John Mack）在波士頓展開辯論，馬克是一位精神科醫師，他認為被綁架者的故事是真的。[35] 馬克還帶了一位體驗者出席。那名女子在一旁聽他們辯論，也聽到麥克奈利提出解釋，說明那些自認被外星人綁架的人為什麼都有幻想傾向，而且他們如何將這種常見的睡眠經驗誤解成看見外星人。在接續的討論時間中，那名女子對麥克奈利說：「你難道不懂嗎？要是有人能給出另一個合理的說法，我就不會相信自己被外星人綁架了。」麥克奈利回答：「我剛剛就給了。」

在這段過程的尾聲，體驗者站在金字塔底端，跟麥可・薛莫等懷疑論者相差十萬八千里。體驗者將新的偽記憶吸收內化，如今已

經無法分辨哪些記憶是真、哪些是假了。研究人員將這些人帶進實驗室，請他們描述被外星人綁架的創傷經驗時，他們的生理反應（例如心跳跟血壓）會明顯增強，強度跟創傷後壓力症候群（posttraumatic stress disorder）的患者相仿。[36]他們已經對自己編造的故事深信不疑。

$$\cdot \quad \cdot \quad \cdot$$

偽記憶能讓人原諒自己、替自身錯誤找藉口，但有時候代價非常高，那就是他們將無法替自己的人生負責。體認到記憶可能出現扭曲，理解即使是極為深刻的記憶也有可能錯的，這些認知或許能提醒我們不要將記憶看得太重，不要那麼篤定自己的記憶永遠是正確的，並且放下用過往事件替當下問題找藉口的誘人衝動。我們都知道許願的時候得謹慎一點，因為願望確實有可能成真。因此，選擇用哪一段記憶來替人生辯解時也得格外小心，因為我們勢必得靠那些記憶過活。

想當然，受害者敘事是許多人最想仰賴、也最為強大的故事。從來沒有人真的被外星人綁架過（體驗者或許會激動地跟我們爭論這點），不過數百萬人都曾在兒時被殘暴地對待，例如被忽略、性虐待、父母酗酒、暴力相向、被遺棄，以及經歷戰爭迫害。許多人站出來分享自己的故事，描述自己如何面對、忍受這段人生經歷，談論他們從中學到什麼以及如何繼續前進。創傷與超越創傷的故事相當激勵人心，也體現人類的韌性。[37]

正因這類故事承載濃厚的情緒，成千上萬人都深受吸引，建構

出「我也是」的個人版本。少數人表示自己是大屠殺的生還者，數千人聲稱自己被外星人綁架後逃過一劫，上萬人則說自己有亂倫、強暴以及性方面的創傷，並稱這些回憶一直被壓抑在心中，直到成年接受心理治療才浮出檯面。為什麼在事情根本未曾發生的情況下，會有人說他們記得自己有過某段慘痛的經歷？即便認為自己是受害者的信念造成朋友與家庭失和，他們仍堅持自己有相關回憶，為什麼？藉由扭曲記憶，這些人就能靠改寫自身歷史，來得到他們想要的。而他們想要的，就是將現階段乏味、平凡無趣的生活，轉變成戰勝逆境的精彩敘事。受到虐待或傷害的記憶，能讓他們消除「我很聰明、很有能力」和「我現在的人生根本一團糟」之間的失調，並且替人生找藉口，讓自己好過一點、擺脫責任，例如：「人生一團糟並不是我的錯，我本來能成為舉世聞名的歌手，但我根本沒有達到那個境界。想想我爸以前對我做的那些醜陋惡事，就知道為什麼了。」艾倫・貝絲（Ellen Bass）跟蘿拉・戴維斯（Laura Davis）在《勇氣可嘉的女人》（ *The Courage to Heal* ）中，就明確描述這段邏輯推演過程。她們對那些對童年性侵沒有任何記憶的讀者說：「初次回想起被性侵的經驗、體認性侵對你造成的影響之後，可能會有一種極度解脫的感覺。你終於替自己的問題找到原因，終於找到能責怪的對象或事物了。」[38]

　　難怪多數虛構出早年創傷記憶的人，跟那些相信自己被外星人綁架的民眾一樣，會大費周章辯解、維護新的說法。讓我們參考荷莉・羅夢納（Holly Ramona）這名女子的案例。她上大學一年後，就因為憂鬱症和暴食症接受治療。治療師告訴她，這些常見的病症

通常是童年遭到性侵的症狀，不過荷莉否認自己曾被性侵。但隨著時間推展，治療師不斷勸她回想童年是否遭到性侵，後來又有一位精神科醫師替她注射異戊巴比妥（sodium amytal，常被誤稱為「吐真劑」），荷莉開始想起在 5 至 16 歲之前，她曾多次被父親強暴，父親甚至還強迫她跟家裡的狗發生性關係。荷莉的父親得知後相當憤怒，控告兩位治療師治療失當，指出他們「植入或強化他曾在女兒年幼時侵犯她的偽記憶」。陪審團認同父親的說法，宣判他無罪，並判定兩位治療師有罪。[39]

　　法院判決使荷莉陷入認知失調，她只能靠以下兩種辦法來消除失調。第一是接受陪審團裁決，了解到自己的記憶是虛構的，並請求父親的原諒，試圖讓因其控訴而四分五裂的家庭和解。第二，她可以拒絕接受陪審團的判定，認定法院的裁決是在踐踏正義，並且更篤信父親曾侵犯她，繼續接受復原記憶派的心理治療。第一個選項需要她改變心意並道歉，這就像在狹窄的河流中要求蒸汽輪船掉頭，沒什麼調動或轉圜的空間，無論往哪個方向前進都很冒險。第二個選項輕鬆許多，因為她只需替自己對父親和家人造成的傷害辯解就行了。繼續照著原來的航向前進，確實簡單許多。所以囉，荷莉堅決否定陪審團的判決，還跑去念研究所……目標是成為一位心理治療師。

· · · ·

　　但是，偶爾還是會有人站出來說出真相，就算真相會阻礙美好、自我辯護的故事也一樣。說出真相並不容易，因為這代表要用

崭新、懷疑的角度，來檢視自己曾經賴以維生、令自己心安的記憶，並且從各個面向來審視記憶的可能性。而且，不管之後會造成多大的失調，當事人還是得坦然接受。作家瑪莉·卡爾（Mary Karr）在整段成年生活中，都記著父親當年拋棄還是無辜少女的她。這段記憶一直讓她覺得自己是個了不起的倖存者，在父親的忽略之下長大成年。但準備動筆寫回憶錄時，她面對現實，體認到這段敘事可能不是真的。

「唯有透過研究真實事件、探查自身動機，複雜的內在真相才會從黑暗中浮現。」她如此寫道：

不過，回憶錄作家要如何著手從虛假事件中挖掘出人生真相呢？有一次，我甚至寫下一段道別的場景，描述我那酗酒成性、莽撞的老爸，轉身拋下剛進入青春期的我。當我追憶少女時期的往事來證明這點時，事實卻呈現出截然不同的畫面：我爸每次都會準時來接我、幫我做早餐，也會邀我一起去打獵或釣魚。我才是那個拒絕的人。後來我拋下他，跟一群毒販跑到墨西哥跟加州去，接著就上了大學。

事實遠比我一開始建構的卡通式自我描繪還要哀傷。如果我緊抓著自己的設想不放，認為我的生活之所以會如此戲劇化，都是因為那根本不存在的障礙造成的，進而將自己塑造成無端遭到殘忍對待、但鬥志旺盛的倖存者，我就永遠無法認清事情的真相。正因如此，我才會說上帝與真理同在。[40]

4

好心腸，壞科學：
臨床診斷的封閉迴路

不管你提出的假設有多完美，不管你有多聰
明，不管提出假設的人是誰，也不管他名聲有
多響亮，如果假設與實驗結果背道而馳，假設
就是錯的。錯就是錯。

——物理學家理察·費曼

假如聽到陪審團宣判心理治療師在她腦中植入偽記憶時,荷莉·羅夢納感受到認知失調,大家覺得她的治療師又會是什麼感覺?「天啊,荷莉。我們在治療妳的憂鬱症和暴食症時,竟然犯了這麼嚴重的錯誤,真的非常抱歉。我們最好回學校重新研究記憶這個領域。」他們難道會這樣講嗎?另一位心理治療師的反應恐怕比較典型。我們姑且將當事人稱為葛蕾絲(Grace),她因為恐慌症發作去進行心理治療。她在職場上與男主管處不來,這也是她人生中首次覺得自己完全失去掌控力。不過,心理治療師並未治療她的恐慌症,也沒有協助解決職場難題,反而認定葛蕾絲的症狀,代表她小時候曾被父親性侵。起初,葛蕾絲接受治療師的解釋,畢竟治療師是這方面的專家。經過一段時間後,葛蕾絲跟荷莉一樣,開始相信父親真的侵犯過自己。葛蕾絲直接指控父親、與父母和姐妹斷絕關係,甚至暫時離開丈夫跟兒子。但她總覺得這些新的回憶有哪裡不對勁,因為這些回憶跟始終非常良好、和樂的父女關係背道而馳。有一天,她告訴治療師她不相信父親曾侵犯過自己。

葛蕾絲的治療師可以接受諮商個案的說法,開始跟她一起替現有問題找出更好的解釋。她也可以研讀最新的研究,看看還有哪些適合治療恐慌症的療法。她或許也能找同事討論這個個案,檢視自己是否忽略了哪些面向跟細節。不過,葛蕾絲的治療師完全沒做這些事。葛蕾絲提出復原的記憶可能有誤時,治療師只說:「妳病得比以前更重了。」[1]

·　·　·

在 1980 和 1990 年代，婦女與孩童遭到性侵的證據不斷浮現，無意間引發兩場情緒傳染病，社會學家將其稱為「道德恐慌」（moral panics）。其一是「復原記憶」（recovered memory）療法的趨勢：成年人在完全不記得任何童年創傷的狀態下接受心理治療，治療後開始相信自己曾被父母侵犯，或是被撒旦教派折磨凌虐，有時甚至長達多年，而且當時他們一點意識也沒有，更沒有任何兄弟姊妹、朋友或醫生能證實這些經歷。患者表示在催眠狀態中，治療師能讓他們想起童年時、嬰兒時期，有時甚至是前世的恐怖經歷。有位女子想起母親曾將蜘蛛放進她的陰道，另一位女子則說父親在她 5 到 23 歲之間持續猥褻她，還在她結婚前一天強暴她，而在接受心理治療之前，她都努力壓抑這些回憶。其他患者則想起自己曾被火燒，但身上完全沒有燒燙傷的疤痕。有些人說自己曾懷孕而且被迫墮胎，不過生理上卻沒有曾經懷孕過的跡象。有些患者將他們認定曾侵犯自己的人告上法院，還找專家證人出庭，許多專家證人都是臨床心理界或精神醫學界的大人物。這些專家作證表示，復原記憶能有效證明原告確實曾被虐待與侵害。[2]

精神科醫師聲稱，要是創傷經歷格外駭人，受害者就會分裂出兩個、三個、十個，或甚至是上百個人格，使患者罹患多重人格障礙（multiple personality disorder；MPD）。1980 年以前，據稱患有多重人格障礙的患者只有少數幾位，而且他們通常只有兩種人格〔伊芙（Eve）這名個案則有三重人格〕。1973 年，《變身女郎》（Sybil）這本書正式出版。這本書完稿出版時，西碧爾（Sybil）總共顯露出十六個人格，因而成為轟動全國的人物。這本書熱銷五百

多萬冊，主要是根據科內利亞‧威布爾（Cornelia Wilbur）的描述所寫成，而威布爾就是西碧爾的精神科醫師。1976 年，這本書更被翻拍成分為上下兩部的電視劇，由瓊安‧伍華德（Joanne Woodward）和莎莉‧菲爾德（Sally Field）擔綱演出，吸引全美四千多萬名觀眾收看。1980 年，美國精神醫學學會正式認可此症候群，將多重人格障礙列為正當診斷。從這個時間點開始，被診斷罹患多重人格障礙的個案數就……嗯……翻倍成長。多重人格障礙症診所在全美各地開張營業，專門治療數量不斷增加的患者。根據各統計數字，截至 1990 年代中期，總共有四萬多人在接受心理治療後，認為自己有數十個，甚至是數百個「人格狀態」（alters）。[3]

第二場道德恐慌的起源，是民眾害怕兒童在托兒所遭性侵。1983 年，加州曼哈頓海灘的麥克馬丁幼稚園（McMartin Preschool）的老師，被控對園中的幼童做出令人髮指的行徑，像是在地下室舉行撒旦儀式、虐待孩童，或是在孩童面前屠殺寵物兔，以及強迫他們性交等。有的孩子說老師曾帶他們搭飛機，把他們綁架到另一個地方。原告律師無法說服陪審團那些孩子曾被侵犯，但這起案件卻引發全美民眾模仿，大家都指控托兒所老師行為不當。伯納‧「蜜蜂」‧貝倫（Bernard "Bee" Baran）是住在麻薩諸塞州的年輕男同志，他是第一位被誤判的幼稚園老師。他在獄裡待了二十一年，後來全案重新審理後，法院才還他自由。將貝倫告上法院的孩童父親，向幼稚園發出抗議，堅決表達他「不想讓同性戀」教自己的小孩，他的妻子還在作證時表示男同性戀「不該被允許在公開場合出沒」。[4]

在貝倫的案子之後，美國陸續還有其他幼稚園老師被控告的案件，像是北卡羅來納州的小淘氣托兒所（Little Rascals Day Care）、紐澤西州的凱莉・麥可斯（Kelly Michaels）訴訟案、麻薩諸塞州的阿米羅（Amirault）家族訴訟案、聖地牙哥的戴爾・艾奇奇（Dale Akiki）案、奧斯汀的法蘭・凱勒（Fran Keller）與丹・凱勒（Dan Keller）案、休士頓的布魯斯・伯金斯（Bruce Perkins）案，以及據傳在明尼蘇達州的約旦、華盛頓州的韋納奇、密西根州的奈爾斯、佛羅里達州的邁阿密，還有在其他數十座社區中出沒的猥褻集團。孩童描述的故事都相當離奇。有些人說自己被機器人攻擊、被小丑和龍蝦猥褻，或是被迫吃青蛙。有位男孩說他曾當著所有老師和同學的面，被全裸綁在學校院子的樹上，不過沒有任何路人或孩童能證實此說法。於是執法單位請來社工跟心理治療師評估孩童的故事、替孩童進行心理治療，並協助孩童把心裡話講出來、揭露事情的真相。許多專家後來在法庭上表示，根據他們的臨床判斷，托兒所或幼稚園中的老師確實有罪。[5]

這些情緒傳染病消失之後都到哪去了？為什麼最近在脫口秀節目上，再也沒有名人出來分享自己的復原記憶，談談嬰孩時期被折磨的經歷呢？那些多重人格障礙的個案都去哪了？難道所有有虐待傾向的戀童癖都把托兒所收掉了嗎？多數曾被定罪的老師在上訴後獲釋，但許多教師跟家長還被關在獄中、被軟禁在家裡，或是一輩子都得被註記為性犯罪者。許多人的人生因此支離破碎，無數家庭也因為訴訟案而四分五裂。儘管如此，重新想起童年被騷擾侵犯的法律訴訟案，仍然持續出現在法院、新聞與電影中。[6] 仔細觀察這

些故事,會發現在許多案例中都有一位協助個案「恢復」記憶的治療師。

至於多重人格障礙,那些專門治療此症候群的診所後來都陸續關門了,因為精神科醫師被控勸誘脆弱的患者相信自己有多重人格,這個病症也慢慢從大眾文化中消失。2011 年,調查新聞記者黛比‧內森(Debbie Nathan)出版西碧爾的傳記,顯示科內利亞‧威布爾幾乎捏造所有關於多重人格的故事,目的是為了拉抬自己的名聲以及刺激書的銷量。西碧爾根本沒有任何會導致人格分裂的童年創傷。想極力取悅威布爾的西碧爾之所以創造出所謂的多重人格,都是因為威布爾軟硬兼施向她施壓。此外,威布爾更威脅要將長期開給她的處方箋藥停掉,但當時西碧爾已經對藥物上癮了。[7]

雖然情緒傳染病已退去,但當初引發這些風潮的假設性思想仍深植於大眾文化中:假如你在童年時期反覆遭受創傷,就有可能會壓抑相關記憶。假如你壓抑這些記憶,能靠催眠把這些記憶找回來。假如你徹底相信這些記憶是真的,那就是真的。就算完全沒有相關記憶,只是懷疑自己曾被侵犯,那你大概真的有被侵犯過。假如腦中突然閃過被侵犯的畫面,或是夢到自己被侵犯,那你就是在揭開一段真實的回憶。孩子幾乎不會在性方面說謊,所以要留意以下幾點,假如你的小孩做惡夢、尿床、想開夜燈睡覺或是自慰,那他或她大概曾經被猥褻過。

這些信念不像蘑菇那樣,並不是一夜之間就在文化領域中冒出頭。這些觀點之所以會成長茁壯,全拜精神健康專家之賜,他們在研討會、臨床醫學期刊、媒體、暢銷書中散播這些觀念,還誇口自

己是診斷孩童性侵、判斷復原記憶是否可信的專家。這些專家之所以會有這些主張，大多是受徘徊不去的佛洛伊德學派（以及偽佛洛伊德學派）論述影響，像是壓抑、記憶、性創傷以及夢的意義。此外，這也是因為他們對自己在臨床上的觀察與診斷能力自信十足。後來，這些治療師的論斷經過科學研究，他們的主張全是錯的。

. . .

說來實在尷尬，但麥克馬丁事件躍上新聞時，我們兩位作者其實都不約而同地傾向認為幼稚園老師有罪。在不清楚指控細節的情況下，我們都不自覺接受「哪裡有煙，哪裡就有火」的老派說法。身為科學家的我們應該更謹慎，有煙的地方通常就真的只有煙而已。審判結束後過了幾個月，故事的全貌浮出檯面：率先提出控訴的母親有情緒紊亂的傾向，她的指控越來越瘋狂，以致於最後連檢察官都不再理她。積極的社工彷彿是在參與道德聖戰似的，連續幾個月不斷迫使孩子「吐露實情」。而且孩童的故事也越來越荒誕離譜。這時，我們才發現自己既愚蠢又慚愧，竟然將科學的懷疑精神當成憤怒祭壇的獻禮。由於一開始就輕易相信指控為真，我們後來感到龐大的失調感，現在仍是如此。但是跟實際涉入事件或公開表態的人相比，我們的失調感根本算不了什麼。許多與事件相關的心理治療師、精神科醫師還有社工，都認為自己是專精嫻熟的臨床專家，更是倡導兒童權益的鬥士。

沒有人樂見自己是錯的，也不希望自己的記憶是扭曲或虛構的，或是犯下丟臉的專業錯誤。執行治療相關業務的專業人士面臨

的風險更高。假如你在執業時秉持一定信念，後來卻發現部分信念是錯的，你要不是承認錯誤並改變治療手法，就是拒絕接受新的證據。假如錯誤沒有嚴重威脅你對自身能力的認知，或是你還沒公開表態支持錯誤的觀念或手法，你或許會願意改變操作，還會很感激能學到更棒的療法。但是，如果錯誤信念讓個案的問題更嚴重、使個案家庭分崩離析，或是讓無辜者入監服刑，你就會跟葛蕾絲的治療師一樣，得消除極為龐大的認知失調。

這就是我們在前言中描述的塞麥爾維斯現象。塞麥爾維斯發現，只要醫學院學生替實驗室裡的婦女接生前先洗手，產後感染的個案數就會大幅減少。「嘿，塞麥爾維斯，謝謝你找出產婦感染而死的原因，患者終於不用平白喪命了。」為什麼他的同事不對他說這句話呢？其他醫生接受這個簡單、能拯救患者性命的介入手法之前，得先承認自己就是產婦死亡的原因。這些醫生根本無法承受這個事實，因為這份認知直接命中要害，威脅到他們自認是醫學專家和明智治療者的自我形象。所以他們基本上只是叫塞麥爾維斯閃邊去，不要拿這種愚蠢的想法來煩他們。在他們那個年代，根本還沒有患者或患者家屬會控訴醫師治療失當，但那群醫師依然拒絕接受塞麥爾維斯提出的證據，不願意相信先洗手再治療能降低患者死亡率。這麼看來，我們能斷定這些醫師之所以不願面對事實，是為了維護自尊而不是收入。自那個時代以來，醫學已大幅躍進，但自我辯護的需求卻未曾讓步。

儘管速度緩慢，絕大多數的職業最後都會自我修正、自我改進。如果你現在是一位醫師，你就會洗手跟戴手套。假如你忘了，

同事、護士或患者都會提醒你。假如身為玩具公司老闆的你，誤判新推出的娃娃會賣得比芭比娃娃好，市場反應最終會讓你知道真相。如果身為科學家的你偽造複製羊的數據，還企圖矇騙同事與合作夥伴，第一座無法複製你的研究結果的實驗室，就會將你的詐欺行為公諸於世。倘若身為實驗心理學家的你，在設計實驗或分析實驗結果時出了錯，同事跟批評者都會迫不及待通知你、整個科學界，以及前行星冥王星 ❶ 上的眾人。當然，並不是所有科學家都那麼科學。換言之，不是每一位學者專家都心胸開放、願意放棄原有的強烈信念，或承認利益衝突可能會汙染研究結果。但就算科學家沒有自我修正，科學最終還是會自我修正。

精神健康專業從業人員可就不同。這個領域的專業人員領有各式各樣的證書執照，接受過五花八門的訓練，治療手法也截然不同。舉例來說，在法律專業領域中，有人是從法學院畢業的，也勤奮研究過法律中的各個領域，還通過門檻極高的律師資格考。但是，該領域中也有人只花了 78 塊美金，去上法庭禮儀週末訓練班。這樣比喻大家就知道問題出在哪了吧？你又會選擇哪一種律師替自己辯護呢？

在心理治療領域，臨床心理師最接近受過傳統訓練的律師。許多臨床心理師都有博士學位，如果他們是從大型、一流大學畢業，而不是在私立治療工廠取得文憑，就會對心理學研究有基本認知。有些人會自己做實驗，來探究成功治療的要素或情緒失常的原因。

---

❶ 冥王星在 2006 年被降級為矮行星。

但不管他們是否親身做研究，通常還是很精通心理學，也知道用哪一種療法來治療哪一種問題最對症下藥。他們也都曉得，針對恐慌症、憂鬱症、飲食失調、失眠、長期憤怒或其他情緒失常，認知與行為療法是最合適的心理療方。跟藥物治療相比，這些療法的效用甚至有過之而無不及。[8]

相較之下，多數精神科醫師都持有醫學學位，在學校學的都是醫學與藥物治療，對心理學的基本研究反而相當陌生。貫穿二十世紀，精神科醫師基本上都是佛洛伊德式精神分析或其支派的實踐者。你必須具備醫師身分才能到精神分析訓練機構進修。精神分析的熱潮逐漸退去，精神疾病的生物醫學模型逐漸興起後，多數精神科醫師開始用藥物治療患者，而不是採用任何形式的談話療法。雖然精神科醫師對大腦相當熟悉，對情緒失常的非醫學成因卻所知甚少，或是不具備探究與質疑的關鍵科學精神。人類學家譚亞・魯爾曼（Tanya Luhrmann）花四年時間研究精神科住院醫師，參加他們的課程與會議，並在門診與急診室觀察他們。她發現住院醫師不需要大量閱讀，大家都預期這些醫師只要吸收上課內容就好，完全不用進行討論或提出疑問。那些課程主要是傳授實務技能，而非知識思維的概念。講師只會介紹該在治療時做些什麼，而不是解釋為何治療能協助病患，或是哪一種療法適合用來解決哪一種問題。[9]

最後，市面上還有許多人以各種形式和手法來進行心理治療。有些人持有心理學、諮商或臨床社會工作的碩士學位，並且領有特定領域的執照，像是婚姻與家庭諮商等。不過有些人完全沒受過心理學訓練，還有人甚至沒有大學學歷。「心理治療師」這個職稱的

定義亂七八糟。在美國許多州，就算沒受過任何領域的訓練，民眾都能自稱治療師。

過去幾十年來，各種精神健康從業人員的數量急速上升。多數諮商心理學與心理治療訓練學程，都跟以科學訓練為重的大學心理學系分家，自立門戶。[10] 許多從這些學程畢業的學生會問：「我還有需要學統計學跟研究方法嗎？我只要知道如何進行治療就夠了，我需要的大多是臨床實務經驗。」從某個角度來看，這麼說確實沒錯。治療師必須在治療過程中不斷做抉擇：現在該怎麼做對個案最有利？治療該往哪個方向前進？現在是冒險挑戰個案故事的正確時機嗎？還是該等離開診間再提出我的質疑？治療師必須具備相當的經驗、熟知產生陰暗面與愛的人類心理，並了解人類心理的各種怪癖與強烈情感，才有辦法做出這些決定。

此外，從本質上來看，心理治療是治療師與個案之間的私密互動。在私密的諮商室中，沒有人會緊跟在治療師背後觀察治療過程、急著在治療師出錯時出聲糾正。但是諮商治療固有的隱密性，也代表缺乏科學訓練和懷疑精神的治療師，無法自行修正自我保護的認知偏誤，畢竟大家都會被這種偏誤影響。治療師所見的表象證實他們相信的觀點，而他們的信念又會影響他們的所見，這就是封閉迴路。我治療的個案有改善嗎？太好了，這代表我的治療很有效。個案一點進展也沒有，狀況反而還惡化了嗎？好可惜，但她**本來**就抗拒治療，而且狀況非常嚴重。另外，有時個案的狀況會先惡化一陣子，之後才有起色。我相信壓抑的怒氣會造成性功能障礙嗎？假如我相信，那個案的勃起障礙，肯定反映出他對母親或妻子

壓抑的怒火。我認為被性侵會導致飲食失調嗎？如果是的話，那個案的暴食症絕對代表她小時候被猥褻過。

我們想在此強調，有些個案**確實**抗拒治療，而且狀況也**真的**很嚴重。本章節的主旨並不是要批判或控訴心理治療，也不是要說記憶的錯誤代表所有記憶都不可靠，或是科學家之間的利益衝突代表所有科學家的研究都有瑕疵。我們的用意，是檢視臨床治療的封閉迴路可能會導致哪些錯誤，並點出自我辯護如何使這些錯誤徘徊不去。

對於私人執業的治療師來說，科學以及懷疑精神是跳脫封閉迴路的方法。懷疑精神能讓治療師保持警戒，不要全盤接收個案提供的資訊。假如有位女子說母親曾在她 3 歲時將蜘蛛放進她的陰道，具有懷疑精神的治療師能同情個案，但不必相信這件事真的發生過。假如有孩童說老師帶他搭上一台滿載小丑跟青蛙的飛機，對凡事抱持懷疑態度的治療師能陶醉在精彩的故事中，但不必相信老師真的包下私人飛機（光靠教師的薪水？）。科學研究能讓治療師調整臨床治療手法並避免錯誤。如果想用催眠來治療個案，最好要知道雖然催眠能協助個案學會放鬆、駕馭痛苦以及戒菸，但絕對不能用催眠來幫助個案復原記憶，因為心甘情願、耳根子軟的個案通常會編造出不可靠的記憶。[11]

不過，現在有成千上萬名精神科醫師、社工、諮商師跟心理治療師，在進行私人治療時完全不抱懷疑精神，也完全不參考任何證據。身為著名臨床心理師兼科學研究員的保羅·米爾（Paul Meehl），表示當年他還是學生的時候，心理學家接受的訓練中都

有一項共同要素，那就是「要擁有基本的科學精神，不要被愚弄、也不要愚弄他人。臨床治療領域中發生的一些事讓我對此感到擔憂。切勿愚弄他人也切勿被他人愚弄的懷疑精神和情操，似乎已不像半世紀前那樣，是所有心理學家心智配備中的基本要素了……我在本地法庭聽過一些心理學家提供的證詞，他們幾乎都缺乏這種關鍵心態。」[12]

從知名精神科醫師貝塞爾‧范德寇（Bessel van der Kolk）的證詞中，就能看出米爾擔心的問題。范德寇時常在與壓抑記憶相關的訴訟案中替原告作證。他說自己身為精神科醫師，曾經受過醫學訓練，也擔任過精神科住院醫生，但是他從來沒有修過任何實驗心理學的課程。

問：學界目前有一些研究，是在探討根據訪談資料所下的臨床判斷或預測是否具信度與效度。你知道這些研究的存在嗎？

答：不知道。

問：你對於「反面證據」這個目前通用的術語了解多少？

答：我猜那是證明人們重視的觀點不成立的證據。

問：針對人們能壓抑記憶的這項理論，或是人們能封鎖對一連串創傷事件的意識，將這些意識儲存在記憶中，並在多年後準確回想這些事件的這種說法，你知道有哪些最強而有力的反面證據嗎？

答：能證明這種理論或說法不成立最強而有力的論據？

問：沒錯。最強而有力的反面證據是什麼？

答：我實在想不到任何能證明這種理論不成立的好論點……

問：你有讀過任何關於用催眠療法創造出偽記憶的文獻嗎？

答：沒有。

問：學界目前有沒有任何研究，是在探討臨床醫師能否在累積數年經驗後，做出更準確的臨床判斷呢？

答：其實我不曉得……

問：你有使用過任何技術來判斷哪些記憶是真，哪些記憶是偽造的嗎？

答：我們，身為人類的我們，都一直在面對抉擇，必須不斷決定是否要相信別人提供的資訊，而且我們時時刻刻都在做判斷。有種東西叫做內部一致性（internal consistency），假如對方向你描述一件事的時候具有內部一致性，並展現適切的情感，你就會傾向認為他的故事是真的。[13]

　　說出這段證詞時，范德寇從未讀過任何關於偽記憶，或針對催眠如何製造出偽記憶的大量研究文獻，也不曉得「根據訪談資料的臨床預測」已被證實不可信。他相信創傷記憶通常會被壓抑，卻沒讀過推翻此論述的研究。儘管如此，他還是時常出現在與壓抑記憶相關的案件中，自信滿滿地替原告出庭作證。他跟許多臨床醫師一樣，自信滿滿地認為自己能靠臨床經驗來判斷個案是否說真話、評斷記憶究竟是真是假。判斷個案是否說真話的線索，在於個案的故事是否具有「內部一致性」，以及個案在描述記憶時是否展現適切的情緒。換言之，也就是個案是否真的**感覺**記憶是真的。不過誠如

我們在前一章節所見，這種推論的問題在於，成千上萬名精神健康的民眾都相信自己曾被外星人綁架，而且他們都展現適切的情緒，也以展現內部一致性的方式描述自身故事，講述他們認為自己曾經歷過的古怪實驗。根據研究心理學家約翰‧凱爾斯特羅姆（John Kihlstrom）的觀察，「在已有百年歷史的目擊證人記憶研究領域中，最證據確鑿的一種現象，就是自信和準確度之間根本毫無關聯。」[14] 所有上過基礎心理學的大學部學生，都曉得這些研究發現，范德寇卻一無所知。

即便越來越多證據顯示記憶並不可靠，許多案件中的復原記憶也都是虛構的，提倡這些觀點的人還是不肯認錯。他們直接改變自己對這套機制的看法，不再聲稱記憶會在特定機制運作之下遺失。大家拋下「壓抑」這套論述，搬出「解離」（dissociation）的新說法：大腦不知怎麼地將創傷記憶分割，把這些記憶流放到邊疆。改變說法之後，他們還是能以科學專家的身分，在復原記憶的案件中出庭作證，搬出這套理論時依舊臉不紅氣不喘，完全面不改色。

讓我們舉個 2014 年的例子。此例為克莉絲汀‧庫特瓦（Christine Courtois）的證詞，身為諮商心理師的她，三十多年來都是復原記憶療法的擁護者（她的諮商診療室在 2016 年歇業）。她以專家身分出席一場民事訴訟案，代表原告出庭作證。原告聲稱自己還是男童時曾遭被告猥褻，但原告最近才想起這起事件。執法單位舉行一場審前聽證會，目的是判斷原告的指控是否有可靠的科學基礎。民事訴訟案中通常有所謂的消滅時效，虐童案也包含在其中。不過，許多法庭都裁定，假如原告一開始不曉得自己受到傷

害，後來才回想起來的話，法院就會停止計算追訴時效。法院認定假如原告在事發當下處於昏迷狀態，就不會計算消滅時效，但在處理壓抑記憶的案例時是否也該停算消滅時效，法院並未達成共識。而這項決議參考的科學依據，則是創傷記憶能被壓抑或解離的論述。假如記憶真的能被壓抑或解離，提出民事或刑事訴訟的追訴時效起始點，就不是原告被猥褻的當下，而是原告**想起**自己曾被猥褻的那個時刻。這就是為什麼在這類訴訟案件中，原告的辯護律師會找來最權威的臨床專家，出面證明記憶確實可以被壓抑，或是換成現在的說法：被解離。由於神經科學和大腦研究相當普及，多年來出庭作證記憶確實可被壓抑的專家，現在都模稜兩可地引述大腦的區塊和構造，來支持自己的全新觀點，也就是記憶確實能夠被解離。庫特瓦這段毫無邏輯的證詞就說明這點：

A.這跟大腦對壓力創傷的過度抑制反應相關，而大腦的不同區塊會有不同反應，有些區塊會變得非常活躍，有些則徹底關閉。而解離的部分則與失自我感以及讓創傷經歷失去現實感相關，這些機制會讓大腦更容易阻絕創傷資訊。這些記憶顯然不會消失，之後還能重新取回，不過它們都被隔絕在大腦中。

有些研究也顯示，受創傷孩童的大腦……拿受創傷孩童的大腦跟未受創傷孩童的大腦相比，因為他們通常在年紀很小的時候就開始經歷截然不同的經驗，他們的大腦會出現差異，大腦的發展、功能與構造也不一樣。這些差異都有可能影響記憶保留、記憶編碼以及後續的記憶恢復。[15]

讀起來是不是很具權威感？我們也覺得這段話讀起來很有模有樣。他們用的就是這種聽起來既嚴肅又科學的語言，但仔細推敲，就會發現根本就是在胡說八道。大腦的不同區塊在幹嘛？哪些區塊？創傷受害者的大腦構造不一樣？哪裡不一樣？「會影響記憶保留」到底是什麼意思？「被阻隔在大腦中」？哪裡？胼胝體（corpus callosum）旁邊的小房間嗎？狄娜‧維斯伯格（Deena Weisberg）跟同事在〈神經科學解釋的誘人魅力〉（The Seductive Appeal of Neuroscience Explanations）這篇論文中證實，如果你找來兩群門外漢，向其中一群人清楚直白地解釋某些行為，並向另一群人提出相同解釋，但在說明時模稜兩可地提及大腦相關專有名詞，例如「腦部成像指出……」或「額葉（frontal lobe）大腦迴路確實涉及……」，大家都會推測第二種解釋比較科學，因此也比較真實。很多包含心理治療師在內的聰明人，都被這種語言的誘人魅力迷得團團轉，但外行人並未在法庭上被要求試著解釋這些話的真正意涵。[16]

我們並不是要建議聯合國觀察員干擾治療過程的隱私，也不是要求所有治療師進行自己的研究。知道如何以科學角度來思考，或許不會協助治療師在主觀的治療過程中，幫忙個案找出存在的意義或是生命的解答。不過治療師在特定領域中聲張專業權威和論述的真確性時，科學思維就無比重要，因為未經證實的臨床見解可能會毀掉別人的人生。在科學研究方法中，我們會運用經過特別設計的流程，來顯示我們的預測和假設**可能是錯的**，而不是用這些方式來證明自己的推論是正確的。對各行各業的人而言，科學推論都很受用，因為科學論述能讓我們體認到自己有可能出了錯，讓我們面對

殘酷赤裸的事實。科學推論迫使我們與自我辯護正面對質，並將自我辯護公諸於世，讓他人針砭批判。所以，科學基本上就是控管傲慢的一種手法。

善良海豚的難題

我們時常在新聞中聽到這類溫馨故事：遭遇船難的船員在洶湧的海面載浮載沉，眼看即將就要溺斃，這時突然有一隻海豚從他身旁浮出海面，溫柔但堅定地將船員安全地推向岸邊。海豚一定很愛人類，愛到願意拯救溺水者！等一下，海豚難道知道人類的游泳技術沒他們好嗎？海豚的本意真的是要幫忙嗎？如果要找出這個問題的答案，我們得先知道有多少歷經船難的船員，曾被海豚溫柔地推到**更深不可測**的大海中央，並且就這樣淹死，從此音訊全無。我們不曉得究竟有多少這類案例，因為那些船員沒辦法活著向我們描述海豚有多麼邪惡。如果能獲得這些資訊，我們大概就不會認為海豚很善良或邪惡。牠們只是貪玩罷了。

佛洛伊德就深受善良海豚難題的錯誤推論所害。佛洛伊德認為所有男性都有閹割焦慮（castration anxiety），其他精神分析師對此說法提出質疑時，他卻被逗得很樂。他寫道：「聽說有些分析師得意洋洋地吹噓，說自己已經當了好多年分析師，從來沒碰到有閹割焦慮徵兆的個案。在此我們必須謙卑地⋯⋯向這種高超的忽略與犯錯手法致敬。」[17] 這麼說來，假如分析師在個案身上發現閹割焦慮，佛洛伊德就是對的，假如他們沒發現閹割焦慮，就代表他們

「忽略了」，而佛洛伊德依然是對的。男性沒辦法告訴你他們是否有閹割焦慮的感覺，因為閹割焦慮是潛意識的現象，但如果他們否認自己感到閹割焦慮，那代表他們在否認事實。

這個理論也太讚了，不管怎麼樣都不會錯！正因如此，儘管佛洛伊德對於文明及其不滿提出精闢洞見，他的論述還是不能被歸類為科學。如果要讓理論成為科學，我們提出的論述就必須能夠被推翻或證實。如果每項結果都證實你的假設為真，顯示所有男性在潛意識中都有閹割焦慮，那你的觀點就只是一種信念而非科學（例如，物種多樣性只能用智能設計論來解釋，無法用演化論來說明；要是你最愛的靈媒沒有在九一一當天早上洗澡，她就能成功預言九一一事件的發生）。不過，佛洛伊德卻自認為是完美的科學家。1934 年，美國心理學家索爾‧羅森茲維格（Saul Rosenzweig）去信佛洛伊德，建議佛洛伊德用實驗來檢測他的精神分析論斷。佛洛伊德高傲地回覆：「這些論斷都是靠大量、可靠的觀察建構而成，因此無需接受實驗檢測。不過，做做實驗也無妨。」[18]

由於確認偏誤的緣故，「可靠的觀察」一點都不可靠。「我看到的時候就知道了」，這種臨床直覺對許多精神科醫師和心理治療師來說是結論，對科學家來說卻只是討論的開端：「觀察仔細？但你到底看到什麼？你又如何知道自己是對的？」未經獨立檢測核實的觀察與直覺，就像不可靠的嚮導，更像喜歡惡作劇誤導外地旅客的當地人，偶爾會使我們踏上歧途。

雖然正統的佛洛伊德學派分析師已不多見，目前還是有許多心理動力學派的治療師，而他們之所以會有這個稱呼，是因為他們的

概念奠基於佛洛伊德強調的潛意識心理動力論。這些學派大多與大學心理系沒什麼關係（不過有些心理動力學的論述，仍被納入精神科住院醫師訓練中），而研讀心理動力論的學生，幾乎都沒有接受科學方法訓練，對基本心理學的研究發現也是一無所知。另外，市面上還有一堆無照治療師，他們對心理動力理論根本不了解，但還是未經思考地全盤接收佛洛伊德學派的術語，像是退化、否認以及壓抑等充斥在當代文化中的概念。這些臨床執業治療師共有的特點，就是他們都誤信自身洞察力以及從中產生的封閉迴路。他們所看到的一切表象都證實了他們心中所相信的。

封閉迴路會讓人落入各種險境，其一就是誘導治療師犯下邏輯謬誤。大家肯定都聽過以下這段邏輯推演：「人都會死。蘇格拉底是人。所以，蘇格拉底會死。」目前為止都正確，不過，因為人都會死，不代表會死的都是人，也不代表所有人都是蘇格拉底。但復原記憶的主張卻是建立在這種邏輯謬誤之上：假如曾在孩提時期被性侵的女性後來出現憂鬱症、飲食失調或恐慌症，那所有患有憂鬱症、飲食失調跟恐慌症的女性一定都被性侵過。因此，許多心理動力學派的治療師，都開始督促鬱鬱寡歡的個案回想童年往事，想藉此找出能支持其理論的證據。不過，有些個案會否認曾遭性侵。面對這種與理論相抵觸的說法，治療師該做何反應？答案就在於，佛洛依德認為潛意識會主動壓抑創傷經驗，尤其是與性相關的創傷經驗。這樣就說得通了！這就能解釋為何荷莉‧羅夢納會忘記自己曾被父親強暴長達十一年。

一旦臨床治療師巴著「壓抑」不放，用「壓抑」來解釋為何個

案不記得性侵的創傷經歷，我們就能理解為什麼有人會覺得自己有正當理由或專業義務，極力去窺探被壓抑的記憶。只要個案否認曾有過創傷經歷，就更加證明他們確實在壓抑記憶，所以需要動用更強效的療法。假如催眠起不了作用，那就試試看吐真劑異戊巴比妥吧。不過坦白說，這又是另一種只能讓人放鬆、增加捏造偽記憶的可能性的手法。[19]

當然，許多人會刻意分散注意力或盡量不要去回想，藉此逃避痛苦的回憶。大家應該也都有這種經驗，身處某個場合的時候，突然想起某段令人難堪尷尬的經歷，但我們一直以為自己早就把那段過去給忘了。這種會觸發記憶的場合，具有記憶科學家所謂的提取提示（retrieval cue），也就是能重新喚醒記憶的熟悉訊號。[20]

不過心理動力治療師都聲稱，跟遺忘或回想這種正常的機制相比，壓抑可是截然不同。他們認為壓抑能解釋為何個體能忘記長達數年的創傷經歷，例如長期遭到強暴。不過，臨床心理學家理查·麥克奈利仔細評估實驗研究與臨床證據後，在《回想創傷》（*Remembering Trauma*）這本書中提出結論：「心智會藉由壓抑或解離創傷記憶來保護自己，使個體無法取得、感知這些回憶，這種觀點純屬民間傳說，缺乏可信的實徵證據支持。」[21] 學界甚至還提出壓倒性證據，顯示事實完全不是如此。對於多數受創傷經歷所苦的人來說，問題不在於他們將那些經歷給忘了，而是根本忘不掉。回憶會不斷向他們襲來。

因此，我們根本不會壓抑在獄中被折磨、與他人搏鬥，或是在天災中受到傷害的記憶（除非事發當下大腦受損）。不過創傷記憶

就跟其他記憶一樣，即便是最駭人的恐怖經歷，其中的細節都有可能在經年累月後出現扭曲。麥克奈利表示：「真正的創傷事件，例如駭人或危及生命的經驗，是絕對不可能被遺忘的。假如這些經歷不只發生過一次，要忘記就更難。所以最基本的原則就是：假如侵害或虐待行為在發生當下構成創傷，受害者不太可能會把這段經歷遺忘。假如當事人忘了，那這件事大概算不上創傷。就算記憶被遺忘，也沒有證據顯示記憶遭到封鎖、壓抑，或是被密封在心理柵欄中無法取得。」

有些臨床治療師堅信受到多年殘暴對待的民眾會壓抑記憶，而對這群治療師來說，麥克奈利的論點顯然與他們的觀點相悖。假如那些治療師的說法是對的，大屠殺倖存者絕對是壓抑記憶的首要人選。不過就眾人所知，也正如麥克奈利所言，沒有任何大屠殺生還者忘記或壓抑自己遭遇的經歷。復原記憶的倡導者對此證據也有回應，他們直接扭曲事實。在一份於戰後四十年進行的研究中，研究人員訪問艾瑞卡納粹集中營（Camp Erika）的生還者，請他們回想自己在集中營裡的遭遇。將他們現階段的回憶，與當年剛離開集中營時提供的證詞相比，研究人員發現這些生還者能精確回想當時的遭遇。中立、不帶任何偏見的觀察者讀到這份研究，可能會說：「太驚人了！都過了四十年，他們竟然還能精確回想這些細節。」但有一組來自復原記憶陣營的人馬則引用這份研究，表示「研究顯示納粹大屠殺的經歷也遭遺忘」。研究報告的發現與記憶缺失根本相差十萬八千里。有些生還者未能從眾多類似暴力事件中回想其中幾件，有些人則把少數細節給忘了，例如虐待狂警衛的姓名。但這

不是壓抑，這是再正常不過的現象。事隔多年，人本來就會忘記事件中的細節。[22]

　　即便其他人都不覺得個案有壓抑記憶的跡象，相信壓抑理論的臨床治療師反而會覺得處處是線索。如果在臨床經驗中，你眼見的一切事物都能支持你的論點，那到底什麼才是反面證據？假如個案不記得曾遭性侵，並不是因為壓抑記憶，而是因為從來就沒發生過呢？要怎麼樣才能讓你跳脫封閉迴路？為了不要被直接觀察的偏誤所誤導，科學家發明出對照組，也就是**沒有**接受新療法，或是**沒有**服用新藥的組別。多數人都知道在試驗新藥的效用時，對照組非常重要。假如沒有對照組，我們就不能斷定受試者的正面反應是因為藥物，還是因為受試者期望藥物會發揮效用而產生的安慰劑效應（placebo effect）。例如，有份研究以抱怨自己有性困擾的女性為研究對象，而實驗組中有41%的女性在吃了威而剛後表示性欲恢復了，但是在只吃糖錠的對照組中，有43%認為自己的性慾比以往旺盛。[23]（這份研究清楚顯示，最能引起性興奮的器官其實是大腦。）

　　假如你是心理治療師，顯然不能隨機將某些個案放到候補清單中，只將焦點擺在其他個案身上。否則，被擱置的個案很快就會去找其他治療師協助。但假如你沒有受過訓練，不曉得要留意善良海豚的難題，而且又百分之百認為自己的觀點是對的、堅信自己的臨床技術無懈可擊，你就會鑄下大錯。有位臨床社工就解釋為何她決定撤銷一名母親對孩子的監護權。這位母親小時候受過肢體虐待，社工對法官說，「我們都知道」這代表她八九不離十也會虐待自己

的孩子。虐待會一代傳一代的這種假設，其實是從觀察確實發生這種狀況的個案而來：在獄中或正在接受治療的施虐父母，都表示他們曾被自己的父母毒打或性侵。不過這裡缺少的是**反面案例**，也就是長大後沒有變成施虐父母的被虐孩童。因為這些反面個案最後不會入監服刑或接受治療，所以基本上，社工或其他精神健康專業人員不曾注意到他們的存在。透過縱貫性研究長時間追蹤孩童的發展，研究心理學家發現，雖然童年時遭受肢體虐待，確實會讓孩童日後更有可能成為施虐父母，但多數被虐孩童（將近 70％）都不會重蹈父母的覆轍，並沒有複製當年的殘暴行徑。❷ 24 如果你是治療受虐孩童或施虐父母的治療師，這些資訊可能跟你沒有太大關係。但如果你的判斷和預測會影響父母對孩子的監護權時，那關係可就大了。

假設你的工作是治療曾被性侵或性騷擾的孩童，道理也相同。你對這些孩童深感同情，仔細記錄他們的症狀：他們很膽小害怕、會尿床、睡覺時希望能開夜燈、會做惡夢、會手淫，或是會在其他孩童面前暴露生殖器。你將這些症狀列成檢查清單，經過一段時間後，你大概會對自己的判斷能力很有信心，認為自己能辨別孩童是否曾被性侵。你可能會給孩童一個在生理結構上與真人相同的娃

---

❷ 自佛洛伊德以來，社會上就存有一種相當普遍的文化假設，認為童年創傷必然會導致成年精神病態。科學研究已經破除這種假設。心理學家安・馬斯登（Ann Masten）發現，多數人都認為能夠從逆境中恢復的孩童，都具備相當罕見、特別的人格特質。不過就她觀察，這份研究「最令人意外的發現」，是恢復力根本沒什麼特別。幾乎每個孩童都具有驚人的恢復力，最後都能克服戰爭、童年疾病、遭父母惡言相向、父母酗酒、早年生活環境貧困，或者是遭性騷擾的影響。資料來源：Joan Kaufman and Edward Zigler, "Do Abused Children Become Abusive Parents?" *American Journal of Orthopsychiatry 57* (1987): 186-92。參考 Ann Masten, "Ordinary Magic: Resilience Processes in Development," *American Psychologist 56* (2001): 227-38。

娃，讓孩子跟娃娃玩，因為孩童無法用言語表達的，或許能在跟娃娃互動的過程中顯現出來。有位年紀幼小的個案將棒狀物插進娃娃的陰道，另一位 4 歲孩童仔細檢視娃娃的陰莖，以他的年紀來說，這種專注力實在是非比尋常。

　　沒接受過科學邏輯思考訓練的治療師，八成不會對隱形的個案感到好奇。那些隱形的個案就是沒有接受治療的孩童。尿床、性遊戲跟膽小害怕，這些症狀在一般孩童之中有多常見？那些治療師大概不會想到要問這個問題。科學研究人員就想到這點，也發現沒有被猥褻過的孩童，同樣有可能會手淫或是對性感到好奇；個性比較膽小的孩子也有可能會尿床或怕黑。[25] 即便是曾被性騷擾過的孩童，也未必會展現一連串可預期的症狀。科學家之所以知道這些，並不是單靠一次或兩次的臨床問診，而是靠長時間觀察孩童的反應。有份文獻評論回顧四十五份研究，這些研究都長時間追蹤性侵的受害孩童，追蹤時間最長達十八個月。這些研究發現，雖然被性侵的孩童起初比未被性侵的孩童顯得更恐懼，也展現更多與性相關的行為，不過「多數受害孩童都不具備任何共有的特定症狀，而且約莫三分之一的受害孩童未顯露任何症狀……研究顯示，遭性侵的孩童不會展現任何特定綜合症狀」。❸[26]

　　此外，未被性侵過的孩童跟被性侵過的孩童，他們在跟生理構

---

❸ 不出所料，研究人員還發現，孩童的症狀與虐待的嚴重程度、持續時間與頻率、是否使用暴力、加害者與兒童的關係、母親扶持協助的程度等因素相關。約有三分之二的受害兒童能在頭十二至十八個月內恢復，這跟復原記憶治療師的預測背道而馳。資料來　源：Kathleen A. Kendall-Tackett, Linda M. Williams, and David Finkelhor, "Impact of Sexual Abuse on Children: A Review and Synthesis of Recent Empirical Studies," Psychological Bulletin 113 (1992): 164-80。

造如同真人的娃娃玩耍互動時，行為並沒有任何顯著差異。顯眼的性器官對他們來說還滿有趣的。有些孩童會做一些怪異的舉動，但那根本不代表什麼，只能說那些娃娃跟診斷檢測一樣不可靠。[27] 在著名發展心理學家瑪姬‧布魯克（Maggie Bruck）與史蒂芬‧塞西（Stephen Ceci）的研究中，有位女童將棒狀物插進娃娃的陰道，藉此向父母展示那天醫生檢查她身體時大概發生了哪些事。❹ [28] 因為有錄影存證，研究人員跟父母都知道醫生並沒有做這種事。不過想像一下，假如你看到女兒如此暴力地玩娃娃，精神科醫師又嚴肅地說你女兒被猥褻了，你肯定會想將那位醫師大卸八塊。

　　很多治療師對自己的能力超有自信，認為自己能準確判斷孩童是否被猥褻。他們說這是基於多年臨床經驗，所以判斷絕對不會錯。但許多研究證實他們的自信根本毫無根據。在一份重量級研究中，臨床心理學家湯瑪斯‧霍納（Thomas Horner）跟同事，檢閱一群專家臨床治療師針對一份個案的評估。在那份個案中，父親被控猥褻 3 歲大的女兒。那群專家瀏覽錄音檔逐字稿、觀賞孩童的訪談影片和親子互動的影像紀錄，並評估臨床發現。他們拿到的資訊一模一樣，但有些人相信父親確實侵犯女兒，其他人則堅信此事從未發生。研究人員接著又召集一百二十九位精神健康專家，請他們評

❹　女孩被問及是否真的發生此事時，她說：「有，有發生。」當她的父親與實驗人員試著安撫她，向她保證說：「妳的醫生不會對小女孩做這種事。妳只是鬧著玩而已。我們知道他不會做這種事。」女孩卻頑強地堅持原先的說法。研究人員提醒道：「所以說，只要反覆與娃娃接觸，再提供最少量的暗示，這個孩子與娃娃玩耍的過程就會充斥著性意涵。」參考：Maggie Bruck et al., "Anatomically Detailed Dolls Do Not Facilitate Preschoolers' Reports of a Pediatric Examination Involving Genital Touching," *Journal of Experimental Psychology: Applied* 1 (1995): 95-109。

估此個案中的證據，判斷父親侵犯女兒的可能性，並針對監護權提出建議。這次還是一樣，有些人堅信女孩曾被侵犯，但也有人確信沒這回事。有些人希望永遠不要讓父親見到女兒，但也有人想給他完全的監護權。傾向認為性侵害在家庭中很猖獗的專家，很快就會以支持自身觀點的方式來解讀模稜兩可的證據，抱持懷疑態度的專家則沒有這種傾向。研究人員表示，對那些毫無懷疑精神的專家來說，「信念決定眼中所見」。[29]

至今已有數百份研究顯示臨床預測並不可靠。認為自己的專業判斷極為準確，因而感到自信滿滿的精神健康專家，碰上這些研究證據時都會面臨認知失調。[30] 正因如此，我們之前才說科學是控制傲慢的一種方式。

• • •

「信念決定眼中所見」的這項原則，就是 1980 至 1990 年代托兒所醜聞的根源。正如麥克馬丁幼稚園案，每起案件都始於焦慮煩躁或恐同家長的控訴，或是孩童異想天開的說法。這些指控使檢調單位展開調查，接著引發社會恐慌。在紐澤西州的韋伊托兒所（Wee Care Nursery School），有位 4 歲男童在醫師診間量肛溫時說：「我的老師（凱莉・麥可斯）就是這樣對我的。」[31] 男童母親立即通知該州的兒童保護單位，該單位將男童帶到檢察官辦公室，讓男孩跟一個解剖娃娃玩。男童將手指插進娃娃的直腸，說另外兩名男同學也是被這樣量肛溫的。托兒所孩童的父母紛紛接到通知應留意孩童是否有被侵害的跡象。有關單位更找來專家訪問孩童。不久

之後，孩童都聲稱凱莉‧麥可斯還對他們做了其他事，例如從他們的生殖器上將花生醬舔掉、逼他們喝她的尿、吃她的排泄物，還用刀叉跟玩具強暴他們。據說這些行為都發生在上課時間，而且長達七個月，不過從來沒有孩童提出抱怨，而且能自由進出托兒所的家長也從未目睹任何虐童行為，更沒有注意到自己的孩子出現任何異狀。

　　凱莉‧麥可斯被判犯下一百一十五項性侵罪行，並被求處四十七年有期徒刑。她在五年後獲釋，因為上訴法庭判定訪問孩童的方式誤導孩童的證詞。這是怎麼一回事呢？確認偏誤火力全開，又沒有科學的審慎態度加以制衡，如此致命的組合就出現在托兒所性侵案的所有兒童訪談中。以下節錄小兒科護士蘇珊‧凱莉（Susan Kelley）訪問兒童的對話。她在數起相關案件中訪問當事孩童，利用卡通芝麻街的畢特與恩尼布偶來「協助」孩童復原記憶：

凱莉：你要不要跟恩尼說？

孩童：不要。

凱莉：拜託啦（哀求口吻）。拜託告訴恩尼。拜託告訴我，告訴我啦，這樣我們才能幫你。拜託……你小聲跟恩尼說……有沒有人碰你這裡？（指向女孩娃娃的陰部）

孩童：沒有。

凱莉：（指向娃娃的臀部）有人摸你屁屁嗎？

孩童：沒有。

凱莉：你要不要跟畢特說？

孩童：他們沒有碰我！

凱莉：誰沒有碰你？

孩童：老師沒有碰我，沒有人碰我。

凱莉：有沒有大人或成年人摸你屁屁？

孩童：沒有。[32]

　　「誰沒有碰你？」聽到這句話，我們彷彿進入約瑟夫·海勒（Joseph Heller）的精彩小說《第二十二條軍規》（*Catch-22*）中。在書裡，留著濃密八字鬍的上校對克萊文杰（Clevinger）說：「你說我們不能處罰你是什麼意思？」克萊文杰回應：「長官，我沒有說你不能處罰我。」上校：「你什麼時候沒有說我們不能處罰你？」克萊文杰：「長官，我一直都沒有說你不能處罰我。」

　　當時，被找來訪問孩童的心理治療師與社工都認為，只有不斷提出引導性問題來勸孩子開口，遭性侵或猥褻的孩童才會透露到底發生了什麼事，不然他們會因為害怕或羞愧而不敢啟齒。在缺乏相關研究的情況下，這個假設還算合理，而且有時也確實是事實。不過勸說什麼時候變成強迫？心理科學家已經進行多項實驗，來研究孩童記憶與證詞的各個面向。孩童是如何理解成人提出的問題？孩童的回答會因為年齡、表達能力，以及問題的類型而有所不同嗎？孩童在什麼情況下可能說真話，什麼時候又可能會受到誘導，講出一些根本沒發生的事情？[33]

　　希納·葛文（Sena Garven）和同事在研究中訪問一群學齡前孩童，他們使用的訪談法，是根據麥克馬丁案的兒童訪談逐字稿設計

而成。有位年輕男子造訪那群孩童的幼稚園、唸故事給他們聽，還發點心給他們。那名男子沒有做出任何具侵略性、不適當或令人出乎意料的舉動。一週後，有位實驗人員針對男子的造訪向兒童提出問題。她對一群孩童拋出引導式問題，像是「他有推老師嗎？他有拿粉筆丟正在講話的小孩嗎？」訪問第二組孩童時，她也提出相同問題，但在提問時用麥克馬丁案訪談者的影響式訪談法。她告訴受訪孩童其他小孩大概都說了什麼。假如受訪孩童給出負面答案，她就會顯露出失望的樣子；另外，她還會稱讚提出指控的孩童。只需回答引導式問題的第一組孩童，在聽到針對年輕男子的虛假指控時，約有 15％ 表示「有，這些事有發生過」。雖然這個比例不算高，但其實也不低。而受到影響式訪談手法左右的第二組孩童，在聽到訪談者提出的虛假指控時，超過 80％ 的 3 歲孩童，以及約莫半數的 4 到 6 歲孩童，他們都表示「有，有發生過」。在真實的犯罪偵查過程中，訪談者通常會反覆詢問孩童長達數週甚至是數月，但這份研究的訪談只進行五到十分鐘，就得出這樣的結果。在一份類似研究中，訪談者訪問 5 到 7 歲大的孩童。研究訪談人員發現自己能輕易左右孩童，讓孩童對荒謬的問題給出肯定的答案，例如「帕可有帶你坐飛機嗎？」更棘手的是，在短時間內，許多孩童的錯誤聲明都形成無法動搖的偽記憶。[34]

　　這類研究能讓心理學家改善訪問孩童的方法。他們的目標是幫助曾被侵犯的孩童，讓他們說出發生在他們身上的事，並避免誘導或暗示未受侵犯的孩童。科學家證實，5 歲以下的孩童時常無法分辨哪些是別人告訴他們的事，哪些又是真的發生在自己身上的遭

遇。假如學齡前孩童無意間聽到大人在議論某件事，很多孩子後來都會相信自己確實經歷過那些事。[35] 在所有這類型的研究中，最強而有力的發現就是，假如成年人在訪談前就已深信孩童遭到侵犯，就極有可能會影響或左右孩童的回答。在這種情況下，他們要求孩童說實話時，其實內心只準備好接受一種「事實」。他們就跟蘇珊‧凱莉一樣，無論如何都不接受孩童說「沒有」。「沒有」代表孩童在否認、壓抑，或是不敢說實話。不管怎麼做，孩子都無法讓大人相信他或她真的沒被侵犯。

這裡指的成人甚至有可能是孩童的父母。麥克馬丁案過了二十一年後，當年跟其他孩童一同控告幼稚園老師的凱爾‧沙普羅（Kyle Zirpolo），公開在《洛杉磯時報》上道歉。他說當時他就知道自己在說謊，但那都是為了取悅身為警察的繼父。嚴苛的繼父深信托兒所老師是戀童癖。沙普羅說：

　　說謊真的很讓我過意不去。某天夜晚的情形特別令我印象深刻。那個時候我大概 10 歲，我試著告訴母親其實什麼事都沒發生。我躺在床上哭得歇斯底里，好想把壓在心裡的真相說出來，想告訴母親事實。母親一直求我告訴她到底發生什麼事了。我說她永遠都不會相信我。她堅決表示：「我保證會相信你！我這麼愛你！告訴我到底怎麼了！」我們來來回回講了好久，我一直說她絕對不會信，她則一直保證一定會相信我說的話。我記得後來終於告訴她：「其實什麼都沒發生！我在學校根本什麼事都沒發生。」
　　她不相信我。[36]

沙普羅認為母親無法接受事實，沒辦法相信他其實沒有被侵犯，因為如果她接受的話，「那她又要怎麼解釋家裡的問題呢？」他說母親跟繼父從來不聽他說的話，也沒有因為他其實未受傷害而顯露出寬慰的樣子。他們甚至從來不看、不讀任何質疑檢方處理此案方式的電影或書籍。

　　我們能理解為何有這麼多人像蘇珊・凱莉、檢察官與孩童父母這樣，這麼快就做出最糟糕的假設。沒有人想讓猥褻孩童者逍遙法外，但我們也絕對不該讓無辜的成年人被判刑定罪。如今，有多年孩童實驗研究的成果為依據，國家兒童健康與人類發育研究所跟幾座州政府，都針對社工、警方調查人員和其他訪問兒童的人員，制定出新的規範條款。[37] 這些條款再三強調確認偏誤的風險，並指導訪談人員檢驗孩童遭到虐待的可能性，而不是預設自己知道事情的真相。這份規章更清楚認定多數孩童都願意透露被虐或遭侵犯的事實，而有些孩童則需加以刺激或探問。另外，條款也告誡訪談人員，要他們切勿使用已知會導致偽聲明的訪談技巧。

　　從不假思索「相信孩子」，到清醒理智地「理解孩子」，這段轉變顯示，大家都發現精神健康從業人員在思考時，應該要更像科學家而非擁護者。他們應該客觀權衡所有證據，思考自己的懷疑是否有可能毫無根據。要是不這麼做，他們伸張的就是自我辯護而非正義了。

科學、懷疑精神與自我辯護

　　精神科醫師茱蒂絲‧赫曼（Judith Herman）在 1981 年出版《父女亂倫》（*Father-Daughter Incest*），她筆下的患者在回憶過往遭遇時，總是將自身經歷描述得鉅細靡遺。當時，像赫曼這樣主張女性主義的臨床執業人員，都努力呼籲社會大眾關注強暴、虐童、亂倫與家暴等議題。治療師並沒有聲稱手上的個案曾壓抑記憶，受害女子反而都說自己之所以保持沉默，是因為感到害怕、丟臉，而且說了也沒人信。《父女亂倫》這本書的索引中並沒有「壓抑」（repression）一詞。不過在後繼十年內，赫曼成為復原記憶的擁護者。在她於 1992 年出版的《從創傷到復原》（*Trauma and Recovery*）中，第一句話就表明：「對於殘暴行徑的普遍反應，就是將之驅逐於意識之外」。赫曼跟其他經驗豐富的臨床人員，起先都認為個案幾乎不可能會忘記創傷經驗，後來卻相信壓抑或遺忘是「普遍」反應，怎麼會這樣？答案就是：循序漸進、得寸進尺。

　　想像你今天是一位治療師。你深切關心婦女和兒童的權益與安危，認為自己是一位技巧卓越、很有同情心的執業者。你知道要讓政治人物和社會大眾正視婦幼權益和問題，向來是一件非常困難的事。你也曉得要讓受虐婦女站出來發聲有多不容易。現在你開始聽說一種新的現象：在心理治療過程中，婦女突然能夠復原記憶，回想起自己壓抑一輩子的恐怖經歷。這些案例出現在訪談節目和治療師研討會中，也被寫進一大堆書裡，其中最為人所知的大概就是 1988 年出版的《勇氣可嘉的女人》。該書作者艾倫‧貝絲和蘿拉‧

戴維斯坦率承認，她們確實沒有接受過任何心理學研究或心理治療訓練，更不用說科學訓練了。貝絲在前言寫道：「書中所有論述都不是根據心理學理論所寫成。」不過從她們開設的工作坊來看，儘管對心理學一無所知，她們還是光明正大地自詡為性侵專家與療癒師。[38] 她們列出一串症狀清單，聲稱展現任一症狀的婦女都有可能是亂倫受害者，例如：感到軟弱無力、提不起勁、有飲食失調或性方面的問題、覺得內心深處有哪裡不對勁、覺得自己必須當個完美的人，或是覺得自己很糟、很髒或很丟臉。假設你是一名治療師，你接手的女性個案都有上述提到的某些問題。你該就這麼下判斷，認定被壓抑在記憶中的多年亂倫經歷是症狀主因嗎？

　　現在，你站在十字塔頂端，必須做出抉擇：是要抱持懷疑的態度，還是趕上復原記憶的潮流？多數精神健康從業人員都選擇前者，並沒有隨著復原記憶的說法起舞。不過多項調查顯示 ❺[39]，仍然有很多治療師往復原記憶的方向跨出第一步（介於四分之一至三分之一之間）。由於臨床操作的封閉迴路，我們能看出他們有多容易踏上這條路。這些人大多都沒有受過訓練，沒有培養出「給我看數據」的懷疑精神。他們不曉得有所謂的確認偏誤，因此壓根沒想

---

❺ 在一份 1990 年代中期進行的研究中，研究人員從《全國心理學保健服務提供者名冊》（*National Register of Health Service Providers in Psychology*）中，隨機選取有博士學位的美國臨床心理師。研究人員問受訪者有多常使用下列特定技巧，來專門「協助個案回復性侵害的記憶」，並列舉以下技巧：催眠、年齡回溯、解夢、與性侵情況相關的引導式圖像，以及將生理症狀解讀為性侵之證據。略高於 40％ 的受訪者說他們會解讀夢境，約 30％ 的人曾使用催眠，比例最低的技巧則為年齡回溯，但使用此技巧的治療師仍占全體約 20％。約莫相同比例的受訪者不贊同使用這些技巧，而位於中間地帶的受訪者顯然沒什麼意見。不過，科學家與執業治療師之間的差距依然存在。資料出處請見本書「參考資料」第 4 章第 39 條。

到貝絲跟戴維斯將女性的所有症狀視為亂倫的證據，就連完全沒有症狀也變成亂倫的鐵證。她們不曉得對照組有多重要，所以可能不會去思考有多少婦女在未曾被侵犯的情況下，也有飲食失調，以及感到無力、提不起勁的症狀。[40] 他們沒有停下來思考，想一想除了亂倫之外，還有哪些原因會導致女性個案出現性方面的問題。

就連某些具備懷疑精神的治療師，也不願意批評同事或講述自身故事的婦女，來讓這波浪潮趨緩下來。但是面對同業用愚蠢或危險的概念玷汙自己的職業，這種認知令人不自在也造成失調。費盡苦心勸說受害婦女站出來發聲，努力讓全民正視虐童問題之後，卻發現婦女跟孩童的說法不一定全屬事實，同樣令人感到難堪與失調。有些治療師害怕公開挑戰復原記憶的真實性，會連累真的曾被騷擾或強暴的婦女，使她們的說法連帶遭到質疑。有些人則擔心要是對復原記憶運動提出批判，會讓性侵加害者與反女權主義者逮到把柄、得到精神支持。起初，他們沒想到全國上下會掀起對性侵的恐慌，使無辜者相繼被定罪判刑。不過在這些現象發生時保持沉默，他們又進一步往金字塔底端滑下。

· · ·

復原記憶療法，以及創傷經驗通常會被壓抑的這項基本假設，目前在社會上的地位又是如何？大眾早已不再關注聳動的個案，這個問題看似已經煙消雲散，科學彷彿大獲全勝。不過根據失調理論預期，一旦錯誤觀念獲得相當程度的關注與聲望，尤其還造成大規模傷害，就幾乎不會徹底絕跡。這種信念在一旁潛伏，如同疫苗會

導致自閉症的錯誤觀念那樣，只要逮到時機就會重出江湖，其擁護者或許也能趁機宣稱自己始終是對的。至今還是陸續有人在治療過程中想起曾被性騷擾或性侵，這些人提出訴訟，導致家庭破裂。美國精神醫學學會將多重人格障礙，改名為解離性身分障礙（dissociative identity disorder）。有個由創傷精神科醫師與心理治療師組成的專業協會，多年來以這兩種新舊稱呼提倡此診斷，該機構目前仍持續頒發科內利亞・威布爾獎，給那些「對解離障礙症之治療有傑出臨床貢獻的人士」。

有份 2014 年發表的研究指出，「雖然各種跡象顯示，相較於 1990 年代，目前相關領域中的懷疑精神更普及」，但科學家與臨床執業人員之間的差距，仍然「相當懸殊」。研究人員以多組專業心理學家和心理治療師為樣本，發現他們受的科學訓練越多，對記憶與創傷的觀念就越正確。在臨床心理科學協會的會員中，只有 17.7％相信「創傷記憶通常會被壓抑」，但是此比例在一般心理治療師中則為 60％、精神分析師為 69％。而在神經語言程式治療師與催眠治療師當中，有 81％ 的人相信創傷記憶會被壓抑，這跟普羅大眾相信此說法的比例差不多。[41] 到了 2019 年，一群專門研究記憶的科學家寫道：「記憶之戰尚未止息。關於記憶的紛爭依舊存在，而且還會對臨床、法律與學術各界構成潛在危害。」[42]

在某些精神科醫師與心理治療師的推波助瀾之下，復原記憶與多重人格個案儼然成為蔓延社會的傳染病。要讓這些人重新爬回金字塔頂端可不輕鬆，這也難怪關於記憶的紛爭仍未平息。有些執業者堅持多年來的治療手法，協助客戶挖掘「被壓抑」的記憶。[43] 其

他人則悄悄將焦點從被壓抑的亂倫記憶上移開，不再將其視為個案問題的主要原因。這就跟幾十年前的陽具羨妒、性冷感和手淫精神病一樣，全都退流行了。當前潮流退燒之後，這群執業人員轉頭簇擁下一波潮流，幾乎不曾停下來思考那些壓抑亂倫記憶的個案都到哪去了。或許，他們隱約知道這些論述有所爭議，但堅持既有做法是條比較輕鬆的路，或許還能在舊有操作中加一些新的技巧，然後繼續進行下去。有些治療師忘記自己當年是復原記憶理論與方法的死忠信徒，現在卻自以為是這整場紛爭與歧見中的溫和派。

但不用懷疑，認知失調最嚴重的執業者，就是那些最積極倡導復原記憶與多重人格療法，並從中獲益最多的臨床心理師和精神科醫師。許多這類執業者都有傲人的學經歷背景，復原記憶運動也使他們功成名就。當年，他們是專業研討會上的明星講師，也曾被傳喚出庭（有些人目前還會出庭作證），判斷孩童是否遭受虐待，或是原告的復原記憶是否可靠。如我們所見，他們在判斷時通常都自信滿滿。不過，隨著越來越多科學證據指出他們判斷錯誤，他們有多大的可能會欣然接受數據，對那些記憶和兒童證詞的相關研究滿懷感激，謝謝這些科學證據讓他們的治療方式更精進？如果他們這麼做，就會意識到自己已經傷害了當初試著協助的女性和兒童。對他們來說，拒絕接受科學研究的結果、聲稱科學研究與臨床操作無關，藉此保有原本的信念，這種做法輕鬆許多。跨出自我辯護這步之後，就得跨越極大的心理障礙才有辦法回頭。

如今，多數復原記憶臨床治療師站在金字塔底端。就專業層面來看，他們與遵照科學方法的同行相差十萬八千里，而花費了二十

多年傾注心力推廣的治療方法，被理查·麥克奈利稱為「自腦葉切除術之後，降臨在精神健康領域中的最大災難」。[44] 但他們至今仍對自己的觀點深信不疑，持續推廣多年來的治療手法。他們是如何消除認知失調？

一種頗受歡迎的方法，是縮小這種療法造成的傷害與帶來的問題。臨床心理師約翰·布萊埃爾（John Briere）是推崇復原記憶療法的先驅之一，後來他終於在一場研討會上坦承，在 1980 年代出現的大量復原記憶案例中，至少有一部分是因為治療師「過度熱心」所致。他表示那些治療師操作失當，試圖「將記憶從個案腦中抽取出來」。錯已鑄成，不過是他們的錯。但他加緊補充，表示犯這種錯的治療師只有少數。他說復原的記憶很少出現虛構的錯誤，真實記憶被壓抑的情況反而更為常見。[45]

另一種消減失調的方法則是指責受害者。精神科醫師柯林·羅斯（Colin Ross）曾聲稱壓抑受虐記憶會導致多重人格障礙，因而名利雙收。後來他終於承認「如果治療技巧拙劣，耳根子軟的個案就有可能在腦中替記憶加油添醋」。他總結表示：「因為正常人的記憶非常有可能出錯，從生理層面來看，偽記憶其實是正常的，所以不一定是治療師的錯。」治療師只不過是「顧問」[46]，所以不會在個案腦中創造偽記憶。如果個案建構出錯誤的記憶，那就是個案的錯。（柯林·羅斯在 2016 年獲得科內利亞·威布爾獎。）

在思想上最堅信復原記憶說的臨床治療師，則靠追殺傳遞訊息的使者來消除失調。1990 年代末，有些精神科醫師和心理治療師，因使用高壓治療手法來製造虛假的復原記憶和多重人格，而被宣判

醫療疏失。因此，漢孟（D. Corydon Hammond）在一場大會上建議其他臨床治療師：「我覺得是時候開始獵捕學者跟研究人員了。學者跟研究人員一面倒採取極端立場，支持偽記憶這種論調，在美國和加拿大尤其如此。因此，我認為臨床治療師應該開始向研究者與期刊編輯提出道德指控，控訴他們在從事科學研究時怠忽職守。而且我必須說，多數研究人員跟期刊編輯都沒有保失職責任險。」[47]有些精神科醫師和臨床心理師採納漢孟的建議，開始寫信騷擾研究人員與期刊編輯，並提出不實指控，譴責那些研究記憶與兒童證詞的科學家違反道德規範，而且還提出惡意訴訟，目的是不讓批評復原記憶的文章和專書順利出版。[48]但這些手段都沒辦法堵住科學家的嘴。❻[49]

除了以上方法，他們還有最後一種降低失調的手段：將所有科學研究視為對受害孩童與亂倫倖存者的反彈。《勇氣可嘉的女人》第三版的最終章叫做〈推崇真相：對反彈的回應〉，但書裡卻沒有任何一章叫〈推崇真相：我們鑄成大錯〉。[50]

・・・・

❻ 不過，遇上數百位科學家駁斥復原記憶的論調時，你又該怎麼否定他們的說法？面對「我確定我是對的」跟「我屬於少數人」這兩種認知引起的失調，其中一種消滅失調的辦法，就是聲稱科學共識反映出一種「陰謀」，試圖要打壓兒童性侵的真相。舉例來說，政治學家羅斯・謝特（Ross Cheit）就聲稱，記者、辯護律師、社會科學家，以及刑事司法系統的批評者，共同建構出一套「獵巫敘事」。他堅稱數百名日托中心的工作者根本沒有被獵巫。他還認為多數被定罪、而後被釋放的人都是有罪的。但謝特採用單方論證、隱瞞證據的論述方式，只尋找支持他的指控的說法，還會扭曲或略過那些他不喜歡的證據。資料出處請見本書「參考資料」第 4 章第 49 條。

從事復原記憶療法的心理治療師，或是將多位伯納‧貝倫翻版的無辜者送進監獄的兒童專家，幾乎都未曾出面坦承錯誤。不過，從少數幾位公開承認過失的治療師身上，我們就能看出要讓他們踏出自我辯護的保護繭得花多少代價。對琳達‧羅斯（Linda Ross）來說，這代表她得跳脫一對一療程的封閉迴路，迫使自己親自面對那些因成年子女控訴而生活崩解的父母。某一回，有位個案帶她出席一場集會，與會人士都是被子女控訴的父母。羅斯頓時發現，當年在進行治療時，她只覺得個案吐露的故事雖然古怪，卻也不無可能，但如今滿會議室的父母都說著類似的敘事，個案描述的事件聽起來反而像極了虛構的幻想。她說：「我向來都很支持婦女跟她們的壓抑記憶，但我從來沒想過這種經歷會對她們的雙親造成什麼影響。現在我才明白那些故事有多荒謬。有對年邁的夫婦自我介紹，太太說女兒控訴她先生謀殺三個人……那幾對父母看起來顯然相當痛苦，而他們之間的獨特共通點，就是女兒都曾接受復原記憶療法。那天，我實在無法以自己和自己的職業為傲。」

　　參加完那場集會後，保護繭開始碎裂，羅斯說她常在半夜「痛苦地驚醒」。她當然怕被告上法院，但多數時間她「只是想著那些希望孩子能重回身邊的父母親」。她打電話給之前治療過的個案，試圖修補自己造成的傷害，同時也改變治療方式。接受全國公共廣播電台節目《美國生活》（*This American Life*）訪問時，羅斯對主持人艾莉克斯‧史匹格（Alix Spiegel）說，她曾陪一名女性個案和父母碰面。那位女性個案當年在治療中聲稱家裡有具屍體，搞到她家被警方搜得亂七八糟。[51] 家裡當然沒有屍體，就跟麥克馬丁幼稚園

也沒有地下拷問室一樣。羅斯表示：「我有機會讓他們知道我在這整起事件中扮演什麼角色。我對他們說，我完全能理解他們這輩子大概難以原諒我，但我確實也清楚知道自己需要他們的寬恕。」

訪談尾聲，艾莉克斯・史匹格說：「幾乎沒有人像琳達・羅斯這樣，願意以執業治療師身分公開分享經驗、承認過錯，或試著釐清怎麼會發生這種事。其他專家都異常緘默，這次也不例外。」

5/

法律與失序

我想，對每一位檢察官來說，承認錯誤並表示：「天啊，我們竟霸占了這傢伙二十五年的光陰，快點停止。」肯定很不容易。

——戴爾・魯賓（Dale M. Rubin），

湯瑪斯・李・戈德斯坦的律師

湯瑪斯・李・戈德斯坦（Thomas Lee Goldstein）是名大學生，同時也是海軍退役士兵。他在 1980 年因為一起與他無關的謀殺案被判刑，並在獄裡待了二十四年。他唯一的罪，就是在錯的時間出現在錯的地點。雖然他住在遭謀殺的受害者附近，但警方並未找出任何顯示他與謀殺案相關的實體證據。沒有槍，沒有指紋，也沒有血跡。他根本沒有犯案動機。戈德斯坦之所以被定罪，是因為一位監獄中的線人提供證詞。那名線人據說叫艾德華・芬克（Edward Fink，但這可能不是真名），他曾被逮捕三十五次、被判處三項重罪、有吸食海洛因的習慣，還曾在其他十起案件中出面作證被告確實有罪。他的說詞都是被告跟他被關在同一間牢房時，向他坦承自己確實有犯案。（有位監獄輔導員曾形容芬克是個「騙子，對他來說事實彷彿具有彈性調整的空間」。）芬克在法庭上宣誓後依舊撒謊，否認自己靠出庭作證來減刑。在這起案件中，另一個（也是最後一個）能支持檢方立場的證據，則是目擊證人羅蘭・坎貝爾（Loran Campbell），他在警方向他謊稱戈德斯坦沒有通過測謊之後，將戈德斯坦指認為兇手。其他五位目擊證人都不認為戈德斯坦是兇手，其中還有四人說兇嫌是「黑人或墨西哥人」。坎貝爾後來撤回證詞，表示自己當時太「急著」想幫警察，才會說出他們想聽的話。來不及了，戈德斯坦因謀殺罪被判二十七年有期徒刑。

多年後，五位聯邦法官一致認為檢方當時確實否決戈德斯坦公平受審的權益，因為他們並沒有向被告及辯護律師揭露自己與芬克之間的協議，但戈德斯坦依舊被困在獄中。2004 年 2 月，加州高等法院法官終於以「提倡正義」之名駁回此案，指出此案缺乏證據

而且懷抱「邪惡的意圖」：靠專業線人的偽證將被告定罪。儘管如此，洛杉磯郡的檢察官依然拒絕承認自己有可能犯了錯。法官做出此決定後的短短幾小時內，檢方又以新的罪名起訴戈德斯坦，並將保釋金訂為 100 萬美元，宣告他們會針對這起謀殺案進行再審。地方副檢察官派翠克・康納利（Patrick Connolly）表示：「我們抓到的是對的人，這點我很有信心。」兩個月後，地方檢察官辦公室才坦承他們無法起訴戈德斯坦，並將他釋放。

$$\cdot \quad \cdot \quad \cdot$$

1989 年 4 月 19 日，有位後來被稱為「中央公園慢跑者」的女子，在中央公園遭歹徒殘暴地強暴與毆打。警察很快從哈林區逮捕了五名黑人與西班牙裔青少年，他們在案發當時都在中央公園裡搗亂撒野，隨意攻擊圍毆路人。警方合理地將他們視為攻擊慢跑者的嫌疑犯。他們拘捕這幾名青少年，密集審問十四至三十小時。這群年齡介於 14 至 16 歲之間的青少年最後終於認罪，但他們不只認罪，還詳細描述駭人聽聞的犯案過程。有位男孩展示他是如何將慢跑者的褲子扯下，有一人則說慢跑者的上衣是被刀子割破，還提到另一人不斷拿石頭砸她的頭。有位少年對自己「初次強暴」的行徑感到懊悔，他說自己是在同儕壓力下才這麼做的，並承諾自己絕對不會再犯。不過沒有任何具體證據顯示這群青少年與此案相關，警方找不到吻合的精液、血液或 DNA，檢方也**知道**受害者身上的DNA 跟任何一位青少年都不相符。不過少年的供詞說服警方、陪審團、鑑識專家以及社會大眾，讓大家相信兇手已經被繩之以法

了。川普甚至花了 8 萬美金買下報紙廣告，呼籲應該判處這群少年死刑。[1]

　　不過這群少年是無辜的。十三年後，名為馬提亞思‧瑞耶（Matias Reyes）的重刑犯承認此案是他一人獨自犯下。除了此案，他已經因三起強暴搶劫案和一起強暴謀殺案入監服刑了。他招出沒有任何人知道的細節，而且他的 DNA 也跟警方在受害者身上和襪子上採集到的精液相符。由羅伯特‧摩根索（Robert M. Morgenthau）領導的曼哈頓地方檢察官辦公室調查此案將近一年，始終找不出瑞耶與那群被判刑的男孩之間的連結。「要是十三年前我們有 DNA 就好了。」後來他悔恨地說。他的檢察官辦公室支持撤銷那群少年的辯方動議，此動議也在 2002 年獲准。罪名撤銷後又過了整整十二年，紐約市才在未承認錯誤的情況下，與中央公園五人幫以 4,100 萬美金達成和解。

　　檢察官辦公室的前任檢察官和最早參與調查的警方人員，都氣憤地譴責摩根索的決定。他們拒絕相信那群少年是無辜的，❶ [2] 畢竟他們都招供了。琳達‧費爾斯坦（Linda Fairstein）是本案檢察官，同時也是檢察官辦公室性犯罪單位的主任。曾經成功起訴多起令人髮指之案件的她，不願相信中央公園五人幫可能是無辜的。她極力脅迫那五位青少年招供，使上訴法院的法官後來還在發表意見

---

❶ 瑞耶之所以承認犯罪，是因為他偶然在獄中碰到其中一名被定罪的被告科里‧懷斯（Kharey Wise）。他顯然對於懷斯被錯誤關押感到內疚，所以主動向監獄的官員表示自己犯下導致其他人被錯誤定罪的罪行。執法單位就此重新展開調查。請見：Steven A. Drizin and Richard A. Leo, "The Problem of False Confessions in the Post-DNA World," *North Carolina Law Review 82* (2004).

時特別提到她，表示：「檢察官琳達・費爾斯坦竟能為所欲為，讓15歲大的少年在她的精心策畫之下招供，這種刑事司法系統令我深感憂心。」2002年，法院毫無異議地判定馬提亞思・瑞耶為本案強暴犯，並讓五位年輕人出獄。過了兩年，也就是在2004年，費爾斯坦向一位記者表示她認為原先的判決才是正確的，她說：「所有檢察官團隊的成員，都一直在找第六名嫌犯。我認為五人幫之所以獲釋，都是因為政治上的考量。」[3] 2012年，調性激昂憤怒的紀錄片《中央公園五人幫》(*The Central Park Five*) 正式上映，導演為莎拉・伯恩斯 (Sarah Burns) 和肯・伯恩斯 (Ken Burns)。艾娃・杜威納 (Ava DuVernay) 則以戲劇手法詮釋此案，拍出《別人眼中的我們》(*When They See Us*) 這部在2019年問世的影集。但這兩部作品都沒能改變費爾斯坦的想法。「艾娃・杜威納的迷你劇集替五人幫塑造出無辜清白的形象，這根本是錯的，而且還破壞我的名譽。」費爾斯坦在《華爾街日報》一篇特稿中寫道。[4]

退休之後，費爾斯坦開始寫小說。她筆下的主角是一位勇敢無畏的地方檢察官（她說那是「那是更年輕、更苗條、更金髮碧眼的我」），總是能逮到她鎖定的罪犯。──以這個方式來消減認知失調確實滿有創意的。

∙　∙　∙

1932年，耶魯大學法律系教授艾德溫・博哈德 (Edwin Borchard) 出版《無辜的罪人：六十五起刑事司法錯判實例》(*Convicting the Innocent: Sixty-Five Actual Errors of Criminal*

Justice）。在這六十五例中，有八例是被告先被判處謀殺罪，但應該已經被殺死的受害者後來卻現身，而且還活得好好的。你應該會想，這就清楚證明警方與檢察官犯了某些嚴重的錯誤，但有位檢察官卻對博哈德說：「無辜的人絕對不會被定罪。不用擔心，這種事從來沒發生過……完全不可能會發生。」

後來，DNA 鑑定問世。1989 年，DNA 鑑定首度使無辜的囚犯獲釋，此後社會大眾不斷面對科學證據的衝擊，發現無辜者被定罪的情形恐怕比想像中還要普及，這種事的發生完全不是不可能。由巴里・舍克（Barry Scheck）和彼得・紐菲爾德（Peter J. Neufeld）創立的清白專案（Innocence Project），一直在官方網站上持續更新那些無辜者被定罪的案例，上面有數百人曾因謀殺或強暴罪入獄，但他們後來都透過 DNA 鑑定洗刷了冤屈。截至 2019 年，被錯誤定罪的無辜者共有三百六十五人。[5]

可想而知，被 DNA 鑑定推翻的錯誤判決案例最受公眾矚目。不過我們也會在接下來的段落中讀到，不是每起錯判的案例都攸關DNA 證據。清白者被錯誤定罪的原因有很多，像是檢察官過於積極、檢調手法失當、垃圾科學證詞，以及錯誤的目擊者證詞等。在美國，錯誤判決的比例估計低則 0.5％，高則 2％～3％。法律系教授塞繆爾・葛羅斯（Samuel R. Gross）是美國的冤獄平反專家，他推估美國錯誤重罪判刑的比例更高，範圍落在 1％～5％之間。他寫道：「這樣算多還算少？」

這完全取決於你的觀點。假如被誤判重罪的犯人比例只有

1%，那代表在美國監獄和看守所的近兩百三十萬名囚犯中，大概有一萬至兩萬多名犯人是清白的。假如少至 0.1% 的噴射客機會在起飛時墜毀，我們就會將全美的航空公司通通關閉。因為我們不願意承擔這個風險，也相信自己知道該如何處理這種問題。那麼，有一萬到或許五萬名美國公民在錯誤判決之下入獄服刑，這個數字會太高嗎？我們能不能做得更好？該怎麼做？目前沒有顯而易見的解答。好消息是，在美國，絕大多數被定罪的刑事被告都是有罪的。但壞消息是，其中也有不少人是清白的。[6]

2012 年，西北大學法學院司法誤判中心（Center on Wrongful Convictions）的執行長葛羅斯與羅伯・沃頓（Rob Warden），發起全國冤獄平反登記（National Registry of Exonerations）計畫，此計畫包含透過 DNA 鑑定洗刷冤屈的案例，以及靠其他方式平反罪名的案件。該計畫官網提到：「平反登記網站詳細記錄 1989 年後美國每一起已知的**除罪案例**。在這些案例中，被告原先被誤判有罪，後因出現新的證據證明其清白，得以免除所有指控。另外，平反登記也針對 1989 年前的除罪個案，建立了資訊量相對有限的資料庫。」短短兩年內，他們就記錄了一千四百多起除罪案，數量是靠 DNA 鑑定平反獲釋者的四倍多。直到 2019 年，總計案例數已累積近兩千五百例。只要是曾經被定罪判刑，但後來因為新的無罪證據出現，正式被無罪開釋的個案，就會被平反登記視為除罪案例。此計畫並未納入其他原先被判刑定罪，後來因「新無罪證據」以外之其他理由而除罪的眾多個案，因此網站公告寫著：「我們所知的除

罪個案只是大量無罪開釋案例中的冰山一角。」[7]

對於所有想相信司法體制運作完善的人來說,這項資訊會造成令人不適的失調感。對一般民眾來說,要消除失調已經夠難了,要是你剛好又是司法體制的其中一員,你替體制的過失辯解的動機就會非常龐大,更遑論是你自己親手鑄成的錯誤。社會心理學家理查德‧奧塞(Richard Ofshe)是虛偽自白(false confession,也稱「錯誤承認」)心理的專家,他認為判決錯誤「可說是最糟糕的職業錯誤,就像醫生在截肢時割錯手臂一樣」。[8]

假如證據清楚顯示身為法律專業人員的你,就像醫師割錯手臂那樣,將錯的人送進監獄,那該怎麼辦?你內心一定是先升起否認錯誤的衝動,因為你絕對會想維護自己的工作、名聲和同事。除此之外,假如你釋放的人出獄後犯下重罪,或即便你除罪的人是清白的,但他因為被誤判犯下猥褻兒童等令人髮指的罪行入獄,憤怒的大眾可能會把你當成箭靶。[9] 你有很多否認自己犯錯的外在動機,不過有一項內在動機的影響力更大——你希望將自己視為值得尊敬、能力十足,絕對不會誤將無辜者定罪判刑的人。不過面對與事實相違背的全新證據,你又怎麼能認為自己抓到的是對的人呢?因為你向自己保證,一來證據漏洞百出,二來被告看起來就像個壞蛋。即便他沒有犯下這起案件,也絕對幹過其他非法的壞事。因為「你將無辜者送進監獄長達十五年的這個認知」與「你對自身能力的觀點」相互矛盾,所以你會跳過重重心理障礙,說服自己你絕不可能犯下這種天大的錯誤。

DNA鑑定讓被監禁多年的無辜者接續出獄,社會大眾幾乎可

以聽見檢察官、警方和法官的心理計謀，因為他們正忙著消滅認知失調。他們的策略之一，是聲稱在這類型案件中，多數都不是錯誤**定罪**而是錯誤**赦免**：囚犯被除罪不代表他或她是無辜的。假如犯人真的是無辜的，那好吧，真的是非常遺憾，但錯誤判決真的非常罕見，而且這是換取現有一流司法系統必須付出的合理代價。真正的問題在於，有太多罪犯靠法律細則技術性脫罪，或是因為請得起昂貴的辯護律師團隊，得以躲過法律制裁。喬舒亞‧馬基斯（Joshua Marquis）是俄勒岡州的前任地方檢察官，同時也算是刑事司法系統的專業捍衛者，他就說：「美國人該擔心的，應該是被錯誤開釋的犯人，而不是遭誤判的無辜者。」[10] 無黨派的公共誠信中心（Center for Public Integrity）公開一份涵蓋兩千零一十二例個案的報告，裡面全是因檢察單位瀆職造成錯誤判決的案例。馬基斯打發了這些統計數字，並否決報告認為此問題「相當普遍」的言外之意。他寫道：「這種瀆職現象頂多只能說是『意外的插曲』。此類案件數量之少，不值得法院和媒體費心關切。」

遺憾的是，這些案例一點也不罕見。根據 2014 年成立的檢察官廉政中心，自 1970 年以來，檢察程序失當的案例預估就有一萬六千件，但僅不到 2% 的個案中瀆職的檢察官有遭到處分。分析從 1997 年到 2009 年發生在加州的七百零七起檢察程序失當個案，會發現法院撤銷罪名、判決或宣告審判無效的個案數，僅占所有個案的 20% 左右。而且在所有失職的檢察官中，只有 1% 遭到美國州律師公會公開懲戒。報告結論指出：「檢察官瀆職的現象持續發生，有時還多次失職，而且幾乎都不會遭到懲處。法院不願通報檢察官

失職，州律師公會也未能予以懲戒」，種種因素都使檢察官免受責罰或懲處——不僅使無辜者誤被定罪，有時甚至使他們丟了性命。[11]

這些證據並未使擁護現行體制的人罷休。他們堅稱出現錯誤或失職時，司法體制有許多自我修正的程序能立即導正。事實上，馬基斯還擔心如果為了減少錯誤判決的比例而干預司法體制，最後會放出太多明明有罪的人。這種說法顯示自我辯護的邏輯有多麼扭曲。無辜者誤被定罪時，**真正的罪犯**依然逍遙法外。馬基斯表示：「檢察官跟其他法律界人士不同。檢察官只效忠真相，而且即便追尋真相會破壞自己的案子，檢察官也不會動搖。」[12] 這種情操實在令人欽佩，而且還能消減認知失調，同時也進一步揭示馬基斯尚未清楚意識到的潛在問題。正因檢察官相信自己是在追尋真相，他們才不會輕易推翻自己的案子。因為自我辯護的作用，他們幾乎不覺得有這種必要。

即便你不是惡劣敗壞的地方檢察官，可能也會有這種想法。就羅伯·沃頓的觀察，那些他認為「基本上很良善」、值得敬重，而且想把事情做對的檢察官，其實也會出現認知失調。負責處理某案的檢察官傑克·奧莫利（Jack O'Malley），某次碰到被告被無罪開釋時，一直對沃頓說：「怎麼會這樣？怎麼可能發生這種事？」沃頓對另一位記者表示：「他搞不懂，他真的不懂。他真的不曉得為什麼會這樣。而且傑克·奧莫利還是個大好人。」不過，檢察官確實總是無法擺脫「我跟警察是好人，被告是壞人」的認知。沃頓表示：「進入司法體系後，大家都變得非常憤世嫉俗。到處都有人對你說謊，所以你發展出一套犯罪理論，而正是這套理論限縮了你的

視野和觀點。幾年後，壓倒性的全新證據顯示那個犯人是無辜的。這時你就會不解地想：『等一等，要不是這些壓倒性證據是錯的，就是我搞錯了。但，我不可能是錯的，我是好人啊。』這就是我反覆見到的心理現象。」[13]

這種現象就是自我辯護。再三閱讀針對美國史上錯誤判決的研究時，我們看到了自我辯護如何能在逮捕到定罪的這段過程中，逐漸提升司法不公的可能性。警方和檢察官從畢生累積的經驗中建構出一套方法，並用這套方法來揪出嫌疑犯、建構用來定罪的案件。他們通常是對的。但遺憾的是，這套方法也會提升他們抓錯嫌疑犯的風險、使他們更有可能忽略也許會影響調查方向的證據、進一步強化他們對錯誤決定的信念，並在後來更不願意承認錯誤。訴訟程序逐步推進，那些全心全意想將原本的嫌疑犯定罪的人，通常會更確信自己抓到行兇者，並且更致力於將其判刑定罪。一旦那人入監服刑，他們就會認為光是這個事實，就足以證明他們為了將他送進監獄所做的一切都是對的。此外，法官跟陪審團也都同意了，不是嗎？因此，自我辯護不只將無辜者送進監獄，還會讓他們永遠待在獄中。

調查人員的自信與盲點

1998 年 1 月 21 日清晨，地點在加州的艾斯康迪多，12 歲的史蒂芬妮‧克羅維（Stephanie Crowe）被發現倒在臥室裡中刀身亡。前一晚，附近鄰居曾打電話報警，通報附近有位令他們害怕的無業

遊民。那人名叫理查‧推特（Richard Tuite），他行徑古怪、患有思覺失調症，而且有跟蹤年輕女性並闖入她們住家的前科。不過，艾斯康迪多的警探和聯邦調查局行為分析小組的團隊成員，幾乎都立刻認定此案是熟人所為。因為他們知道多數受害者都是被與他們有往來的人所殺，而非瘋狂古怪的入侵者。

因此，負責此案的警探勞夫‧克萊多（Ralph Claytor）和克里斯‧麥克唐諾（Chris McDonough），將他們的目標擺在史蒂芬妮的哥哥麥克（Michael）身上。當時年僅 14 歲的麥克，在生病發燒的情況下接受警方審訊，第一次審訊長達三小時，後來又在完全沒休息的狀況下被審訊六小時，而他的父母完全不知情。警探對他撒謊，謊稱他們在他的房間發現史蒂芬妮的血跡，她手中還握有他的頭髮。警探還說史蒂芬妮一定是被家人所殺，因為所有門窗都已上鎖，而且他的衣服上沾滿史蒂芬妮的血跡，此外他也沒有通過電腦化聲紋測謊儀（computerized voice stress analyzer）的檢測（這是一種偽科學技術，聲稱能靠測量人聲中的「微力震動」來判斷誰在說謊，不過從來沒有人以科學方式證明此測謊法的效度 ❷ 14）。雖然麥克不斷表示自己完全沒有犯案的記憶，也並未提供任何犯案細節，例如他將兇器放在哪裡等，但最後他還是坦承自己因為嫉妒而怒殺史蒂芬妮。幾天內，警方也逮捕了麥克的朋友約書亞‧特雷德維

---

❷ 電腦化聲紋測謊儀的問題在於，確認偏誤會影響判斷。如果你認為嫌疑犯有罪，就會將微力震動視為說謊的跡象。假如你認為嫌疑人無罪，就會忽略這些現象。一份名為〈聲紋測謊之效度與相對準確度〉（The Validity and Comparative Accuracy of Voice Stress Analysis）的重大研究，發現（研究結果與標題的意思背道而馳）聲紋測謊儀「無法在高於偶然的程度下分辨受測者是否說謊」。

（Joshua Treadway）與亞倫‧豪瑟（Aaron Houser），他們同為 15 歲。經過兩場總長二十二小時的審訊後，特雷德維詳述他們三人是如何共謀殺害史蒂芬妮。

審判前一晚，案情出現戲劇化轉折。檢調人員在無業遊民理查‧推特的運動衫上發現史蒂芬妮的血跡，案發當晚他就是穿著這件運動衫。這項證據使地方檢察官保羅‧芬斯特（Paul Pfingst）不得不撤銷對三名青少年的起訴。不過他說自己仍堅信三名少年有罪，因為他們都已經清楚招供，所以他也不會起訴推特。逮捕三名少年的警探克萊多與麥克唐諾，依舊堅信自己早就逮到真正的兇手。他們還自費出版一本書，替自己的辦案程序和信念護航。他們在書中指出理查‧推特只是替死鬼、代罪羔羊，一個受政治人物、媒體、名人和少年家屬聘請的刑事與民事律師擺布的流浪漢，那些律師的目的是「將客戶的責任轉嫁到他身上」。[15]

三位少年獲釋，此案也交由調查部門裡的另一位警探維克‧卡洛卡（Vic Caloca）負責。儘管警方與地方檢察官表態反對，卡洛卡依然堅持重新調查本案。其他警察不再與他交談，還有一名法官罵他惹事生非，就連他要求檢察官協助也遭到無視。但他必須取得法院指令，才能從某間罪證化驗室取得他想找的證據。卡洛卡堅持到底，最後終於整理出一份三百頁的報告，並在報告中詳列用來起訴麥克‧克羅維與其友人的「臆測、誤判和缺乏說服力的證據」。卡洛卡並不屬於原先的調查小組，所以他沒有貿然做出錯誤結論。對他而言，顯示推特有罪的證據不會造成認知失調，很簡單，那只不過是證據而已。

卡洛卡越過當地檢察官辦公室，直接將證據呈報到沙加緬度的加州總檢察長辦公室。該單位的助理檢察總長大衛・朱里納（David Druliner）同意起訴推特。原先調查此案的警探排除推特的嫌疑，認定他不過是個笨賊，之後過了六年，理查・推特終於在2004年5月因殺害史蒂芬妮被定罪。❸朱里納嚴厲批評艾斯康迪多警探最初的調查，他說，「他們完全走錯路、搞錯方向，對相關各方構成傷害。他們不把調查重點擺在推特先生身上，我們真的搞不懂。」[16]

不過現在我們都懂了。發現史蒂芬尼的血跡出現在推特的運動衫上時，警探竟然沒有對案情改觀，甚至沒有產生片刻的懷疑，這確實非常荒唐。不過，一旦警探說服自己麥克跟他的朋友有罪，他們就已經開始從抉擇金字塔頂端往下滑，並為滑行過程中碰到的每個阻礙找藉口。

讓我們從金字塔頂端說起，調查過程的第一步是找出嫌疑犯。聽聞犯罪事件時，許多警探的反應其實跟普羅大眾一樣：衝動地認定自己知道發生了什麼事，並以適合的證據來支持自己的結論，忽略或不考慮與自身觀點不符的證據。社會心理學家廣泛地研究此現象，他們請受試者扮演陪審團成員，試圖找出哪些因素會影響他們的決定。在一項實驗中，扮演陪審團成員的受試者，聽了一場真實謀殺案審判的錄音檔，聽完之後說明自己的判斷結果以及原因。多數受試者都沒有參考證據來考量或權衡可能的裁決，而是直接建構

---

❸ 2013年，由於訴訟程序中的一項細則，推特的罪名被技術性推翻，而在後續審判當中，陪審團認為乏善可陳的檢方除了合理懷疑之外無法證明推特有罪。

出一段案發經過的敘事。而且，隨著證據在審判錄音重播中逐一出現，他們只接受那些符合自己先入為主的判斷的證據。早早就下結論的人對自己的裁決最有信心，也最有可能為了合理化自己的決定，而投票支持極端裁決。[17] 這種現象不稀奇，卻令人擔憂。

初次偵訊嫌疑犯時，警探都很容易快速做出決定：這傢伙是有罪的，還是清白的？隨著時間與經驗的累積，警探已經學會追蹤特定線索，並將其他線索排除，最後對手上線索的正確性變得很有把握。這份自信一部分是來自經驗，另一部分則是訓練技巧所養成。比起謹慎和懷疑精神，這套訓練技巧更鼓勵速度和確信感。傑克・克許（Jack Kirsch）是聯邦調查局行為科學單位的前主任，他在接受訪談時表示，來拜訪他們單位的警察，通常會提出相當棘手難解的案件，請他們給些建議。「雖然未經縝密思考，但我們都敢於立刻下判斷，而且通常都能命中目標。」他說，「這種事我們已經做了不下上千次。」[18]

這股自信通常十分很到位，因為警察經手的多半是罪證確鑿的案件和真的有罪的犯案者。但是，這股自信會提升將無辜者視為罪人的機率，同時也會太早將其他可能的嫌疑犯排除在調查之外。一旦做出此判斷，信念也會變得堅定不移。正因如此，警探才沒有將那台用來檢測克羅維的酷炫聲紋測謊儀用在推特身上。警探麥克唐諾解釋，「推特有精神病史跟吸毒紀錄，可能同時處於精神不穩定與吸毒的狀態，這樣聲紋檢測的結果就會不準。」[19] 換言之，「我們就用這個不可靠的玩意兒，來檢驗我們本來就認定有罪的嫌疑犯，因為無論他們表現如何，結果都能證實我們的信念。但我們不會將

這個東西用在我們認為無辜的嫌疑犯身上，反正不管怎麼測都不會準。」

初步判斷嫌疑犯到底有沒有罪，這個步驟看起來既合理又顯而易見。嫌犯可能符合受害者或目擊證人的描述。或者，從統計數字來看，嫌犯也許屬於最有可能犯案的那群人。掌握愛情與金錢這兩大線索，你就絕對不會錯。因此，在多數謀殺案中，最有可能的兇手就是受害者的愛人、配偶、前任、親戚或受益人。正因如此，警督勞夫·雷瑟（Ralph M. Lacer）才會這麼篤定，相信華裔美籍大學生李碧碧（Bibi Lee）是被男友布萊德利·佩吉（Bradley Page）所殺。這也說明雷瑟為何沒有繼續追查目擊證人提供的線索：目擊者表示他在案發現場附近，發現一名男子將年輕的「東方」女子推進貨車並駛離現場。[20] 對此，雷瑟回應：「年輕女子被謀殺時，第一個要追查的就是她的交往對象或伴侶。你不會去追捕某個開貨車的男子。」不過就律師史蒂文·德里金（Steven Drizin）觀察，「先從家庭成員查起確實不無道理，但這只是第一步。警方也必須調查其他可能的嫌疑人士，而不是試著證明殺人兇手就是家人。可惜他們通常都沒這麼做。」[21]

警探一旦認定自己已經找到兇手，確認偏誤就會讓頭號嫌疑犯成為唯一嫌疑犯。假如頭號嫌疑犯剛好是清白的，那糟了，他還沒有脫離險境。我們在前言提過派翠克·鄧恩的案件。在加州克恩縣被捕的他，被起訴謀殺自己的妻子。在此案中，警方選擇相信一名職業罪犯對該事件的描述。罪犯提供的證詞未經證實，但支持警方對此案的觀點。另一位立場中立的目擊者提供的確切證詞，卻未被

警方採納，因為此證詞與警方的觀點相抵觸。被告不敢相信警方會做此決定，他問自己的律師史坦‧西姆林（Stan Simrin）：「他們難道不想知道真相嗎？」西姆林回道：「想啊，但他們相信自己已經查出真相了。他們認為事實就是你有罪。現在，他們會用盡各種方法來將你定罪。」[22]

無所不用其極將某人定罪，會讓警方忽略或漠視那些使他們不得不對嫌犯改觀的證據。在極端的案例中，這可能會使單一警察或整個部門超線越界，從合法的範疇進入非法地帶。洛杉磯警察局的防衛部門成立反幫派單位，而在此單位中，有好幾位警官最後都因為錯誤逮捕、作偽證和誣陷無辜者被起訴。將近有一百起靠這種非法手段達成的有罪審判全被推翻。在紐約，有份州政府調查發現，蘇福克郡警局因為粗暴對待嫌犯、非法竊聽電話，以及遺失或偽造關鍵證據，將數起重大案件搞得一團糟。

這種行事敗壞的警官不是天生如此，而是後天養成的。在警局文化和他們對警局目標的忠誠之下，這些警官逐步從抉擇金字塔頂端往下滑。法學教授安德魯‧麥克盧爾格（Andrew McClurg）就展開研究，想了解到底是什麼樣的過程，讓許多警官做出他們在熱血、充滿理想的菜鳥時期根本想像不到的行為。執行公務時被要求撒謊，一開始會讓警察感到認知失調：「我的職責是捍衛法律」與「我自己就正在犯法」相抵觸。就麥克盧爾格觀察，經過一段時間，警察「會用自我辯護的保護墊壓住失調」。一旦警察開始認為說謊情有可原，甚至開始將說謊視為工作中不可或缺的一部分時，麥克盧爾格說：「偽善的失調感就不會再出現了。警察學會將說謊

合理化成一種道德行為，或至少不會認為說謊違反道德。因此，警察自認是有道德的好人的這種自我形象，就不會因此大打折扣。」[23]

假設今天身為警察的你，持著搜索令要掃蕩販賣快克古柯鹼的毒窟。你追著一位男子到廁所，希望能趕在他把毒品跟你的案子沖進馬桶前逮到他。你慢了一步，整個人氣憤到不行，腎上腺素急遽飆升。都已經冒了這麼大的險，結果這個混帳東西竟然能全身而退？你現在人就在毒品交易的毒窟，你跟搭檔都曉得大家在這裡幹些什麼勾當，但這些卑鄙的爛人就要這樣順利脫身？他們一定會找個奸詐狡猾的律師，兩三下就能讓他們重獲自由。你付出的努力、承擔的風險和危險，就要這樣白白浪費了嗎？不然這樣，你口袋裡還有早上搜查時找到的古柯鹼，乾脆拿一點出來丟在地上，用這個當作證據把那傢伙抓起來吧？你只要說：「他把古柯鹼沖掉之前，從口袋掉了一些出來。」[24] 這樣就行了。

在這種情況下，你會有這種反應其實不難理解。這都是因為你想把工作做好。你知道栽贓證據是違法的，但這麼做似乎不無道理。第一次這麼做的時候，你對自己說：「**那傢伙有罪！**」有了第一次經驗，你之後再做一樣的事情就會更心安理得。事實上，你會有強烈動機重複這種行為，因為要是不重複做，就等於是承認（哪怕只是對自己坦承）第一次做這件事時是錯的。過不了多久，你就會在更模稜兩可的情況下打破規矩。警察文化基本上支持這種辯解之詞，所以對單一警察來說，拒絕破壞（或扭曲）規則就變得更難。最後，越來越多警察採取下一個步驟，也就是說服其他警察，改變他們的觀念，勸誘他們一起採取這種無害、稍微破壞規矩的行

為，並且迴避或阻礙那些不願照辦的警察——他們的存在只會讓你想起被你拋棄的那條道德之路。

實際上，1992 年成立的摩倫委員會（Mollen Commission）在報告紐約市警察局的敗壞情況時，曾指出警方偽造證據的手法「在特定轄區中屢見不鮮，因此還冒出一個專門形容此現象的詞彙：『謊言證詞』（testilying）」。[25] 在這種警察文化中，警察會不斷說謊，藉此解釋自己為何搜索他們懷疑持有毒品或槍械的民眾。警員會在法庭上宣誓自己是因為看到那人闖紅燈、看到他們正在交易毒品，或因為嫌犯在警方上前時將毒品扔在地上，才有充分理由逮捕並搜索嫌疑人。❹ 諾姆・斯塔柏（Norm Stamper）當了三十四年的警察，同時也是西雅圖警察局前局長，他表示全美各地的主要警政單位「都有這種問題。曾經宣示捍衛法律的警察，卻因個人用途以及為了栽贓嫌疑犯，而扣押或非法挪用毒品」。[26]「為達目的不擇手段」，這是最常見的辯解說詞。有位警官向摩倫委員會調查人員表示自己是在「替天行道」。「既然目的是抓住那些人，憲法根本就不重要。」另一位則這麼說。還有位員警因為被起訴作偽證而遭逮捕，他不可置信地問：「這種做法哪裡有問題？他們有罪欸！」[27]

問題就在於，為了將自己認定有罪、實則清白的嫌疑犯定罪，警察會極力作偽證或栽贓證據，不管如何都無法防止他們這麼做。

---

❹ 此手法並沒有改變，唯一更動的是關於警察被允許或禁止做什麼的規定。2019 年 7 月，一位紐約法官嚴厲批評此操作，譴責警方用「聞到大麻味」來替非法攔截搜查辯解的「普遍」手法。法官寫道：「幾乎每輛被攔下來的車都飄出大麻味，這種荒謬的說法早該遭到抵制。」請參考：Joseph Goldstein, "Officers Said They Smelled Pot. A Judge Called Them Liars," *New York Times*, September 13, 2019.

敗壞的警察絕對會危害社會大眾，但許多立意良善的警察也是如此，他們從未想過自己會倉促地將無辜者送進監獄。從某個角度來看，誠實的警察甚至比敗壞的警察還危險，因為他們數量更龐大，而且也更難察覺。一旦他們認定誰是最有可能犯案的嫌疑人，就不可能再相信那人是無辜的，這就是問題所在。所以抓到嫌疑犯後，警察採取的所有行動，都是為了證實他們認為此人有罪的最初判斷。他們還會替自己的調查偵訊手段辯解，認定只有罪人才會在這些手段的探查之下露出破綻。

審訊人員最危險的錯誤

在調查過程中，警探能蒐集累積各種證據，其中最強而有力的莫過於自白，因為這是最能說服檢方、陪審團和法官被告有罪的證據。因此，警方的審訊人員都受過訓練，目的是讓接受審訊的嫌疑人自白，就算審訊人員得說謊也在所不惜。有位警探甚至自豪地告訴記者，為了取得自白，「欺騙、耍詐」[28] 都不要緊。這種手段完全合法的事實，令許多人相當吃驚。警探都對自己引誘嫌犯自白的能力感到自豪，越能使嫌犯自白，就代表警探的專業能力越出眾。審訊人員越是信心滿滿，碰到顯示他們判斷有誤的證據時，他們內心的失調感就越強烈，否決該證據的需求也越高。

誘使無辜者自白，這顯然是警方在審訊過程中最危險的錯誤，但多數警探、檢察官和法官都不認為這種事會發生。喬舒亞．馬基斯指出：「認為有人會在誘導之下招出不符實情的供詞，這種想法

非常荒唐可笑。這就是當代的甜點抗辯 ❺，堪稱最惡劣的垃圾科學。」[29] 多數人都同意這種說法，因為我們無法想像自己會招出根本沒犯的罪。我們當然會抗議、堅定立場，以及打給律師……不是嗎？不過，參考全國冤獄平反登記提供的被除罪囚犯名單，會發現13％～ 15％的人曾對自己未犯下的罪行招供認罪。社會科學家與犯罪學家針對這類個案做了許多分析，並透過研究來說明為什麼會出現這種狀況。

　　《刑事審訊與自白》（*Criminal Interrogation and Confessions*）這本審訊方法領域的《聖經》，是由弗瑞德 · 英鮑（Fred E. Inbau）、約翰 · 萊德（John E. Reid）、約瑟夫 · 巴克來（Joseph P. Buckley）和布萊恩 · 傑恩（Brian C. Jayne）所合寫。約翰 · E · 萊德合夥公司（John E. Reid and Associates）時常舉辦訓練課程和研討會，並推出教學影片，來介紹所謂的九步驟萊德技巧（Reid Technique）。官方網站聲稱，他們已經訓練超過五十萬名執法人員，以最有效的方式誘導被審者自白。《刑事審訊與自白》開宗明義就向讀者掛保證，表示「我們反對使用任何招數或技巧，來誘使無辜者認罪」，不過有些審訊確實「需要動用一些心理戰略和技巧。假如以一般、日常社會行為來評估，這些策略很有可能會被歸類為『不道德』的手段。」[30]

---

❺ 甜點抗辯（Twinkie defense），指罪犯將罪行歸因於不合理的外在因素，藉此替自己開脫的狡辯行為。

我們的立場非常清楚：只是在審訊過程中提出虛構的證據，並不會使無辜者認罪。明知自己沒犯罪的嫌疑人，會認為可疑的證據比對自己清白的認知更權威、更可信，這種觀點實屬謬論。面對虛構的證據，人類的自然反應應該是對審訊人員感到憤怒和質疑。這種反應只會使嫌疑人更堅決捍衛自己的清白。[31]

錯了。「人類的自然反應」通常不是憤怒和質疑，而是困惑與無助，也就是認知失調，因為多數無辜嫌疑犯都相信審問人員不會騙他們。不過審問人員一開始就有偏見了。訪談是一種用來取得基本個人資訊的對話模式，但審問的目的是讓嫌疑犯認罪（嫌疑犯通常都不曉得兩者之間的差異）。《刑事審訊與自白》清楚說明這點：「只有在審訊人員相當確定嫌疑犯有罪時，才會進行審訊。」[32] 這種態度的問題就在於，一旦審訊人員「相當確定」嫌疑犯有罪，嫌疑犯便無法擺脫這種確信感。反之，嫌疑犯做的任何事，都會被解讀成說謊、否認或逃避真相的證據，就連不斷表明自身清白的行為也會遭到曲解。審訊人員都在明確的引導下養成這種思維。他們被教導要具備「不用說謊，我們知道你有罪」的態度，並駁回嫌疑犯的否認。我們之前就見過這種自我辯護的迴路了，心理治療師跟社工面對他們認為遭到侵犯的孩童時，採用的就是這種訪談方式。一旦展開這種審訊，審訊者就永遠看不見與既有觀點相悖的證據。[33]

萊德技巧的推廣者，對認知失調的運作方式有直覺式的理解（至少對於發生在他人身上的失調）。他們知道如果給嫌犯機會聲明自己的清白，他就會做出公開的承諾，之後要讓他卸下心防認罪

會更困難。約翰·E·萊德合夥公司副總裁路易·賽納斯（Louis Senese）寫道：「嫌疑犯越是否認自己涉入案件，就越難承認自己犯罪。」完全正確，原因就是認知失調。因此，賽納斯建議審訊人員做好嫌犯會否認的心理準備，並且打從一開始就不要讓他們有否認的機會。他說審訊人員應該留意嫌犯準備否認犯罪的非語言指示（例如舉手、搖頭否認或眼神接觸），如果嫌犯直接問「我可以說話嗎？」，審訊人員應該以命令句回應，並直呼嫌犯的名（「吉姆，等一下」），然後繼續審問。[34]

審訊人員的有罪假設，會創造出自我應驗預言（self-fulfilling prophecy）。這種心態使審訊者更具侵略性，反過來看，也會導致無辜的嫌疑人表現得更加可疑。在實驗中，社會心理學家索爾·卡辛（Saul Kassin）與同事將模擬竊盜案中的有罪者和無罪者與審訊人員相互配對，實驗人員會告知審訊者他們審訊的人是否有罪。因此，嫌疑人與審訊者會產生四種配對組合：「你無罪，他認為你無罪」；「你無罪，他認為你有罪」；「你有罪，他認為你無罪」；「你有罪，他認為你有罪」。最致命的組合是你明明是無辜的，但審訊人員堅決認為你有罪。在這種組合中，審訊人員逼迫嫌疑人的程度最高、施加的壓力也最大。而且嫌疑犯越是否認自己有罪，審訊者越是更確定他在說謊，也會進一步對其施壓。

卡辛四處向警探和員警授課，盡可能向他們說明這種審訊技巧其實會造成反效果。卡辛說，員警跟警探通常都點頭表示認同，也同意他的說法，的確應該要避免虛偽自白的情況發生。不過，他們也會立刻解釋自己從來沒有脅迫任何人供出虛偽自白。「你怎麼知

道？」卡辛問一位員警。「因為我從來不審訊無辜的人。」員警回答。卡辛發現，這種認為自己絕對不會犯錯的確信感一開始就存在了。卡辛對我們說：「我曾經出席辦在魁北克的一場國際警察偵訊研討會，跟萊德學院（Reid School）的院長喬・巴克來（Joe Buckley）參加同一場辯論小組活動。巴克萊發表結束後，有位聽眾提問，問他會不會擔心他的審訊技巧會誘使無辜者認罪。我把他的回答一字不差地記下來，要是我有加油添醋就是王八蛋。他竟公然講出這麼傲慢的話，我實在太驚訝，所以除了把他的答案記下來之外，也順便寫下了日期。他這麼回答：『不會，因為我們不會審訊無辜的人。』」35〔美國前總統雷根的司法部長艾德溫・米斯（Edwin Meese）也曾說過類似的言論。米斯在 1986 年表示：「問題是，根本就沒有那麼多無辜的嫌疑犯啊。這根本是自相矛盾。如果一個人是無辜的，那他就不是嫌疑犯。」〕

在訓練的下一個步驟，警探開始認為自己能準確解讀嫌疑犯的非語言線索，像是眼神、肢體語言、姿勢、手勢和激烈否認等。那本手冊提到，假如對方不願直視你，就代表他在說謊。假如對方低頭垂肩或坐姿僵硬，這也是說謊的跡象。假如對方否認自己有罪，那就是在說謊。但萊德技巧也建議審訊者「不要與嫌疑犯眼神交流」。他們前面說有眼神交流代表對方是無辜的，現在又說不能跟嫌疑犯對看？

這麼看來，萊德技巧也是封閉迴路：該怎麼判斷嫌疑犯有罪？因為他看起來很緊張、一直流汗（或是非常拘謹鎮定），因為他不願意直視我的雙眼（如果他想看，我也不讓他看）。所以，我跟搭

擋利用萊德技巧審訊他長達十二小時，他招供了。而且，因為無辜者不會招供，所以他認罪就證明我之前的判斷是對的：緊張流汗（或拘謹鎮定）跟直視我的雙眼（或沒有）是有罪的徵兆。以這套技巧的邏輯來看，警探唯一能犯的錯就是沒有讓嫌犯招供。

　　整本手冊以權威口吻寫成，猶如上帝在揭示毫無爭論之餘地的真理。實際上，手冊根本未能讓讀者了解科學思維的核心原則：替一個人的行為找出最有可能的解釋之前，一定要先檢視並逐一排除其他可能。索爾・卡辛有次參與調查一起軍事案，調查人員在毫無確切證據的情況下，鍥而不捨地審訊被告。（卡辛認為那人是無辜的，後來他確實也被無罪釋放。）一位調查人員被問及為何要以這麼侵略的方式對待被告時，他這樣解釋：「我們認為他沒有吐露實情。有些肢體語言顯示他想要保持冷靜，但你還是看得出來他很緊張，而且每次問他問題時，他的眼神都會飄來飄去，不直視你的眼睛。有時候他顯得注意力不集中，有一次還哭了出來。」

　　卡辛說：「處在高壓狀態下的人都會出現他描述的現象。」除了顯示嫌疑人有罪之外，緊張、焦躁、迴避眼神接觸，或是不自在、無精打采的坐姿，這些跡象其實還有其他可能的解釋，但萊德技巧的學生通常不會在受訓時學到這些。這些表徵可能顯示當事人很緊張、代表他還只是個青少年，或者是文化規範或服從權威的展現。當然，當事人也有可能是因為遭受不實指控而感到焦慮。

　　推廣這本手冊的人宣稱，他們設計的方法能讓審訊人員判斷受審者的供詞時，達到80％～ 85％的準確率。但目前沒有任何科學證據能支持此說法。在第 4 章探討心理治療師的問題時我們就提

過，訓練不會提升準確度，只會讓人對自己的準確度更有信心而已。許多研究都清楚顯示，這種毫無根據的信心確實存在。在其中一份實驗，卡辛跟同事克莉絲緹娜‧方（Christina Fong）利用萊德技巧訓練一群學生。學生必須看過萊德訓練的影片、讀過手冊後，會再接受測試，看看是否真的把這些技巧學起來了。接著，實驗人員會請他們看幾段影片，影片中有一位經驗豐富的警官正在審訊嫌疑人。影片中的嫌疑人要不是有罪但不承認，就是因為無罪而否認。結果顯示，萊德訓練完全沒有提升學生的準確度，他們判斷的正確率就跟亂槍打鳥差不多，但這套技巧反而讓他們對自身能力更有信心。不過他們只是大學生，還不是專業人士。所以，卡辛跟方之後又請來四十四位專業警探觀賞這些影片，受測警探都來自佛羅里達州與加拿大的安大略省。這些專業人士的實務經驗年資平均達十四年，其中有三分之二受過專業培訓，許多人接受過萊德技巧訓練。他們的表現跟學生一樣，判斷的正確率就跟亂猜差不多，但他們卻深信自己的正確率將近百分之百。經驗和訓練並沒有提升他們的表現，只是讓他們認為自己的判斷越來越準而已。❻ 36

不過，無辜的嫌疑犯為什麼沒有否認到底？為什麼清白的嫌疑人不像手冊上描述的那樣，沒有對質疑他的審訊人員大發脾氣？假設無辜的你被警方找去接受偵訊，目的或許是「協助警方調查」。你完全不曉得自己被當成頭號嫌疑犯。你相信警察，也想要幫忙。

❻ 在另一份研究中，卡辛跟同事找來監獄囚犯，要求他們全面招供自己犯下的罪行，同時捏造另一段供詞，描述另一位囚犯的罪行。接著，再請大學生跟警方調查人員判斷錄影畫面中的供詞，結果他們的整體準確率確實沒有比亂猜還高，但警方卻對自己的判斷更有信心。資料出處請見本書「參考資料」第 5 章第 36 條。

但審訊的警探說你的指紋出現在犯案兇器上，還說你沒有通過測謊，更表示他們在受害者身上找到你的血跡，或是你的衣服上沾了受害者的血。這些說法會帶來無比劇烈的認知失調：

認知一：我根本不在案發現場，我沒有犯案，也沒有任何關於犯案的記憶。

認知二：可靠又值得信賴的權威人士說犯案兇器上有我的指紋，還說我的衣服上沾了受害者的血跡，目擊證人更在我確定自己根本沒去過的地方看見我。

　　你會怎麼消除這種失調感？如果你夠堅強、夠有錢，而且也有夠多跟警方打交道的經驗，知道他們是在引誘你踏進陷阱，你就會說出那句充滿魔力的話：「我要請律師。」不過很多人認為如果自己是無辜的，就不用聘請律師。❼ 37 他們都誤信警察不能向他們撒謊，所以聽到警方握有不利於他們的證據時都相當震驚，而且最罪證確鑿的是，兇器上竟然有他們的指紋！萊德技巧手冊指出，「在

❼ 這就是為什麼無辜者比有罪的人更有可能放棄米蘭達權利（Miranda rights），也就是保持沉默和要求取得律師協助的權利。在卡辛的一份研究中，七十二位受試者分別有或沒有犯下偷 100 元美金的模擬罪行。他們接受一名男性警探的質詢，他的態度為中立、同情或敵對。警探也會試著說服受試者放棄保持緘默的權利。無辜者比有罪者更有可能簽署放棄米蘭達權利條款，而且差距非常大，比例分別為 81％ 對 36％。只要質詢者滿懷敵意，對嫌疑人怒喊：「我知道是你幹的，我不想聽到任何謊言！」，甚至就有三分之二的無辜嫌疑人會同意放棄緘默權。他們後來說自己之所以放棄，是因為他們認為只有真的有罪的人才需要律師，而他們沒做錯任何事，所以沒什麼好隱瞞的。實驗人員後來感嘆地表示：「這樣看來，大家似乎都天真地認為清白的力量能讓他們獲得自由。」參考：Saul M. Kassin and Rebecca J. Norwick, "Why People Waive Their Miranda Rights: The Power of Innocence," *Law and Human Behavior* 28 (2004): 211-21。

審訊過程中，無辜者的自我保護本能」會推翻審訊人員所做的一切。但是對脆弱的人來說，想搞清楚「現在究竟發生什麼事」的這股需求，反而會蓋過自我保護的需求。

布萊德利·佩吉：有沒有可能我做了這件恐怖的事之後，就刻意把這件事給忘了？

警督雷瑟：當然，這種事常發生。

　　現在警方提供合理解釋，讓你找到一種能消除失調的方法：因為你刻意把這件事忘掉了，所以不記得自己犯案。因為你喝得爛醉，所以失去意識。你刻意壓抑記憶。你不曉得自己有多重人格障礙，而犯案的是其中一個人格。這就是警探在審訊麥克·克羅維時採用的手法。他們告訴麥克搞不好他體內有「兩個麥克」，一個是好人，另一個是壞人，而壞麥克在好麥克不知情之下犯案。

　　你可能會說，因為麥克當年才 14 歲，難怪會被警察嚇到招供認罪。確實，青少年或精神失常者特別容易受這種戰略影響，但心智健全的成年人也不例外。史蒂文·德里金跟理查·萊奧仔細統整一百二十五起無罪開釋案例，在這些案例中，雖然被告曾提供不符實情的供詞，但後來都被證明無罪。他們發現，超過半數的被告都沒有精神失常或智力缺陷，而且也不是青少年。在那些能清楚判定審訊時長的案例中，八成以上的虛偽自白者被連續審訊超過六小時，其中半數被偵訊十二小時以上，有些人更連番被訊問整整兩天。[38]

　　在中央公園跑者遭受攻擊當晚被逮捕的那群青少年，就經歷了

這種偵訊過程。警方連續審問他們好幾個小時，完全沒有用任何一種電子紀錄設備錄下審訊過程，但檢方後來卻替五人幫中的四人製作簡短的自白回顧影片。後來，直到社會科學家與法律學者得以檢查所有現存證據，地方檢察官羅伯特·摩根索率領的團隊，也以這群少年或許是無辜而非有罪的角度，重新評估此案的各項證據，供詞中原有的戲劇化說服力才逐漸消失。專家後來發現少年的說法充滿矛盾、猜測與不符事實之處，以及被審訊人帶有偏見的問題誘導出來的資訊。❽ [39] 而且，社會大眾一直以為五人幫的所有人都招供了，但其實沒有任何一位被告承認自己有強暴跑者。其中一人說自己「抓住」她，另外一人說自己「摸她胸部」，還有一人說自己「抓住、撫摸她的腿」。地方檢察官在撤銷罪名的動議中指出：「針對此案的每個主要面向，五位被告提供的特定細節皆有出入，例如誰率先發起攻擊、誰把被害者擊倒在地、誰脫掉她的衣服、誰毆打她、誰抓住她、誰強暴她、在施暴過程中使用何種武器，以及攻擊事件的先後順序等。」[40]

　　經歷長達幾小時的審訊之後，精疲力盡的嫌疑犯只想趕快回家，因此接受審訊人員提供的可能解釋，而那也是唯一說得通的說法，然後他們就認罪了。壓力解除、好好睡過一覺之後，他或她通常會立刻撤回供詞，但這時已經太遲。

---

❽ 舉例來說，名叫科里·懷斯的青少年，先是從偵訊者那裡得知慢跑者是遭到「非常重的物品」襲擊，接著被詢問：「她是被石頭還是磚塊擊中？」懷斯一開始說是石頭，過一下子又說是磚塊。他還說另一人拿出一把刀割破慢跑者的衣服，但這並不屬實。慢跑者的衣服沒有被刀割過的痕跡。參考：Saul Kassin, "False Confessions and the Jogger Case," *New York Times,* November 1, 2002.

檢察官的自我辯護

在廣受好評的電影《桂河大橋》（*The Bridge on the River Kwai*）中，亞歷·堅尼斯（Alec Guinness）和他率領的士兵，在二戰中成為日軍俘虜，並被要求替日軍搭建一座鐵路橋來提振日軍戰力。堅尼斯答應俘虜者的要求，想透過這項工程讓自己的部隊更團結、重振士氣。但展開興建工程的那一刻，這座鐵路橋就成了**他的作品**，也就是自尊和滿足感的來源。電影尾聲，堅尼斯發現鐵路橋上露出炸彈引線，驚覺橋上已經埋好炸彈，得知同盟國的突擊隊員計畫要炸毀這座橋時，他的反應卻是：「不行！這是我的橋，你們敢把橋炸掉試試看！」他甚至試圖切斷引線來保護鐵路橋，目睹這一幕的突擊隊員都無比驚恐。直到最後一刻，堅尼斯才哭著喊道：「我到底做了什麼？」那時他才恍然大悟，他為了保護自己的傑作，竟然想插手妨礙盟軍打贏這場仗。

這個道理也能套用在檢察官身上。許多檢察官為了維護自身信念、堅決想將自己認定的兇手定罪，最後都準備好要破壞自己起先想維護正義的理念。等到出庭的那一刻，檢察官常常會發現自己彷彿身處真實世界版的勞力辯證 ❾ 實驗中。檢察人員之所以從大量案件中選擇特定案件，就是因為他們堅信嫌犯有罪，認為自己握有能充分定罪的證據。他們通常會投入好幾個月替案件做準備，也密切與警方、目擊證人還有心力交瘁、渴望能討回公道的受害者家屬合

---

❾ 勞力辯證（justification-of-effort），心理學理論，指我們在一件事情上投入越多精力和時間，就越想去誇大那件事的價值。

作。假如這起案件早已引發社會大眾的撻罰與憤怒，檢察人員也會背負極大壓力，必須盡快將嫌犯定罪。與邪惡的嫌犯對抗，認為自己代表善的力量，這種滿足感會蓋過檢察人員心中的懷疑。因此，檢察官最後總是問心無愧地對陪審團說：「被告是禽獸，根本不配為人。請做對的決定，定他的罪。」有時候，他們徹底說服自己，堅信自己逮到十惡不赦的惡魔，以至於跟警察一樣跨越界線：指導目擊證人、跟監獄裡的線人交換條件，或是沒有提供被告他們依法應告知轉達的資訊。

多年後，被定罪的強暴犯或殺人犯依然堅持自己是清白的（別忘了，許多重刑犯也聲明自己是無辜的），並要求重新進行 DNA 鑑定；或者，他們表示自己是受到脅迫才招供坦承犯案；又或是，他們提出證據，指出引致定罪判刑的目擊證人證詞有誤（在所有靠 DNA 鑑定免責除罪的案例中，有四分之三都涉及目擊證人指認錯誤[41]）。碰到上述種種情況，檢察官如何反應？檢調團隊費盡千辛萬苦，說服自己跟陪審團被告是大壞蛋，卻發現他可能是清白的，該怎麼辦？佛羅里達州的檢察官就做出相當典型的反應。在十五年之間，總共有一百三十多位囚犯因 DNA 鑑定除罪獲釋，以致於檢察官後來處理類似的新案件時，都更加極力阻撓被告翻案申訴。被判有罪的強暴犯威爾頓‧戴奇（Wilton Dedge）甚至得控告州政府，才有辦法讓案件中的證據重新接受鑑定。戴奇之所以備受阻撓，全是因為檢察官強烈反對，他認為比起戴奇可能無罪的事實，政府對最終判決的意向以及受害者的感受更值得重視。[42] 最後，戴奇順利除罪，重獲自由。

被公認為專門維護正義的執法人員，竟然提出「最終判決與受害者感受比正義還重要」的論點，實在是非常嚇人，但這就是自我辯護的力量。而且，假如能抓到真正的罪犯並判罪處刑，受害者不是會更好過嗎？透過 DNA 鑑定，數百名囚犯得以除罪獲釋，而美國各地的新聞報導，通常會引述最初經手這些案件的檢察官說法。在費城，時任地方檢察官的小布魯斯‧卡斯特（Bruce L. Castor Jr.）拒絕接受 DNA 鑑定結果，不願相信那位被關了十五年、如今得以除罪獲釋的男子是清白的。當記者採訪他，詢問他手上有什麼能駁斥鑑定結果的科學證據時，卡斯特說：「我沒有什麼科學根據。我認為那名男子有罪，因為我相信我的警探跟錄影口供。」[43]

　　要怎麼知道這種隨意反駁 DNA 鑑定結果的舉動是自我辯護，而不是針對證據的如實評估呢？這就像我們在第 1 章描述過的賽馬研究：一旦下賭注，我們就不想懷抱任何會讓自己質疑此決定的念頭。這就說明為何檢察官在面對相同證據時，會有兩種詮釋方法。而檢察官最後會採用哪種解讀，則取決於證據出現的時間點。調查初期，警方會利用 DNA 來證明嫌犯有罪或排除其嫌疑。不過，如果 DNA 鑑定是在被告已被起訴或定罪後才執行，檢察官通常會將 DNA 鑑定結果視為與案件無關，認為鑑定結果沒有重要到值得重審案件。德州檢察官邁克‧麥克杜格爾（Michael McDougal）表示，在強暴兇殺案的年輕受害者身上找到的 DNA，與被判犯案的羅伊‧克萊納（Roy Criner）的 DNA 不符，不代表克萊納就是無辜的。他說：「這只證明她身上的精液不是克萊納的，不代表他沒有強暴她，也不代表他不是殺人兇手。」[44]

從技術層面來看，麥克杜格爾沒有錯：克萊納可能先在德州強暴一名婦女，再跑到別的地方射精，例如阿肯色州之類的。但不管DNA證據何時出現，執法人員都應該秉持相同的態度來看待。因為自我辯護作祟，多數檢察官無法將不同時機出現的證據一視同仁。辯護律師彼得‧紐菲爾德表示，在他的經驗中，檢察官和法官常為了替原先的判決辯解而重新解讀證據。審判期間，檢察官的說法是被告獨自一人抓住受害者並加以強暴。假如在被告被判罪之後，DNA鑑定結果顯示被告並非犯案者，檢察官會異想天開地提出其他說法。我們最愛的說法，是紐菲爾德所謂的「未被起訴之共同射精者」理論：被判罪的被告抓住受害婦女，此時有第二位神祕人士實際強暴該婦女。或者，根據另一位檢察官的說法，受害者無助地倒在地上，有另一位男性在此時尾隨犯案，「走到婦女身邊見機強暴」。[45] 另一種可能則是，被告有戴保險套，而受害婦女在被強暴不久前曾與另一人合意性交。（羅伊‧克萊納被轉到德州刑事上訴法院時，首席法官雪倫‧凱勒（Sharon Keller）做出裁定，認為DNA「鑑定顯示受害者身上之精液非屬被判強暴罪之被告，此鑑定結果不具決定性，因被告可能在犯案時戴保險套」。）假如受害者抗議說自己在過去三天內沒發生性行為，檢察官又會在審判後繼續發展他們的理論，表示受害者在說謊，她不想承認自己有不當性行為，因為怕丈夫或男友知道了會很生氣。

　　在南卡羅萊納州的石山，與世隔絕的白人男子比利‧寇普（Billy Wayne Cope），在遭到脅迫之下承認自己強暴並殺害12歲的女兒，不過完全沒有任何具體證據顯示他涉入此案。身為重生基

督徒 ❿ 的寇普，認為女兒有可能是在被提 ⓫ 中死亡，還悲傷地詢問會不會是他在睡夢中將女兒給殺了。DNA 鑑定結果出爐後，兇手顯然是詹姆斯・山德斯（James Sanders）這名黑人職業罪犯與連環強暴犯，他向來是獨自犯案。不過寇普卻與山德斯一同受審。檢察官表示：「唯一合理的解釋，是寇普為了滿足自己和山德斯違常的快感，而對女兒下手並奪走她的性命。他們共謀犯下此案，除此之外沒有其他合理解釋。」46 不過，難道都不用考量「比利・寇普是無辜的」這個「合理解釋」嗎？2014 年，南卡羅來納州最高法院維持原本終身監禁的判決。三年後他死於獄中，至死仍堅持自己是無辜的。

這種自我辯護會導致雙重悲劇：使清白者無辜入獄，讓罪人逍遙法外。用來替無辜者除罪的 DNA 鑑定，也能用來判別誰是犯人，但此概念卻沒有按照常理普遍地落實在檢調過程中。47 通常，警方與檢察官都傾向宣告案件已徹底了結，彷彿是想抹除自己犯下的錯，不去理會那無聲的控訴。

匆促定罪

「假如這個系統無法公平運作、無法導正自己的錯誤、無法承認自己的錯誤並給人修正這些錯誤的機會，就代表這個系統已經破碎損壞了。」

——邁克爾・查爾頓（Michael Charlton）

羅伊・克萊納的上訴律師

所有公民都有權使用刑事司法系統的服務，這套系統能將罪犯定罪、保護無辜清白者，並即時導正自身錯誤。法律學者與社會科學家曾提出各種合憲的補救方式，以及針對細項的重要改善手法，藉此降低虛偽自白、目擊證人證詞不可靠、警方提出謊言證詞等現象的風險。[48] 但從我們的角度看來，如果要坦承並導正刑事司法體系的錯誤，最大阻礙其實是體系中的多數人會為了消除失調，拒絕承認體系中的問題。前檢察官班尼特・格希曼（Bennett Gershman）表示：「我們的體系必須營造這種近乎完美的氛圍，建立確信感，相信自己不會將無辜者定罪。」[49] 對警察、警探和檢察官來說，確信感的好處是讓他們不會在深夜輾轉難眠，擔心自己可能將無辜者送進監獄。但失眠幾晚是必須的，因為正義的敵人並不是懷疑，而是過度自信。

在多數警察、警探、法官與律師目前接受的專業訓練中，幾乎沒有任何資料提及他們本身的認知偏誤，例如該如何盡可能導正偏誤，以及自身觀點碰上反面證據時該如何處理失調感。實際上正好相反：他們接觸到的心理學說和論述，大多出自未受過心理科學訓練、自詡為專家的人。而且如我們在前面章節所見，這些人並沒有教導他們如何做出更準確的判斷，只是讓他們對自己的判斷更有信心而已，「無辜者不會認罪」、「我親眼所見，所以錯不了」，還有「我看得出來對方是不是在說謊，我已經有多年經驗了」。不過這

---

❿ 重生基督徒，此名稱適用於接受耶穌為救世主或救贖者的人。在此，重生指的並非實際的肉體重生，而是靈性的重生。

⓫ 被提（Rapture），是基督教末世論中的一種概念，認為當耶穌再臨之前（或同時），已死的人會被復活高升，生者也會一起被送到天上的至聖所與基督相會。

種確信感就是偽科學的特徵。真正的科學家會用謹慎的言詞來描述可能性，例如「在特定情況下，無辜者絕對有可能被誘導招供。」或是「容我解釋為何我認為此人有可能是因為被脅迫，才認罪招供的。」這就是為什麼科學家的證詞通常令人感到氣惱。許多法官、陪審團成員還有警察，都偏好確定性勝過科學。法學教授 D‧麥克‧瑞辛格（D. Michael Risinger）與律師傑弗瑞‧L‧路普（Jeffrey L. Loop）就感嘆地說：「現代科學研究針對人類感知、認知、記憶、推論，或是在不確定的情況下做決策等行為，都有相當深刻的洞見。但無論是在證據規則的架構上，還是訓練或指引法官使用證據方面，現行法律體制基本上都未能體現這些科學見解。」[50]

假如專業訓練無法讓人謙卑面對自己的認知失調與盲點，反而會提升偽科學的確定性，刑事錯案的機率就會透過以下兩種方式逐漸升高。首先，這種訓練會鼓勵執法人員匆促做決定。警察認定嫌犯有罪之後，就不再繼續考量其他可能。在還沒取得所有證據之前，地方檢察官就衝動決定起訴某位被告，轟動社會的案件尤其如此。向媒體宣布自己的決定之後，才發現後來出現的證據顯示先前的判斷有問題，但這時又難以收手撤訴。第二，案件成功起訴，被告也被定罪後，執法人員就不會想再接受任何顯示被告無罪的後續證據。

想要矯正這種符合人性的錯誤，就得確保警察學校和法學院的學生，都必須學習何謂認知失調、了解自己會受自我辯護影響。身為法學教授與前任檢察官的馬克‧戈希（Mark Godsey），如今專門替刑事錯案的受害者打官司，他絕對清楚認知失調與自我辯護的運

作模式。在《審判的人性弱點》（*Blind Justice*）這本書中，戈希描述在警局的一位線人向他透露，說自己從來沒有承認過先前被定罪的罪行時，他整個人有多麼驚訝。警探捏造認罪的供詞。戈希寫道：「雖然我現在還不確定那位線人的供詞是否真如他所說是警方捏造的。但我知道自己之所以否決他的說法，全是因為認知失調。我把他說的話掃到心理地毯底下，因為那違背了我對司法體系的認知……如果線人提供的資訊能協助我們將被告關進監獄一輩子，我們就會相信他說的話。然而，要是他挑戰我們對體系的基本信念，他的論述就會在未經仔細考量之下被斷然否決。」[51]

刑事司法體系中的所有人，就是需要具備這種推論技巧。除了找出從統計機率來看較有可能的嫌犯（善嫉的男朋友），如果有部分證據顯示兇手是從統計角度來看可能性較低的嫌疑人，執法人員也必須敞開心胸予以考量。他們必須了解，即便他們有信心能判斷嫌犯是否說謊，判斷依然有可能出錯。執法人員也得知道，無辜者為何以及如何會被誘導招認自己沒犯的罪，並了解該如何判斷哪些自白有可能是真的，哪些又是嫌疑人在遭受脅迫之下供出的虛偽說法。[52] 他們也得認清，「側寫」（profiling）這種廣受聯邦調查局和電視節目喜愛的熱門調查手法容易有確認偏誤，誤判的風險其實相當高：調查人員開始尋找符合嫌疑犯形象的犯罪元素時，也會開始忽略其他不吻合的細節。簡單來說，調查人員必須知道，假如自己鎖定的對象是錯的，就得立刻轉移目標。

法學教授安德魯·麥克盧爾格認為警察的訓練應該更進一步。長期以來，麥克盧爾格不斷提倡將認知失調的原則運用在警察訓練

中，以免過於熱血的菜鳥員警，從金字塔頂端朝著不誠實的方向往下移動。他推動的核心概念，就是訴諸員警打擊罪犯與暴力的良善自我概念。他提出一套用來應付道德困境的誠信訓練課程，灌輸警校生誠信廉直的價值觀，讓他們了解在新手員警的職業身分中，最重要的是說真話、做對的事（目前在多數美國轄區中，實習員警只會花一個晚上或幾個小時，來接受應對和處理道德難題的相關訓練）。在員警的工作中，這種價值觀很快就會被背道而馳的道德準則推翻，像是「不能揭穿同事的不法行徑」或「在現實世界，唯一能將嫌犯定罪的辦法就是捏造事實」。麥克盧爾格建議讓新手員警與經驗老到的道德導師組隊，道德導師就像匿名互助戒酒會的互助者那樣，協助菜鳥警察信守他們對誠信的承諾。麥克盧爾格認為：「唯有預防好警察變成壞警察，才能大幅降低警察說謊的比例。」認知失調理論「就是能讓我們達成此目標的利器，警察的自我概念正是有效、低成本，而且用之不竭的工具。」[53]

不管再怎麼訓練有素或立意良善，大家都躲不過確認偏誤與自身認知盲點的影響，所以研究刑事錯案的頂尖社會科學家都齊聲推薦設立防護機制，像是利用電子儀器記錄所有偵訊過程。截至2019 年，全美只有二十六個州與華盛頓哥倫比亞特區，有要求警方利用電子器材將部分或所有重罪的審訊過程記錄下來，而且只有五個州明定要「優先」利用影音紀錄。[54] 警方與檢察官始終都很抗拒這項要求，或許他們是怕影音紀錄可能會揭露令人難堪、導致認知失調的真相。

勞夫・雷瑟是布萊德利・佩吉的審訊人之一，他替警方反對錄

影紀錄的立場辯解，認為錄音錄影讓人「綁手綁腳」，並且會讓審訊者「更難取得真相」。[55] 他提出抱怨，指出假如審訊過程長達十個鐘頭，辯護律師就會讓陪審團聽十個小時的錄音檔，而不是讓他們聆聽那短短十五分鐘的自白段落。在這種情況下，陪審團會思緒混亂、難以招架。然而在佩吉的案例中，檢察官的論據正是大幅仰賴那段消失的錄音內容。雷瑟坦承，他確實在說出那段引致佩吉認罪的話之前，就將錄音機關掉了。根據佩吉的說法，在那段沒有錄到的審訊過程中，雷瑟請他想像自己**可能**是如何將女友殺掉的（這又是萊德技巧創始者推薦的另一種策略）。佩吉以為雷瑟要求他建構出想像的場景來協助警方調查，所以當雷瑟將這段描述引為正當的自白時，佩吉感到非常震撼。陪審團並沒有取得故事全貌，他們沒聽到是什麼問題引出那段所謂的自白。

事實上，在有將審訊過程錄製下來的轄區，執法機關已經逐漸支持這種做法。司法誤判中心調查兩百三十八所執法機關，這些單位目前都會將重罪嫌疑犯的審訊過程錄下來。調查發現機關內的員警幾乎都對此操作反應熱烈。調整攝影機角度讓審訊人和嫌疑人同時入鏡，就能解決嫌疑人改變說法的疑慮。靠公正手法取得的自白，不僅能取信於陪審團，還能讓獨立專家評估審訊人使用的技巧，判斷這些技巧是否有欺騙或脅迫之嫌。[56]

加拿大和英國目前都在推動這些改革，並建立其他程序來將刑事錯案的機率壓到最低。PEACE 模型是脅迫式萊德技巧的替代方案〔意指準備與規劃（Preparation and Planning）、互動與解釋（Engage and Explain）、說明（Account）、結案（Closure）以及評

估（Evaluate）〕，這是在英國廣為使用的審訊流程，美國目前也引進這套模型並加以修改調整。PEACE 模型與其他類似審訊手法的使用者，不會預設嫌疑犯有罪，警方不會過於咄咄逼人，也不准靠虛張聲勢或說謊來誘導嫌疑人招供。訪談目的是取得資訊，審訊者會提出不同版本的開放式問題，試圖理出故事的全貌、考量各種可能性。這類審訊手法認為，說謊的嫌疑人為了盡可能記得虛構的細節，會承擔難以維繫的「認知負荷」（cognitive load）。[57]

在美國，許多靠 DNA 鑑定除罪的案例也慢慢帶動法律變革：罪證化驗室的監督有所改善、目擊證人指認標準更嚴格、在程度各異的情況下允許囚犯取用 DNA 證據。另外，美國少數幾州還成立委員會，來即時解決刑事錯案的案例，並找出解決辦法。組成這些委員會的檢察官，幾乎都未涉入案件早先的檢調過程，因此不會有消除失調的需求。在布魯克林接下地方檢察官一職後，肯尼斯・湯普森（Kenneth Thompson）發現刑事錯案的案例數竟超過一百起，這令他感到相當震驚。於是，他立刻成立一個定罪審查單位，指派十位檢察官專門審查這些案件。達拉斯的地方檢察官克雷格・瓦特金斯（Craig Watkins），則 在 2007 年 成 立「定 罪 完 善 小 組」（Conviction Integrity Unit），此小組更在 2017 年擴展規模。在他們制定的流程中，小組成員會一絲不苟地鑑定在原先判決中被忽略的 DNA 樣本，數十名囚犯因此得以除罪獲釋。德州政府則通過所謂的垃圾科學法令，在此法令規定之下，假如出現新的科學證據，顯示先前用來定罪的證據是錯誤、誤導判斷或應用失當的話，被告得以據此申請人身保護令。加州也通過一項法案，允許被定罪者對

審判過程中不利於己的專家證詞提出質疑。假如這些專家後來推翻自己當時的證詞，或是專家原先仰賴的方法或發現後來被證明有誤，被定罪者就得以提出異議。這些遲來的改革都非常關鍵。

不過，根據法律學者和社會科學家黛博拉·戴維斯和理查·萊奧的看法，美國執法機關還是陶醉在舊有的傳統中，像是持續採用萊德技巧或類似審訊程序，以「近乎徹底否認的態度」，來面對這些技巧可能且確實導致虛偽自白與刑事錯案的事實。[58] 第四版與第五版的萊德手冊，不屑一顧地承認虛偽自白的問題確實存在，似乎是想告訴讀者，作者有注意到那些鬧上新聞版面的案例。但手冊心不甘情不願、選擇性地瀏覽評論這些證據，不僅內容錯誤百出，未正視問題的嚴重性，更沒有認清萊德技巧正是助長這些錯誤的幫兇。正如理查·萊奧所言，這本手冊假裝了解虛偽自白的問題，實際上卻沒有改變造成這些問題的訓練手法。參加過萊德技巧課程的人都表示，講師幾乎沒有在課堂上提及所謂的虛偽自白。

有兩位社會科學家瀏覽過針對萊德技巧進行的研究後，發現「多數警探都很聰明、盡職負責，而且一心一意想伸張正義」。但他們按照自己接受的訓練來進行審訊，這些訓練幾乎清一色是萊德技巧，而這套「由偽科學、錯誤資訊、自欺欺人，與全然的欺騙建構而成的龐大體系，根本無法讓刑事司法體系有所改進。萊德技巧在 1950 年代取代原先的野蠻審訊手法時，還被譽為空前大躍進。不過這種說詞早在幾十年前就落伍了」。[59] 參與策畫 PEACE 模型的心理學家艾瑞克·舍非爾德（Eric Shepherd）深表認同，他對《紐約客》記者道格拉斯·史塔（Douglas Starr）說：「我認為萊德技巧

是那個時代的產物，而我們現在看到的則是一種後衛行動，目的是捍衛站不住腳的觀念與操作。」[60]

美國刑事司法體系拒絕承認錯誤，使不公不義的現象更嚴重。許多州完全不理會那些被除罪的人。被錯誤定罪的人遭到長年監禁、損失大筆收入，州政府卻完全不提供補償，甚至未曾正式道歉。更殘忍的是，州政府通常不會消除除罪者的犯罪紀錄，使他們出獄後難以找到住處或工作。

從認知失調理論的角度來看，就能了解為何刑事錯案的受害者會受到如此惡劣的對待。這種草率的待遇跟僵化的司法體系呈正相關。假如你知道錯誤在所難免，犯錯的時候就不會那麼驚訝，也會準備好應變措施來解決錯誤。但如果你拒絕向自己或世界承認錯誤有可能發生，那先被錯誤定罪後被除罪的人，都是令你蒙羞的鐵證，顯示你錯得多麼離譜。向那些人道歉？給他們錢？想都別想。他們是靠技術性手段脫罪。哦？那個手段是 DNA 鑑定嗎？呃，那他們一定還有犯其他罪。

·　　·　　·

偶爾會有一兩位正直清廉的人，能夠抗拒普遍的衝動，不願讓真相成為自我辯護的犧牲品：警察揭發同事敗壞的行徑；警探重新調查一起顯然已經結案的案件；地方檢察官坦承審判不公。印第安納州的律師湯瑪斯‧凡斯（Thomas Vanes）曾任十三年的檢察官，他寫道：「當時，我總是奮不顧身讓法院判被告死刑。犯人有罪就得受罰。」[61] 但凡斯體認到錯誤確實存在，而他也犯過錯。

我得知賴瑞·梅斯（Larry Mayes）這名男子因強暴罪被關了二十多年，但他根本是無辜的。當年他的案件就是由我起訴並定罪。我們怎麼會知道他其實是清白的？全靠DNA鑑定……經過二十年，他要求重新鑑定強暴取證樣本上的DNA。我協助追蹤找出當年的證據，相信這次鑑定結果會讓他長年以來的無罪聲明劃下句點。但他是對的，我是錯的。

　　鐵錚錚的事實勝過意見和信念，這是理所應當的。這是一次沉痛的教訓，沒有任何唾手可得的合理化解釋（我只是在做我該做的啊！將他定罪的是陪審團欸！上訴法院維持原先判決啊！），能完全減輕將無辜者定罪的責任感。就算沒有法律責任，也擺脫不了道德責任。

6/

愛情殺手：
婚姻中的自我辯護

愛是最艱難的了悟：除了自我之外，世上原來
還有其他真實之物。
—— 小說家艾瑞斯・梅鐸（Iris Murdoch）

威廉‧巴特勒‧葉慈（William Butler Yeats）在 1917 年成婚時，父親寫了封感人的道賀信給他，信上說：「我認為婚姻能讓你的詩藝更為精進。未曾體驗過婚姻束縛的人，無論男女，都無法真正了解人性。換言之，婚姻迫使人研究同類生物。」[1] 在婚姻中，伴侶雙方不得不進一步了解彼此，甚至還會了解到超乎他們預期（或想要）的程度。在婚姻或伴侶關係中，我們最能深入了解另一個人討喜或惹人厭的習慣、處理挫折和危機的方法，以及私密激情的渴望。就算是面對自己的孩子或父母，我們都未必能摸透這麼多、這麼深。不過葉慈的父親也曉得，在伴侶雙方未曾預料（甚至是不想知道）的情況下，婚姻也會使人不得不面對自己，讓人更了解自己，知道自己是如何與親密伴侶互動的。假如能抗拒自我辯護的誘惑，我們就最能透過婚姻或伴侶關係，來測試自己有多願意配合他人，以及多願意原諒、學習和改變。

　　班傑明‧富蘭克林（Benjamin Franklin）曾建議：「婚前睜大眼睛，婚後睜一隻眼閉一隻眼。」這顯示他充分了解親密關係中認知失調的威力。伴侶會替交往這項決定找理由，接著再替為何決定繼續在一起辯解。買房子之後，你會立刻開始消減認知失調。你會向朋友描述房子的美好之處（街景、空間、房子原有的老窗戶），並盡可能縮小住處的缺點（從窗外看出去是停車場、狹小的廚房、總是有風從縫隙竄入的老窗）。在這種情況下，自我辯護能讓你對美麗的新家保持愉悅的心情。不過，假如在你愛上這間房子之前，地質學家就跟你說房屋上方的懸崖很不穩，隨時都有可能坍塌，你會欣然接受這份資訊、放棄這間房子，雖然難過但不至於心碎。然

而，一旦你已經深深愛上自己的房子，也花了超過自己實際上能負擔的金額買下它，還帶著心不甘情不願的貓一同搬進去，這時你已經在情感和財務方面投入太多，無法帥氣地說走就走。假如搬進新屋後有人跟你說頭頂的懸崖岌岌可危，那股想替自身決定辯解的衝動，就會使你待著不肯走。在加州拉康奇塔海岸，沿岸房屋上方就是一片懸崖，居民每年都得面臨懸崖在冬季大雨時坍塌崩落的險境。這些居民與認知失調為伍，為了解決失調，他們總說：「不會再崩塌了。」這種心態能讓他們在懸崖下次崩塌前繼續住在那裡。

比起人際關係，人與房子的關係單純得多。第一，人與房子的關係是單向的。就算你是個爛屋主或沒有好好打掃家裡，房子也不會責備你。但就算你辛苦一整天，房子也不會體貼地幫你按摩。相較之下，婚姻是多數人一生中做過最重大的雙向決定，雙方也會投入極大心血來經營婚姻。婚後適度睜一隻眼閉一隻眼，放大另一半的優點、縮小其缺點，藉此消除認知失調，能讓婚姻關係更圓滑和諧。不過，此機制也讓某些人繼續留在婚姻中，如同拉康奇塔海岸的居民一樣，持續在災難邊緣徘徊。

沉浸喜悅之中的新婚夫妻，跟婚姻失和、過得痛苦疲倦，但是卻在一起多年的失和夫妻，兩者之間有何共同點？答案就是，他們都不願關注會造成失調的訊息。為了證明自己是跟對的人結婚，面對顯示未來可能會導致衝突或造成問題的徵兆時，許多新婚夫妻都會試著忽略或打發這些徵兆：「只要跟別的男人聊天，他就會氣到不行。好可愛，這代表他愛我。」「她對家務事的態度好隨興放鬆，好迷人，這樣我就不必隨時小心翼翼的。」關係不睦的伴侶，長期

以來忍受對方的殘酷、嫉妒與羞辱，也不斷降低自己的失調感。投入多年時間精力、吵了無數次架，最後竟然連和平相處都辦不到，為了逃避這種令人心痛崩潰的可能性，他們會說：「大家的婚姻都是這樣，反正不管怎麼做都沒辦法改變。其實婚姻中還是有些好事，而且就算夫妻感情再差，也總比單身好。」

自我辯護才不在乎自己帶來的是收穫還是破壞。自我辯護讓許多婚姻得以維繫（不論好壞），也讓許多伴侶分道揚鑣（不論好壞）。剛結婚時，雙方都充滿喜悅地秉持樂觀的態度。經過多年，有些夫妻變得更親密、感情更融洽，有些則越來越疏離敵對。有些夫婦認為婚姻是慰藉和喜樂的泉源，能讓心靈重新充滿能量，而且個人與彼此都能在關係中成長茁壯。對其他人而言，婚姻卻是爭吵與不合的源頭，使雙方停滯不前，更消磨彼此的個人特質，讓雙方的羈絆瓦解消逝。本章的用意並不是要暗示所有關係都可以或應該被拯救修補，而是闡述自我辯護如何造成這兩種截然不同的結果。

有些伴侶之所以拆夥，是因為災難性的真相終於被揭穿，也有可能是其中一方無法繼續容忍或忽視另一方的暴力。不過絕大多數的情侶或夫妻，都是緩慢地一步一步，在責備與自我辯護如雪球般越滾越大之下決定分開。關係中的一方將注意力擺在對方的錯處，同時為自己的偏好、態度和處事方法找藉口。其中一方的不讓步，都會使另一方更堅定自己的立場。而在雙方有所意識之前，他們早就採取了極端立場，各自覺得自己才是正確的那一方。接下來，自我辯護使他們的態度更強硬，不願回應同理心的懇求。

夫妻的兩個世界

　　為了說明此過程的推展方式，讓我們先來參考戴波拉（Debra）與法蘭克（Frank）的婚姻。此案例是取自《可調解的歧異》（*Reconcilable Differences*）這本見解犀利的書，作者為安德魯・克莉史汀森（Andrew Christensen）和尼爾・雅各布森（Neil Jacobson）。[2] 很多人都喜歡聽婚姻中先生與太太各自的說法（只要不是他們自己的婚姻），聽完之後聳聳肩做出結論，說每個故事都有兩種版本。我們認為事情並不是這麼單純。

　　以下是戴波拉對婚姻問題的詮釋：

　　法蘭克永遠都在埋頭苦幹，一天到晚忙著經營生意，滿腦子想著如何完成工作，完全不會展現任何興奮或痛苦的情緒。他說他的作風顯示他情緒平穩。我認為這只代表他非常消極乏味。從各個角度來看，我都跟他相反：我有很多情緒起伏。但多數時間我總是活力充沛、樂觀積極，而且很率直隨興。當然，我偶爾也會生氣、沮喪、情緒不好。他說這些感覺代表我在情緒上很不成熟，還說「我還有很多地方需要成長」。但我覺得這只代表我是個有血有肉的人。

　　我記得一件事，這件事大概能總結我對法蘭克的看法。有一天，我們跟一對剛搬到鎮上的可愛夫妻一起外出用餐。吃著吃著，我慢慢發現他們的生活非常幸福美滿。即便他們的婚齡比我們長，看起來卻是真心相愛。不管丈夫跟我們講了多少話，他總是不忘關

照妻子，時常會摸摸她、進行眼神交流，或是讓她參與對話。聊天過程中，他也很常用「我們」來指稱他們倆。看著這對夫妻，我才發現自己跟法蘭克很少有肢體接觸，也很少四目相視，跟別人聊天時也常常把對方晾在一旁。老實講，我很羨慕那對夫妻。他們的人生似乎完美無缺：幸福的家庭、美麗的房子、休閒娛樂、奢華生活。我和法蘭克簡直是他們的對比：奮力掙扎、兩個人都有全職工作、努力存錢。要是我們一**起**為生活打拼，我還不會有什麼話說，但我們離彼此好遠。

回家之後，我開始抒發這些情緒。我想重新評估我們的生活，試著藉此拉近彼此的距離。或許我們不能過像他們那樣富裕的生活，但總能像他們那樣親密融洽吧。法蘭克一如往常不想多談。他說他累了、想上床睡覺，我聽了就一把火。那天是週五晚上，我們隔天都不必早起。唯一讓我們無法拉近關係的，就是他的固執。我真的很氣。每次提出事情想討論，就必須接受他想睡覺的事實，我真的受夠了。我心想，為什麼他不能偶爾為我保持清醒呢？

我不讓他睡。他把燈關掉的時候，我就把燈打開。他轉過去背對我準備睡覺，我還是繼續講話。他拿枕頭蓋著頭，我就說得更大聲。他說我幼稚，我說他感覺遲鈍。我們就這樣越吵越激烈、越吵越難堪。雖然雙方都沒有動手，但都把話說得很難聽。最後他跑到客房把門上鎖，睡在裡面。隔天一早我們都很累，也沒什麼互動。他批評我太不理性，這話大概沒錯。絕望的時候我就會變得不理性。但我認為他利用這番指控來替自己找藉口，像是在說：「如果妳不理性，我就可以反駁妳的所有抱怨，我就什麼錯也沒有。」

以下是法蘭克的版本：

　　戴波拉似乎永遠都不滿足。我做的永遠都不夠，給的不夠多，愛的不夠深，分享的也不夠多。不管在哪方面，我都沒達到她的標準。有時候她讓我覺得自己是個差勁的丈夫。我開始覺得自己好像讓她難過、失望了，沒有盡到我的本分，沒有當個愛她又支持她的丈夫。但我開始分析事實。我到底做錯什麼？我這個人還不錯啊。大家通常都喜歡我，也很尊敬我。在工作上我盡職負責，也從來沒有出軌或騙她。我不喝酒，不賭博，還算有魅力，也是個很體貼入微的老公。我其實還滿常逗她笑的。但她從來沒有對我表達過一絲感激，只是一直抱怨我做的不夠。

　　我不像戴波拉那麼容易被外在事物影響。她的情緒就像雲霄飛車那樣時高時低。我沒辦法那樣過生活。我比較喜歡讓情緒保持平穩，但我也不會因此批評戴波拉。基本上我是個很願意包容的人。世界上本來就有形形色色的人，配偶也是如此。配偶絕對不是依照另一半的特定需求量身打造出來的。我不會因為一些煩心的小事生氣，也不覺得一定要把每個差異或不喜歡的地方拿出來討論。我不認為每項潛在的分歧都得詳細探究。我覺得讓事情順其自然就好。所以我展現這種程度的包容時，也會期待伴侶以同樣的度量來回應。假如她辦不到，我會很火大。每當戴波拉在每個細節上挑毛病，說我的行事作風不合她意的時候，我的反應就會很激烈。我沒辦法保持冷靜，整個人氣到爆炸。

　　我記得有天晚上，我們跟一對剛認識、令人印象深刻的可愛夫

妻一起出去。開車回家時，我一直在心裡想，想知道自己在他們心中留下什麼印象。那天晚上我真的很累，狀態不是很好。有時候在小團體中，我可以很機智幽默，但那天晚上實在辦不到。可能我太想好好表現了。有時候我對自己要求太高，沒辦法達成期望的時候就會自暴自棄。

在我沉思的時候，戴波拉提了一個看似很單純無辜的問題：「你有注意到他們多和諧恩愛嗎？」現在我已經知道這種問題背後的用意了，或是說我至少知道這種問題會引出什麼對話。這種問題最後總是會繞回我們的婚姻，或者說繞到我身上。最後重點會變成「我們不恩愛和諧」，換句話說就是「你不夠配合我」。我很怕這種詳細探究我們婚姻出了什麼問題的對話，因為這些對話表面上聽來很客氣，但真正的問題其實潛藏在底下。用比較不客氣的方法直接表達就是：「法蘭克到底有什麼問題？」所以我那天晚上迴避這個問題，只回答他們是對很棒的夫妻。

但戴波拉窮追猛打，堅持要分析那對夫妻的優點，並跟我們做比較。他們有錢且關係親密，而我們什麼都沒有。或許我們沒辦法像他們那麼富裕，但至少可以親密恩愛一些。為什麼我們不能更親密？言下之意就是：為什麼**我**沒辦法表現得更親密？到家之後，我說我已經累了，提議先上床睡覺，試圖化解緊繃的氣氛。**我當晚真的累了**，真的不想聊這些話題。但戴波拉堅持繼續討論，她說我們沒有理由不能熬夜繼續聊。我繼續準備上床睡覺，同時給她最低限度的回應。如果她不尊重我的感受，為什麼我要尊重她呢？我刷牙換睡衣的時候，她還是講個不停，連我進浴室也不放過。當我終於

躺上床關上燈，她卻接著把燈打開。我轉過身想睡覺，她還是說個不停。當我把枕頭蓋在頭上，你們大概會猜她已經知道我的意思了，但沒有，她把枕頭拉開。這個時候我真的失去理智，說她太幼稚、根本是在發瘋，我甚至不記得自己脫口而出講了什麼。最後，我在絕望之下走到客房，把門鎖上。因為太氣了，所以我沒有馬上入睡，而且我那晚根本也沒睡。隔天早上我還在氣她，並說她很不理性。這次，她沒什麼話好說。

　　已經決定好要挺誰了嗎？如果她不要每次都逼他回應，或是他不要再躲在枕頭底下（不管是真躲還是比喻），這對夫妻的問題就能迎刃而解嗎？這對夫妻的主要問題是什麼？是因為他們個性不合嗎？是因為他們不了解彼此嗎？還是因為兩人都正在氣頭上？

　　每對夫妻之間都有差異，即便是長得一模一樣的雙胞胎也不會完全相同。如同多數情侶或夫妻，對法蘭克和戴波拉而言，兩人的差異就是他們當初愛上彼此的原因：他之所以覺得她很迷人，就是因為她好交際、個性外向，跟內斂含蓄的他能完美互補。她之所以被他吸引，就是因為他在面對混亂的場面時，總是能保持冷靜沉著。所有夫妻或情侶都會起衝突，例如在外人看來很好笑，對當事人而言卻是大災難的小爭執（她希望髒碗盤都能立刻洗掉，但他卻把碗盤堆在那裡一天或一週才洗一次），或是事關重大的意見分歧，例如針對金錢、性愛、姻親或其他問題。差異不一定會造成裂痕，不過一旦出現裂痕，雙方就會找藉口辯解，說這是差異必然會造成的結果。

此外，法蘭克和戴波拉其實很清楚他們的處境。針對那天晚上的大爭吵，其實他們對各個面向都抱持相同看法：爭執的導火線、兩人的行為、自己想從對方那邊獲得什麼。他們都認為把自己跟那對新搬來的夫妻做比較，讓他們覺得不開心、對自己不滿意。他們都認同女方比較情緒化，男方比較冷靜平和，這種針對性別的控訴就像夏天的豬草一樣普遍。他們清楚知道自己想從這段關係中獲得什麼，也知道如果沒有獲得滿足會有什麼感受。他們甚至也非常理解對方的觀點，搞不好比許多夫妻還要了解彼此。

這段婚姻之所以會惡化，也不是因為法蘭克和戴波拉對彼此發脾氣。成功的伴侶跟感情不睦的夫婦一樣，都會起衝突，也會對彼此生氣。不過和睦恩愛的伴侶知道如何處理彼此的衝突。假如有個問題困擾著他們，他們會試著溝通並解決、放手而不要執著糾結，或是學習與之共處。[3] 充滿怒氣的衝突會使感情不睦的夫妻更疏遠。法蘭克和戴波拉起爭執時，他們退回自己熟悉的位置，陷入自己的思緒中，不再傾聽對方。就算他們聽，也沒有真的把話聽進心裡。他們的態度是：「好啦，好啦，我知道你對這件事的感覺，但我絕對不會改變，因為我是對的。」

為了說明我們認為法蘭克和戴波拉的婚姻問題出在哪，可以先來改寫當晚回家那段車程的經過。假設法蘭克有預期戴波拉會感到恐懼和擔憂（這點他現在已經曉得了），並且對她的社交能力以及她和新朋友相處時泰然自若的態度，表達由衷的欣賞與讚美。假設法蘭克預料到戴波拉會拿那對可愛夫妻的婚姻，來對比他們的婚姻有多不幸福，並告訴戴波拉：「妳知道嗎？今天晚上我發現，雖然

我們的生活不像他們那樣富裕，但娶到妳的我已經超幸運了。」假設法蘭克坦率地承認，跟那對新來的夫妻一起共進晚餐時，他對自己的表現「感到自暴自棄」，這番坦承或許能引來戴波拉的關心和同情。至於戴波拉，假設她能暫時先不要陷入自怨自艾的思緒中，稍微留意丈夫低落的心情，對他說：「親愛的，你今天晚上看起來不是很開心，怎麼了嗎？你不喜歡那對夫妻嗎？還是單純累了？」假如她也能真誠表達自己的感受，指出她對自己不滿意的地方，例如羨慕那對夫妻的富裕生活，而不是表達她對法蘭克的不滿。假如她將焦點擺在法蘭克令她怦然心動的特質。嗯……現在回想，法蘭克說的真對，他還真是個「心思敏感的老公」。

所以說，從我們的角度來看，誤解、衝突、性格差異，甚至是憤怒的口角，這些都不是愛情的殺手。自我辯護才是。假如法蘭克和戴波拉沒有忙著想該如何自我辯護、要如何責備對方，假如他們先考量到對方的感受，那天晚上跟新搬來的夫婦吃完飯後，很有可能會發展出截然不同的結局。他們其實很清楚對方的觀點，但自我辯護的需求，讓他們不願承認對方的立場其實也很正當。這種心態使他們將自己的表現視為比較好的方式，而且還是唯一合理的方式。

這裡所謂的自我辯護，並不是那種我們在犯錯或跟伴侶對小事意見不合時，傾向使用的普遍自我辯護，例如誰忘了蓋沙拉醬的蓋子、誰忘記繳水費，或是誰對老電影中最愛場景的記憶是對的。這種常見的自我辯護，能暫時讓我們覺得自己並不笨拙、不無能，也不健忘。不過，真正會侵蝕婚姻的自我辯護，目的並不是維護我們

的**實質行為**，而是極力維繫**自我形象**。這有兩種可能，第一種是：「我是對的，你是錯的。」再來則是：「就算我是錯的，那真是遺憾，但這就是我。」法蘭克與戴波拉之所以無法找出解決方法，就是因為他們都在替根本的自我形象辯解。他們非常重視這些屬於自己的特質，而且不希望有所改變，或是認為這都是與生俱來的性格。他們不是在告訴對方：「關於那件事，我的記憶是對的，你的記憶是錯的。」而是：「我是對的那種人，而你是錯的那種人。因為你是錯的，所以無法欣賞我的優點。更蠢的是，你甚至認為我的優點是缺點。」

因此，法蘭克將自己的行為視為一位忠誠穩重的好丈夫行為，他認為自己就是這樣的人，這就是他的自我辯護。所以從他的角度來看，如果戴波拉不要再逼他回話，假如她能原諒他的不完美，就像他接受戴波拉的缺點那樣，他們的婚姻就不會有問題。留意法蘭克的遣詞用句，他說：「我到底做錯什麼？我這個人還不錯啊。」法蘭克以「包容」的名義以及「讓事情順其自然」的能力，作為不願討論棘手或痛苦話題的理由。而就戴波拉而言，她認為豐沛生動的情緒「代表我是個有血有肉的人」，她就是這樣的人。假如法蘭克不要那麼「消極跟乏味」，他們的婚姻就沒事了。戴波拉發現法蘭克把她對溝通的需求，歸咎於她不理性的天性，以此作為不與她溝通的藉口。這個觀察完全正確，但她沒發現自己也在做一樣的事。她將法蘭克不想開口討論的願望，歸咎於他固執的個性，以此作為無視其需求的理由。

每段婚姻都是獨一無二的故事。但婚姻也跟所有故事一樣，都

受制於伴侶雙方各自扭曲的認知和記憶。這些扭曲的認知與記憶，能維繫雙方各自對這段關係的認知和解讀。戴波拉與法蘭克正面臨婚姻金字塔中的關鍵抉擇時刻，面對「我愛此人」跟「此人行為讓我抓狂」所引發的失調，他們為了消除失調跨出的那一步，有可能讓他們感情更融洽或是令關係徹底破裂。伴侶的瘋狂行徑會引出一些關鍵問題，而他們必須決定該如何回答這些問題：他／她之所以有這些行徑，是因為性格中有無法改變的缺點嗎？我能忍受這些行徑嗎？這些行為會構成離婚的原因嗎？有沒有辦法找到妥協的方式？雖然想起來根本是天方夜譚，但我有沒有可能從伴侶身上學到什麼、或改變自己的行事作風？此外，他們也要決定該對自己的處事作風抱持何種觀點。打從出生就跟自己相處到現在，他們難免會覺得「自己的作風」理所當然，而且是無可避免的。在自我辯護的阻撓之下，伴侶都不會捫心自問：「我有沒有可能是錯的？我有沒有可能犯錯了？我有可能改變嗎？」

　　戴波拉與法蘭克的婚姻問題越積越多，雙方各自發展出一套內隱理論（implicit theory），並用這套理論來解釋對方是如何破壞婚姻的（這些理論之所以名為「內隱」，是因為當事人通常不知道自己心中有這些想法）。戴波拉的內隱理論是法蘭克不善社交、個性消極被動。法蘭克的理論則是戴波拉太沒安全感，無法接受彼此真實的樣貌。問題在於，一旦我們發展出內隱理論，確認偏誤就會出現，使我們無法看見其他不符合理論的證據。就戴波拉和法蘭克的治療師觀察，就算法蘭克跟她或其他人相處時沒有顯得尷尬、消極，戴波拉現在也總是忽略或打發這些表現，無視法蘭克風趣迷

人、以及多次主動協助他人的行為。而法蘭克現在則會忽略或淡化戴波拉展現安全感的時刻，例如她面對失意時的堅定與樂觀精神。治療師觀察後表示：「他們都認為錯在對方，因此選擇性記憶生活中的細節，只注意那些支持個人觀點的事件或片刻。」[4]

針對自己與其他人的行為表現，我們的內隱理論有兩種版本。第一種是將原因歸咎於外在情況或環境：「銀行櫃員對我發火，因為她今天工作量太大。銀行人手不足，沒辦法應付排隊人潮。」或者我們會說那個人本身有問題：「銀行櫃員對我發火，因為她本來就很沒禮貌。」然而，解釋自己的行為時，自我辯護則是讓我們對自己拍馬屁，我們將好的行為歸因於自己，將壞的行為推給外在情境。做出傷害別人的舉動時，我們很少會講：「我之所以這麼做，是因為我性格殘忍、沒血沒淚。」我們通常都說：「我被激怒了，換作是別人也會這麼做」、「我別無選擇」，或是「對，我是說了一些惡毒的話，但那不是我的**本性**，因為我醉了」。不過做出慷慨助人或英勇的行動時，我們很少會說自己之所以這麼做，是因為被煽動、喝醉、別無選擇，或是因為電話那頭的男子讓我萌生罪惡感，所以才捐錢給慈善團體。我們之所以有這些善舉，是因為本來就很慷慨熱心。

感情融洽的伴侶會把這種寬以待己的模式，延伸應用在另一半身上。他們會原諒對方的過失，認為這些過失是外在因素所致，並且肯定對方體貼細心的舉動。假如對方做了一些未經深思的舉動或顯得心情暴躁，另一方不會認為這是對方的錯，而是情境所致：「他現在真的壓力很大，好可憐」、「我可以理解她為何對我發脾

氣」、「她這幾天剛好背痛」。不過，假如其中一方做了特別貼心溫暖的事，另一方就會歸咎於伴侶天生的善良本質與溫柔性格。老婆可能會說：「親愛的老公無緣無故送我花，他真的是最貼心的男人。」

看待另一半時，幸福的伴侶總會往好處想，但感情不睦的伴侶則徹底相反。[5] 假如另一半做了什麼體貼的事，那都是因為一時僥倖或情勢所逼：「他是買花給我沒錯，但那都是因為他同事買花給他們的老婆。」假如另一半做了什麼粗心或煩人的事，那就是性格缺陷使然：「她對我大發脾氣，因為她本來就是個賤人。」法蘭克沒有說戴波拉做出瘋狂的**舉動**，在屋內一直追著他是為了逼迫他溝通。他也沒有說她之所以這麼做，是因為她很沮喪老公不跟他說話。他直接說她是個瘋狂的**人**。戴波拉沒有說法蘭克之所以逃避聊天，是因為他已經累了、不希望睡前最後一件事是正面衝突。她說他是個被動消極的**人**。

內隱理論會造成強大的後續效應，因為除了影響各個面向之外，內隱理論會影響伴侶吵架的方式，甚至主導伴侶爭執的目的。假如爭執的前提是雙方仍是好人，只是做了件錯誤但可導正的事，或因為在一時情勢所逼之下做了一些蠢事，那一切都還有修正和妥協的希望。不過這裡也一樣，感情不睦的伴侶會顛倒這項前提。因為雙方都是自我辯護專家，大家都把對方不願改變的原因歸咎於人格缺陷，卻將自己不願改變的原因解讀成性格優點。如果他們不想承認自己錯了，或是不願調整造成另一半困擾或不快的習慣，他們會說：「我也沒辦法。我生氣的時候，講話本來就比較大聲，我就

是這樣。」你能清楚從這些話中聽出自我辯護的跡象，因為他們當然**有辦法**改變。跟警察、跟老闆，或是跟路上重達一百四十公斤怒氣沖沖的陌生人講話時，他們總是**有辦法**控制音量。

　　大聲抗議說「我就是這樣！」的人，其實很少將這種寬以待己的自我辯護用在伴侶身上。反之，他或她有可能將這種說法，轉換成令人惱火的侮辱：「你就是這樣，跟你媽一模一樣！」通常這種評論指的不是你媽精湛的烘焙技巧或跳探戈的才華。這種說法指的是你遺傳到你媽，而且已經改不了、無可救藥了。當人感到自己無法改變任何事的時候，我們會覺得受到不公平的指控，就像被批評身高太矮或雀斑太多一樣。社會心理學家朱·鄧尼（June Tangney）發現，比起因為**你做的事情**被批評，因為**你是個什麼樣的人**而受批評，會引發更深刻的羞恥和無助感，讓人想躲起來或消失。[6] 遭受批評而感到羞恥的人，因為無處可躲，也擺脫不了那股淒涼的羞辱感，導致他或她往往會憤怒反擊：「你讓我覺得自己做了一件罪無可赦的事，因為我很惡劣、很無能。但我根本不覺得自己有這麼糟糕又沒用，你才該因為羞辱我而被指責。」

　　等到爭執演變成羞辱和責備時，爭吵的根本目的就變了。雙方已經不是在努力解決問題，或是試著讓另一方改變他或她的行為。吵架的目的只是要傷害、侮辱、訓斥對方。這就是為什麼羞辱會讓人再次以更激烈的方式自我辯護，拒絕與對方妥協，並引發關係中最具殺傷力的情緒：輕視。心理學家約翰·高特曼（John Gottman）在一份意義重大的研究中，追蹤七百多對夫妻長達數年。他發現輕視（帶有諷刺意味的批評、人身攻擊、嘲弄）是顯示

雙方關係急速惡化最明顯的徵兆。[7] 高特曼舉了這個例子：

弗雷德：妳有幫我把送乾洗的衣服拿回來嗎？

英格麗（訕笑）：「妳有幫我把送乾洗的衣服拿回來嗎？」自己去把你該死的乾洗拿回家。我是誰，難道是你的女傭嗎？

弗雷德：根本不算。如果妳是女傭，至少會知道該怎麼打掃。

　　這種充滿輕蔑的對話殺傷力極強，因為這完全摧毀我們想用自我辯護保護的事物：自我價值感、被愛的感覺，以及身為好人和被人尊敬的感受。輕視就像壓倒駱駝的最後一根稻草，讓另一半領悟到：「我根本不在乎『你』這個人。」我們之所以認為輕視的態度是離婚的徵兆，並不是因為輕視會使人想離婚，而是因為輕視反映出配偶內心的分離感。輕視要在多年爭執與口角後才會出現，而正如我們在法蘭克和戴波拉的案例中所見，多年來的爭執永遠無法讓他們成功改變對方的行為。輕視代表另一半已經放棄希望了，認為「不用再期待你會改變了，反正你就跟你媽一樣」。憤怒代表心中還有期待，相信問題還有被導正的可能。情緒燃燒殆盡後，剩下的只有怨恨跟輕視的灰燼。一旦出現輕視的心態，絕望已不遠矣。

・　　・　　・

　　以下兩種情況哪一個先發生？是伴侶先對另一半感到不滿，還是先對另一半萌生負面想法？我之所以對你不滿，是因為你的人格

缺陷，還是因為我認為你有人格缺陷（而非可被原諒的怪癖或外在壓力）？這顯然是雙向的。多數新婚夫妻不會在婚姻開端就想抱怨或責備對方，心理學家因此得以長期觀察夫妻的互動，看看是哪些因素，導致某些夫妻的婚姻持續走下坡。研究人員發現，負面思維和責備通常最先出現，而且無關乎夫妻發脾氣的頻率或是其中一方的沮喪感。[8] 感情融洽與感情不睦的夫妻，對婚姻中另一半的行為抱持不同看法。即使面對相同情境與行為，他們的回應方式也有所不同。

這就是為何我們認為自我辯護是謀殺婚姻的頭號嫌犯。每一位配偶都會以特定方式來解讀另一半的行為，藉此消除衝突和惱人的事引發的失調。而他們選擇的解讀方式，會讓他們開始從金字塔頂端往下走。選擇踏上羞辱與責備之路的人，最後會開始重寫婚姻故事。在改寫婚姻故事的過程中，他們會進一步尋找證據，來支持他們對另一半越來越悲觀與輕視的看法。他們不會再試著將婚姻中負面的面向縮小，而是過度強調這些部分，努力尋找能佐證新版婚姻故事的各種證據。新的故事逐漸成形，丈夫和太太會私下或跟同情他們的友人不斷重述演練自己建構的敘事，接著開始對另一半的優點視若無睹，對這些當初讓他們愛上對方的特質視而不見。

高特曼發現，只要「魔術比例」低於五比一，夫妻就會開始重寫愛情故事。魔術比例指的是，在佳偶的婚姻關係中，正面互動（例如表達愛意、感情與幽默）是負面互動（像是表達不耐和抱怨）的五倍。這跟夫妻的情緒是否起伏動盪無關。不管夫妻是一天吵十一次架，還是情緒平穩、十年才起一次口角，都同樣適用這個比

例。比例才是關鍵。高特曼發現：「情緒波動較大的夫妻，可能會時常對彼此大吼大叫，但他們會花五倍的時間來表達愛意、修補關係。比較安靜、偏好迴避爭執的夫妻，或許不像另一種夫妻那樣展現這麼多激情，但他們批評對方或表達輕蔑的情況也非常少，所以比例一樣是五比一。」[9] 比例等於或高於五比一的時候，婚姻關係中的認知失調，通常都會以正向的方式被消除。社會心理學家阿亞拉・派因斯（Ayala Pines）在一份探討婚姻倦怠的研究中，描述名叫艾倫（Ellen）的已婚婦女是如何消減認知失調、解釋丈夫沒有送她生日禮物的事實。艾倫對派因斯說：「我對老公說，我真希望他在我生日的時候有送禮物，不管送什麼都好。我通常會這樣直接對他說出我的想法。表達自己的渴望和需求時，我就在想，能這樣自在坦率跟他分享我的所有感受，甚至是負面的情緒，是一件多美好的事啊……剩下的負面感受就讓它過去吧，再也不重要了。」[10]

然而，假如正負比逐漸往負面情緒的方向偏移，夫妻就會以另一種可能導致感情更淡薄更疏離的方式，來解決**相同事件**造成的失調。在研究中，看看派因斯描述在面對使艾倫不悅的事件時，另一位婚姻不幸福的女子唐娜（Donna）是如何反應。丈夫沒有送生日禮物，艾倫決定接受事實，認定丈夫永遠不會像比爾・蓋茲那樣大方給予，唐娜則以截然不同的方式解讀丈夫的行為：

造成我決定離婚的幾件事情中，其中一件就是我的生日。生日對我來說意義重大。生日當天一早，我六點就接到一位表親從歐洲打來的電話，說是要祝我生日快樂。有人在遙遠的彼端，卻不怕麻

煩特地打電話祝賀。但我老公就坐在旁邊聽，連祝我生日快樂也沒說……當下我突然頓悟，發現原來真正愛我的人這麼多，身邊卻坐著一個不在乎我的伴侶。他一點都不重視、不愛我。如果他有把我放在心上，就不會這樣對我。他會想替我做些特別的事。

　　唐娜的老公確實有可能不愛她、沒把她放在心上。當然，我們無從得知他對生日禮物一事有何說法。或許他多年來試著送唐娜生日禮物，但她每次都不滿意。不過，多數人大概不會因為少收到一份生日禮物而決定離婚。由於唐娜認定老公的行為無法改變，也無可忍受，她現在將他的每個舉動和行為，視為「他不在乎我、不愛我」的鐵證。比起多數配偶，唐娜的確認偏誤更明顯。她對派因斯說，每次老公做出讓她失望或憤怒的事，她就會把這些事寫進「憤怒之書」中。憤怒之書記載的事蹟就是她搜集的證據，她需要用這些證據來合理化離婚的決定。

　　婚姻關係陷入谷底時，夫妻雙方也會開始改寫自己的記憶。在這個階段，夫妻雙邊的動機是不讓負面事件就這樣過去，而是使這些事件浮出檯面。夫妻會開始扭曲過往事件，甚至是將其徹底遺忘，來證實他們內心的懷疑：我跟一個全然陌生、而且還不怎麼迷人的對象結婚。臨床心師茱莉・高特曼（Julie Gottman）治療一對彼此怨懟的夫妻，她問：「你們是怎麼認識的？」妻子輕蔑地說：「在學校認識的，當時我還以為他很聰明。」[11] 透過扭曲記憶，她宣稱自己當初選擇跟他在一起的決定是對的，錯的人是她先生，是他當初騙了她，讓她誤以為他很聰明。

約翰‧高特曼觀察後說：「我發現一對夫妻重述交往經歷的方式，最能精準預測婚姻的走向。」[12] 早在夫妻意識到婚姻岌岌可危之前，他們就開始改寫歷史了。高特曼跟研究團隊找來五十六對夫妻進行深度訪談，並且得以在三年後追蹤其中四十七對的近況。初次進行訪談時，沒有任何一對夫妻有分開的打算，但研究團隊當時就精準預測三年後哪七對夫妻會離異（在剩下的四十對中，研究人員預測有三十七對會繼續在一起，準確率還是高得驚人）。在第一階段的訪談中，那七對夫妻已經開始重新改寫歷史。他們描述的故事聽起來都相當沮喪，其中更帶有確認此觀點的細節。他們對高特曼說自己之所以結婚，並不是因為彼此相愛、無法分開，而是因為婚姻看似是「理所當然的下一步」。已經離異的夫妻如今回想當年，表示結婚的第一年充滿沮喪和失望。一位即將成為前夫的男子說：「很多事都出了錯，但我不記得到底是哪些事。」感情和睦的夫妻則將同樣的難題稱為「小摩擦」，以幽默且情意十足的方式，得意地將這些小摩擦視為他們成功克服的挑戰。

　　為了合理化自己的決定，記憶會發揮修正力量，而許多夫妻在離婚後，通常都已不記得當初結婚的理由了。這就像他們的腦葉在沒有開刀的情況下被切除了，斬去兩人對彼此的甜蜜情意和快樂回憶。我們常聽人說：「結婚後過一個禮拜，我就知道自己犯了嚴重的錯。」「那你們怎麼會生三個小孩，還在一起二十七年？」「我也不曉得，應該是覺得自己有義務這麼做吧。」

　　有些人顯然是在清楚權衡婚姻現階段利弊之後才決定分開，但是對多數人來說，離開的決定卻充滿針對歷史的改寫以及降低失調

的手法。這怎麼說？因為即使問題沒有改變，辯解的理由也會隨著其中一方或雙方是否決定分開而改變。只要夫妻決定留在差強人意的婚姻關係中，他們就會以支持決定在一起的方式來消減失調：「其實也沒那麼糟。」「其實很多人的婚姻更糟，或者也沒好到哪去。」「雖然忘記我生日，但他還是有做很多事來表達對我的愛。」「雖然我們的關係有些問題，但基本上我還是愛她。」然而，當關係中的其中一方或雙方開始考慮離婚時，他們就會以支持決定分開的方式來消減失調：「這段婚姻真的很糟。」「很多人的婚姻都比我們更幸福。」「他忘記我生日了，這代表他不愛我。」經過二、三十年的婚姻後，許多決定分道揚鑣的夫妻會丟出這句無情的評語：「我從來沒愛過你。」

最後那句謊言的殘忍程度，反映出說話者替自身行為辯解的需求。假如夫妻是因為顯著外在因素而決定離婚，例如肢體暴力或情緒虐待，他們都不會覺得有需要額外找藉口來自我辯護。另外，那些很難得能在平和之中分手，或是經歷最初分離的痛苦後又重拾友情或溫暖感受的離異夫妻，也不需額外自我辯護。他們認為沒必要妖魔化前任，也不必忘記過往的美好時光，因為他們有辦法說出：「就是走不下去。」「我們的感情慢慢淡了。」或是「我們結婚的時候太年輕，比較不懂事。」倘若離婚時雙方撕心裂肺、情緒激昂、付出許多代價，尤其是其中一方想分開但另一方不願意時，雙方心中都會混雜各種痛苦的情緒。除了憤怒、懊悔、受傷以及難過等必然會伴隨離婚而來的情緒，這些夫妻還會感受到失調的痛苦。認知失調以及許多人選擇用來消減失調的方式，就是離婚後對前任懷恨

在心的一大主因。

　　假如你是被甩的那一方，就會經歷令自尊崩解的認知失調：「我是個好人，一直以來也是個很棒的伴侶」對上「我的伴侶要離開我，怎麼會這樣？」你可以歸納出原因，承認自己其實不如想像中的那麼好，或者看清你雖然是個好人，但在婚姻中卻是個差強人意的伴侶。只是很少有人會以這種方式來消減失調，選擇將自尊心當成箭靶來攻擊。把箭射向對方，這種消減失調的方式輕鬆許多了。例如，你可以說你的伴侶難搞又自私，只是你直到現在才體會到這點。

　　如果你是選擇離開的那方，你也必須降低認知失調。你的決定使曾經愛過的人痛苦，所以你必須為此辯解。因為你是個好人，而好人不會傷害別人，所以伴侶會被你否決一定是對方自找的，搞不好他／她比你所認知的還要活該。觀察離婚夫妻的人通常會感到困惑，他們總覺得提離婚的那方仍然心懷怨懟，似乎不是很合理。事實上，他們觀察到的就是消減失調的機制。我們有位朋友替離婚的兒子感嘆：「我真不懂媳婦在想什麼。她因為另一個喜歡她的男人離開我兒子，但是又不嫁給那個人，也不去找全職工作，這樣我兒子就要一直付她贍養費。我兒子得做他不想做的工作、滿足她的需求。說要離婚的是她，有新對象的也是她，她還用這種方式對我兒子，實在太殘忍，報復心太強了。」不過從媳婦的觀點來看，她對待前夫的方式卻非常合理。假如他真的這麼好，她怎麼會決定離開他呢？所以囉，離婚前他不夠好，沒辦法做他不想做的工作讓她過理想的生活，所以她**現在**就要他補回來。算他活該。

如果你是婚姻調解師，或者曾幫過在離婚的陣痛中掙扎的友人，對這段過程就絕對不陌生。調解師唐納德·薩波斯內克（Donald Saposnek）跟齊普·羅斯（Chip Rose）就描述：「夫妻的其中一方會傾向將另一半妖魔化，例如『他是個軟弱、暴力的酒鬼』或『她是個雙面人，還是自私又病態的騙子，根本不值得信賴』。正在協議離婚、處於激烈衝突狀態的夫妻，以這種強烈、極端的負面語彙來描述另一半，這種形象會隨時間推移變得越來越具體、越來越難以改變。」[13] 離婚中的夫妻之所以有這種傾向，是因為他們一旦以這種保護自尊、妖魔化前任的手法來降低失調，就得持續替自己的立場找理由。所以，他們會為了微不足道的小事吵得不可開交，認為其中一方「有權」、另一方「沒資格」，憤怒地拒絕或控制另一半的監護權或探視權，因為你看，前夫或前妻真的是糟透了。大吵大鬧時，沒有人會停下來思考，去試想前任的糟糕行徑或許是糟糕的外在情境所致，更不會有人靜下心去想，搞不好對方的惡劣行為是我們的惡劣行為所激起。其中一方的每個動作，都會引發另一方自圓其說的報復，雙方就這樣開始互相憎恨，對彼此的敵意越來越深。其中一方促使對方採取惡劣行徑後，就會用這惡劣行徑來作為報復的藉口，以此證明前任真的生來性格就這麼「邪惡」。

等到尋求婚姻調解的時候，這類夫妻已經差不多滑到金字塔底部了。唐納德·薩波斯內克表示，在他調解的四千多起監護權爭奪案中，他說：「我**從來**沒有聽過夫妻的任何一方說：『其實，我真的覺得應該把監護權給她，她真的比較會照顧小孩，小孩也跟她

比較親。』基本上，我聽到的都是雙邊對峙的說法，各方搶著解釋『為何我比較適合照顧小孩、更應該得到監護權』。從來不會有人稱讚另一半是個好家長，而即便他們坦率承認自己是在報復，還是會自圓其說：『這是他自找的，誰叫他要讓我們家庭破裂！』夫妻雙方最後達成的共識總是某種妥協，他們都認為『我之所以放棄自己的立場，是因為我覺得自己受到脅迫。我已經累了，不想再爭了。我沒錢調解了……不過我知道我真的比較適合照顧小孩』。」

根據認知失調理論，我們能預測最需要替分開的決定辯解的，是那些起先對離婚這一步感到最矛盾，或是對自己的單方面決定感到最內疚的人。反過來，被拋棄的那一方認為自己遭到殘忍、不公平的對待，想對提離婚的人復仇，所以也會迫切地想替復仇行為辯解。為了佐證自己重新改寫而成的婚姻故事，雙方都會從記憶中挖出支持自己說法的事件，並舉出近期的糟糕案例，來說明對方的惡劣行徑，前夫或前妻因此成了十惡不赦的壞蛋。藉由自我辯護，矛盾心態轉化成篤定之情，罪惡感則成了憤怒。愛情故事已然成為仇恨之書。

幸福婚姻的祕訣：自圓其說的智慧

我們的同事蕾歐諾・蒂芙（Leonore Tiefer）是臨床心理師，她說自己治療過一對結婚十年、雙方都快四十歲的夫妻。他們始終無法決定到底要不要生小孩，因為兩邊都想先拿定主意再跟對方開口。他們無法決定該如何在兩人共同的休閒活動，以及她繁忙的工

作之間取得平衡。她總覺得自己有正當理由自主安排工作時長。此外，他們還是會為了他的飲酒問題爭吵，因為他認為自己想喝多少就能喝多少。兩人都曾經出軌過，但他們認為自己會出軌都是為了報復對方外遇。

不過，摧毀兩人婚姻的並非這些棘手但普遍的問題，而是兩人冥頑不靈的自我辯護。對此，蒂芙的看法是：「他們不知道如果要成為夫妻，各自必須放棄什麼。他們都想做他們覺得自己有權利做的事，也沒辦法討論關乎夫妻兩人的重大議題。只要他們還在氣對方，就根本不必討論這些重要的大事，因為溝通的前提在於他們必須妥協或考量伴侶的觀點。要他們展現同理心非常不容易，因為兩人都堅決認為自己的行為比對方的行為還要合理。所以說，他們會翻舊帳，用先前的不愉快來合理化自己目前的立場，解釋自己為什麼不願意改變或原諒。」

反觀多年來共同成長的夫妻，他們總能找出辦法將自我辯護壓到最低限度。換言之，他們願意對伴侶展現同理心，而不是先急著捍衛自己的地盤。關係和樂穩定的夫妻，能在不自我防備的情況下傾聽對方的批評、疑慮和建議。用我們的說法來描述，這種夫妻能適度讓步於「我就是這樣」這種自圓其說的藉口。他們會忽略小小的不愉快，來消除摩擦造成的失調，並選擇以解決問題的方式，減少因這類錯誤與主要問題而產生的失調。

我們訪問幾對結婚多年、會讓法蘭克與戴波拉羨慕的那種恩愛夫妻。根據他們自己的說法，他們認為彼此之間存有非常緊密的連結與愛意。我們沒有問「請問婚姻長跑多年的祕訣是什麼？」這種

問題，因為很少有人真的知道答案。他們通常只會說一些陳腔濫調，或是沒什麼建設性的話，像是：「我們從來不會帶著怒氣上床睡覺。」或是「我們都很愛打高爾夫。」（其實很多佳偶都會帶著怒氣上床，因為他們不想在累得半死的情況下爭執。此外，很多幸福的夫妻也沒有共同興趣或嗜好。）所以實際上，我們問這些夫妻他們是如何在多年婚姻中，降低「我愛這個人」跟「這個人的行徑令我抓狂」造成的失調。

在所有回覆中，最引人深省的答案來自查理（Charlie）與瑪克欣（Maxine），他們已經結褵超過四十年。他們跟所有夫妻一樣，之間存有許多能輕易點燃彼此怒火的細微差異，但他們已經接受這就是生活的現實面，不認為這些小事有什麼值得生氣的。查理說：「我喜歡在傍晚五點吃晚餐，老婆喜歡在八點吃，所以我們彼此妥協，在五點到八點之間吃晚餐。」這對夫妻帶給我們最大的啟發，在於他們面對大問題的態度和方式。他們在二十出頭歲相識相戀時，查理被瑪克欣沉靜的氣質吸引，這項特質令他無法抗拒。他說瑪克欣就像喧鬧塵世中的綠洲。她則迷上查理活力四射的能量。從事各種活動時，他總是幹勁十足，不僅熱於籌備出最完美的旅程，對於寫句子也是一絲不苟。他對於愛、性、旅遊、音樂和電影的熱情雖然深得她心，不過當他將這股能量拿來發脾氣時，她就會感到驚恐畏縮。查理生氣時會大聲吼叫、捶桌子，這種事從未發生在她的原生家庭中。婚後過幾個月，她哭著說他的怒氣讓她害怕。

查理當下的反應是自我辯護。雖然他不覺得大吼是迷人的特質，但他將這種行為視為個人特質的一部分，是他真實性格中的一

個面向。他對瑪克欣說：「我爸也會大吼、捶桌子，我爺爺也會大吼跟捶桌子！這是我的權利！我改不了，男人都會這樣。妳難道希望我跟那些懦弱的男人一樣，成天聊自己的『感覺』嗎？」等到他靜下來，開始思考自己的行為會對瑪克欣帶來何種影響之後，他發現自己確實可以調整自身行為，也緩慢逐步降低發脾氣的頻率與強度。不過瑪克欣也得改變。她向來認為各種形式的憤怒都是危險糟糕的，她必須停止替這種想法辯解（「在我家，沒有人會這樣宣洩怒氣，所以這是不對的」）。停止替這種觀念辯解之後，她就能分辨哪些是正當發洩怒氣的方式，哪些發脾氣的方式則讓人不能接受，例如捶打桌子。此外，她也能從中體會到，其實哭泣或退縮、**不把情緒表達出來**，是非常沒有建設性的互動方式，而這正是她「改不了」的習慣。

多年後，另一個問題浮出檯面。許多夫妻一開始都會以各自拿手的本領來分配工作，因此這種問題都是經過一段時間才慢慢浮現的。個性沉靜內斂的瑪克欣，缺點是比較沒自信跟害怕衝突。假如餐廳的餐點不佳或購物時買到瑕疵品，她是絕對不會想要抱怨或客訴的。所以查理每次都得將不能用的咖啡壺退回去、打電話給客服抱怨，或是跟不願修馬桶的房東面對面溝通。瑪克欣總說：「這種事你比我更在行啊。」他確實比較擅長，所以往往會攬下這些工作。不過時間一久，查理越來越不想繼續承擔這些責任，而且他現在認為瑪克欣在這方面太被動，有時會感到不耐煩。他問自己：「為什麼我總是得面對這些不愉快的衝突？」

此刻他面對抉擇。他可以就這樣算了，認定瑪克欣就是這種個

性，繼續做這些吃力不討好的工作。不過，查理建議瑪克欣或許該試著學習更堅定、更有自信。對她來說，這種技巧不僅有助於婚姻，在人生的各個面向上更是受用。起先，瑪克欣說：「我就是這個樣子，你娶我的時候就知道了。而且都過了這麼多年才改變遊戲規則，這樣不公平。」進一步溝通之後，瑪克欣願意在不受自我辯護干擾的情況下，聆聽查理的觀點和考量。這麼一來，她就能用同理心來理解他的感受，了解為何他認為這種分工方式不公平。她發現原來自己的選擇不像當初想像的那麼有限。她上了一堂增進自信的訓練課程，努力練習在課堂上學到的技巧，越來越懂得如何爭取自身權利。敢於表達個人立場，通常還能達成目標，這讓瑪克欣獲得滿滿的成就感。查理跟瑪克欣都清楚表明，他並沒有變成溫馴的羔羊，而她也沒有變成兇猛的母獅子。個性、身分背景、遺傳跟氣質，這些因素確實會限縮人改變的幅度[14]，但他們都與以往不同了。在這段婚姻中，堅定的態度以及透過有建設性的方式來表達憤怒，已經不再是他和她的兩種極端技能。

在良好的婚姻關係中，衝突、意見分歧、水火不容的生活習慣，甚至是憤怒的口角，都能讓伴侶雙方更親密，迫使雙方檢視自己對自身能力與限制的設想，進而學習新的事物。要到達這種境界並不容易。自我辯護能掩蓋自身錯誤，讓我們繼續以自己希望的方法來行事，並且雲淡風輕地看待我們施加在愛人身上的傷害。因此，放棄自我辯護會令人感到難堪與痛苦。沒有了自我辯護，我們或許就得赤裸、直接地承受情緒衝擊、面對滿滿的懊悔與失落。

．　．　．

　　不管拋下自我辯護有多痛苦，只要停止自我辯護，我們就能進一步探索自我，從深刻理解與自我接納中獲得平和感。女性主義作家兼倡議人士薇薇安・戈爾尼克（Vivian Gornick），在 65 歲時寫下一篇坦率剖析自我的散文。她說自己終其一生都努力平衡工作與愛情，並且致力於在這兩個領域落實堪為典範的兩性平等主義原則。她寫道：「獨居生活經常是我的書寫主題，因為我怎麼都想不透為什麼我**總是**一個人。」多年來，她的答案跟許多同輩人的回答一樣，那就是性別歧視：主張父權的男性迫使有能力的獨立女性在工作和愛情之間做選擇。這個答案當然沒錯，性別歧視確實使許多婚姻破碎，更讓許多岌岌可危的關係千瘡百孔。不過，戈爾尼克後來發現問題的癥結不光是性別歧視。回首過去，撕掉自我辯護的熟悉糖衣，她看清自己在感情關係發展中扮演的角色，「我的孤單和寂寞大多是自己造成的，比起性別歧視，我的憤怒和自我分裂的性格才是主因。」[15]

　　她寫道：「實際上，我之所以孤單一人，並不是我的女性主義理念所致，而是因為我不曉得如何跟另一個人好好相處。我打著平等的名號，折磨每一位愛過我的男人，直到他離開我為止。我凡事都請他們處理，對每件事斤斤計較，採取讓雙方精疲力竭的方式來追究他們的責任。我說的每句話確實都蘊藏不少真理。不過就算真理無盡，也不必讓真理成為壓垮愛情的沙堆。」

7/

傷口、嫌隙及戰爭

他倆心高氣傲、性格暴烈。盛怒之下,有如大
海一般充耳不聞、如烈火一般魯莽急躁。
——莎士比亞,《理查二世》

錯已鑄成的傷口與裂痕

坦承自己出軌之後已經過了一年，吉姆（Jim）覺得凱倫（Karen）依舊怒火中燒。他們不管聊什麼，話題最後都會被帶到外遇上。她就像獵鷹一樣緊盯著他，每次與她四目相交，他都能從她的眼神中看到滿滿的懷疑與痛苦。她難道就不能理解這只是一個小過失嗎？他又不是世界上第一個外遇出軌的男人。而且，他已經夠誠實了，不僅坦承自己外遇，還有結束那段婚外情的擔當。他已經向她道歉無數次，也不斷強調自己愛她、希望能繼續維持婚姻。她難道就不明白嗎？她難道就不能把注意力放在婚姻中的美好事物上，趕快把挫折拋在腦後？

凱倫認為吉姆的態度很不可理喻。他好像覺得凱倫應該給予讚美，稱讚他坦承一切並結束婚外情，而不是因為搞外遇而遭受批評。他難道沒辦法理解嗎？難道他就不能用心感受她有多痛苦難過，而不是一直替自己的行為辯解嗎？他從來沒有認真道歉過。雖然他有說過對不起，但這也太可悲了吧！他難道就不能真心誠意地道歉嗎？她又沒有要他跪地求饒，只是希望他能真正理解她的感受並加以補償。

不過凱倫的憤怒太強烈，吉姆認為要照她的方式來補償她實在很難，只覺得她根本是在報復。吉姆從凱倫的憤怒中接收到的訊息是「你犯了一個滔天大罪」，以及「你對我做出這種事，連人都不如」。他真的很抱歉自己傷害了她，如果能讓她感覺好一些，他赴湯蹈火在所不惜，但他不覺得自己有這麼罪不可赦，也不覺得自己

不配當人。而且凱倫想要的那種卑躬屈膝式的道歉，跟他心裡所想的道歉也有落差。所以他才試著說服凱倫，跟她說外遇只是玩玩而已，那個女人對他來說根本不重要。不過凱倫卻認為吉姆之所以辯解，是因為想要否決她的感受。她從他的行動中接收到的訊息是：「妳不該這麼生氣，我又沒做什麼壞事。」吉姆企圖辯解，這讓凱倫更氣。而凱倫的憤怒則讓吉姆更難同理，無法回應她的痛苦。[1]

· · · ·

最後一場決定特麗・夏沃（Terri Schiavo）生死的家族紛爭，讓全美民眾都看傻了眼。特麗的父母羅伯・辛德勒（Robert Schindler）和瑪麗・辛德勒（Mary Schindler），與特麗的丈夫麥可・夏沃（Michael Schiavo）激烈爭奪著特麗的生命掌控權，而特麗當時是個躺在床上的植物人。有位記者寫道：「雙方之間如今存有巨大鴻溝，讓人難以相信他們曾經住在一起共同生活，更懷抱相同的目標。」不過對熟悉自我辯護的人來說，其實這不難理解。特麗和麥可剛結婚的時候，這對新婚佳偶跟她的父母並肩站在金字塔頂端。麥可稱呼岳父岳母為爸媽。女兒跟女婿早年財務困難時，辛德勒夫妻還幫他們繳過房租。特麗在 1990 年大腦嚴重受損，辛德勒夫妻還搬到女兒跟女婿家一起幫忙照顧特麗，這種生活持續將近三年。接著，許多嫌隙的源頭出現了，那就是金錢。1993 年，麥可控告特麗的醫生醫療過失勝訴，獲得 75 萬美元作為特麗的照護金，以及 30 萬美元作為失去妻子的補償。一個月後，特麗的丈夫與父母為了補償金起了口角。麥可說雙方之所以爭執，是因為羅伯

開口問自己能從賠償金中拿到多少。辛德勒夫妻則說，雙方是因為無法在治療支出上達成共識而起衝突。特麗的父母想讓特麗進行密集、實驗性的治療，但丈夫只想讓她接受基本照護。

　　賠償金是壓倒駱駝的第一根稻草，迫使特麗的父母跟丈夫必須決定該怎麼運用這筆錢，以及誰該擁有這筆錢，因為雙方都合理認為自己有權針對特麗的生死做出最終決定。由於意見不合，麥可暫時拒絕讓辛德勒夫妻取得特麗的醫療紀錄，辛德勒夫妻則一度試著撤銷麥可作為特麗監護人的身分。麥可認為岳父試圖以粗魯的手段取得賠償金，讓他感到很不舒服。辛德勒夫妻也被麥可觸怒，他們認為麥可只是自私地想擺脫妻子罷了。[2] 這個家庭最後的那場火爆衝突，在媒體與投機政客的加油添醋之下變得更激烈，全美人民都看在眼裡。走到這步，他們互不妥協的立場顯得荒謬至極，而且難以調解。

• • •

　　1979 年 1 月，伊朗沙王穆罕默德・李查・巴勒維（Mohammad Reza Pahlavi）面臨民眾起義反抗，場面越演越烈。為保人身安全，他從伊朗逃到埃及。兩週後，伊朗人民歡迎阿亞圖拉 ❶ 魯霍拉・何梅尼（Ruhollah Khomeini）回歸。身為伊斯蘭原教旨主義派的他，十多年前被沙王驅逐出境，後來在沙王逃亡後成為新任領導人。當年 10 月，卡特政權基於人道主義原則，在半推半就之下同意讓沙

---

❶ 阿亞圖拉（Ayatollah），伊朗伊斯蘭什葉派高級教職人員的尊稱。

王短暫停留美國治療癌症。對此，何梅尼予以譴責，稱美國政府為「大撒旦」，鼓吹伊朗民眾上街示威遊行，向美國和以色列這兩個「伊斯蘭的敵人」抗議。數千名伊朗人追隨他的號召，聚集在德黑蘭的美國大使館外。11 月 4 日，數百名伊朗學生占領大使館主建築，並將館中多數人員扣押作為俘虜，其中有五十二人甚至被當成人質長達四百四十四天。占領大使館的學生要求美國讓沙王回到伊朗接受審判。此外，這群學生聲稱沙王從伊朗人民那裡偷了數十億美元，要求他歸還這筆錢。伊朗的人質挾持事件如同當年的九一一事件。根據一位歷史學家的說法，自二次世界大戰以來，沒有其他事件的新聞與媒體曝光量勝過這起人質挾持案。泰德‧科佩爾在新上線的夜間節目《美國人質》（*America Held Hostage*）中，每天向社會大眾播報（微不足道的）事件進展。這個節目大受歡迎，因此在人質危機落幕後更名為《夜線》繼續播出。美國人民深受這個故事吸引，對伊朗人的行動與要求感到憤怒。好，伊朗人對沙王很不爽，但他們到底是在氣美國人什麼？

．　．　．　．

截至目前為止，我們已在書裡描述過各種確實已經出錯的情況，像是記憶扭曲、刑事錯案，以及遭到誤導的治療手法。現在我們要踏入更棘手的領域，探討背叛、嫌隙以及激烈的敵對關係。我們在本章節提供的範例包含家庭口角與十字軍聖戰，從平庸的惡意到蓄意折磨，從婚姻中的過錯到越來越火爆的戰爭。朋友、家族親戚與國族衝突，或許是出自截然不同的原因，形態也天差地別，但

這些衝突都是由自我辯護的頑強軸線所串聯而起。在挑出這條串連其中的共同軸線時，我們還是會考量不同案例的複雜程度，不會忽略各種情況的差異。

在某些案例中，兩造已經達成共識，確定該受責罰的是哪一方，例如吉姆與凱倫的案例。吉姆並沒有試著推脫責任，畢竟他大可說自己會外遇都是凱倫的錯，因為凱倫是個糟糕的妻子。有時候，即便有罪的一方用一大串藉口跟自我辯護來否認罪責，錯在誰身上依舊一清二楚。被奴役的人完全不必為蓄奴制負責，戀童癖也不是由兒童引起，被強暴並不是婦女的錯，猶太人也沒有要求被大屠殺。

不過我們想從比較常見的問題著手：在許多情況中，到底是誰的錯，究竟是誰先開始的，或紛爭是何時出現的，這些問題都沒有確切的解答。侮辱、不可原諒的恥辱與傷口，以及永無止境的紛爭與衝突，這些問題每個家庭都有，例如：「她沒來參加我的婚禮，連一件禮物也沒送。」「他偷走了我應得的遺產。」「老爸生病的時候，我弟整個人消失，我只能靠自己的力量照顧來爸爸。」出現嫌隙時，沒有人會無端承認自己說謊、偷竊或欺騙。只有壞人才會做這種事，正如唯有冷血的兒女才會拋棄需要照顧的父母。因此，各方都會替自己的立場找理由，聲稱全是另一方的錯。他們就跟所有理性且道德的人一樣，不過是在回擊他人的挑釁與冒犯罷了。「拜託，我當然不會去參加妳的婚禮。我七年前分手的時候難過的要死，妳還不是不見人影。」「是啊，我是從爸媽的遺產中拿了一些錢跟他們的所有物，但這不叫偷。四十年前你讀大學的時候就開始

花他們的錢了，我可沒有。」「老爸本來就比較偏心你，他老是挑我毛病，現在讓你照顧他也沒什麼不對。」

多數關係的嫌隙與不合產生時，雙方都會批評對方生來就這麼自私、固執、惡劣跟爭強好鬥，不過自我辯護的需求實際上壓過了人格特質。辛德勒夫婦跟麥可‧夏沃，他們也許本來不是這麼頑強或不理性。雙方之所以用頑固、不理性的態度來互動，有可能是十二年來的各種決定（這次要爭取到底還是屈服？反抗還是妥協？），伴隨決定而來的自我辯護，以及用來消除失調與矛盾的後續行動所累積而成。一旦被自己的選擇困住，他們就再也找不到回頭路。為了替「延續女兒生命」這個可理解的最初決定辯護，特麗的父母發現他們得替後續決定找理由，解釋為何想不計代價讓女兒活下來。他們因為無法接受女兒腦死的證據，譴責麥可是一位控制狂、姦夫還有可能是殺人兇手，認為他因特麗成為累贅而想了結她的生命。另一方面，麥可希望妻子能夠自然死亡，而為了替這個同樣可理解的決定辯解，他已經採取了一連串行動，再也無法回頭。為了替後續行為辯解，他指控特麗的父母操弄投機的媒體，剝奪他實現對妻子承諾的權利，因為他曾答應特麗不會讓她以這種方式活下去。辛德勒夫妻很憤怒，因為麥可不遵照他們的意願，也不尊重他們的宗教信仰。麥可也很生氣，因為辛德勒夫婦將這件事鬧到法庭，搞得人盡皆知。兩邊都覺得對方的行為有失尊重，都認為對方背叛自己。掌控特麗生死的最後衝突到底是由誰發起？他們都說是對方。是什麼原因讓兩邊的裂痕變得如此棘手？答案就是自我辯護。

伊朗學生在 1979 年狹持美國人質時，整起事件看似是毫無意義的侵略行動，在美國人眼裡就像毫無來由的脫序演出。美國人認為自己無端被一群瘋狂的伊朗人攻擊。但是對伊朗人而言，這一切都是美國人造成的，因為美國情報部門曾在 1953 年協助一場政變，推翻深受愛戴的民選國家領導人穆罕默德‧摩薩台（Mohammad Mosaddegh），讓沙王登基就任。十年內，許多伊朗人對累積大量財富的沙王，以及來自美國的西化影響滿懷怨恨。1963 年，沙王鎮壓由何梅尼發起的伊斯蘭原教旨主義起義行動，並將這位宗教領袖驅逐出境。面對日漸猛烈的反對聲浪，沙王派出祕密警察部隊薩瓦克（SAVAK）制裁異議分子，進一步激起人民的怒火。

　　人質危機始於何時？是因為美國支持推翻摩薩台的政變嗎？是因為美國軍援沙王嗎？是因為美國對薩瓦克的殘暴行徑睜一隻眼閉一隻眼嗎？是因為美國讓沙王入境接受治療嗎？是因為沙王將何梅尼驅逐出境嗎？還是因為這位阿亞圖拉光榮回歸之後，將人民的不滿導向美國，藉機鞏固自己的力量呢？或者，一切始於伊朗學生讓自己成為何梅尼的政治棋子，在美國大使館發動抗爭的那一刻呢？多數伊朗人都選擇以能夠合理化自己對美國的怒火的方式，來回答這個問題，而多數美國人則採用能解釋自己對伊朗的不滿的說法。雙邊都說服自己，認為自己是受害的那一方，因此有權採取復仇行動。到底是誰引爆人質危機？兩邊都說是對方。是什麼原因讓兩邊的嫌隙變得如此複雜難解？答案就是自我辯護。

　　我們會建構各種故事來解釋自己的生活、愛情與損失，而在這

些故事中，最強而有力、影響最深遠的，就是用來描述自己是不公不義（或傷害）的教唆者（或受害者）的敘事。在這類敘事中，自我辯護會超越與自己對立的特定對象（愛人、父母與小孩、朋友、鄰居或國家），也會超越特定的爭執（外遇劈腿、家族遺產、洩露機密、地界線、或是軍事入侵）。我們都曾做過讓別人憤怒的事，別人也曾對我們做過一些令人惱火的舉動。不管是有意還是無意，我們都曾經傷害過其他人，他們會永遠將我們當成壞蛋、叛徒和惡棍。反之，我們也曾經因為受到不公平對待而深感痛苦，懷著那個看似永遠不會完全癒合的傷口。自我辯護的絕妙之處就在於，它能讓我們瞬間在不同角色之間轉換，而且不會將前一個角色的心態與認知，套用在後來扮演的角色上。在某個情況下覺得自己是不公不義的受害者，並不會降低我們以不公不義的方式對待他人的可能性，也不會讓我們更同情受害者。自我辯護就像一道立在這兩種經驗之間的磚牆，阻礙我們看見另一邊的樣貌。

這道磚牆之所以存在，原因之一是因為即便痛苦程度相同，我們感受到的痛苦，總是比施加在別人身上的痛苦還要劇烈。有個古老的笑話說，別人斷腿是小事，自己的指甲斷掉卻是天大的災難，這個說法確實精準描述我們的神經線路。英國神經學家在「以牙還牙」實驗中，將受試者兩兩配對。每對受試者都會與一部機械裝置連結，這部裝置會在他們的食指上施加壓力。在研究人員的指示下，受試者必須在對方的食指上，施加自己的食指所感受到的壓力。雖然受試者都很努力嘗試，但他們就是無法精準施加正確的壓力。每次其中一方感受到壓力之後，就會回敬對方更大的壓力，但

他們都認為那跟自己接收到的壓力是一樣的。經過歸納總結之後，研究人員認為疼痛升級「是神經傳導與處理的自然副產品」。[3] 這就說明為什麼兩個男孩起初只是想鬧著玩而互打手臂，最後卻憤怒地向對方拳打腳踢。同時，這也解釋為何兩個國家會陷入報復的循環之中：「他們並不是以眼還眼，而是以牙還牙。我一定要跟你扯平，所以要把你的腿打斷。」在雙方的自我辯護中，他們都認為自己只是跟對方扯平而已。

社會心理學家羅伊・鮑邁斯特（Roy Baumeister）跟同事利用實驗清楚顯示，自我辯護是如何協助我們順暢地消滅身為加害者可能有的負面感受，並放大自己身為受害者的義憤感。[4] 在實驗中，他們請六十三位受試者描述自己經歷過的「受害者故事」以及「加害者故事」。在受害者故事中，受試者必須描述被別人惹怒或傷害的事件，而在加害者故事中，他們得分享自己使別人感到氣憤的經驗。在實驗中，他們將「加害者」一詞拿出原本的刑事犯罪情境，指的不是那些真的犯了罪或惡行的人，因此我們在這個段落也不會用這個方式來使用「加害者」一詞。我們跟研究人員一樣，用「加害者」來指稱那些行為傷害或冒犯到他人的人。

受試者提供的兩種故事都包含各種熟悉的情節，像是不守承諾或約定；違背規則、義務或期待；性方面不忠；洩露祕密；不公平待遇；說謊；以及關於金錢或財產的紛爭。別忘了，這並不是比對兩造對相同事件之見解的研究，不像婚姻諮商師或調解師在描述個案時呈報的說法。這是一份**自說自話**的研究，每位受試者都從自己的觀點描述被傷害以及傷害人的經驗。研究人員認為這種研究方法

的好處，在於「這能排除把受害者與加害者視為兩種不同的人的說法。我們的研究顯示一般人是如何將自己界定為受害者與加害者。換句話說，就是探討他們如何建構敘事，來合理化他們在兩種角色中的經歷。」人格差異同樣不會構成影響。親切善良的人跟易怒的人，都有可能是受害者或加害者，也同樣會替自己的角色辯護。

不過，我們在建構「合理」的敘事時，都是以自我圖利的方式來說故事。加害者會想降低自己的道德罪責，受害者則傾向放大自己在道德方面的無辜與清白。根據我們與那道磚牆的相對位置，我們會有條有理地扭曲自己的記憶和描述，盡可能讓事件的真實經過，與我們對自己的認知相互契合。藉由找出這些系統性的記憶與敘述扭曲，研究人員顯示出兩位站在對立面的人，會如何對彼此的行為產生錯誤的認知與理解。

加害者描述自己傷害別人時，會用不同方式來降低自身錯誤引發的失調。首先，他們當然會說自己什麼錯都沒有，例如：「我確實對他撒謊，但我只是想保護他的感受。」或者「是，我是從我姐那裡把手鍊拿走，但那本來就是我的。」只有少數幾位加害者承認自己的行為違反道德，坦承自己確實刻意傷害他人或懷抱惡意。多數加害者都認為自己的行為情有可原，研究人員還稍作補充，表示多數加害者「非常堅持這點」。多數加害者認為，自己的所作所為至少在事後看來都是合理的，也表示他們的行為或許令人遺憾，但在當時的情境下是可理解的。

第二種策略則是承認錯誤，同時試圖找藉口或縮小事情的嚴重性。「我知道不該搞一夜情，但世界這麼大，一夜情又不會造成什

麼傷害。」「雖然不該趁媽媽生病的時候把鑽石手鍊拿走，但她本來就會想把那條手鍊給我。而且，其他姐妹拿到的都已經比我多了。」三分之二的加害者會利用外在情況，或是藉由可減輕行為過錯的事實因素來替自己辯解，例如，「我小時候也被虐待過。」或「我最近壓力真的很大。」但受害者都不接受加害者提出的這些寬容解釋。將近半數的加害者說，他們對已經發生的這些事「無能為力」，他們只是衝動行事、未經思考罷了。其他人則乾脆推卸責任，堅持說是受害者惹惱他們，或說受害者多少也得負責任。

假如加害者被逮個罪證確鑿，無法抵賴或擺脫責任的時候，他們的第三種策略就是承認錯誤，並且盡可能讓事情趕快過去。無論他們是否接受指責，多數加害者都迫不及待想擺脫內疚所引發的失調感，盡快將事件劃下句點，把事情留在過去。比起受害者，加害者更有可能將事情描述成現在已經落幕或處理完的孤立事件。他們都覺得傷害別人的舉動不符合他們的本性，而且事件並未帶來持續的負面效應，對當下更是一點影響也沒有。在許多加害者的敘事中，故事甚至有快樂結局，他們都說：「現在一切都好，我們的關係完全沒有受到傷害。事實上，我們現在還是好朋友。」

不過，受害者對加害者的辯解卻有截然不同的反應，他們大概會說：「是這樣嗎？沒有造成傷害？還是好朋友？想騙誰！」加害者想盡快將事件拋在腦後、替事件劃下句點，受害者卻能長久保存對事件的記憶。對加害者來說顯得微不足道、容易被遺忘的事件，對受害者而言卻是終生怒火的源頭。在六十三位受害者中，只有一位認為加害者的行為情有可原，但沒有人真的相信加害者對自己做

的事「無能為力」。因此，多數受害者都認為爭執或口角確實留下長久的負面效應。超過半數受害者認為加害者的行為對關係構成嚴重傷害。他們表示自己對加害者始終帶有敵意、失去信任、懷抱無法化解的負面感受，有時甚至會終結原本的友誼，但他們顯然都疏於讓加害者知道這點。

此外，儘管加害者都認為自己當時的行為是合理的，但就算過了很長一段時間，許多受害者仍然無法理解加害者的意圖。**他為什麼這樣做？她到底在想什麼？**難以理解加害者的動機，這是受害者身分與故事中的核心要素。「他不只做了那件惡劣的事，甚至還不明白**那是**一件惡劣的事！」「她為什麼就是不能承認她對我有多壞？」

他之所以不懂，她之所以無法承認，原因之一是加害者忙著替自己的行徑辯解，不過另一項原因是他們確實不曉得受害者的感受。許多受害者起先都忍住怒氣、抱著傷口，思考下一步該怎麼做。有時候他們會反覆思考自己的痛苦與悲傷長達數月、數年甚至是數十年。我們認識的一名男子說自己在結婚十八年後，太太突然「無預警在吃早餐時」宣布她想離婚。他說：「我努力搞懂自己到底哪裡做錯了，也告訴她我想好好補償，但過了十八年，她心中肯定累積了許多憤怒和不滿。」他的太太醞釀了十八年，伊朗人則忍了二十六年。等到受害者終於表達內心的痛苦與憤怒時，許多加害者經常都百思不得其解。假如加害者認定那件事早已落幕，或者早已把事情忘得一乾二淨，就會對受害者的指控更感疑惑。難怪多數加害者會認為受害者的憤怒是小題大作，而多數受害者卻不這麼認

為，他們會心想：「你說我小題大作？我想了好幾個月才說出口，我還覺得自己反應不夠大呢！」

在某些受害者的說法中，持續燃燒的怒火以及不願讓事件就這樣過去的心態，就是一種對加害者的報復和懲罰。即便加害者想和解、早已與受害者沒有交集，或甚至已經過世了，受害者還是不願釋懷。在《遠大前程》（*Great Expectations*）中，狄更斯（Charles Dickens）刻畫出郝薇香小姐（Miss Havisham）這個令人印象深刻的角色。在婚禮當天被新郎拋棄的郝薇香，成為終身受害者專業戶。她滿懷自以為是的憤怒，披著日漸泛黃的新娘禮服，養育受她監護的艾絲黛拉（Estella），透過艾絲黛拉來向男人復仇。許多受害者都無法排解心中的怨懟之情，因為他們不斷去摳傷口上的痂，反覆問自己：「這麼可怕的事，怎麼會發生在我這種好人身上？」漫漫人生中，我們會碰到各種能引發失調的問題，而這大概是最令人痛苦的那種吧。這就是為什麼市面上有這麼多提供心靈或心理建議的書，試圖幫助受害者與過往事件和解、找回平衡與協調。

不管是吉姆與凱倫、麥可‧夏沃與他的岳父母，還是伊朗人質危機，我們都能從加害者與受害者描述相同事件的方式中，看出雙方的隔閡。無論是個人還是國家，加害者在描述自己認知的事件經歷時，都會說自己的行為情有可原，而且是被另一方所激起的。他們的行為不僅有道理，也很有意義。假如他們犯了錯或是做得太超過，至少長遠來看，事件最後都有美好結局，而且現在一切都已經過去了。反之，描述相同事件時，受害者通常會認為加害者的行為獨斷專橫、毫無意義，或說加害者是蓄意採取惡劣粗暴的行徑。在

受害者敘事中，他們的復仇根本是合情合理，而且在道德上也站得住腳。他們不認為事件最後圓滿收場。事實上，他們認為一切最後都糟糕極了，心中的氣根本都還沒消。

因此，住在西部與北部的美國人，將南北戰爭視為古老的歷史：「我們英勇的聯邦軍隊迫使南方拋棄醜惡的蓄奴制。我們擊敗背叛政府的傑佛遜・戴維斯（Jefferson Davis），讓美國得以維持統一。（至於我們同樣身為奴隸制的始作俑者與教唆者，其實也算是奴隸制度的共犯，這件事就姑且不提，反正早就過去了。）」多數南方的白種人卻不這麼認為，南北戰爭對他們來說依然歷歷在目，仍然是活生生的事件，當年的一切現在依舊**持續上演**：「我們英勇的南部聯盟部隊，遭到貪婪粗野的北方人侵害，他們擊敗我們高貴的領袖戴維斯，摧毀我們的城市與傳統，而且如今依然試圖摧毀我們各州的權利。我們南方人跟你們該死的北方佬，根本沒有什麼統一可言。我們會持續揮舞南部聯盟的旗幟。這才是**我們的**歷史，謝謝。」奴隸制或許已隨風飄逝，但怨恨與嫌隙並沒有。這就是為什麼歷史是由勝利者所寫，書寫回憶錄的卻是受害者。

誰先開始的？

最永垂不朽、最受歡迎的一種失調消減法，就是「是他先開始的」。從幼童到暴君，沒有人不會用這種說法來降低失調。就連希特勒也說是他們先開始的，他口中的「他們」是一次世界大戰中的戰勝國與猶太人，因為那些戰勝國用《凡爾賽條約》（Treaty of

Versailles）羞辱德國，猶太「害蟲」則從內部摧毀德國。問題是，我們會追溯到什麼程度，來證明爭端是對方先挑起的？從我們在本章開頭提供的伊朗人質危機來看，受害者會一直記得自己的遭遇，而且他們能喚醒最近或很久以前的真實或想像事件，來替自己現在想要報復的渴望辯解。在穆斯林與基督教徒長達數世紀的戰爭中，雙方的衝突有時靜靜悶燒，有時激烈上演，但到底誰是加害者、誰是受害者？這個問題的答案很複雜，但讓我們先來看看雙方都如何替自己的行為辯解。

九一一事件過後，小布希宣布他將對恐怖主義發動「十字軍東征」，多數美國人也欣然接受這個比喻。在西方世界，十字軍東征一詞帶有正面意涵，與好人的形象相互連結，例如聖十字學院（Holy Cross）美式足球隊就有十字軍之名，而蝙蝠俠與羅賓則被稱為披著披風的十字軍戰士。歷史上真正發生在中東地區的十字軍東征，始於一千多年前，並在十三世紀末劃下句點。這場戰役應該早就徹底落幕了吧？對多數穆斯林來說並非如此，小布希使用十字軍東征一詞讓他們感到憤怒與驚恐，這個說法會讓穆斯林有種受壓制與迫害的感覺，而這種感受至今仍未散去。在 1095 年的第一次十字軍東征中，基督教徒占領穆斯林統治的耶路撒冷，無情屠殺當地多數居民。這起事件依舊鮮活地存在於穆斯林的集體記憶中，對他們來說就像上個月剛發生的事件。

十字軍東征確實讓歐洲基督徒得以恣意屠殺數十萬名穆斯林「異教徒」（朝聖者從歐洲邁向耶路撒冷時，也有數千名猶太人慘遭屠殺，因此有些猶太史學家將十字軍東征稱為「第一次大屠

殺」)。從西方世界目前的觀點來看，十字軍東征縱然遺憾，但也跟所有戰爭一樣帶來各種好處。舉例來說，十字軍東征讓基督西方世界與穆斯林東方世界得以締結文化與貿易協定。有些書甚至得寸進尺地認定基督徒只是在捍衛自身安全與利益，避免受到宗教戰爭的侵害，因為那些宗教戰爭使穆斯林入侵前基督教國家。羅伯特‧斯賓塞（Robert Spencer）出版的《政治不正確的伊斯蘭與十字軍東征指南》（*The Politically Incorrect Guide to Islam (and the Crusades)*），封面上就大膽寫著：「十字軍東征是防衛性軍事衝突。」所以，基督徒並非多數穆斯林認定的加害者。他們是受害者。

誰才是受害者？這全看你想將追溯期拉到過去幾年、幾十年甚至是幾世紀。在十世紀中期，也就是十字軍東征出動的一百多年前，半數基督教國家都被穆斯林阿拉伯軍隊占領：耶路撒冷和其他信奉推行基督教已有數世紀的國家，像是埃及、西西里、西班牙與土耳其。1095 年，教宗烏爾巴諾二世（Pope Urban II）號召法國貴族，對所有穆斯林發動聖戰。這場旨在收復耶路撒冷的朝聖之旅，讓歐洲城鎮有拓展貿易路線的機會；能使剛累積大量財富的戰士貴族組成團體，並且動員農民，形成團結統一的力量；還能讓分裂成東方與羅馬派系的基督教世界重新整合。教宗向自己的軍隊保證，表示殺死穆斯林是基督徒的懺悔行為，還承諾任何在戰場上喪命的基督徒，都將越過數千年的煉獄折磨直接上至天堂。這種鼓勵他人為你追求的目標殉道而死的說法，聽起來是不是很耳熟啊？殉道者能享有各種好處，只差身邊沒有處女相伴。❷

從經濟層面來看，第一次十字軍東征對歐洲基督教徒而言相當

成功，但這也惹惱穆斯林，使他們開始策畫反擊。來到十二世紀末，穆斯林將軍薩拉丁（Saladin）重新占領耶路撒冷，奪回幾乎所有被十字軍攻占的國家〔薩拉丁在 1192 年與英格蘭國王理查一世（King Richard I）簽訂和平條約〕。這麼看來，十字軍東征雖然殘忍血腥，但之前與之後都有穆斯林發起的占領行動。所以到底是誰先開戰的？

同樣地，以色列人與巴勒斯坦人之間棘手的戰爭和衝突，其實也有一連串起因。2006 年 7 月 12 日，真主黨（Hezbollah）激進分子綁架兩名以色列後備役軍人埃胡德·戈德瓦塞爾（Ehud Goldwasser）與伊利達·雷吉夫（Eldad Regev）。以色列還以顏色，用飛彈轟炸真主黨統治的黎巴嫩地區，許多市民因而喪生。史學家提摩西·賈頓·艾許（Timothy Garton Ash）觀察兩邊接二連三的復仇行動，寫道：「這場戰爭到底始於何時、何地？」戰爭是在 7 月 12 日展開的嗎？還是一個月前，以色列砲彈攻擊殺死七名巴勒斯坦市民時？或者，是在當年 1 月哈馬斯（Hamas）贏得巴勒斯坦選舉時？難道是在 1982 年，以色列入侵黎巴嫩所引起的嗎？還是回到更早，在 1979 年伊朗發生原教旨主義革命時？又或是在 1948 年，以色列獨立建國時所引起的呢？針對兩國之間的衝突，賈頓·艾許認為起因是十九與二十世紀歐洲劇烈的反猶太主義，其中包含俄羅斯的反猶騷亂、法國暴徒在軍官阿弗列·屈里弗斯（Alfred Dreyfus）審判現場高喊「打倒猶太人！」，以及後來的納粹大屠

---

❷ 有些穆斯林相信，願意為宗教犧牲的烈士，將會有七十二個處女在天堂伺候他。

殺。賈頓‧艾許寫道，「歐洲極端的反猶太人運動」間接推動錫安主義（Zionism），使猶太人遷移至巴勒斯坦，並且促使以色列獨立建國：

雖然我們批評以色列軍隊打著拯救戈德瓦塞爾之名，殘殺黎巴嫩市民和聯合國監察員……我們卻不能忘了，要不是幾十年前，某些歐洲人試圖將歐洲大陸上（即便不是世界各地）所有姓戈德瓦塞爾的人給消滅，這一切肯定不會發生。[5]

賈頓‧艾許只是將起始時間點往前推幾個世紀而已，其他人甚至有可能回溯至幾千年前。

不管是家庭爭執還是國際衝突，一旦我們認定挑起紛爭的人是誰，就不太容易再去接受與自身見解相悖的資訊。一旦認定誰是加害者、誰是受害者之後，以同理心去理解對立論調的能力就會弱化，甚至被摧毀。你曾經在多少次的爭執中，碰到「那……要怎麼說？」這種令人無言以對的問題？一旦你描述其中一方的惡行，另一人就會抗議：「那另一方的殘暴行為要怎麼說？」

我們都能理解為何受害者想報復。不過，要是受害者報復了，最初的加害者通常就能縮小自己造成的傷害的嚴重性，並且替自己貼上受害者的標籤，使壓迫和復仇的循環沒完沒了。史學家巴巴拉‧塔奇曼（Barbara Tuchman）發現：「每場成功的革命，都會立刻披上被其推翻的暴君的袍子。」當然啦！認為自己曾經是受害者的勝利者，都覺得披上暴君的袍子根本是合情合理。

邪惡的加害者

「在所有阿布格萊布監獄（Abu Ghraib）虐囚事件的照片中，我看到的第一張，畫面裡站了特種兵查爾斯・格拉納（Charles A. Graner）和一等兵琳迪・英格蘭（Lynndie R. England）。他們站在一堆裸體的受害者後方比大拇指。那張照片實在太震撼，起先我還以為影像經過剪接編輯……那種歡快得意、漫不在乎的態度，以及在他人身上加諸不幸後毫不掩飾的勝利感，看來一點都不陌生。我馬上就想起來上一次在哪裡看過這些神態同時出現，就是在私刑❸的照片中。」[6]

——作家盧克・桑特（Luc Sante）

「善有時不好定義，但惡卻飄散著明確的惡臭：每個孩子都曉得何謂痛苦。因此，我們每次刻意將痛苦施加於他人時，都知道自己在做什麼。我們就是在作惡。」[7]

——小說家兼社會評論家阿摩司・奧茲（Amos Oz）

查爾斯・格拉納和琳迪・英格蘭刻意傷害羞辱伊拉克囚犯，對他們加以訕笑。不過，他們在做這些舉動的時候，真的認為自己在做「作惡」嗎？沒有，他們並不認為，這就是為何阿摩司・奧茲的說法並不正確。奧茲沒有想到自我辯護的力量：「我們是好人，所

---

❸ 私刑（lynching），在美國源自南北內戰，常是白人優越主義和種族恐怖主義的延伸。當時，白人常以莫須有的罪名私自對非裔美國人用刑。

以假如我們刻意將痛苦加諸於他人，一定是那個人活該。我們不是在幹壞事。事實正好相反，我們其實是在做好事。」當然，少數無法或不願以這種方式降低失調的人，會付出極大的心理代價，像是滿懷罪惡感、感到痛苦、焦慮、做惡夢以及失眠等，這些我們會在下一章節深入探討。活在自己犯下的恐怖惡行之中，道德上完全無法接受自己的所作所為，這種痛苦令人備受煎熬，所以多數人會尋求各種現有的辯解來緩解認知失調。

假如好人試著替自己做的壞事辯解，壞蛋就會說服自己說自己是好人。被稱為「巴爾幹屠夫」的斯洛波丹・米洛塞維奇（Slobodan Milosevic），在接受戰爭罪、危害人類罪以及種族滅絕的四年審判中，不斷替自己的種族清洗政策辯解。在他的種族清洗政策之下，有二十多萬名克羅埃西亞人、波士尼亞穆斯林以及阿爾巴尼亞人遭到屠殺。受審時，他堅決表示自己無需對這二十多萬條人命負責。塞爾維亞人向來是穆斯林政宣的受害者。戰爭就是戰爭，他只不過是回擊**他們**對無辜塞爾維亞人的侵略行動而已。利卡多・歐瑞札歐（Riccardo Orizio）訪問另外七位無情冷血的獨裁者，其中包含第三任烏干達總統伊迪・阿敏（Idi Amin）、海地前總統讓克洛德・杜瓦利埃（Jean-Claude Duvalier，綽號娃娃醫生）、米爾雅娜・馬爾科維奇（Mira Markovic，米洛塞維奇的妻子，綽號為紅色女巫），以及中非共和國前總統讓巴都・卜卡薩（Jean-Bédel Bokassa，人民都稱他為「貝倫戈的食人魔」）。每位獨裁者都稱自己的所作所為是為了國家好，像是虐待或謀殺異議分子、妨礙自由選舉、餓死自己的公民、掠奪國家財富，以及發動種族滅絕戰爭

等。他們說要是不採取這些行動，人民就得面對混亂、殺戮以及無政府狀態。他們壓根不認為自己是暴君，反而把自己當成為國犧牲的愛國者。[8] 路易士・梅納德（Louis Menand）寫道：「以關愛人民為出發點來壓迫人民的人，得面對多大的認知失調呢？答案從娃娃醫生杜瓦利埃在海地貼出的海報就能看出。海報上寫著：『接受歷史審視時，我希望我的身分是一位將海地徹底轉變成民主政體的領導者。』海報上的簽名則是：『讓克洛德・杜瓦利埃，終身總統』。」[9]

在上一章節，我們從日常、細微的角度出發，觀察離婚夫婦通常是如何替自己加諸在對方身上的痛苦辯護。在自我欺騙的可怕公式中，我們認為受害者罪有應得，心中對他們的怨恨會變得比傷害他們之前還要深，進而在他們身上施加更多痛苦。各項研究已經多次證實此機制。在凱思・戴維斯（Keith Davis）與艾德華・瓊斯（Edward Jones）的實驗中，受試學生必須觀察另一名學生接受訪談，並且在實驗人員的指示下，告訴那名學生他們認為他講話很沒內容、不值得信任，而且又很笨。做出這種惡意評價之後，受試學生真的相信受害者確實該被這樣批評，也認為那名學生被他們批評之後變得沒那麼有趣迷人了。雖然受試者都知道那人根本沒有做出任何該被批評的行為，也了解自己只是遵照研究人員的指示行事，但他們的心態還是產生了變化。[10]

在加害者眼裡，所有受害者都是一樣的嗎？並不是，這因受害者的無助程度各有不同。假設身為海軍陸戰隊員的你，近距離跟敵方士兵交手，還把他給殺了。你會感受到強烈失調感嗎？八成不

會。這種經驗或許很不愉快，但並不會產生認知失調，因此你無需特別自我辯護：「要不是他死就是我亡……我殺了敵方士兵……打仗的目的就是要贏……我別無選擇。」不過，假設你今天奉命轟炸一間民宅，上級指出民宅裡有敵方部隊。你跟隊友把民宅夷為平地之後，發現裡頭只住了老弱婦孺。在這種情況下，殺害無辜市民的士兵會試圖消滅失調感，而最主要的消滅方式就是詆毀受害者，不把他們當成人看：「蠢蛋，他們不該住在這裡……他們大概是在協助敵軍……這些傢伙都是害蟲、東方佬、比人還不如。」談到有許多平民百姓在越戰中喪生時，上將威廉・魏摩蘭（William Westmoreland）曾說過一段廣為人知的話：「東方人不像西方人那樣重視生命。在東方世界，人太多了，生命不值錢。」[11]

所以根據失調理論，我們能預期如果受害者有武裝配備而且有能力還擊時，加害者就比較不會想靠詆毀受害者來降低失調，但如果受害者沒有任何反擊能力，加害者就有降低失調的需求。在埃倫・貝沙德（Ellen Berscheid）和同事進行的實驗中，受試者在實驗人員的引導之下，相信自己將對另一人施以會產生疼痛的電擊，以此作為學習測試的其中一個環節。實驗人員告訴一半的受試者說之後會進行角色對調，受害者就有機會反擊。正如研究人員預期，只有認為受害者很無助、無法以相同方式反擊的加害者，才會詆毀自己的受害者。[12] 我們在第一章提過史丹利・米爾格蘭在 1963 年進行的服從實驗，而這正是實驗受試者的處境。許多受試者都服從研究人員的指令，對學習者施以他們認為會構成生命危險的電擊。這些受試者都會責備受害者，藉此替自己的行為辯解。米爾格蘭表

示:「對受害者施加電擊之後,許多受試者都會猛烈貶低受害者,『他又笨又固執,被電根本是活該』這種評語相當常見。一旦採取傷害的行為,受試者就會發現有必要把受害者視為毫無價值的個體,這些不得不的處罰就是因為他們有智力和性格缺陷。」[13]

這些研究的寓意令人堪憂,因為研究發現加害者採取殘忍的行動之後,就無法安然無恙地全身而退。成功貶低、打壓受害者之後,加害者勢必會繼續發動攻勢,手段甚至有可能更殘忍。永無止境的暴力循環就這樣成形,隨之而來的是自我辯護(責備受害者、認為他們不配為人),以及更猛烈的暴力和貶低羞辱。持續自我辯護的加害者配上無助的受害者,暴行的殘忍指數將不斷飆升。這種暴行不僅出自兇暴、殘忍者之手,例如虐待狂或精神病態者。暴行也有可能來自普通的一般人。有小孩和愛人,跟其他人一樣喜歡音樂、美食、做愛跟聊八卦的「文明人」,就有可能犯下暴行。社會心理學研究已經清楚證明這點,但對許多人來說這也最難接受,因為這個事實會引發極大的認知失調:「我跟謀殺或折磨別人的加害者,怎麼可能會有共同點?」認定他們是惡魔、與他們劃清界線,這種想法比較讓人放心。[14] 我們不願接受暴行者也同樣有人性的事實,就算只有一點也不行。動畫師華特・凱利(Walt Kelly)創造的偉大角色波哥(Pogo),有句非常知名的台詞:「我們已經遇到敵人了,敵人就是自己。」假如我們相信加害者也有人性,就不得不面對這個引人深思的事實。

不過,假如加害者就在平凡的我們之中,許多人就會自我防衛,將自身行為包裝得沒那麼嚴重或違法,藉此消滅認知失調。簡

而言之，經過包裝，他們的舉動看起來似乎跟敵人的行徑截然不同。他們認為只有伊迪・阿敏或海珊等惡人會折磨敵人。不過約翰・康羅伊（John Conroy）就在《出自平庸的邪惡》（*Unspeakable Acts, Ordinary People*）這本書中指出，會違反《日內瓦公約》的，不只是來自非民主國家的審訊人員。《日內瓦公約》禁止「針對生命與個人施加暴力，尤其是各種類型的謀殺、殘害肢體部位、虐待與折磨……（以及）冒犯個人尊嚴的暴行，特別是差辱和貶低人格之對待」。康羅伊調查虐囚案例後，發現幾乎每一位受訪軍官或警官，無論來自英國、南非、以色列還是美國，都靠以下說法來替自己的行徑辯解：「我們折磨囚犯的方式不像他們對待戰俘那樣殘忍致命」。

南非的布魯斯・摩爾金（Bruce Moore-King）告訴我，他使用電擊折磨時，從來不會攻擊囚犯的生殖器，其他地區的審訊者都有電擊生殖器的習慣……胡戈・加西亞（Hugo Garcia）說烏拉圭的拷問人員比阿根廷的審訊者要好得多。奧姆利・柯奇瓦（Omri Kochva）向我保證，納塔爾的軍隊人員不像在越南的美國人那麼低級……英國人用來安慰自己的理由是，他們的拷問方式比愛爾蘭共和軍（IRA）的審訊手法溫和多了。以色列則再三強調，跟阿拉伯國家凌虐囚犯的方式相比，他們對待戰犯的手法根本沒什麼好大驚小怪的。[15]

至於美國人，美軍在伊拉克阿布格萊布監獄羞辱、凌虐恐怖分

子嫌疑人的照片，引發全世界的驚恐與厭惡。紅十字國際委員會
（Red Cross）、國際特赦組織（Amnesty International）和人權觀察
（Human Rights Watch）進行的中立調查顯示，美國審訊人員與他
們的盟軍，使用剝奪睡眠、延長隔離時間、坐水凳、性羞辱、誘導
性失溫、毆打和其他殘忍的手法，來對待恐怖分子嫌疑人，而且地
點不僅限於阿布格萊布監獄，關塔那摩灣拘押中心（Guantanamo
Bay）和位於其他國家的黑牢，也都出現類似操作。2014年，美國
國會參議院情報特別委員會（Senate Intelligence Committee）的報告
證實，中情局折磨戰犯的手法，比美國國會和大眾所認知的還要更
普遍與殘暴。[16] 在中情局誤導下，國會和公民都誤以為虐囚手段沒
這麼嚴重跟常見。

　　中情局政策的策畫者跟執行者，面對美國不斷違反《日內瓦公
約》的事實，他們該如何消減失調？第一種方法是辯稱：如果我們
真的這麼做，那這就不是凌虐。小布希曾說：「我們不會凌虐戰
俘，而是用另一套替代程序來處理。」而副總統錢尼在還沒讀那份
2014年的參議院報告之前，就說：「那根本是滿嘴胡言。」查克·
托德（Chuck Todd）在節目《與媒體見面》（*Meet the Press*）上訪問
錢尼，不斷請他定義何謂折磨，錢尼回應：「有人認為從道德層面
來看，美軍的行為跟恐怖分子的行徑是一樣的。這種說法根本不正
確。為了避免跨越折磨的那條界線，美軍非常小心謹慎。參議院認
為用**折磨**一詞來界定他們的報告是恰當之舉，但我們真的很努力避
免採取符合折磨之定義的行動。」

　　托德鍥而不捨，繼續追問：「好，那折磨的定義到底是什麼？

難道『直腸灌食』不是折磨嗎？」錢尼不耐煩地回應：「我已經說過怎樣才算是符合折磨的定義了。十九名持有機票跟美工刀的男子，在九一一當天對三千名美國人做的行為，就是折磨。」托德反問：「那利亞德‧那賈（Riyadh al-Najjar）的案例怎麼說？他的手腕被銬在頭頂上方的桿子，連續兩天、一天二十二小時手臂都得高舉著，而且還包著尿布不准去上廁所，這樣不算折磨嗎？那阿布‧朱貝達（Abu Zubaydah）的情況呢？他被監禁在跟棺材一樣大的盒子裡，長達十一天又兩個小時，那個盒子只有 53.3 公分寬、76.2 公分深、76.2 公分高，這樣不算折磨嗎？」錢尼表示這些都不算折磨，那都是經過核可的手法。托德問：「參議院報告難道沒有讓你心生質疑嗎？」錢尼回答：「完全沒有。」[17]

第二種消減認知失調的方法，則是宣稱假如我們真的折磨某人，那也是情有可原。奧克拉荷馬州參議員吉姆‧殷荷菲（Jim Inhofe）表示，阿布格萊布監獄的囚犯是罪有應得，因為「他們是殺人犯、恐怖分子、叛亂分子。那些囚犯手上八成都染了美國人的鮮血」。他似乎不知道多數囚犯之所以被抓，都是根據隨機的理由或是因為犯下輕罪，但他們從來沒有正式被起訴。事實上，幾位軍事情報官曾向紅十字國際委員會表示，70％～90％的伊拉克拘留犯都是誤遭逮捕。[18]

面對折磨與虐待，最普遍的辯解方法就是所謂的「定時炸彈藉口」。正如專欄作家查爾斯‧克勞薩默（Charles Krauthammer）描述：「有一名恐怖分子在紐約市安置核彈了，核彈會在一小時後爆炸，預測傷亡人數少說也有一百萬人。現在你已經抓到那名恐怖分

子了，他知道核彈在哪裡，但堅持不鬆口。請問，假如你知道把他整個人從手指吊起來，就能逼他吐露關鍵資訊、拯救一百萬條人命，你可以這麼做嗎？」當然可以，而且克勞薩默認為你不只可以這麼做，還有道德義務去做。[19] 你沒有時間打電話給《日內瓦公約》的人徵求同意，只能竭盡所能想辦法讓恐怖分子透露炸彈的地點。

　　套用這種說法時，多數美國人可能會拋下道德顧慮，認同折磨一人能換來數百萬人生命的做法。不過問題是，這種推論的實效理由並不成立，因為遭到虐待的嫌疑人**什麼都會招**。有篇社論就說：「政府以取得正確資訊為藉口來動用酷刑，但是想獲得正確資訊，折磨嫌疑人卻是非常糟糕的方式。我們從幾世紀以來的經驗就能發現，被折磨的囚犯都會乖乖配合，講出折磨者想聽的話，像是承認塞勒姆（Salem）有巫術、承認蘇聯有反革命傾向，或是捏造關於伊拉克和蓋達組織的故事。」[20] 事實上，參議院的情報報告也證實，折磨凌虐俘虜得到的資訊，完全沒有協助美方逮捕或謀殺包含賓拉登（Osama bin Laden）在內的恐怖分子。更糟的是，即便在沒有倒數也沒有炸彈的情況下，「拯救生命」的藉口也被大肆濫用。前美國國務卿康朵麗莎·萊斯造訪德國時，其他歐洲領袖連番對她提出抗議，批評美方在黑牢中對恐怖分子嫌疑人動用酷刑，但她一概否認美軍折磨戰俘。她還補充，批評她的人應該要了解，質詢這些嫌疑人能換來有用資訊，進而「終止恐怖攻擊，讓歐洲和美國的無辜百姓不會平白喪命」。[21] 她似乎不在乎這些質詢也會毀掉無辜老百姓的生活。萊斯勉強承認美方也曾「犯過錯」，誤認一位德國

公民有參與恐攻之嫌而將他逮捕，並以惡劣且極盡羞辱的方式對待他長達五個月。

一旦找到理由對一名嫌疑犯動用酷刑之後，要折磨凌虐其他囚犯就更容易，「我們敢保證這個混蛋知道炸彈在哪裡，但我們不只要折磨他，還要對另一個**可能**知道炸彈在哪的壞蛋動用酷刑。另外，那個傢伙手上應該握有可能會在五年後派上用場的一般資訊，我們也得對他嚴刑拷打一番。還有，雖然我們不太確定，但那傢伙有可能是壞蛋，我們也不能放過他。」國際特赦組織會長威廉‧舒茲（William Schulz）指出，根據以色列、巴勒斯坦以及國際人權組織的可靠資訊，以色列從 1987 年至 1993 年間，用嚴刑拷打來進行質詢。舒茲說：「原本使用嚴刑拷打的理由是要找出『倒數炸彈』，但這種手法後來就成為常態。」[22] 美國陸軍第八十二空降師的一名中士，透過以下文字描述美軍是如何對待被拘留的伊拉克人：

在營裡，他們都叫我們「殺人狂」……拘留犯一進來，就好像遊戲開始那樣。你懂我意思嗎？我們會測試拘留犯的極限，看那傢伙在暈過去或徹底崩潰之前能撐多久。舉個例子，我們會逼他們做壓力姿勢（stress position）、連續兩天不讓他們睡覺，或是不給他們食物跟水什麼的……情報人員說那些人是壞蛋，但情報人員有時是錯的。[23]

「情報人員有時是錯的。」中士這麼說。但就算如此，我們還是以同樣的方式對待拘留犯。

目前所有針對酷刑虐囚的辯論和探討，都恰如其分地圍繞在這是否合法、是否道德，以及是否具有實用價值等問題上。不過身為社會心理學家的我們，想提出另一層考量：「嚴刑拷打對加害者以及同意這種行為的一般公民將造成哪些影響？」多數人都想相信政府是代表他們在做事，想相信政府知道自己在做什麼，也想相信政府的手段和行動是正確的。這麼一來，如果政府認定嚴刑拷打是打擊恐怖主義的必要手段，多數公民為了避免失調，也會認同這點。不過時間一久，整個國家的道德良知就會逐漸淪喪。一旦人民跨出第一步走下金字塔，替虐囚和嚴刑拷打等手法辯解，他們就會越來越鐵石心腸，信念越來越堅定，再也無法回頭。盲目且不加批評的愛國主義，會讓民眾更迅速從金字塔頂端往下滑，藉由否認政府或自己支持的政黨採取了不道德的非法手段，來減輕得知這個事實的認知失調。

看著民眾從金字塔上方往下滑，我們感到悲痛與驚恐。2014年 12 月，參議院情報單位公開報告後，一份皮尤研究中心（Pew）進行的全民普查發現，51％美國人依然認為中情局的嚴刑拷打是「情有可原」，而且超過半數民眾仍誤信中情局的審訊手法確實成功阻止恐怖攻擊。民調還進一步顯示，這個議題跟其他議題一樣，那就是兩大執政黨都曾一度對其懷抱共識，但後來在態度與立場上出現分歧。76％的共和黨人認為中情局在九一一後採取的審訊手法是正當的，但民主黨只有 37％這麼想。[24] 不過在歷史上，凌虐囚犯這個議題有時無關政黨，畢竟雷根就在 1988 年簽下《聯合國禁止酷刑公約》（*United Nations Convention against Torture*）。雖

然歐巴馬禁止美軍使用「強化訊問手段」(enhanced interrogation techniques)，他卻刻意忽視小布希總統的政策。他說：「我們確實對一些弟兄嚴刑拷打。」我們敢說，他就是想用這種拉近距離、和樂一家親的語言，來淡化虐待和拷問的醜惡事實。同時，歐巴馬也支持中情局審查參議院報告的部分內容，並拒絕追究責任，寬待那些虐待戰俘的加害者以及允許這種行徑的政策。

政治學者戴瑞斯·賈禮(Darius Rejali)表示：「要是不願互相承認自己犯的錯，也不以某種形式來追究責任，就難以避免政府軍方再次動用酷刑。要是未曾咎責，同樣的行為未來絕對會再度上演。」[25] 對加害者以及為他們開脫罪責的國家來說，有罪不罰其實就是對自我辯護的獎勵。

雖然不容易，有些政治人物還是成功抗拒誘惑，拒絕替中情局的行為辯護。共和黨參議員約翰·麥肯(John McCain)尤其發出強烈呼籲，「真相有時令人難以接受，但美國人民還是有知道真相的權利。」

即便某些政策是在檯面下祕密推行，但當國安政策刻意無視我國核心價值時，人民就有知的權利。人民必須能夠在獲得充分資訊的情況下做判斷，判斷這些國安政策以及政策的支持者，是否真有正當理由放棄這些價值；判斷他們的行為是否真能帶來更大的利益；還是如我想，這些人的行徑其實只是在損害國譽，在帶來極大傷害的同時又沒什麼實質效益？那些政策到底是什麼？政策的目的為何？目標真的有達成嗎？政策是讓人民更安全，還是更危險？或

者一點影響也沒有？政策究竟替我們帶來什麼好處？我們又得付出哪些代價？美國人民需要知道這些問題的答案……

　　動用酷刑實在可恥也沒必要……不過追根究柢，酷刑無法達成預期目標，這並不是反對酷刑的主因。問題根本無關我們的敵人，而是自己，這句話我過去常說，未來也還會一直說。重點在於過去和現在的我們是什麼樣子，未來渴望成為什麼模樣，還有如何向全世界展現自己。[26]

真相與和解

　　一則最受人們喜愛的古代佛教寓言故事中，幾位僧人經歷漫長的朝聖之旅後，準備返回寺院。他們跋山涉水，穿越低谷，在寺院外沉默履行自己的戒律。有一天，他們來到一條洶湧的河邊，一名美麗的女子站在河畔。她往年紀最長的僧侶走去，對他說：「禪師，不好意思，您能否好心背我過河呢？我不會游泳，假如一直待在這裡或試著自己渡河，肯定會沒命的。」年長的僧侶親切地對她笑了笑說：「我當然會幫您。」於是這位僧人背著她來到河的另一端，抵達後溫柔地讓她從背上下來，她道謝過後就離開了。這群僧人繼續沉默地趕路。

　　經過五天艱辛跋涉，僧人終於抵達寺院。一到寺院，他們便對那位老僧人大發雷霆。他們激動質問他：「你怎麼能做這種事？你違背戒律！你不僅跟女人說話，還碰了她！而且你不只碰她，還把她背起來！」

年長的僧人回應：「我只是背她過河，你們卻背了她五天。」

這麼多天，其他僧人都放不下那名女子。有些加害者跟受害者則背著歉疚、悲傷、憤怒和復仇的重擔長達數年。到底該怎麼做才能卸下這些重擔？任何試圖替爭吵中的夫妻或對戰中的國家調解的人，就知道要讓兩邊放下自我辯護有多難。經過多年爭執與衝突，兩方各自捍衛自己的立場，持續從金字塔上方往下滑，而且距離妥協和共識越來越遠，要促成雙方和解就更不可能了。因此，調解者跟磋商者必須面對兩大挑戰：勸說加害者承認並彌補他們造成的傷害，並說服受害者放棄報仇的衝動，同時還要體認、同理受害者承受的傷害。

從事婚姻諮商的臨床心理師安德魯·克莉史汀森和尼爾·雅各布森，碰到的狀況通常是夫妻中有人曾深深傷害或背叛另一方。他們提出三種可能的解決辦法，來協助夫妻走出情感僵局。第一種方法，請加害者單方面將自己的感受擺一邊，了解受害者在憤怒之下其實隱藏了極大的痛苦，並且真心誠意地自省及道歉，以此來回應受害者的痛苦。第二種方法，則是請受害者單方面放下反覆又憤怒的指責（畢竟他們已經清楚表明立場了），並且表達內心的痛苦而不是憤怒，這樣就能讓加害者同理受害者的感受，並以關愛取代防衛。他們表示：「不管是第一種還是第二種方法，假如只有單方面進行，對許多人來說都相當困難，而且根本辦不到。」[27] 他們認為第三種方式雖然最不容易，但是長遠來看，卻也是最有可能成功化解衝突的辦法，那就是雙方一同放下自我辯護，商討出兩人能共同採取的下一步，並且向前邁進。因為，假如只有加害者道歉並試著

修補關係，那他或她的表現有可能不會那麼真誠，也不一定能減輕或了結受害者的痛苦。反之，如果只有受害者單方面放下並原諒，加害者或許不會產生改變的動力，可能還會繼續做出不公平或冷酷的行為。[28]

克莉史汀森和雅各布森針對的是兩個人之間的衝突，不過我們認為他們的分析，也能套用在群體之間的衝突上，而且第三種方法不僅是最好的辦法，也是唯一的解決之道。當年，南非的種族隔離制度結束時，支持現狀、捍衛制度賦予之特權的白人，跟身為制度受害者的黑人，雙方很有可能會繼續自我辯護、持續對另一方懷抱怒氣。多數革命都會引發腥風血雨的大屠殺，不過身為白人的弗雷德里克‧戴克拉克（Frederik de Klerk），以及身為黑人的納爾遜‧曼德拉（Nelson Mandela），都在種族隔離政策結束後展現無比勇氣，南非才得以不步上其他革命的後塵，創造出讓國家往民主邁進的大環境。

戴克拉克在 1989 年獲選為總統，他知道不管怎麼做，暴力革命必然會發生。反對種族隔離的抗爭越來越激烈；其他國家的制裁對南非經濟帶來嚴重衝擊；被禁的非洲民族議會（African National Congress）的支持者越來越暴力，任何被他們視為與白人政權合作往來的人，都會遭到殘殺或虐待。當時，戴克拉克大可推行更高壓的政策，對抗爭者進行更嚴厲的制裁，用盡手段來維繫白人的權力。不過他卻撤銷針對非洲民族議會的禁令，並將關在牢裡二十七年的曼德拉放出來。從曼德拉的角度來看，他大可讓憤怒將自己吞噬，大可在出獄的那一刻下定決心報復反擊，反正很多人都會認為

這種報復心態完全說得過去。不過，為了達成自己投入畢生時間與精力的目標，他放下心中的怒火。曼德拉說：「如果想跟敵人談和，就必須與對方合作，敵人就會成為你的夥伴。」1993年，他們兩人同獲諾貝爾和平獎，隔年曼德拉也被選為南非總統。

新民主政體的第一步實際行動，是成立真相與和解委員會（Truth and Reconciliation Commission），並由聖公會前任大主教戴斯蒙・圖圖（Desmond Tutu）擔任主席。另外成立的三個委員會則是關於侵犯人權、特赦，以及賠償與修復。真相與和解委員會的目標，是提供暴行的受害者一個發聲的平台，讓他們的故事被聽見以及被認可，重建尊嚴以及正義感，並得以在加害者面前表達委屈與不滿。為了獲得特赦，加害者必須承認自己造成的傷害，像是虐待和謀殺等罪行。委員會強調，「社會需要的是理解而不是復仇，是修補而非報復，是烏班圖 ❹ 而非傷害。」

儘管理念在現實中沒有全然實踐，但真相與和解委員會的目標十分激勵人心。委員會招來各種抱怨、嘲諷、抗議與憤怒。許多種族隔離制的黑人受害者，都對加害者獲得的特赦感到憤怒不已，例如史蒂夫・比科（Steve Biko）的家人，比科作為南非反種族隔離運動家，最後卻在獄中喪命。很多白人加害者道歉時，沒有展現真誠的懺悔之意。許多種族隔離的白人支持者，也完全不想聽其他白人的公開告解和懺悔。直至今日，南非還稱不上是天堂，這個國家還是飽受貧窮與高犯罪率所苦，但大家原本預期的暴力與屠殺並未

---

❹ 烏班圖（Ubuntu），祖魯語，意指仁慈待人。

發生。心理學家所羅門‧史奇莫（Solomon Schimmel）為了寫一本關於不公不義與暴行之受害者的書籍，而前往南非旅行，在當地訪問了政治與文化光譜上的各種人。他原本預期受害者會表露憤怒以及復仇的渴望，但他說：「最讓我印象深刻的，是白人與黑人之間沒有明顯的仇恨與憎惡。他們攜手努力，希望能讓社會朝種族和諧、經濟正義的方向邁進。」[29]

• • •

只有在願意停止為自身立場辯護的情況下，我們才有辦法放下仇恨、互相理解，才有可能給予補償而不尋求報復。越戰落幕後多年，退役軍人威廉‧保爾斯二世（William Broyles Jr.）回到越南。當年他在戰場上目睹各種慘狀，也親手造成許多慘烈的局面，所以他想重返當地，消除內心對那些場景的感受。他說自己之所以回到越南，是希望與當年的敵人碰面，並且將他們「當成人來看待，而不是抽象的概念」。在曾是海軍陸戰隊基地的小村莊中，他碰到一名曾經屬於越南南方民族解放陣線（Viet Cong）陣營的女子。交談之後，保爾斯發現她丈夫被殺的時候，他正好跟弟兄出外巡邏。他說：「我跟同袍有可能殺了妳丈夫。」女子冷靜從容地看著他說：「但那是戰爭期間的事了，戰爭已經結束，日子還得繼續過。」[30]之後，保爾斯回想那段療癒的越南之旅，他說：

我以前會做惡夢，但是從越南回來之後，惡夢就一掃而空。這聽起來或許太過個人，沒辦法用來支持什麼更宏大的結論。但我從

中發現，如果要讓戰爭劃下句點，我們必須讓自己與他人的關係回到戰爭爆發前的模樣。我們真的能與敵方和解，歷史中沒有什麼是恆久不變的。

8

釋懷與坦白

一名男子長途跋涉，有事想請教國內最有智慧
的大師。抵達之後，他問那位智者：「智慧無
比的大師啊，幸福人生的祕訣是什麼？」
智者說：「好的判斷。」
男子又問：「但是，英明的大師，要怎麼樣才
能有好的判斷？」
大師回道：「壞的判斷。」

探討自我辯護對家庭、記憶、治療、法律、偏見、衝突以及戰爭等各領域的影響後，我們能從認知失調理論學到非常重要的兩堂課：首先，降低失調的能力會以各種方式提供協助，還能維護我們的信念、信心、決定、自尊跟幸福。第二，這個能力也會帶來大麻煩。我們會採取自我毀滅的行動，來保護自己對於最初決定的看法。我們可能會對自己傷害過的人更惡劣殘忍，因為我們相信受害者罪有應得。在職場上，我們可能會巴著早就不合時宜、有時還會造成傷害的執業手法不放。我們會支持來自「正確」陣營的折磨者跟暴君，換句話說，就是力挺跟我們立場相同的加害者。對個人宗教理念沒把握的人，可能會有衝動想對異議分子消音或騷擾他們，因為光是這些反對者的存在，就足以引發自我懷疑的痛苦失調感。

　　不過認知失調還有另外一面，當我們**無法**用自我辯護消除記憶，把自己曾經造成的傷害、犯過的錯以及做過的決定忘掉時，這些回憶就會反過來令人痛苦不已。無法將過去發生的事情放下，會讓悔恨與愧疚留下難以抹滅的印記，在極端情況下還會讓人感到絕望、憂鬱或養成酗酒的習慣。以軍人的例子來說，我們將這種症狀稱為創傷後壓力症候群。心理學家韋恩・克魯格（Wayne Klug）跟同事在研究伊拉克戰爭的退役軍人時，問道：「在早年教養中，我們很有可能被教導無論如何都不該奪人性命。面對這種強烈的道德約束，軍人該如何替自己在戰場上殺人的行為辯解？軍人在戰爭結束後陷入懊悔、悲痛以及認知失調的掙扎中，難道這是他們對戰爭的道德控訴嗎？」[1]

　　精神科醫師喬納森・沙伊（Jonathan Shay）是美軍顧問，負責

諮商創傷後壓力症候群相關問題。就他觀察，即便殺戮是戰爭中無法避免的一環，有些退役軍人還是永遠走不出殺人的「道德痛苦」，因為他們認為殺人違反個人的道德原則。他表示：「你在某個當下因為奉長官之命做了某件事，也真心誠意、光榮地認為這是必須採取的行動，不過這件事仍然違背你的道德原則，這個時候你就會在道德上痛苦掙扎。謀殺跟正當殺人之間有條非常明確的界線，這對他們而言非常重要……他們痛恨自己必須殺一個根本沒必要殺的人。這是他們心靈的傷疤。」[2]

與認知失調共存的學問，其實就是要找出與心靈傷疤共處的方法，而不是試圖迴避這些傷痕。正如奧德修斯（Odysseus）必須小心掌舵，讓船行駛在荷馬神話海怪斯庫拉（Scylla）與卡律布狄斯（Charybdis）之間。這兩頭海怪猶如美西納海峽的岩灘和漩渦，無論哪一個對水手來說都相當致命。因此，我們必須在斯庫拉的盲目自我辯護，以及卡律布狄斯的無情自我鞭笞之間找出一條路。這條在兩個極端之間的道路，比靠迅速防守來讓自己脫身還要難走，過程中可能會出現這些阻擾：「我又沒別的選擇！」「都是那傢伙的錯！」「我只是聽從命令而已。」「從大方向來看我是對的，只是在小細節出錯而已。」或是「可以不要再談這件事情，趕快回到正題嗎？」上述策略是行不通的，對別人沒用，對自己也沒用。我們必須讓自己陷在困境裡一陣子，並在逐步理解到底哪裡出錯的過程中承受一些痛苦、困惑以及不適。唯有如此，我們才能理解該如何導正錯誤。

對心理治療師琳達・羅斯來說這絕對不容易，她操作復原記憶

療法多年，後來才發現自己的觀念與認知錯得離譜；對葛蕾絲而言這也難如登天，她的虛構復原記憶，使她的家庭多年來分崩離析；身為地方檢察官的湯瑪斯‧凡斯，發現被他判定犯下強暴罪並入獄服刑二十年的男子竟是無辜的，這段過程肯定也很難熬；還有薇薇安‧戈爾尼克，她很晚才體認到自己在過往失敗感情關係中的角色；以及最後那些成功跳出憤怒與復仇循環的夫妻和政治領導人。這些人肯定都經歷了相當痛苦艱辛的過程。對於那些因為犯下專業錯誤，使朋友或同事喪命的人來說，痛苦與煎熬肯定最為深刻。

2003 年，N‧韋恩‧海爾二世（N. Wayne Hale Jr.）在美國太空總署（NASA）擔任發射整合計畫負責人，當年有七名太空人在太空梭哥倫比亞號（Columbia）爆炸時喪生。在一封致太空梭計畫團隊成員的公開電子信中，海爾全權擔起這場災難的責任：

　　雖然手上握有機會跟資訊，我卻沒有善加利用。我不曉得審訊或法庭會怎麼判斷，但在我自己的良知法庭中，我是有罪的，因為我讓哥倫比亞號的災難發生。我們當然能討論特定過失，例如粗心、不適任、分心、缺乏信念、缺乏理解、缺乏骨氣以及懶散等。但重點是，我沒有徹底了解自己接收到的指令和訊息，沒有勇敢站出來說出自己的想法。所以大家不用再追究了，我就是讓哥倫比亞號墜毀的罪人。[3]

　　這些勇氣可嘉的人帶領我們直搗認知失調的核心，面對認知失調內在深處的諷刺——大腦想用自我辯護的鎮定軟膏來舒緩失調之

苦，但靈魂卻想認罪。發現自己做了蠢事、耳根子太軟、被誤導、行為敗壞，或單純只是展現人性時，我們的自尊就會萎靡不振。這個時候為了要消減認知失調，多數人會投入大量精神和體力來保護自己、提振自尊。不過多數時候，我們根本沒必要浪費這些精力與心神。琳達‧羅斯仍是一位心理治療師，而且比以前更優秀。湯瑪斯‧凡斯依然是一位執業律師，而且他的思慮或許也比過去更周詳。葛蕾絲成功與父母修補關係。威廉‧保爾斯找回平靜與祥和。海爾獲得拔擢，成為美國太空總署詹森太空中心（Johnson Space Center）太空梭計畫主任，並擔任此職位直到退休。

消減認知失調的渴求是普世皆然的心理機制，但上述故事讓我們了解，我們並非一輩子注定受制於消減失調的衝動。面對改變，人類或許並不是特別積極，但我們確實有改變的能力。而且，就算許多自我防衛的妄想與盲點是大腦固有的機制，也不代表我們能理直氣壯地拒絕嘗試改變。大腦本來就會捍衛我們的看法跟信念，不是嗎？好啦，是這樣沒錯。不過大腦雖然希望我們能多囤積糖分，但很多人不也學會要多吃蔬菜嗎？在大腦自然運作下，我們感到自己受到攻擊時，不也會爆炸發火嗎？對，話雖如此，多數人也學到應該先冷靜下來數到十，試著想出替代方法，而不是衝動拿著棍棒猛毆對方。了解認知失調如何影響自己與他人，我們就能透過各種方式克服大腦原有的設定，並且讓那些無法或不願改變的人不會傷到我們。

錯已鑄成——他們的錯

「這兩位先生不該受到這番對待，這是我們的錯。我應對此負責。」

—— 星巴克執行長凱文·約翰遜（Kevin Johnson）

（兩位非裔美籍男子在一家星巴克等待友人時被捕，他隨後發表此聲明）

想像一下，假如你的伴侶、已長大成年的孩子或父母對你說：「我想要為我之前犯下的錯負責。我們為那件事吵好久，現在我發現你是對的，我是錯的。」你會有什麼感覺？或者，假如你的老闆在會議剛開始時劈頭就說：「如果你們對最新的提案有任何異議，請提出來讓我知道。我想在正式行動之前了解有哪些反對聲音，聽聽看我們有可能會犯哪些錯。」你會有什麼反應？又或是，你聽到一位地方檢察官在記者會上宣布：「我犯了天大的錯。新出現的證據，顯示我跟檢察官辦公室將一名無辜男子送進監獄，但我卻沒有重新審理該案。我在此道歉，檢察官辦公室也會作出補償，但這樣還不夠。我會重新評估我們的調查程序，盡可能降低錯將無辜者定罪的可能。」你會怎麼想？

你會對這些人抱持什麼看法？你會失去對這些人的尊重嗎？如果他們剛好是你的朋友或親人，你可能會鬆一口氣，開心地說：「天啊，哈利終於承認自己有錯！他真的是個大方坦率的人！」會這麼想的不是只有你一人。在一份研究中，五百五十六名受試者被要求閱讀一份情境故事，故事中有位行人被高速前進的腳踏車騎士

撞傷。受試者必須想像自己是受傷的行人，並且準備與腳踏車騎士協調和解金的金額。在第一個故事版本中，腳踏車騎士完全沒道歉。在第二個版本中，腳踏車騎士感同身受地向你道歉：「你受傷了，我真的很抱歉。希望你很快就會沒事。」在第三個版本中，腳踏車騎士在道歉的同時，也承認自己的過失，誠心地說：「你受傷了，我真的很抱歉。這場意外都是我的錯。我騎太快了，沒有小心注意前方，看到你的時候已經來不及了。」在腳踏車騎士道歉並承擔責任的情境中，受試者對他的評價更正面，比較容易原諒他，也更有可能接受額度合理的和解金。[4]

假如承認錯誤或傷害的是企業或政治領導人，你或許會感到安心，因為掌管指揮你的是個有能力的人。他有足夠的力量去做對的事，也就是從錯誤中學習。最後一位向美國人民公開認錯，並坦承錯誤造成慘烈後果的總統是約翰・甘迺迪。當時是 1961 年，甘迺迪錯在相信高階軍事顧問的說法和錯誤的情報報告。軍事顧問向甘迺迪保證，只要美軍從豬玀灣（Bay of Pigs）入侵古巴，古巴人民就會雀躍歡呼，並推翻卡斯楚（Castro）。那次軍事入侵行動後來成為天大災難，但甘迺迪從中記取教訓。他重新整頓自己的情資體系，決定再也不會不假思索地接受軍事顧問的建議。這番轉變使他成功帶領美國安然度過後來的古巴飛彈危機。豬玀灣事件過後，甘迺迪說：「本政府決定坦然面對錯誤，因為有位智者曾說：『只要願意改正，錯誤就不會變成錯誤。』……少了辯論和批評，任何政府或國家都無法成功，任何共和政體也無法生存。」他說，「豬玀灣事件失敗的最終責任都歸咎於我，並由我一人獨自承擔。」因為

甘迺迪坦承錯誤，他的聲望大幅飆升。

這個故事聽起來也太像古老傳說了吧？竟然有總統願意道歉，而且道歉後還大受人民尊重與愛戴！在多項研究中，法律學者凱斯・桑思汀（Cass Sunstein）發現，現在許多人都認為「只有輸家才會道歉」。道歉可能會適得其反，因為假如你不喜歡開口道歉的那個人，你就會把他說的每一句話，當成軟弱或無能的證據。[5] 而且，在整個美國的大環境中，犯錯違規者要是不承認過失、不表達悔恨、不承諾會改過自新，就會丟掉工作、失去原本在電影或電視節目中演出的角色，或是葬送學術生涯。道歉本身已經變得非常兩極，而且充滿政治意味。道歉何時重要，何時又沒必要呢？我們該為哪些行為道歉？被迫替自認沒什麼大不了的行為道歉，跟未能替自認應受譴責的行為道歉，這兩種情況都令人沮喪失望。

不管是什麼錯誤、罪過或失誤，當聽者知道發言者必須說些**什麼**來安撫公眾，但道歉聲明聽起來卻無比生硬，感覺只是為了交差了事才出面發言（通常是發言人或人力資源部門代擬的聲明稿），這樣就不算道歉成功。在這種情況下，發言者絕對不相信自己有必要道歉，而且依然在自我辯解。假如領導人的道歉只是徒有形式而缺乏實質內容，多數人都會感到不以為然，例如：「我自己是沒有錯，但錯誤在我的領導之下發生，所以，好吧，我想責任應該算在我頭上。」[6] 企業執行長以虛與委蛇的方式道歉時，我們根本不會買單。蘋果替 iPhone 電池性能道歉時，道歉內容根本不像在道歉：「針對使用舊款電池的 iPhone 性能，我們的處理方式以及溝通公司作業程序的手法，都引來許多顧客反饋。我們知道有些人對蘋

果感到失望，我們在此道歉。」研究道歉語言的麗莎·里奧波（Lisa Leopold）就在想，蘋果到底是為了什麼道歉？是為電池差勁的性能、為不理想的溝通程序，還是為顧客的感受道歉？[7]

出現無可辯駁的錯誤與過失時，大眾希望掌權者能坦然道歉，不要狡辯或是耍手段混淆視聽，只需要坦蕩蕩地表示：「我會盡全力避免相同錯誤再次發生。」備受讚譽的研究調查員丹尼爾·楊克洛維奇（Daniel Yankelovich）表示，雖然民調指出社會大眾長久以來不信任國家大型機構，但是在這種憤世嫉俗的情緒之下，其實是對誠信與正直的「深切渴望」。他指出：「民眾希望機關單位能公開透明地運作，向外界表露充滿人性的一面，言行舉止符合自己立下的標準，並且展現對廣大社會的投入與承諾。」[8]

醫療照護體系逐漸鼓勵醫生跟醫院承認並導正錯誤，這就是體現這種渴望的一項實例。傳統上來看，多數醫生都極度不願承認自己在診斷、手續以及治療過程中犯了錯，他們的理由是坦承錯誤會被控訴醫療疏失。他們錯了。美國各地醫院進行研究，發現如果醫生認錯道歉，並且確實改變診療手法，讓未來的患者不會遭受相同傷害，患者其實比較不會將醫生告上法庭。哈佛公共衛生學院教授兼醫師盧西安·利培（Lucian Leape）表示：「聽到醫師和院方保證錯誤不會再次發生，這對患者來說非常重要，而且患者似乎比照護者更在意這點。這讓患者承受的痛苦有了意義。」[9]

醫生拒絕認錯的另一個理由，是因為這樣會戳破他們萬無一失、全知全能的光環。醫生堅決認為，如果要讓病人遵從他們的指示、對他們有信心，這圈光環就非常重要。這個想法也不對。許多

醫生試圖營造的這種全能形象，其實會造成反效果，使他們顯得傲慢、無情冷血。患者跟家屬都感慨地說：「他們為什麼不直接告訴我真相，然後道歉呢？」醫生阿圖・葛文德（Atul Gawande）一針見血地點出困擾許多醫師的「傲慢問題」，這使他們無法承認自己沒辦法治癒一切疾病，無法開誠布公地與患者溝通，更無法接受自己的局限。[10] 事實上，優秀的醫師坦率承認自己的過失時，大家依然會認可他們的醫術高超，同時也體認到醫師一樣是會犯錯的凡人。理查・A・弗里曼（Richard A. Friedman）精闢總結認錯的難題與益處。他說：「我跟其他醫師一樣，在執業過程中也犯過不少錯。」有一次，他沒有預期藥物可能會出現危及性命的交互作用，導致病人後來住進加護病房，還差一點送命。他表示：「想也知道，這件事讓我心煩意亂。我不確定到底哪裡出了錯，但我覺得這是我的錯，所以我跟患者還有家屬道歉。他們氣到全身發抖，當然也把我跟醫院罵了一頓……但最後，他們認為這是一起不幸但『誠實坦率』的醫療疏失，完全沒有提出訴訟。」弗里曼總結表示，承認自己也會犯錯，這樣能讓醫師更有人性，並建立患者對他們的信任。他說：「到頭來，多數患者都會原諒醫師在思考和判斷時犯的過失，但不會接受他們昧著良心不肯認錯。」[11]

得到犯錯方誠心道歉的人，並不是錯誤事件中唯一的受益者。被迫面對自己的失誤並承擔責任，我們也有可能感到振奮欣喜，心情終於豁然解放。管理顧問鮑伯・卡頓（Bob Kardon）透露，他有一次在非營利協會全國理事會（National Council of Nonprofit Association）的會議中主持研討會。那場研討會的題目很簡單，就

是「錯誤」這兩個字，參與研討會的成員是二十個州際非營利組織的領導者。卡頓告訴他們這場研討會的唯一規則，就是參與者必須講出一個自己身為領導人時犯下的錯，但不能描述自己是如何導正錯誤或閃避推託責任。他不讓這些領導者替自己的行為辯解。他說：「換句話說，我們只談錯誤。」

與會者逐一分享，錯誤的規模也越來越龐大。差不多分享到第十位的時候，這些高階主管提出的錯誤都已經非同小可，例如沒有及時申請補助款，導致組織損失幾十萬美元的收入。講完錯誤就停住不繼續說，這讓許多人感到渾身不自在，他們都會試著分享成功事蹟或彌補錯誤的手法。但我強迫他們遵守會議規則，在他們試圖挽回面子的時候立刻喊停。會議進行半小時後，會場中笑聲四起。大家都因為卸下內心重擔而笑到快發狂。我們笑鬧到其他會場的參與者還跑來看這邊怎麼會那麼熱絡。

卡頓帶領的練習清楚顯示，要我們在說出「嘿，我搞砸了」之後，停止為了挽回臉面而補充其他資訊有多難。只能說「滿壘時我漏接一顆沒什麼難度的高飛球」，而不是「我漏接那顆球，因為太陽照得我眼睛睜不開」、「因為剛好有鳥飛過」、「因為風太大」或「因為有球迷罵我混蛋」。有位朋友到交通法規教室參加一整天的課程後，學員在教室裡圍成一圈，輪流分享自己是因為違反哪些交通規則被叫來參加課程，這時出現非常神奇的巧合：竟然都沒有人違反交通法規！每個人都替超速、無視停止標誌、闖紅燈或違法迴

轉找出各種藉口。這一連串站不住腳的藉口讓他錯愕（但也被逗得很樂），所以輪到他分享時，他實在不好意思屈服於自我辯護的衝動，他說：「看到停車讓行標誌的時候我沒有停下來，我錯得徹底，所以被抓了。」教室內先是安靜了一陣子，接著大家為他的坦誠鼓掌歡呼。

承認錯誤的好處多多，而首先，認錯最簡單的理由，就是不管怎麼否認隱瞞，錯誤最後都有可能被家人、公司、同事、敵人或是傳記作家發現。不過，當然還有其他更正向積極的原因會鼓勵我們勇敢認錯，舉例來說：其他人會更喜歡你；有人或許能接手處理你犯下的錯誤，並加以改進導正；或者，你的錯誤可能會激勵別人找出解決辦法。只要你以身作則坦承錯誤，小孩就會發現其實每個人偶爾都會把事情搞砸，就連大人也得說「對不起」。而且，在錯誤還像橡實一樣大的時候就承認，補救起來會比較輕鬆。等到錯誤已經長成大樹，樹根扎得又深又廣時，就得費更多心力來導正挽回。

在職場上，公司企業能獎勵員工承認錯誤，並讓這種風氣成為組織文化的一部分，而不是讓員工在坦承過失時，感到不自在或是得背負專業風險。這種制度自然得由高層來推動落實。組織顧問華倫‧班尼斯（Warren Bennis）和伯頓‧那努斯（Burton Nanus）分享一則故事，故事主角是托馬斯‧華生（Thomas Watson）。身為 IBM 創辦人的華生，四十多年來不斷激勵鼓舞公司向前邁進。兩位顧問寫道：「有位前途看好的 IBM 初階主管，參與公司的一場風險投資計畫，最後虧損了一千多萬美金。這是一場天大的災難。華生將緊張的主管叫進辦公室時，那位年輕人脫口而出：『我猜你是想叫我

辭職吧？』華生說：『開什麼玩笑，我們才花一千萬美金讓你上了一課，怎麼可能叫你走！』」[12]

• • •

失調理論清楚顯示我們為什麼不能被動乾等，等待他人變成托馬斯・華生，或者等待他們的道德觀、性格或心態突然有所轉變，抑或是等待他們瞬間有了全新體悟，讓他們願意挺起胸膛、承認錯誤並且做對的事。絕大多數的個人或機構，都會竭盡所能以利己的方式來消減失調，替自己的過失辯解，並一如往常地採用原有的手段與操作模式。當證據浮出檯面，顯示他們的偵訊方式會使無辜者一輩子被關在獄中時，他們可不會心懷感激。當我們告訴一群科學家，指出他們為耗資百億開發的新藥所進行的研究其實漏洞百出，他們也不會表達謝意。即便盡可能以委婉、溫柔的方式提出千真萬確的事實，試圖糾正對方最鍾愛的自我圖利記憶時，就連深愛我們的人也絕對笑不出來。

多數人並不會主動導正錯誤，而且在自身盲點的干擾下，我們也無法判斷何時該自我修正。所以，我們必須借助外部程序來導正人類免不了會犯下的錯，並且降低未來繼續犯錯的機率。在全美國乃至全世界的醫院中，僅是要求醫生和護理師在手術過程、急診救護程序以及術後護理流程中，確實遵照規定的步驟清單來操作，就已成功減少正常人為過失並降低死亡率。[13] 我們也發現在法律界，強制用電子錄影設備全程錄製司法偵訊過程，就是一種明顯能導正確認偏誤的方式，而且成本也相對低廉。任何在偵訊過程中出現的

偏見或脅迫手法，都能在之後交由獨立觀察員來評估。這就是為何大家開始認為警察應該攜帶攝影器材，警車內也應該加裝攝影機。這麼一來，如果員警被控過度暴力，就能用錄影畫面來排解爭端。不過即使在每輛車、每根街燈柱、每台手機跟每位員警身上裝設攝影機，還是沒辦法徹底解決問題。由於「信念決定你眼中所見」，即便觀看的是同一事件的錄影畫面，大家可能還是會對影片內容抱持不同觀點，對於該將錯歸給誰也會有各種解讀。那些紀錄數十名非裔美籍人士被殺、引發「黑人的命也是命」（Black Lives Matter）運動的影片，就清楚證明「信念決定你眼中所見」的問題確實存在。史泰登島的埃里克・加納（Eric Garner）被勒喉窒息而死，死時他還喘著說：「我不能呼吸了。」密蘇里州佛格森的麥可・布朗（Michael Brown）死於警方槍擊。12歲的塔米爾・萊斯（Tamir Rice）在克里夫蘭的一座公園中揮舞玩具手槍，卻遭警方開槍擊斃。還有在車中遭警方槍擊身亡的費蘭多・卡斯蒂利亞（Philando Castile），而他女友在事發後不久用網路直播現場畫面。許多人看完這些影片，都認為警方顯然是無端過度使用暴力，但其他人卻能接受警察在影片中的行為。

我們該擔心的不只是潛在的警察偏見，與檢察官和公訴程序相關的偏見也令人憂心。醫生要是在截肢時切錯手臂，就會被控告醫療疏失，但檢察官基本上享有民事訴訟豁免權，而且也幾乎不受司法審查。檢察官的多數決定都不會受到大眾檢視，因為在所有警方提交到檢察官辦公室的案件中，有95％不會接受陪審團裁決。不管在任何領域，在無需擔責的情況下握有權力，這就是災難的源

頭。而在刑事司法體系中，這種組合會讓個人甚至是整個部門為了贏而不擇手段，並且用自我辯護來讓一切進行得更順暢無礙[14]（這就說明為何在第5章出現的檢察官廉政中心，是往正確方向邁進的一個重要步驟）。假如地方檢察官主動徵求釋放無辜的囚犯（而非勉強接受法院命令），通常是因為他們並非原案的檢察官，因此沒有自我辯護的必要，就像重新審理中央公園慢跑者案的羅伯特‧摩根索那樣。因此，我們必須授與獨立委員會權限，讓他們調查部門內的腐敗指控，或是判定是否該重新審理某案。委員會成員不能與調查對象有利益衝突、不能有替任何決定辯解的需求、不能有親信需要照應，也不能有消滅失調的需要。

不過，很少有組織樂於接受外部監督與修正。假如掌權者希望不計代價保有自己的盲點，公平公正的審查委員會就必須拓展當權者的視野，必要時更得違抗他們的意願。科學與醫學期刊都意識到，要是學術研究涉及利益衝突，研究的效度與信度就會蒙上陰影。而且，各大期刊都被少數捏造數據的研究者騙過，所以他們現在制定了更強而有力的措施，來避免發表觀點偏頗、惡劣或詐欺的研究。許多科學家都呼籲期刊應該讓審查流程更透明公開，而這也是刑事司法系統改革者正在尋求的解決辦法。身為凡人的我們難免眼界狹隘，而最根本的導正手法就是提供更充沛的光源。

錯已鑄成——我的錯

> 「在美國，記得錯誤有害身心，回想錯誤是神經質，巴著錯誤不放則是精神病。」

—— 劇作家麗蓮·海爾曼（Lillian Hellman）

　　棒球這種風行全美的娛樂消遣，跟孕育它的社會有一大關鍵差異：棒球會記錄錯誤。從小聯盟到大聯盟，每場比賽的計分板上都標出得分、安打和失誤數。大家都不想犯錯，但球迷跟球員都曉得錯誤實在無法避免。在棒球賽事中，球員難免會失誤，這就跟在醫學界、商業界、科學界、法律界、戀愛以及生活中一樣。但是我們處理錯誤之前，必須先承認自己犯了錯。

　　假如「放下自我辯護」跟「承認錯誤」對心智和人際關係好處多多，為什麼沒有更多人這麼做呢？如果別人坦然認錯時我們會對他滿懷感激，那為什麼我們自己不照辦？誠如先前所見，我們之所以未能在多數情況下拋開自我辯護、坦然認錯，是因為我們根本沒有意識到需要這麼做。自我辯護在潛意識中自動運作，不讓我們因為意識到自己做錯事而感到失調。「犯錯？什麼錯？我沒做錯事啊⋯⋯那棵樹跳到我的車前⋯⋯我有什麼好抱歉的？又不是我的問題。」

　　那麼，在日常生活中我們到底該怎麼做？難道要叫一個由表親和姻親組成的外部審查委員會，來仲裁每一場家庭紛爭嗎？難道要將父母詢問青少年兒女的過程錄影下來嗎？在個人的人際關係中，

我們只能靠自己，所以我們必須具備一定的自知之明。一旦搞清楚如何以及何時需要消減失調，我們就能對消減失調的過程更警覺，並在剛開始消減失調時插手打斷，不要讓自己暢行無阻地一路滑到金字塔底端。冷靜、批判地看待自己的行為，把觀察自己當成觀察別人那樣，我們就有機會跳脫由「行動、自我辯護，以及更堅定的行動」所構成的惡性循環。我們能學會將感受與回應方式區隔開來，在這兩者之間反思片刻，想一想我們是否真的想在 1 月買下那艘獨木舟、是否要繼續將錢投入無底洞，以及是否堅守與事實脫節的看法。

　　社會心理學家逐漸發現，只要意識到自身偏誤，了解偏見的運作模式，並且把注意力聚焦在偏誤上，或是說只要將偏誤帶進意識並清楚領悟到：「你這個小壞蛋，原來躲在這裡。」我們就能發揮更多力量來控制偏誤。回想我們在第 1 章探討的素樸實在論，在這種偏誤之下，我們認為自己能徹底看清事物的樣貌，心中不帶任何偏誤。對事件抱持不同觀點、處於衝突狀態的個人或是團體，在協商過程中碰到的最大障礙就是此偏誤。在一份針對以色列猶太人和以色列巴勒斯坦人的研究中，研究人員發現，只要讓他們意識到素樸實在論偏誤的存在，並讓他們了解這項偏誤的運作模式，就足以讓立場最強硬的受試者看清**自身偏誤**，並且更願意看見對方的觀點。[15] 我們並沒有那麼天真，我們曉得這種程度的介入還不足以解決中東地區的衝突，但我們想說的是，我們確實有能力認識、理解自己的偏誤以及認知失調。

　　1985 年，以色列總理希蒙‧裴瑞斯（Shimon Peres）因盟友美

國總統雷根的行為陷入失調。裴瑞斯之所以憤怒，是因為雷根答應受邀到德國比特堡的柯摩斯訶墓園（Kolmeshohe Cemetery）進行國是訪問，此舉象徵兩國在戰後終於和解。由於有四十九位納粹武裝親衛隊（Nazi Waffen-SS）軍官在此墓園下葬，所以政府公告此行程後，大屠殺生還者與許多民眾都怒不可遏。不過雷根並未撤回拜訪墓園的決定。記者詢問裴瑞斯對雷根的行為有什麼想法時，裴瑞斯並沒有譴責雷根個人，但也沒有忽略造訪比特堡一事的嚴重性。他採取第三種做法，他說：「朋友犯錯時，朋友還是朋友，但錯誤還是錯誤。」[16]

仔細想想，像裴瑞斯這樣清楚切分相互衝突的概念，其實能帶來以下好處：我們還是能繼續熱烈擁抱自己的國家、信仰、政黨或家人，但面對自己認為不恰當、錯誤或不道德的行為，依然能繼續站在不同意的立場。友誼得以延續，不會因憤怒或不滿而劃下句點。另外，錯誤也不會就這樣被打發掉，而是接受適當的批評。就算犯錯的那方是我們的朋友，他或她還是得負起責任。2017 年，在一支 YouTube 影片中，莎拉・席爾曼（Sarah Silverman）表明路易・CK（Louis CK）要求其他女性看他自慰的行為，讓她感到強烈的認知失調。與路易建立長達二十五年深厚友誼的席爾曼，一開始就在影片中表示：「路易在其他女性面前打手槍的行為雖然難以啟齒，但我不能避而不談。」她認為「我也是」（Me Too）運動實在來得太遲，大家接下來也得面對自己喜歡或深愛的人做過的壞事。「我愛路易，但路易做了這些事。針對他的指控都是真的，所以我一直問自己：『妳有辦法愛一個幹了這些壞事的人嗎？』……被他

傷害過的女人和允許這種行為的文化，都讓我氣憤難平，但我同時又覺得很難過，因為他是我朋友。」影片最後，她說我們必須讓加害者為自己的行為負責，但也不能忘了給予自己在乎的朋友幫助和鼓勵。

裴瑞斯的第三種做法，也能協助我們度過永恆的兩難困境：「得知自己心愛或欣賞的藝術家，其實是或曾經是該死的壞蛋、種族歧視者、反猶主義者、恐同者、戀童癖、性騷擾犯，或者是私下行徑可鄙的時候，我們該如何反應？」2019 上映的紀錄片《離開夢幻島》（*Leaving Neverland*），描述麥可．傑克森長期性侵害兩名男孩，此惡行從他們 7 歲與 10 歲時就開始了。這部紀錄片摧毀傑克森龐大的粉絲軍團，使他們相互對立。為了消減失調，其中一派矢口否認性侵指控、毀謗那些可靠的敘事者、死命維護傑克森的清白、買廣告、大肆批評 HBO 的影片，有人甚至威脅那些參與製作紀錄片的工作人員。有些粉絲還對聲稱遭傑克森性侵的男子提告，因為他們「玷汙傑克森的回憶」。[17] 另一派粉絲為了降低認知失調，則發誓自己再也不會聽傑克森的音樂，或是試圖將他的傳奇從流行文化中抹去。《辛普森家庭》（*The Simpsons*）刪除了某集節目，因為裡頭有位角色是由傑克森配音。時尚品牌路易威登（Louis Vuitton）也從系列商品中，將設計靈感來自傑克森的單品給剔除。

樂評家阿曼達．裴特魯西奇（Amanda Petrusich）是傑克森的頭號樂迷，她寫道：「觀看《離開夢幻島》的時候，要同時堅守兩個相互矛盾卻又同等重要的想法，真的相當困難。一方面，我們應該相信受害者，但另一方面，被告在被證明有罪之前是無辜的。如

果我們希望保護未成年或弱勢者，不讓他們成為權力濫用的受害者，第一點就至關重要，但第二點依舊是美國刑事司法體系的核心概念。這兩個觀點能夠並存嗎？」[18]

沒錯，這兩個概念最好給我好好相處，不過進一步了解認知失調之後，就知道為什麼這兩種思維常常難以和諧共存。裴特魯西奇接著寫道：「現在這兩個概念似乎必須同時存在，這代表我們有時必須做出個人抉擇，決定該如何接受或否決現有訊息。」傳記作家馬戈・傑佛遜（Margo Jefferson）就這麼做。在《論麥可 ・ 傑克森》（*On Michael Jackson*）的新版引言中，她寫道：「一直以來，大家都認為他魅力十足、慷慨大方。現在，我們終於看清原來他這麼自私又精於算計，原來他徹底被惡魔所掌控。我們無法將這些認知抹除或遺忘。我們只能接受，面對這些事實引發的絕望、悲痛、憤怒和同情等感受，並試著將其轉化成智慧。」[19]

假如認知失調是由自身行為所引起，我們就更得謹遵裴瑞斯的第三種做法：清楚表達認知，並將衝突的認知區分開來。「正直聰明的我犯錯時，依舊是一個聰明正直的人，不過錯誤仍然是錯誤。現在我該如何補救自己犯的錯？」一旦辨別那兩個相互衝突、令人苦惱的認知，我們通常就能想出辦法，以正面積極的方式來消除這種感受。即便暫時無法解決，我們還是能學會如何與失調感共存，等到獲得更多資訊再來處理。在新聞中聽見聳動指控（尤其是涉及性的新聞）時，我們就能克制情緒衝動，不要立刻從金字塔頂端往下滑，一股腦氣憤地支持被告或指控方。與其將故事塞進特定意識形態的框架中，例如「孩子不會說謊」、「就算倖存者什麼都不記

得，也要相信他們」或「兄弟會成員都是強暴犯」等，我們有能力採取更艱難、更截然不同的行動，那就是等待證據出現。要是不等證據出現再下論斷，而是衝動選邊站，如果後來證據顯示我們是錯的，我們就更難接受事實，例如麥克馬丁幼稚園案（全美民眾後來才發現，此案中的孩童被迫提出越來越荒謬的性侵指控），或是杜克大學曲棍球隊案（社會大眾後來才知道，那名脫衣舞者對一群球員提出的強暴指控是虛構的，地方檢察官更因起訴程序失當而被吊銷律師執照）。我們能試著在同情和懷疑之間取得平衡，學習不要緊守自己下的結論不放。這麼一來，當我們必須還給被誣告者一個公道時，才有辦法改變自己的見解。

意識到自己處於認知失調的狀態，也能讓我們做出更敏銳、更聰明、更有意識的決定，而不是讓自我保護的自動模式以自利的方式消減失調。假如不討喜且咄咄逼人的同事剛才在小組會議中提出非常創新的建議，你大可對自己說：「像她那種無知的混蛋不可能有什麼好的想法。」並且立刻否決她的建議，因為你實在不喜歡她（而且你也承認自己好像在跟她競爭，你們都想博得總經理的認可）。或者，你也可以先停下腳步，捫心自問：「這會不會是個還不錯的建議？如果這個建議出自盟友之口，我會有什麼想法？」如果她的想法很值得推行，就算你不喜歡她這個人，你依然有可能會支持她的提議。你懂得如何將訊息內容跟傳遞訊息的使者區隔開。這麼一來，我們就有機會在大腦將想法僵化為一成不變的模式之前，學會如何改變自己的思維。

．　．　．

　　用心體會認知失調的運作方式，就是控制其影響的第一步，不過兩大心理障礙依然存在。第一道障礙是將錯誤視為無能和愚蠢的證據。第二道障礙，則是將人格特質（包含自尊）視為根深柢固、無法改變的特性。秉持這兩種想法的人通常都不敢承認錯誤，因為他們認為犯下錯誤代表他們是十足的蠢材。他們無法將錯誤跟身分認同和自尊區隔開來。雖然多數美國人都知道自己該說：「我們從錯誤中學習。」但內心深處，他們壓根就不相信這句話。他們認為犯錯代表他們很笨。他們之所以無法從錯誤中學習，恰恰就是因為有這種觀念。

　　美國大約有四分之一的成年人，都曾經落入各式各樣的騙局中。有些騙局很無聊，有些則事關重大，例如：「恭喜你贏得一輛全新的賓士車，只要你先把這筆稅金轉給我們，我們就會把車交到你手中。」「我們這裡有一些金幣，你只要花市值的十分之一就能買下。」「這張神奇的床能治百病，不管是頭痛還是關節炎，都不是問題。」或是「你的姪子或孫子在外國港口陷入緊急醫療困境，需要一筆錢來度過難關。」各年齡層的美國人因電話營銷詐騙損失數百萬美元，但老年人的損失最為慘重。在各種騙局中，老年人被騙的錢是年輕人的好幾倍。

　　詐騙犯對認知失調跟自我辯護瞭如指掌。他們知道，當那些自認聰明又有能力的民眾，發現自己在雜誌訂閱詐騙（沒錯，這種詐騙依然存在）上花了好幾千元美金，或是受到誘騙與迷人的線上羅

密歐（或茱麗葉）談戀愛時遭到詐財，很少人會靠承認自己很蠢與無能來消減失調。反之，很多人會花更多的錢來回收沉沒成本，也就是他們的損失，藉此合理化一開始花的那筆錢。這種消減失調的方式能維護他們的自尊，實際上卻絕對會使他們進一步受害。他們會說：「只要訂閱**更多**雜誌，我就會贏得大獎。」或是「我知道靠傳電子郵件來愛上彼此是不太可能的事，但我匯錢給他，讓他有辦法來找我，因為我們的感情是真的。」以及「那些提供投資建議的人都很善良體貼，他們絕對不會騙我，而且他們的廣告還是在基督教電台播的。」有些年紀較大的長者容易用這種方式降低失調，因為他們之中有很多人已經開始擔心自己正在失去，失去能力和金錢。而且他們不想讓成年子女有理由掌控他們的生活。

理解認知失調的運作方式，不僅能讓我們重新思考自己身處的混亂局面，更是協助親友走出困境的有用技能。雖然是出於好意，但很多時候我們的介入往往讓情況惡化，因為我們會對受騙的親友喝斥、教訓、脅迫、懇求或是恐嚇。社會心理學家安東尼‧普拉特卡尼斯（Anthony Pratkanis）調查騙子對老年人下手的方式，並搜集家人懇求被騙的親人的心酸故事，他們會說：「你難道看不出來那傢伙是個騙子、他的提議是騙局嗎？你被詐財了！」普拉特卡尼斯表示：「諷刺的是，這種忍不住想說教的衝動，可說是親友協助受騙者的下下策。訓話只會讓受害者更防備，將他或她進一步推向詐騙分子的魔爪。」只要了解認知失調，你就知道為什麼了。大喊**「你到底在想什麼？」**只會造成反效果，因為這代表「天啊，**你也太笨了吧！」**這種指責會讓早已很尷尬的受害者更退縮與自我封

閉，更不願意告訴別人他們在做什麼。而他們所做的，就是投入更多金錢或購買更多雜誌，因為他們現在真的有動機要拿回家族積蓄，證明自己不笨也不老，讓家人知道他們的思維完全是合理的。[20]

所以普拉特卡尼斯說，在詐騙受害者慢慢從困境抽身之前，他或她需要感到被尊重與支持。樂於幫忙的親友能鼓勵受害者分享自己的價值觀，談談這些價值觀如何影響發生在他們身上的事情，並且在傾聽時不加以批判。與其不耐煩地問：「你怎麼可能會聽那個混帳的話？」應該平靜說：「告訴我，這個人有什麼地方吸引你，讓你願意信任他？」騙子會利用我們身上最棒的特質，例如善良與禮貌，以及履行承諾、回饋禮物，或者是幫助朋友的渴望。普拉特卡尼斯表示，就算這些價值觀讓受害者在特定情況下陷入水深火熱之中，只要讚美受害者擁有這些難能可貴的價值觀，就能抵銷他們內心不安與無能的感受。

在美國文化中，錯誤與愚蠢之間的關聯是如此堅不可摧，以至於當我們發現並非所有文化都將犯錯和愚蠢劃上等號時，會感到十分驚訝。1970年代，心理學家哈羅德‧史蒂文森（Harold Stevenson）和詹姆斯‧斯蒂格勒（James Stigler），對亞洲與美國學童在數學表現上的落差深感興趣，他們發現在五年級的學生中，分數最低的日本班級，表現遠勝過分數最高的美國班級。為了找出原因，史蒂文森跟斯蒂格勒花十年時間，比較美國、中國和日本的小學班級學習情境。目睹一名日本男孩吃力地在黑板上完成畫立體方塊圖的習題時，他們終於有所頓悟。那名男孩在台上畫了四十五分鐘，一直犯相同的錯誤，他們都替他感到越來越焦慮尷尬。但那名男孩完全沒

有顯得局促不安，這讓兩位來自美國的觀察者思考為何他們比他還緊張。斯蒂格勒回想後表示：「在美國文化中，犯錯需要付出極大的心理代價，但在日本似乎不是如此。在日本文化中，錯誤、失誤、困惑都是學習過程中的自然現象。」[21]（男孩最後終於在同學的歡呼下成功完成習題。）研究人員還發現，比起中國與日本的父母、師長和孩童，美國人更相信數學能力是與生俱來的，也就是說，假如你有數學天份就不用太努力，假如沒這個天份也沒必要嘗試了。相較之下，多數亞洲人認為數學方面的成就跟其他領域的成就一樣，是鍥而不捨、努力練習的成果。練習時難免會出錯，這才是學習和進步的方式。

在各種新手科學家與藝術家的教育中，犯錯是相當關鍵的環節。他們必須有實驗的自由：嘗試這個想法、行不通、再試另一個點子、放膽冒險、準備好接受錯誤的答案。美國學童都學過一個經典的例子，而且許多勵志網站依然會引用這個實例，只不過版本各有不同。愛迪生為了打造出第一顆白熾燈泡，他失敗了上萬次，而當他的助理（或一名記者）問到他的失敗經歷時，他回答：「我沒有失敗，我成功找出一萬種不適用的元素。」不過，絕大多數的美國孩童都沒有嘗試與冒險實驗的自由，而且錯十次就已經很嚴重了，更遑論錯一萬次。由於教職人員很合理地想衡量並標準化孩童的成就，孩童必須不斷接受考試測驗，這也讓學生更恐懼失敗。讓孩子學習成功固然重要，但學會不要害怕失敗也一樣關鍵。只要孩童和成人害怕失敗，他們就不敢冒險。他們禁不起犯錯。

心理學家卡蘿．杜維克（Carol Dweck）的研究，針對史蒂文森

跟斯蒂格勒發現的文化差異提出一項解釋：一般來說，美國孩童認為犯錯會顯得他們天生能力不足。在杜維克的實驗中，有些孩童因為努力克服新的挑戰受到誇讚，其他孩童則因智商與能力獲得讚美，像是：「你真是天生的數學天才啊，強尼！」許多因為努力嘗試而被讚美的孩童，即便他們嘗試的成果是錯的，最後的表現仍優於那些因天生能力被稱讚的孩子，而且也更喜歡他們所學的事物。另外，他們也更有可能將錯誤和批評，視為能幫助他們進步的有用資訊。相較之下，因天生能力得到稱讚的孩童，更在意別人是否認為他們能力很強，不太在乎自己到底在學什麼。[22] 假如沒有表現好或犯了錯，他們就會變得更戒備，而這種反應也讓他們掉入自我挫敗（self-defeating）的循環：假如他們沒辦法好好表現，為了解決隨之而起的失調（我很聰明，但還是把事情搞砸了），他們會直接對正在學習的事物失去興趣（如果我想要，我就辦得到，但我不想）。

這個道理對各年齡層的人來說都相當受用：我們不該將錯誤視為該被否決或需加以辯解的個人挫敗。錯誤是生命中無可避免的面向，能協助我們改善工作表現，做出更好的決定，並且持續成長茁壯。

• • •

人類心智其實渴望達成協調，還會否決任何質疑自身信念、決定或偏好的訊息。只要了解這點，我們就能學會對犯錯的可能性抱持開放的態度，並且放下對正確的需求。自信是很棒很有用的特

質。任誰也不希望治療自己的醫師永遠處於不確定的狀態，無法決定該如何治療我們的疾病，但我們都希望能有一位願意學習、心胸開闊的醫師。多數人也不希望生活中缺少熱情與信念，否則人生就會失去意義與色彩，少了能量和希望。但是堅決維持自己的正確性，必然會使人變得自以為是。當自信和信念堅定如山，完全不受謙遜以及對錯誤的接受度所動搖時，我們就很容易跨過那條界線，從健康正向的自信轉為傲慢自大。在這本書中，我們碰到許多跨越那條線的人，例如：確信自己能判斷復原記憶是否屬實的精神科醫師；堅信自己不受利益衝突影響的醫師和法官；認為自己能準確判斷嫌犯是否說謊的警察；堅信自己將有罪者定罪的檢察官；確信自己對事件之解讀才是正確的丈夫或妻子；深信自己編寫的歷史才是唯一歷史的國家。

　　大家在一生中都免不了面對艱難的抉擇，而我們做的決定並非永遠正確明智。有些抉擇相當複雜，我們無法預期之後得面對哪些後果。假如我們能抗拒誘惑，不要以過度堅決和過度自信的方式替自己的行為辯解，就能以開闊的胸襟去同理他人，欣賞生命的複雜之處。舉例來說，對我們來說正確的決定，對別人而言或許未必是對的。一位我們稱為珍妮（Janine）的女子說：「我親身體驗過何謂艱難的抉擇。」

　　我決定跟結婚二十年的丈夫離婚時，我的其中一個女兒認為這是對的決定，她說：「怎麼拖到現在才離？」另一個女兒卻認為這是場災難，她氣我氣了好多年。我努力在心中和腦中解決這個衝

突，試著替自己的行為找藉口。我責怪女兒不接受我的決定，也不理解我的原因。就這樣想著想著，最後我將自己變成德蕾莎修女，女兒則成了自私又不知感恩的死孩子。但時間一久，我發現自己沒辦法繼續這樣下去，我好想她。我還記得她甜美、善解人意的性格，我發現她其實不是死小孩，只是因為父母離婚而錯愕難過罷了。最後我跟她面對面坐下來，告訴她，雖然對我而言，我依然認為離婚是對的決定，但我終於理解這對她帶來多大的傷害。我告訴她，我已經準備好聽聽她的想法了。她說：「媽，我們去中央公園野餐聊天吧，像我小時候那樣。」我們就照她的意思去了，而那也是我們母女和解的起點。現在，只要我興高采烈認為是絕對正確的決定遭到質疑時，我就會重新思考一遍。就是這樣。

珍妮沒必要承認自己犯了錯，以她的角度來看，她的決定並沒有錯。不過她仍得放下自我辯護的渴求，不能堅持自己的決定對女兒來說也是正確的。此外，面對被她的行為所傷的女兒，她也必須展現同情心，苦其所苦。

第二幕：自我疼惜的艱困之旅

「美國人的人生沒有第二幕。」
　　　　——F・史考特・費茲傑羅（F. Scott Fitzgerald）

某天下午，艾略特跟著名詩人朋友大衛・史瓦格（David

Swanger）熱烈討論費茲傑羅的知名格言。

「這句話的意思是我們沒有第二次機會，」史瓦格接著說，「我們沒辦法從先前的失敗中站起來。這就是為什麼每次有政治家、運動員或其他公眾人物復出時，有些評論員會用那些人的成功來反駁這句話。」

「美國人都不上劇場看戲的嗎？」艾略特回應，「傳統戲劇中有三幕。費茲傑羅的格言，跟什麼第二次機會無關，那句話想探討的是另一個更有趣的議題。還有，在美國文學中，費茲傑羅筆下的蓋茲比（Gatsby）就是重新站起來的最佳例證。難道你以為他不曉得什麼是重整旗鼓、再次復出嗎？」

「但這是最常見的解釋。」史瓦格表示。

「其實在經典戲劇中，第二幕是行動所在。」艾略特指出：「不管是在現實生活還是戲劇中，你都沒辦法直接從第一幕跳到第三幕。跳過第二幕是非常危險的，因為在激烈動盪的第二幕中，我們會與自己的魔鬼面對面對質，像是自私、不道德、殺人的念頭和悲慘的決定。這麼一來，進入第三幕的時候，我們就已經學到一些教訓和道理了。費茲傑羅想表達的，是美國人習慣跳過第二幕，不想經歷伴隨自我探索而來的痛苦。」

艾略特在 1960 年開始教書時，曾利用費茲傑羅的觀察提出一項見解。如今，在我們倆對於與失調共存的看法當中，他提出的見解就是核心概念。第一幕是劇情設定，也就是點出劇中主角必須面臨的問題或衝突。第二幕是掙扎，主角在第二幕中與背叛、失去或危機角力抗衡。第三幕則是救贖，也可說是解決問題，主角要不是

取得勝利就是在失敗中倒下。[23] 在課堂上，艾略特用《推銷員之死》（*Death of a Salesman*）這部非常重要的美國戲劇，來證明費茲傑羅的觀點，顯示美國人會盡快略過掙扎奮鬥的第二幕。威利·羅曼（Willy Loman）的大哥班（Ben），也就是畢甫（Biff）與哈比（Happy）的叔叔，是一位超級富有的成功人士，他就是美國夢的象徵。

> 威利（對兒子說）：兒子！兒子！聽好，他叫班，是你們的叔叔，他真的很了不起！快跟我兒子說你是怎麼辦到的！
>
> 班：哎呀，這也沒什麼，我 17 歲的時候走進叢林，21 歲的時候走出來，走出來的時候就這麼有錢了！
>
> 威利（對兒子說）：你們看，老爸不是一天到晚這樣跟你們說嗎？最偉大的事真的有可能成真！

「叢林裡到底發生了什麼事？」艾略特會這樣問學生：「這才是故事的精華！這就是第二幕！班是怎麼辦到的？他是怎麼解決問題的？他究竟是如何致富的？他有幫助別人嗎？還是殺人？還是偷拐搶騙？他到底學到什麼？他能把自己在叢林中得到的經驗傳授給姪子嗎？」

我們在寫這本書的第一版時，對於是否該探討認知失調的另一個面向有不同看法。從另一個面向來看，對於無法替自己造成的傷害或糟糕的決定辯解、無法原諒自己的人來說，認知失調會造成極大的痛苦。艾略特認為我們不該花太多篇幅談論自我原諒，他擔心

讀者會忽略第二幕的重點。他說：「我不希望大家在第二幕走捷徑。光是說：『欸，我幹了壞事，我不會再犯了，現在我一定要原諒自己。』這樣是不夠的。自我疼惜（self-compassion）是很重要沒錯，但我們的目標不是用 OK 繃把傷口蓋起來，而是採取積極主動的行為來讓傷口癒合。不管是在宗教儀式中還是公開場合，大家都有辦法懺悔、承認自己做了一件壞事並感到抱歉，但如果他們**不明白**那件壞事是什麼、**不懂**自己以後不能再犯，那有沒有懺悔根本沒差。」

簡單來說，表面上的自我疼惜跟努力掙來的自我疼惜有很大差別。這項差異現在特別重要，因為近幾年來，正向心理學中有一股越來越顯著的趨勢，強調自我疼惜能帶來情緒、認知甚至是動機上的益處。這個概念這麼光明正向，大家應該沒什麼好反對的吧？不過，事實不像表面上看來那麼單純，這個概念很容易被過度簡化成一句流行的口號。

心理學家蘿拉・金（Laura King）跟喬舒亞・希克斯（Joshua Hicks）認為，要判斷一個成年人是否夠成熟，就要看他是否有能力面對自己錯過的目標或錯失的可能自我 ❶，以及是否能夠承認自己因為沒做某件事、未完成某個夢想，而感到懊悔與悲傷。他們寫道：「錯失的可能自我，指的是個體對原本會追尋的自我所抱持的記憶，其中包含『要是』這種假設語氣。」要是我的小孩沒有唐氏症就好、要是能有自己的小孩就好、要是另一半沒有在跟我在一起

---

❶ 可能自我（possible selves），指的是個體針對未來定位的自我描述，也就是我們想要成為的自我，或是對個人潛力與未來形象的投射。

二十年後離開我就好。回想這些落空的期望，會折損快樂與幸福感。以我們的方式來說，這會產生痛苦的失調感。不過金跟希克斯補充：「闡述表達事情原先的可能走向，這個舉動或許會讓個體的感受能力變得更細膩、不那麼僵化死板，也許還能讓快樂的意義更豐富多元。『損失是有價值的』，這句話不只是老生常談。在各種負面事件中尋找光明面的行為，或許是美國人特有的本能，不過我們認為以積極、自我反思的方式奮力找出一線曙光，這就是成熟的關鍵要素。」[24] 沒錯，成熟代表以**積極、自我反思**的方式，努力接受失落感引發的認知失調，像是沒有達成期望、沒有好好把握機會，以及未能成功克服挑戰等，這些挫折都以我們無法預期的方式改變我們的生活。

為了達到這個境界，我們必須將套用在他人身上的疼惜與悲憫之心用在自己身上。金跟希克斯在研究中發現，心理幸福感最低的樣本，都認為早年的自己是「可笑」、「走錯路」或「愚笨」的，而且無法從逝去的夢想中看出任何好處或收穫。然而，那些心理幸福感最強烈的人，已經能以研究人員所謂「異常殘酷的視角來看待從前的自己」。有位女子說：「我該說自己以前是個白癡嗎？我不曉得自己當時夢寐以求的，到底是什麼樣的生活。」不過，現在她已經能帶著憐憫之心看待逝去的自我，回望那個因為天真所以能被原諒的自我。最幸福、最成熟的成年人有能力擁抱生命中的失落，並將失落轉化成真切感恩的源頭。不過研究人員表示，要有這番體悟和轉變，靠的並不是陳腔濫調或盲目的樂觀態度，而是在具有多樣面貌的生活中探索，找出真正積極正向的面向。

話雖如此，我們又要如何在做出自認無法原諒的行為後，原諒自己？在我們可能犯下的錯誤中，造成無辜者死亡大概是最極端的過失了。正如喬納森・沙伊所說，這種錯會在人的「心靈留下傷疤」。在以下兩例中，兩名男子以不同方法來治療這道傷疤。

當年十九歲的瑞奇・蕭（Reggie Shaw），開著休旅車去上班。他一邊開車一邊傳簡訊，沒有專心注意前方，結果越過黃色分界線，猛力撞上一輛對向來車。那輛車打滑失控、撞得稀巴爛，駕駛跟乘客雙亡。在因過失致死罪受審之前的那兩年，瑞奇・蕭否認所有罪責。後來，他聽了科學家在出庭作證時描述分心的心理論述，包括：大腦如何對分散注意力的需求做出反應；傳簡訊會如何讓人更分心；傳簡訊如何損害我們對危險的準確感知。簡單來說，套用專家的說法，就是描述科技如何造成「神經劫持」（neurological hijacking）。麥特・瑞希特爾（Matt Richtel）針對此案寫了一本書，他說瑞奇自從對分心的大腦科學有更進一步的認識，也面對其他無可反駁的證據之後，他對開車時使用手機的反彈就更強烈。瑞奇只被判短暫監禁與社區服務，但他對自己判的刑罰卻嚴重得多。從那時起，瑞奇就開始向任何願意傾聽的人講述自身故事，對象包含高中生、運動員、政策制定者和立法者。每場講座開始他都會這麼說：「我今天來有一個原因，就是讓你們看著我……然後說：『我不想成為那個人。』」起訴瑞奇的檢察官對瑞希特爾說：「我從沒看過有人像瑞奇・蕭這麼努力彌補自己的過錯。真的，從來沒有。」法官也說：「他是我見過表現最積極、試圖透過行動來促成改變的人。」[25]

有些人不希望讓心靈傷疤癒合。他們用傷痕來提醒自己之前曾做過什麼事，將其視為對漠然與遺忘的抗議。我們碰過最動人的真實案例，是艾瑞克·費爾（Eric Fair）寫的一篇文章。2014年，他以簽約審訊者的身分駐紮在伊拉克阿布格萊布監獄。十年後，他在美國大學教一堂寫作課。他寫道：「那堂課的課名是『戰爭寫作』，這讓過去十年來縈繞不去的記憶更鮮明。我在監獄中虐囚。阿布格萊布的記憶，主宰我人生的每分每秒。」後來，他讓學生看虐囚案中最具代表性的照片，被拘留者在影像中遭到折磨凌虐。他說：「看著學生茫然的神情，我發現我能讓自己獲得強大的解脫感。阿布格萊布會被淡忘，我的罪行也會逐漸淡去。但只有在我允許之下，這些往事才會離我遠去。」

艾瑞克·費爾不想讓這段往事被時間沖淡。向美國陸軍刑事調查司令部（U.S. Army's Criminal Investigation Command）自首後，他繼續向邀請他演講的聽眾描述自己在獄中的行徑。「該說的我都說了。騙自己說最好的辦法是將往事拋在腦後，要這樣自欺欺人並不難。」[26]

那天，我站在講台上面對學生，試圖用漠然的態度來沖淡歷史的痛苦真相。我早就不必繼續背著前阿布格萊布監獄審訊者的身分。我是理海大學的教授。我只要改改考卷，在講台上說些聰明的漂亮話就行。我兒子可以搭公車去上學，大方跟朋友談論他爸的工作。談到我，大家都能感到與有榮焉。

但我不是。我曾經是阿布格萊布的審訊官。我曾經凌虐囚犯。

費爾並沒有為了消減失調感，將自己在阿布格萊布的行為拋在腦後，或是替虐囚行徑找藉口，例如辯稱自己不得不這麼做、這是工作的必要環節，或者說自己只是按照長官命令行事等等。反之，他選擇見證歷史，選擇面對人類心理最醜惡的一面。他想提醒學生「這個國家並不是永遠都值得人民驕傲」。他不想遺忘，不想自我原諒。這是他的道德抉擇。

不過，艾瑞克·費爾似乎正處於他個人的第二幕。他並沒有反覆、漫無目的地自我鞭笞，而是**與自己的惡魔搏鬥**。透過向每班學生揭露自己在阿布格萊布的惡行，他一步步找出與過往和解的方法。一方面無需將過往徹底遺忘，同時又不會讓那段記憶主宰「人生的每分每秒」。透過他使用的語言，我們能看出他會如何與這段經歷和解。他說：「我曾經虐待囚犯。」而不是說：「我是一名虐囚者。」藉由這種表達方式，他能將自己的行為與身分區隔開來，而這正是讓我們與自己遭受譴責的行為共處的能力。費爾的兒子可能不會對父親在伊拉克的行徑感到驕傲，但費爾勇敢的誠實態度和彌補的決心，絕對能讓兒子感到光榮。而他彌補的第一步，就是讓家人、學生和同胞知道自己學到哪些沉痛的教訓。

大家都能將這番理解帶進個人生活：過去的行為，未必得跟現在的我們以及自己未來想成為的模樣混為一談。過去的自我不需要成為未來的自己的藍圖。若想朝救贖的方向前進，我們得先了解，現在的自我除了**涵蓋**自己曾做過的事，同時也**超越**過往的總和。而要超越過去的自己，我們就得用慈悲之心來自我疼惜。

真正的自我疼惜並非一蹴可幾，而是一段漸進的過程。自我疼

惜並不是要我們忘記過往的傷害或錯誤，例如「哎呀，其實我也是個不錯的好人，所以我會對自己好一點，繼續向前看。」這不是自我疼惜。你或許是個善良的好人，但你也曾經深深傷害別人。這就是現在的你的一部分，是你身分中的一塊拼圖，但這沒必要成為你的全部。除非你一直在不經思考之下自我辯護，不然過去的行為未必得決定你現在的模樣。

　　我們在前一章談到，面對美國國會參議院情報特別委員會對中情局提出指控、揭露中情局「強化訊問技巧」計畫中的殘暴行徑與謊言時，美國社會是作何反應。許多國會議員和政治評論家斷然表示那些惡行其實是第一幕，完全沒有呼籲政府或中情局展開艱辛的改革工程。那是我們在九一一事件發生後採取的行動，早就成為歷史了。過去無法追溯，錯誤現在已經無法彌補，我們已經來到第三幕。《福斯新聞》一評論員安德莉亞・坦塔羅斯（Andrea Tantaros）就清楚體現這種思維，她說：「美利堅合眾國真的很了不起。**我們**非常了不起。但這件事我們已經討論過了，討論也已經落幕。參議院情報委員會成員之所以想討論這件事，並不是想顯示我們有多了不起，而是想讓我們知道，我們其實也沒那麼了不起。他們替某些事情道歉。」[27]（她雲淡風輕地用**某些事情**這四個字來帶過虐囚行徑？）唉，要是安德莉亞・坦塔羅斯了解她的國家需要多花點時間在第二幕，那才是真正了不起。

・　　・　　・

　　我們或許擺脫不了認知失調，但我們有能力調整自己看待錯誤

的方式。在蓋茨堡之役（Battle of Gettysburg）的皮克特衝鋒（Pickett's Charge）中，邦聯軍將軍羅伯特・李（Robert E. Lee）率領的軍隊，與北方聯邦軍經歷慘烈血戰，他旗下的一萬兩千五百名士兵中有半數遭敵軍殲滅，事後他表示：「這都是我的錯。我超出限度，對部下提出過多要求。」[28] 李是一名犯下判斷嚴重失誤的偉大將軍，他沒有因為犯下這個錯而成了無能的軍事領導者。假如羅伯特・李能擔下失去幾千條人命的責任，交通法規教室裡的所有學員絕對也能承認自己闖紅燈。

現代軍隊中也有少數幾位像羅伯特・李這樣的人物。從 2005 年至 2013 年在伊拉克和阿富汗指揮部隊的退休中將丹尼爾・博爾格（Daniel Bolger），曾發表一篇公開道歉文。他寫道：「在我的無知、傲慢，以及戰爭無情的命運推波助瀾之下，有八十名男女士兵死於敵軍之手，受傷人數是死亡人數的三倍多。正如李將軍在蓋茨堡之役中所說，這些人命都是我的錯。」

身為將軍，我們不了解自己的敵人，從來沒有將敵人壓制住、沒有集中自己的力量，而且還太擅長在搞定舊的對手之前製造新的敵人……我們陷入不只一場，而是兩場長期且無法平息的反叛亂鬥爭，但我方能力根本不足以應付這場戰事。一次又一次，我跟其他將軍發現我方戰略未能奏效，卻沒有重新考量自己的基本假設。我們對敵軍與對自己的理解有誤，也完全沒有加以質疑……到頭來，就算我們再勇敢、技巧再高超，還是會被無知與傲慢所誤。身為將軍，我真的錯了，而且還是跟其他同儕將領一起錯。[29]

博爾格中將願意正視美國在中東造成的慘烈災難，這點實在激勵人心。不過正如薇薇安‧戈爾尼克的處境，要是她沒有等到 65 歲才發現感情關係失敗其實自己也有錯，她可能會過得快樂許多。我們同樣有權利希望博爾格中將跟其他領導人，能夠及早表達自己的想法。假如政治與軍事領導人能在走到懸崖邊前改變方向，災難或許就不會繼續惡化。博爾格將任務與使命留給下一代軍事領導人，讓他們繼續找出「反恐戰爭」的打擊辦法，如他所說，就像美軍在越戰失敗後「嚴厲堅定地自我審視」那樣。他寫道：「好的與壞的想法、記取的教訓、再次學到的教訓，以及還沒學會的課題，這些都該接受徹底的檢視與討論。」他說的確實沒錯，但來不及了，有可能已經太遲。我們不能一直把過去的仗拿出來打，更遑論已經輸掉的戰役。我們不僅需要深刻理解當時出了什麼錯，更要清楚知道現在的問題出在哪，才能做好更萬全的準備，面對當前決定**可能會導致的差錯**。我們需要艾森豪（Dwight Eisenhower）的策略。

1994 年 6 月，艾森豪身任盟軍的歐洲最高指揮官，他必須做出一項重大軍事決定。他了解即便是在最好的情況下，入侵諾曼第（Normandy）還是會造成慘重損傷，而當時的情況可說是非常不理想。假如入侵失敗，數千支部隊會因此喪生，失敗的羞辱感會使盟軍士氣低迷，並讓軸心國軍心大振。儘管如此，艾森豪已經做好準備。要是入侵行動帶來慘烈後果，他決定全權承擔責任。他擬了一份簡短的講稿，預計在入侵行動出錯時發表。講稿全文如下：

我軍位於瑟堡（Cherbourg）與勒哈佛爾（Havre）地區登陸，但未能拿下令人滿意的據點，部隊已奉命撤離。我是根據最充分全面的現有資訊，來決定在這個時間與地點發動攻擊。陸海空三軍皆無比英勇，盡忠職守。倘若此次登陸行動出現任何過失、招致任何責罵，責任由我一人承擔。[30]

寫完這份講稿後，艾森豪做了一個微小卻至關重要的改動。他將第一句話的後半段「部隊已奉命撤離」刪掉，將被動語氣改為主動：「我已命部隊撤離」。「我」這個字的氣度與力道，數十年來令人傳頌不已。

總而言之，國家的聲譽或個人整體表現，都跟是否曾經犯錯無關，而是取決於犯錯後採取哪些行動。詩人史帝芬・米歇爾（Stephen Mitchell）以頗富詩意的筆法，詮釋中國哲學家老子的《道德經》，他寫道：

偉大的國家如同偉人，

犯錯時，他會意識到自身過錯，

有所意識便會予以承認，

承認後再加以改正。

對他來說，點出錯誤者即是最慈善的良師。

9

衝突、民主與政治煽動者

人若自欺，聽信自己的謊言，終將無法分辨內心或外在周遭的真相，因而失去所有對自己與他人的尊重。失去尊重，他也不再有愛。他用激烈的情感與粗俗的歡愉，來填補缺愛的空洞、分散注意力，在暴行中墮落沉淪。這都是因為他不斷對自己與他人撒謊。

——杜斯妥也夫斯基，《卡拉馬助夫兄弟們》

2019 年 12 月 24 日

　　親愛的讀者：我們最好將本章節當成一份進行中的計畫。起初，我們決定用這個版本的最後一章來探討唐納・川普。比起探討其他失調理論的應用，我們更該了解擔任總統的他，是如何進一步拉大政黨、朋友與家庭成員間看似無法跨越的鴻溝。遺憾的是，完稿的手稿必須再經過幾個月的編輯才能成書，這就是為什麼你在讀到這段文字的當下，會比 2019 年底（對你來說，這彷彿已是上輩子的事）的我們更了解川普和他的命運。

　　川普的性格和他的總統職權同樣波動劇烈，我們無法預料他未來會是何種模樣。激烈分化的眾議院通過兩項針對川普的彈劾條款：濫用總統職權向屬於外國勢力的烏克蘭施壓，透過挖掘政治對手拜登（Joe Biden）的醜聞來干涉選舉；拒絕與國會聽證會合作，禁止關鍵助手出面作證，因而妨礙國會進行。在眾議院情報委員會聽證會上，各國大使、國家安全委員會官員、國務院和外事處人員，所有人都證實川普的各種行徑確實符合他被指控的名目，他的圈內人也都心知肚明。共和黨人一致反對彈劾川普的決議，但是又未對呈堂供證提出異議。他們都稱那幾場聽證會是假象和騙局，這完全符合認知失調理論的預期。

　　有些朋友跟同事認為我們瘋了，竟然想在書中探討現今的政局，因為過了一天、一週、一個月或是一年，書裡的資訊很有可能會成為明日黃花。有位朋友就說：「他可能被罷免、連任、輸掉總統大選、與伊朗開戰、在美國引發內戰，誰說得準呢？」

我們當然說不準。但身為社會科學家，我們確實有很多話想說，想探討川普的個案研究，能如何讓我們深入了解另一個更宏大的議題，那就是所謂的川普現象。2016 年，六千三百萬美國公民把票投給他，有些人懷抱滿腔熱情，有些人則帶著不信任和懷疑，但他們都希望川普上任後，能滿足他們在政治、經濟和情感層面的需求。支持者希望他能讓工廠繼續運作、與別國達成有利於經濟的協議，同時也希望由專業人士組成的行政團隊能控制他毫無節制的言行。即便川普的行徑愈發離譜、難以捉摸，還滿嘴謊言，總是拋出激進煽動、分化族群的言論，使他的支持者感到強烈失調，多數川普支持者在透過選票對他立下最初的承諾後，依然對他忠心耿耿。因此，我們不僅會在本章專注探討川普本人，也會研究那群堅毅不移的川普追隨者。我們將分析他們那強度不斷攀升的自我辯護，如何侵蝕一個國家的精神與根本的重要制度。正如失調理論所預期，社會上只會有一小群川普支持者改變自己對他的看法。要改變對他的觀點，需耗費龐大個人、專業與心理成本，因此我們一定要深入了解這群人為何以及如何改變認知。

· · ·

讓我們先從一個歷史故事講起，這個故事能作為當代的借鑑。故事主角基本上是一位正直的人，他本著一番好意，為了達到個人追求的人道目標，同意支持一位強勢領導人過度激進的政治行為。然而，這個決定最後竟然走偏了。怎麼會？答案就是：循序漸進、得寸進尺。

多數人都曉得庇護十二世（Pope Pius XII）在二戰期間與納粹合作。但庇護十二世的前任，也就是在 1922 年當選教宗的庇護十一世（Pope Pius XI），與在同年獲選為義大利總理的貝尼托・墨索里尼（Benito Mussolini），兩人之間其實也有所連結，這點反而比較不為人知。除了義大利天主教徒普遍的反猶主義之外，庇護十一世和墨索里尼幾乎沒有任何共同點。在教宗當選到逝世的這十七年間，他們其實只見過一面。墨索里尼並不是天主教會的盟友，年輕時的他甚至有「食神父者」（mangiaprete）的稱號，而且後來他的法西斯特別行動小組還時常攻擊神父，恐嚇由宗教青年會社串連而成的公教進行會（Catholic Action）的成員。自從義大利在 1861 年成為民族國家以來，整個國家就特別強調自由與非宗教的價值，教宗一直擔心墨索里尼會繼續攻擊、騷擾教會。不過庇護十一世並非法西斯主義者。他在 1926 年頒布一項禁令，禁止天主教教徒參與右翼、原法西斯主義的法蘭西運動（Action française），此運動是由法國最激進的反猶分子發起。

在《教宗與墨索里尼》（*The Pope and Mussolini*）這本榮獲普立茲獎的歷史著作中，大衛・科澤（David Kertzer）詳述了墨索里尼征服教會的策略。[1]墨索里尼深知梵蒂岡的支持，能大幅合理化他的暴力法西斯政權，因此當上義大利總理後，他就開始循序漸進拉攏教宗。向新議會發表的第一場演說中，墨索里尼承諾會建立一個適合天主教國家的天主教政府，並且尋求上帝的協助。義大利建國以來，從來沒有領導人做過這番舉動。庇護十一世有些寬心，但還是很忐忑。科澤寫道：「如果教宗能確定墨索里尼會努力恢復教會

在義大利的影響力，他就不會緊咬墨索里尼過去的反教權主張不放……教宗完全沒有幻想墨索里尼自己會接受天主教的價值觀，並認為他的終極目標只是提高個人權位。不過，倘若教宗能信任墨索里尼會履行承諾，他會願意考慮與墨索里尼立下務實的協議。」[2] 這就是第一步。

墨索里尼開始以行動證明自己是一位好的天主教徒。他命令內閣在羅馬的無名戰士紀念碑祭壇上跪拜禱告，還讓孩子跟妻子（她鄙視天主教會）受洗。他出資修復在一戰中被破壞的教堂，要求在法院、醫院和教室中裝設十字架。先前身為食神父者的他，立法禁止民眾侮辱神父，違者即犯法。他更下令所有小學都必須傳授天主教思想。他接納教宗對「異端」的撻罰，對新教書籍、切薩雷·波吉亞（Cesare Borgia）傳記，以及令梵蒂岡反感的刊物頒布禁令。墨索里尼向庇護十一世保證，他不會對猶太人做出任何教會還沒做過的事。就這樣，達到梵蒂岡冀望的宗教目的後，教宗感到心滿意足，壓下心中對墨索里尼的法西斯極權手段的各種擔憂。第二步，庇護十一世就上鉤了。

不過，墨索里尼私下仍繼續支持其追隨者對公教進行會暴力相向。庇護十一世非常關愛呵護這些青年團體，如科澤所言，教宗將他們視為「使義大利社會再次基督教化的地面部隊」。這些襲擊事件令教宗震怒，但墨索里尼「相當擅於用暴力來替自己謀利，他讓教宗相信自己是全義大利唯一能鎮住鬧事者的人」。[3] 肇事者很少被逮捕，更不用說受罰了。

1929 年，梵蒂岡與義大利政府簽署正式協議。庇護十一世非

常高興，因為除了其他贈與教會的禮物，協議還明定天主教是義大利「唯一的國教」。墨索里尼也很開心，因為協議能讓相信或希望教宗反對法西斯政權的天主教徒啞口無言。少了任何顯著的反對力量，墨索里尼對諂媚與奉承的渴望逐漸膨脹。不久後，他開始要求學童向身為法西斯黨領袖（Il Duce）的他禱告，要求他們把生命獻給他而非上帝。從教會的角度看，這正是十足的異端行為，但教宗並沒有抗議。全國各地的神父和主教都被召來慶祝墨索里尼的農業政策。因為怕觸怒墨索里尼，大家都動身前往。遊行穿過羅馬街頭的他們，將花圈獻給法西斯紀念碑而非天主教聖壇。墨索里尼現身時，神父都被要求要高聲歡呼，並為他祈福祝禱。1935 年，墨索里尼甚至將針對阿比西尼亞（Abyssinia，現為衣索比亞）的種族滅絕入侵行動稱為聖戰，誘使庇護十一世祝福此次入侵能成功。十萬名義大利士兵被送上戰場，藉此轉移社會對經濟困境的注意力。

在 1930 年代，儘管教宗對納粹主義的興起與其毒辣的反猶主義越來越警覺，他還是努力合理化教會從墨索里尼那得來的好處。教宗不擔心義大利的「猶太人威脅」，反而比較擔憂納粹對歐洲的迫害。為了不讓教宗公開發言抵制反猶主義，墨索里尼加以勸說，告訴教宗義大利的反猶跟納粹的反猶不一樣。此外，墨索里尼還說他對待猶太人的方式，絕對不會比教會先前的做法更野蠻殘暴。因此，教宗開始區分「好的法西斯主義」和「壞的法西斯主義」，前者承認教會的權利，後者則無。科澤寫道，在 1937 年，墨索里尼向德國外交部長吹噓，說操縱教會簡直易如反掌，他建議只要允許教會在校園中推廣宗教教育就行了。確實，公教進行會碰到一些小

麻煩，但墨索里尼很快就將梵蒂岡拉攏到自己的陣營。要達成這個目的，只需「向高級神職人員施一些小恩小惠」，例如提供些許稅收優惠或免費火車票。

來到 1930 年代中期，教宗再也無法忍受手段與目的之間的危險平衡，這全是他自己一手造成的。正如《教宗的最後聖戰》（*The Pope's Last Crusade*）作者彼得・埃斯納（Peter Eisner）所說：「教宗意識到，今天受難的是猶太人，之後就會輪到天主教徒，最後就是全世界。他從每天的當日新聞中發現，納粹會不計代價來統治全世界。」[4] 庇護十一世爭取到一名美國耶穌會士的支持，那人曾寫過關於種族歧視的文章。庇護十一世請他草擬一份教宗通諭，並在文中公開譴責希特勒、墨索里尼以及他們想殲滅全體猶太人的目標。臨終前，教宗祈禱自己能多活幾日，以便發表一場演說、傳遞真正的基督教訊息（容我們斗膽下此論斷），那就是盼望全人類最終都能因信仰而團結合一，因為「所有人、所有國家、所有種族，同樣身為人類、體內流淌相同血液的大家都緊密連結」。教宗還打算譴責「雅利安人（Aryan）和非雅利安人之間的婚姻禁令」。但為時已晚，教宗在隔日離世，未能發表演說。

他的繼位者，也就是隨後立刻成為教宗庇護十二世的歐金尼奧・帕切利（Eugenio Pacelli），命令教宗的祕書搜集所有與演說相關的筆記，還指示梵蒂岡的印刷廠銷毀每份影本。當時演講稿都已經完成印刷，可供發放了。印刷廠照帕切利的指示執行，還向他保證絕對「一個逗號也不留」。❶ 新任教宗的聖座大使向墨索里尼報告，表示教宗「相當認同法西斯主義，也對領袖感到由衷欽佩」。

緊接著，庇護十二世就解除天主教徒參加法蘭西行動的禁令。

．　．　．

　　講述教宗庇護十一世的故事時，我們無意暗指川普就是墨索里尼，不過他們確實有個非常重要的共通點，那就是他們展現所有煽動者的典型特徵，首先是浮誇的特質以及對讚美難以抑制的渴求。他們都用勸誘、獎勵和一些小誘餌來拉攏天敵，藉以達成自己的目標。他們都將自己塑造成唯一能解決國家問題的領導人。川普在接受共和黨提名時就說：「沒有人比我更懂這個體制，所以只有我能解決問題。」煽動者之所以能成功發達，靠的是那些為了換取政治利益而拋下道德異議的人，仰賴的是這些人的論據以及自我辯護。更重要的是，煽動者會操弄公眾偏見和無知、煽動憤怒與仇恨，犧牲毀損有憑有據的合理論述。

　　美國人都知道二十世紀最極端的煽動者是哪些人，像是希特勒、史達林和墨索里尼，但我們長久以來都在忍耐美國本土的煽動者。歷史學家羅伯特・達萊克（Robert Dallek）認為，美國的政治煽動者「可說是川普掌握政治權力的前鋒」[5]，尤其是 1930 年代的路易斯安那州州長休伊・朗（Huey Long）、1950 年代的威斯康辛州參議員約瑟夫・麥卡錫（Joseph McCarthy），和 1960 年代的阿拉巴馬州州長喬治・華萊士（George Wallace）。但這些人都沒有登上美國總統的職位。

---

❶ 過了二十年，庇護十二世死後，教宗若望二十三世（Pope John XXIII）公布演講詞節錄，但刪去批評法西斯政權的段落。完整全文直至 2006 年才公開。

顧名思義，煽動者需要一群仰慕他們的追隨者，而煽動者會利用引發恐懼這種萬年不敗的把戲，來創造一群崇拜他們的支持者。在共和黨全國代表大會的提名致詞中，川普舉出一連串值得恐懼害怕的事物：暴力犯罪；非法移民；「惡意殺害男人、女人與孩童」的恐怖分子；不斷攀升的犯罪率（這根本是在說謊，因為美國數十年來的犯罪率持續下降）；以及侵擾美國各城市的「損毀與破壞」。他說：「我要告訴大家一個消息，目前困擾我國的犯罪和暴力即將終結。從 2017 年 1 月 20 日起，安全將回歸社會。」要怎麼做？他會達成這個目標，單靠自己的力量。他還說：「我拜訪過被裁員的工廠工人，還有被惡劣且不公平的貿易協定壓垮的族群，他們是我國被遺忘的男男女女。他們勤奮工作，但已經失去發言權。今天，**我就要來為你們喉舌。**」

　　一般來說，煽動者之所以越來越受推崇，靠的就是在公民之間種下分裂的種子，以及鼓吹暴力，把各種問題推給代罪羔羊。在美國歷史上，沒有任何一位總統像川普這樣將「我們對上他們」的思維，渲染到如此極端的境界，更沒有人像他這樣默許讓「我們」以暴力來對待「他們」。他將身為民主基石的新聞自由稱為「人民公敵」，間接鼓勵支持者在衣服上印「絞索、大樹、新聞工作者：私刑召集」（NOOSE. TREE. JOURNALIST. SOME ASSEMBLY REQUIRED.）❷ 幾個大字（他們顯然覺得這個口號很幽默）。此外，他不斷謾罵外來移民，將他們稱為「入侵」美國的「暴徒」與「禽

---

❷ 意指對新聞工作者動用私刑，用絞索將他們掛在樹上施以絞刑。

獸」。2019 年 5 月，他在佛羅里達州集會上表示：「有什麼辦法能阻止這些人？根本擋不了。」群眾中有人大喊：「槍殺他們。」現場數千人開始鼓譟歡呼。川普笑了笑，開玩笑說：「只有在佛羅里達狹地，你才不會因為說這句話被怎麼樣。」兩個月後，一位白人至上主義者為了阻止「西班牙裔入侵德州」[6]，在厄爾巴索槍殺二十人。

　　煽動者被選進白宮，這可說是內戰以降美國民主面臨的最大內部威脅。比起支持布希的慘烈伊拉克戰爭，我們需要以更極端的方式來扭曲事實，才有辦法替川普的言行辯解。雖然沒有人能預測這位煽動者會掀起哪些波瀾，不過歷史清楚顯示，當一個國家受到煽動者左右和操弄時，是不會有什麼好下場的。煽動者不會在一夜之間，或是因為一場選舉而立刻崛起。煽動者之所以有如此大的聲量和影響力，是因為公民在做出每個自圓其說的決定後，信念與價值觀也會慢慢改變、轉移所致。循序漸進，得寸進尺。

選擇金字塔再度登場

　　本書使用的指標性譬喻就是選擇金字塔，不管是經過縝密思考還是出於衝動，民眾做出決定後，就會改變自己的態度來迎合那項決定，並開始忽略或駁斥所有顯示此決定有誤的資訊。在政治方面，民眾通常會用自己的政黨認同來做決定，因此多數選民在支持領導自身政黨的候選人時，都不太會感受到認知失調。「我是共和黨人（或民主黨人）。這就是我的身分，所以我會把票投給共和黨

（或民主黨）候選人。」不過，要是候選人的意識形態或行為，正是選民先前厭惡的理念或舉止，那會發生什麼事呢？

曾幾何時，共和黨人堅決反對共產主義，將前蘇聯視為「邪惡帝國」（雷根的說法），更將俄羅斯看作是資本主義的思想勁敵。此外，他們也不能容忍任何針對聯邦調查局或中情局的「激進左派」批評。那為什麼現在會有這麼多共和黨人，願意開始容忍美國總統與俄羅斯總統普丁（Vladimir Putin）的友好關係？為什麼面對俄羅斯干預美國總統大選的證據，共和黨人沒有心生憤怒？原本支持冷戰口號「寧死不紅」的他們，為何現在會大喊「寧死不選民主黨」？怎麼會有這麼多人忘記，當初簽署《空氣清潔法案》（Clean Air Act）的是共和黨的尼克森，現在卻決定支持一個想封殺所有環保政策的政黨？煽動者興風作浪、高聲咆哮時，為什麼這麼多人坐視不理？

到了 2016 年總統大選，美國公民已經掌握許多關於川普的資訊，例如：他承諾控制那些據稱非法湧入美國的大批墨西哥強暴犯和其他罪犯；他侮辱少數族裔、身心障礙者與女性；他謊稱自己的腳有問題，藉此逃避越戰徵兵；長久以來，他拒絕支付承包商或合約勞工酬勞；他不僅破產，還拒絕公布納稅申報單（他謊稱自己因為正在接受審計而無法公布，美國國家稅務局表示這是無稽之談）；數十年來，他歧視那些替他工作，或試圖在他的大樓中租屋的非裔美籍人士；幾場婚外情導致他數度離婚；許多女性出面指控他性騷擾；接受《走進好萊塢》（*Access Hollywood*）主持人比利·布希（Billy Bush）採訪時，他下流地說：「只要你是明星紅人，就可

以對女人做任何事，像是抓她們下體。」隨便從這些事實中選出一**項**，就能徹底葬送任何一位候選人的政治生涯，但川普的聲勢竟扶搖直上，他自己顯然也很意外：「就算我站在第五大道中央，隨便對一個人開槍，也不會流失任何選票，懂嗎？這真是太不可思議了。」對於理解認知失調的人來說，這根本沒什麼好不可思議的。

　　多數被逮到說謊、犯錯或言行偽善者，都會心生強烈的失調感，而且會想要用一連串的自我辯護來擺脫這些指控。川普之所以一路以來都不為所動，正是因為他被逮到的時候沒有感到認知失調。我們要有羞恥、內疚、同情和悔恨的能力，才有辦法感覺到認知失調，而他正好缺乏這些能力。他唯一想提出的辯解，就是聲稱只要他想要，什麼事他都辦得到，因為他是「心智健全的天才」，不管是什麼事他都比任何人還要懂。他無法從錯誤中學習，因為在他的自我說服之下，他不認為自己會犯錯。他做好萬全防堵工作，不讓失調感竄進腦中。他是典型的騙子，說謊對他來說是第二天性。你本來就是這種人，假如那些傻瓜要相信你，那是他們的問題。[7]

　　想像一下，回到 2016 年，一輩子都是共和黨人的你，或者支持民主黨但受不了希拉蕊・柯林頓的你，面對一位與歷任美國總統截然不同的候選人。你正處於金字塔頂端，必須做出抉擇。該往哪個方向移動呢？川普的一位支持者說：「他說的都是肺腑之言，都是他心中真正的想法。」而他說的話讓你很有共鳴，所以該滿心熱烈把票投給他嗎？即便川普具備某些民主黨人的性格缺陷，而你也非常唾棄這些缺點，但是當了一輩子的共和黨人，你知道他會遵照

共和黨的政治理念和目標來行事，所以可以把票投給他吧？雖然你不喜歡川普下流粗野的性格、他的風流韻事跟偏見，但是針對你非常關切的議題，他的立場跟你相同，像是墮胎、移民或以色列等，所以應該投他一票吧？不管你的政黨忠誠度有多高，都要忍耐一下把票投給川普，因為他至少不是「騙子希拉蕊」（Crooked Hillary，連續好幾個月，川普競選團隊都在演講和臉書廣告中重複使用這個詞）❸，對吧？坦白說，你對於發生在生活周遭的改變感到憤怒和恐懼，例如陌生的族群逐漸取得政治地位，家鄉的生活條件也不斷惡化，所以把票投給他吧？還是說誰也不投？

其實大家應該都忘了，在 2016 年的各階段初選中，多數共和黨選民都比較偏好另外十七位渴望獲得提名的候選人。（舉例來說，在第一輪初選，只有三分之一的選民投給川普，另外三分之二投給其他候選人。）8 雖然後來有許多觀察家認為有所謂的典型「川普選民」，但當時這種人根本不存在。把票投給川普的人，其實對各種議題都抱持不同立場，例如稅收、權益、移民、種族、同性婚姻、性別平權和其他社會議題，許多人先前還是歐巴馬的支持者。雖然共和黨人在大選**之前**對川普心存疑慮、看法不一，但在川普當選總統**之後**，他們對他的支持度卻是越來越高，而且幾乎未曾動搖。截至 2019 年中，儘管 65％的共和黨人認為川普的行為「有失總統格調」，但將近 90％都認同他的執政表現。

面對有失總統格調的總統，我們該如何解釋自己對他的支持？

---

❸ 在一則廣告中有兩只手銬，手銬的形狀代表 crooked 這個字的兩個「o」。而在集會上，川普理所當然地浸淫在群眾反覆呼喊「把她關起來」的口號聲中。

那還不簡單！如果你之前還只是在觀望，現在很有可能已經跳進他的陣營，畢竟你把票投給他了，而如果你已經投了他一票，就會希望自己當初的選擇符合你現在對他的觀感。不過你姐夫一直說川普當選根本是災難一場，還質問你當時到底在想什麼。由於認知偏誤的影響，我們只看得到自己想看的，並且會尋求證據來證實自己原先秉持的信念，所以選舉結束後，你只會特別留意川普有哪些你能認同的特點，並忽略那些你無法接受的缺陷。你會更常收看肖恩·漢尼提（Sean Hannity）的節目，因為他的見解和觀點能讓你進一步確定自己的決定是對的。而且，你對姐夫的評價本來就沒多高。如此一來，你成功將自己可能做出錯誤決定所引起的失調感降到最低。

我們先來探討那些原本對於要投票給他而感到嚴重失調，但仍然決定選他的民眾。這群人後來都發現自己必須努力替這個決定辯解。（別忘了，有48％的合格選民沒去投票，他們也為此找藉口說：「反正我有投沒投都沒差。」或「我不想要硬是在兩顆爛蘋果之間選一顆沒那麼爛的。」）煽動者來來去去，但自我辯護卻會永遠伴隨我們。

走下金字塔：「民主黨更爛。」

川普宣布競選總統後不久，米特·羅姆尼（Mitt Romney）和其他共和黨巨頭就發起「永遠拒絕川普運動」（Never Trump），極力阻撓川普獲共和黨提名。此運動明顯失敗，川普即將成為黨內提名

總統候選人時，有些共和黨員正式宣布離開共和黨，以此作為走下金字塔的第一步，著名保守派專欄作家喬治・威爾（George Will）就是如此。威爾說：「這不是我的政黨。」他還表示自己未來再也不加入任何黨派，並建議保守派同胞：「不能讓他贏。」

另一位當權派的共和黨員，也就是曾任布希總統新聞祕書的阿里・弗萊舍（Ari Fleischer）始終搖擺不定。起先他說：「川普有很多地方我並不認同，但我隨時都會把票投給他而非希拉蕊。」隨著競選活動逐漸開展，他的態度有所轉變。大選兩週前，他在《華盛頓郵報》的一篇特稿中表示，「川普已狂妄地偏離正軌。他因為一名美國法官帶有墨西哥血統而予以攻擊、批評一位戰爭英雄的家族，還質疑選舉的合法性，卻未曾懷疑過自己的判斷力。」[9] 弗萊舍決定讓自己的選票留白。

多數共和黨員，包含抵制聲最大的川普反對者，都沒有追隨這些退黨或不投票的範例。想當然，幾乎所有政治人物都會在初選階段批評對手，他們的批評時而嚴厲刺耳、時而別出心裁，但最後大家還是會支持黨內提名的候選人。不過，川普的多數共和黨對手，卻直言不諱地表達自己對他的敵意，以及對共和黨與美國的憂慮，這點實在反常。特別被川普鎖定、遭他惡劣侮辱的泰德・克魯茲（Ted Cruz；川普在推特上指出克魯茲的老婆很醜。更荒謬的是，他還說克魯茲的父親參與刺殺甘迺迪總統的行動）表示：「我們需要的是總司令，不是專門發推特的嘴砲王。同意讓有這般行為舉止的人掌控核彈鈕，任誰都會忐忑不安。我想說的是，假如川普是總統，有可能某天一早我們醒來，他已經朝丹麥發射出核彈了。」他

說自己永遠不會替川普背書，因為「歷史不會善待拎著墨索里尼夾克的人」。[10]

不過跟林賽・葛瑞姆（Lindsey Graham）在選前對川普的評論相比，克魯茲的批評根本算不了什麼。葛瑞姆說：「你知道要如何讓美國再次偉大嗎？叫川普下地獄吧。」他還補充：

> 他是種族迫害與仇外者，更是個宗教偏執狂。他無法代表我的黨派。他無法代表那些身穿軍裝者所奮鬥的價值……我覺得他對任何事都毫無頭緒。他只想提升自己的支持率、盡可能激起最熱烈的反應。他正在幫助美國的敵人。他讓激進伊斯蘭主義的力量不斷壯大。假如他對這世界還有一丁點的了解，就該知道多數穆斯林都拒絕激進意識形態。[11]

我的天啊，他們還真是從金字塔頂端往下滑了好一大段。來到2018 年的美國中期選舉，克魯茲跟葛瑞姆已經成為川普最阿諛奉承的支持者。顯然，克魯茲不僅願意拿著墨索里尼的外套，還願意給穿這件外套的人一個大擁抱。在德州的川普集會上，他就是這麼做的。到了 2019 年，曾罵川普是「瘋子」、「騙子」、「徹底的白痴」以及「種族迫害者、仇外者和宗教偏執狂」的葛瑞姆，徹底否認川普是種族歧視者，也不認為高喊「送伊爾汗・奧馬爾（Ilhan Omar）回去」的川普支持者有種族歧視。此外，他上《福斯與朋友》（*Fox and Friends*）這個節目時，還說那些女議員是仇美的「共產主義者」。克魯茲、葛瑞姆，跟其他眾多共和黨政治人物與意見

領袖，究竟是怎麼走到這一步的？

　　每位總統都會撒謊、捏造事實或散播謠言。就算沒這麼嚴重，他們至少也曾草率地對待事實與真相，而且也都不願意承認自己犯錯或說謊。甘迺迪因為《正直與勇敢》（*Profiles in Courage*）這本書而備受激賞，甚至還贏得一座普立茲獎，但這本書並不是他親筆寫成，內容大多是由他的講稿撰寫人泰德・索倫森（Ted Sorensen）完成的。尼克森對全國人民說：「我不是騙子。」但他確實就是個騙子。比爾・柯林頓說：「我沒跟那個女人發生性行為。」但事實證明他有。雷根謊稱他的執政團隊沒有私下將武器非法賣給伊朗，並把賣武器的錢拿去資助尼加拉瓜的康特拉 ❹。2013 年，歐巴馬在推廣他的《平價醫療法案》（Affordable Care Act）時，向全美大眾說：「如果你喜歡原本的健保計畫，可以維持原狀。」這句話被權威事實查核機構「政治事實」（PolitiFact）稱為年度謊言。多虧降低認知失調的機制，聽到這些謊言的人，都傾向忽視或合理化**他們**支持的政治人物撒的謊，並視這些謊其實沒什麼大不了、可以理解，或是能被原諒。

　　然而，打從川普就任總統的第一天起，我們就清楚發現歷任美國總統為了保護自己所撒的謊，跟川普扯的謊相比根本是小巫見大巫。剛上任，川普就浮報參加就職典禮的人數。在川普當選的2016 年，《牛津詞典》將年度詞彙定為「後真相」（post-truth），意指「訴諸情緒或個人信念比客觀事實更能影響輿論的情形」，這絕

---

❹ 康特拉（Contras），在 1970 年代末至 1990 年代初，受美國政府資助的親美反共右翼組織。

對不是巧合。後真相正是煽動者的另一招，而川普政府也立即施展這項策略。川普在 2017 年就職後，他的顧問凱莉安・康威（Kellyanne Conway）在《與媒體見面》節目中表示，新聞祕書尚恩・斯派塞（Sean Spicer）並沒有在就職當天對媒體**說謊**，他只是引述「替代事實」（alternative facts）而已。這句話招來各界訕笑。一位網路評論家發文說：「我沒有劈腿，只是有另一個替代女友而已。」另一人則說：「我本來還以為那是《週六夜現場》的諷刺喜劇。」

後來大家發現她不是在開玩笑的時候，這句原先只被拿來消遣的話也引發不小的驚恐。❺「替代事實」這個詞或許可笑，但絕對不容輕忽。當政府用「替代事實」的說法來否認全球暖化、煤炭和殺蟲劑對環境的危害，以及其他公認的科學發現時，這四個字的殺傷力尤其非同小可。就算被公信力十足的專家徹底推翻，替代事實依然存在，怎麼甩也甩不掉。換句話說，謊言每重複一次，聽起來就更熟悉，也因而變得更可信。[12] 煽動者明白這點。

許多評論家將川普的替代事實，跟希特勒在《我的奮鬥》（*Mein Kampf*）中提及的政宣技巧「彌天大謊」相提並論（彌天大謊的意思是，謊言誇張到大家都不認為有人會厚著臉皮，將事實扭曲到如此惡劣的地步）。不過，史學家札克里・強納森・雅各布森

---

❺ 凱莉安的丈夫喬治・康威（George Conway）一直在推特上表示，他對川普的行為和「病入膏肓」的謊言深感厭惡。這對夫妻顯然很努力消除任何由相異觀點引發的失調。凱莉安說她對川普的支持是「女性主義」的表現，因為沒有任何女性主義者會贊同她為了丈夫的信念放棄自己的工作。喬治則在一檔脫口秀節目中表示，他的婚姻跟華盛頓無數對夫妻的婚姻沒兩樣，大家都跟自己的配偶持不同看法。

（Zachary Jonathan Jacobson）提出的另一項考量，我們認為也同等重要。他寫道：「我們現在該怕的不是彌天大謊，而是不計其數的小謊。無數杯每日特調的謊言雞尾酒，目的不是用來讓民眾相信極度怪異荒誕的說詞，而是用來令人困惑、分散群眾注意力、混淆視聽、將事實淹沒。現在的錯誤資訊策略不會提供單一資訊來讓我們組織自己的想法，而是用成千上萬個相互矛盾的謊來混淆民眾的思緒。」[13]

對於那些在投票給川普時感到不自在的共和黨員，以下證據讓他們的失調感更強烈。大家每天都能從川普的言行中發現，扯謊對他來說就跟呼吸一樣自然，而且他徹底無法承認自己的錯誤。2018年7月16日，在赫爾辛基的記者會上，站在普丁身旁的川普發言力挺普丁、駁回美國情報體系的結論，否認俄羅斯干預2016年美國總統大選。川普說：「我想說的是，我不明白為什麼干預選舉的會是俄羅斯，普丁總統今天已經強而有力、斬釘截鐵地否認了。」美國情報官員和兩黨成員，包含參議員約翰・麥肯、共和黨策略家紐特・金瑞契以及幾位福斯新聞台的主播，大家都憤怒不已，有些人還稱他的舉止是叛國行為。隔天回到白宮，川普企圖把話吞回去。他說自己對美國情報單位充滿信心，表示：「我接受我方情報體系的結論，相信俄羅斯確實干預2016年總統大選。」（但他還是忍不住補充：「但也有可能是別人，干預選舉的人太多了。」）不到二十四小時前他才提出相反論述，對此他依舊表現得泰然自若。「我以為大家都知道我的意思，但以防萬一，我還是澄清一下好了。在我的那句關鍵發言中，我說的是『會是』，而不是『不會

是』。」他開玩笑說這代表雙重否定，他本來其實是想說：「『我不明白為什麼干預選舉的不會是俄羅斯』……這樣解釋大家應該就懂了。」沒有啊，完全不懂。川普當時說出那句話的背景脈絡一點都不含糊，絕對不可能是口誤。面對這種彆腳的解釋，連他最死忠的辯護者也搖頭嘆息。

不管是瑣碎小事還是關鍵大事，川普都經常撒謊，原因一樣：因為他根本不可能會犯錯。2019 年 3 月 11 日，在一場企業高階主管圓桌會議上，川普將蘋果執行長提姆・庫克（Tim Cook）稱為「提姆蘋果」。這只不過是個好笑的口誤，根本沒什麼大不了的，但川普還是不願就這樣留下錯誤。幾天後，他在推特上表示自己從來沒有講過提姆蘋果：「我快速地把提姆跟蘋果公司合起來講，簡稱提姆跟蘋果，好節省時間跟用字。」後來他又對一群捐款人說自己說的其實是「提姆庫克蘋果」，但是他講太快所以大家都沒聽到「庫克」這兩個字。[14]

《華盛頓郵報》指出，截止 2019 年 4 月 19 日，川普的謊言數量已經突破一萬大關，報紙還清楚列出每一則謊言。後來在接受彈劾案調查時，川普一氣之下又扯了更多謊，謊言數量在 12 月 17 日攀升至一萬五千四百一十三則……而且持續增加中。[15] 政治事實網站將他 69％的發言評為「幾乎不符事實或更糟」，只有 17％的言論內容「大多屬實」。川普改變心意的時候會說謊，謊稱自己沒有改變心意。另外，他還會捏造事實。舉例來說，他聲稱風力發電行不通，說渦輪會「殺死所有老鷹」跟致癌；他說自己在九一一事件發生後立刻趕到原爆點，並派數百名男子協助現場救援工作（根本沒

有）；他不斷重複自己明知錯誤的說法（例如歐巴馬不是在美國出生、民主黨女議員伊爾汗·奧馬爾嫁給她哥）；他編造故事來煽動中堅支持者的怒火，例如聲稱民主黨允許醫生「處決」新生兒來支持殺嬰 ❻；即便影像紀錄清楚顯示他做了自己否認的事，他依然否認到底 16；他用簽字筆竄改一份官方天氣圖（順道一提，這可是聯邦罪），好讓颶風多利安（Dorian）看起來像是會席捲阿拉巴馬州那樣，想靠這種愚蠢的伎倆來掩蓋自己的錯誤聲明，因為他先前曾說颶風會西進美國內陸至阿拉巴馬州。

身為川普支持者的你，面對證據顯示總統說了這麼多令人不安、憤怒的愚蠢謊言，又該如何消減失調呢？你會說這沒什麼大不了的，因為「所有總統都會說謊」。或者，你會覺得這些謊言很幽默，抑或是徹底否認所有證據。他有說謊嗎？哪有這麼嚴重！福斯財經網（Fox Business）主持人史都華·瓦尼（Stuart Varney）就這麼說。川普從來沒有騙過美國人民，他只是「誇大跟編故事而已」。17

為了緩解選前的失調感，有些川普支持者可能會說服自己，相信能力十足的白宮工作人員和內閣成員，會控制住川普反復無常、難以捉摸的行徑。如果他們是這樣消減失調的話，川普政府後來的混亂狀態就使他們的希望破滅。布魯金斯學會（Brookings Institution）指出，在短短兩年內，川普政府的高級職員替換率為

---

❻ 2019 年 4 月 28 日，在威斯康辛州綠灣的集會上，川普說：「嬰兒出生。母親跟醫生碰面，他們一起照顧嬰兒，把嬰兒包得好好的。接著，醫生跟母親就考慮是否要將嬰兒處死。」

43％，商業內幕（Business Insider）也開始統計有多少政府高層被解僱或「辭職」。❼ 史蒂芬妮・戴寧（Stephanie Denning）在鮮少替左派喉舌的《富比世》（*Forbes*）中寫道：「人員替換率高，是組織內部敗壞衰退的信號。」[18]

此外，政治人物與自己黨派的總統持相反意見，甚至是出言批評總統，這種現象都不稀奇，但川普遭受的謾罵卻是美國史上前所未見。這些批評來自他的員工、朋友、盟友，以及圈內核心人士，像是國務卿、國防部長、國安顧問以及幕僚長。[19] 他們稱他為「無人能及的性別歧視者」、「像個十一歲的孩子」、「道德偏差，與事實脫鉤」、「與其說是個人，不如說是一堆可怕特質的總和」、「蠢得要命」、「奉承強者、踐踏弱者」〔這是福斯新聞網前執行長羅傑斯・艾爾斯（Roger Ailes）的評論〕、「又瘋又笨」以及「一個智障」。

意識到自己的領導人在人格、認知功能與能力方面確實大有問題，川普的內閣、幕僚、政黨與社交圈的成員都感到強烈的認知失調。[20] 消減失調的選項很清楚，要不是留下來就是離開。留下來支持川普，報酬就是繼續享有高層職位的威望與權力，還有可能會成為全國的重要人士。抱持不同意見，代價就是招致川普的憤怒、遭到驅逐或失去國會席位。有些人或許在良知和選民之間舉棋不定，選擇早早退出政壇。有些人〔例如雷克斯・提勒森（Rex W.

---

❼ 安東尼・斯卡拉姆齊（Anthony Scaramucci）是任期最短的紀錄保持人。雖然他上任白宮通訊聯絡主任後十一天就被趕下台，但在接下來的兩年間他始終是川普的死忠支持者，後來他才在一篇特稿中宣告自己受不了川普了。

Tillerson）〕雖然認為川普是「該死的白痴」，還是選擇留在川普政府中，但出於道德考量與愛國精神，依然保有批判能力和正直的性格。因此，在 2018 年那篇令人匪夷所思的《紐約時報》特稿〈我是川普政府中的一名抵抗者〉（I Am Part of the Resistance Inside the Trump Administration）中，匿名投書人試著向全國人民保證，表示許多川普任命的官員都曾發誓要盡己所能，「維護我們的民主體制，並在川普先生下台之前，阻止他在判斷失誤下衝動行事。問題根源在於總統缺乏道德觀。所有與他共事過的人都曉得，面對那些引領他做決策的清楚首要原則，他一概置之不理。」[21] 換言之，全美人民需要知道家裡還是有幾個成熟的大人，白宮裡也**有人**會踩煞車。

滑下金字塔：「他已經把你的靈魂給吃了。」

來到 2019 年，白宮裡顯然沒有任何人踩煞車。別說批評否定他的觀點、請他留意自己犯的錯誤，或是試圖阻止他在「判斷失誤下衝動行事」了，只要有人敢質疑川普的決定和怪異的想法，就會被他視為不忠誠並遭到驅趕。煽動者、獨裁者與強勢領導人的另一個特點，就是將相反意見視為不忠的表現。特別檢察官羅伯特・穆勒（Robert Mueller）公開報告，概述川普與其政府曾在十一起事件中，試圖開除特別檢察官，或是企圖限制及干擾調查。這份報告問世後，白宮內外的觀察家開始將川普比喻為黑手黨黑幫老大。對黑幫老大來說，忠誠是終極價值。舉例來說，報告指出在 2017 年 6

月 17 日，川普打電話給白宮顧問麥菅當（Don McGahn），命令他對司法部副部長羅德・羅森斯坦（Rod Rosenstein）施壓。川普說：「打給羅德，告訴他穆勒有利益衝突，不能擔任特別檢察官。穆勒不能留……你辦好了再打給我。」小弟得想辦法「解決」老大的問題。邁克爾・科恩（Michael Cohen）就聽從川普指令，更為此入監服刑。科恩在大選前夕支付史多美・丹尼爾（Stormy Daniels）13萬美金的封口費（違反聯邦競選財務法），要求她不得談論自己與川普的性關係。為了保護總統，科恩還試圖在庭上針對這筆款項作偽證。私下用不當手段了結事情的小弟或手下，必須妨礙司法正義、撒謊、收買可能惹禍的性伴侶，並且在老闆的指令下犯法。

　　美國眾議院監管及政府改革委員會（House Committee on Oversight and Reform）的前任發言人寇特・巴戴拉（Kurt Bardella）表示：「川普的舉止簡直就像紐澤西州的黑道老大。要求手下從事不道德或遊走法律邊緣的勾當時，他根本一點也不在意。他的思考過程中完全沒有所謂的真相與正確性。他對忠誠與效忠的要求，簡直跟組織嚴明的犯罪集團沒什麼兩樣。與其用紐約黑幫老大約翰・高蒂（John Gotti）的家族來比喻，不如直接稱川普跟他的手下為川普黑幫，而他的小弟就是保護他的共和黨議員。」[22] 幫派小弟通常會犯下哪些罪行呢？就是背叛幫派、出賣老大。川普將尼克森的告密者約翰・迪恩稱為「卑鄙小人」，因為他招出水門案的罪行、揭露掩蓋罪行的手段，而川普對於倒戈的叛徒特別反感。在經商生涯中，川普曾與黑幫分子合作，他曾在福斯新聞網的訪談中表示：「出賣跟背叛這種事我最懂。三、四十年來我一直在提防這種人。

本來一切都很美好，但他們突然被逮到，被判入獄關十年，然後就開始告發上頭的老大，或是盡可能出賣位階更高的頭頭。」不過出賣和告發一直是執法程序的核心操作，因為檢察官能靠這種手段揪出終極罪犯。假如你逮到一名手上的槍還在冒煙的槍手，你當然會想把現行殺人犯抓起來，但你更想知道是誰在幕後指使他的。因此，執法人員的目標就是讓位階較低的罪犯供出老大的內幕。那麼，川普又是怎麼看待這種維持治安的基本策略呢？接受福斯新聞網採訪時，他說出賣和背叛很可恥，而且太不正當，「應該遭到法律禁止」。[23]

根據川普的說法，假如出賣背叛是不忠，那出面告發就是通敵叛國了。2019 年 8 月 12 日，有位中情局情報官對總統的行為提出正式控訴，此舉引發眾議院進行彈劾調查。

在我執行公務的過程中，多位美國政府官員提供消息，指出美國總統正利用職權之便，要求某國干預 2020 年美國總統大選。此干預手段包含向該國施壓，要求該國調查現任總統在國內的頭號政治對手。總統的私人律師魯迪・朱利安尼（Rudy Giuliani）為此行動核心人物，司法部長巴爾（Barr）貌似也參與其中。

川普指控這位情報官跟其他支持此控訴的人是間諜和叛國賊。「我想知道揭露這些資訊的人到底是誰，這根本就是間諜會做的事。」川普說：「你知道以前我們不爽的時候會怎麼樣嗎？你知道碰到間諜跟叛國謀反的時候，我們以前會採取什麼行動嗎？早年，

我們對待這種人的方式跟現在不大一樣。」他顯然是在暗指處刑。當然，他不能像普丁或金正恩那樣派人刺殺異議分子或「叛徒」，或者將他們斬首處刑，但他能利用「狗哨政治」❸來動員他的死忠追隨者，正如他在推特發文說假如自己被撤職，美國就會出現「如同內戰的裂痕」。身為眾議院情報委員會烏克蘭調查主席的議員亞當・希夫（Adam Schiff），只因改述那通電話逐字稿的內容，就被川普指控犯下叛國罪，川普還說希夫應該被逮捕。而當參議員米特・羅姆尼在推特上發文表示：「總統顯然厚顏無恥、史無前例地懇請中國與烏克蘭調查拜登，此手段不僅不正當，更無比低劣。」川普立刻在推特上罵羅姆尼是個「誇大的混帳東西」，並且要求彈劾他（可惜參議員無法被彈劾）。

面對中情局官員的投訴，得知總統要求他國領導人幫忙挖出對手拜登的醜聞，川普支持者一開始是如何回應？此外，在接連兩週的眾議院彈劾案聽證會上，多位誠實、消息靈通的證人出面證明指控屬實，他們又是作何反應？少數幾人跟羅姆尼一樣提出猛烈譴責，其他人則遲疑地坦承川普的行為「令人不安」而且「不恰當」，但多數人卻保持沉默，或是盲目地列舉白宮提出的陰謀論、騙局和獵巫等說詞。他們已經花那麼多心思替川普先前脫軌的行徑辯解，現在多一件又算什麼？一開始，林賽・葛瑞姆的反應是：「只是因為一通電話就要彈劾總統，這太誇張了。」不過葛瑞姆一定心知肚

---

❸ 狗哨政治，此譬喻源自用來召喚狗的高音頻哨子，此哨子吹出的聲音頻率過高，人類聽不見，狗卻聽得到。意指政治人物或利益團體利用語意曖昧不明的說詞，來煽動民心與民意。這種說詞對一般民眾來說沒有什麼特別之處，但在特定聽眾（通常是支持者）耳裡則有言外之意。

明，彈劾的理由其實還包含在選舉期間尋求他國協助、妨礙司法、恐嚇證人，以及違反保障舉報者之隱私與安全的法規。

　　其實在私底下，葛瑞姆和泰德・克魯茲有可能繼續抱持早先對川普的看法。為了連任以及對政黨忠誠，多數政治人物都學會扼殺個人情感。但我們強烈懷疑，由於他們選前的感受，和選後屈服於川普的姿態實在差異太懸殊，哪怕只是為了睡個好覺，他們肯定已經找到能替這番轉變辯解的方式。阿里・弗萊舍一開始認同川普，後來改為反對他，最後決定誰都不投，但現在又成了川普最忠心耿耿的支持者，還時常上福斯新聞網跟有線電視新聞網（CNN）攻擊川普的批評者。他會如何替立場轉折找理由？答案就在他某次受訪的回答裡。接受《紐約客》的艾薩克・寇提納（Isaac Chotiner）訪談時，他表示：「民主黨人更糟。先考量川普這個人的整體分數，把他令人反感、不恰當的行為，跟他在政策方面的成就加總起來。再把他的總分，跟民主黨人的行為、聲明、政策以及恨不得向左派靠攏的態度相權衡，我還是會毫不遲疑地選擇川普。」[24]

　　對於只在乎單一議題的支持者來說，川普對該議題的態度才是最重要的，例如任命保守派法官進入最高法院、減稅或是支持以色列等。批評以色列總理納坦雅胡（Benjamin Netanyahu）之強硬政策的美國猶太人，因為川普的立場和政策變得更分裂對立。共和黨猶太人聯盟（Republican Jewish Coalition）董事會的一位共和黨捐款人被問及此事時，只說：「拜託，看到他替以色列做了這麼多，不管他說什麼或做什麼我都沒意見。」[25] 川普的言論使美國反猶仇恨犯罪比例不斷上升。舉例來說，有群支持者在夏洛茨維爾的川普

集會上高喊「我們不會被猶太人取代」，川普就說這群人當中也有「好人」。這番言行難道不會引發認知失調嗎？當然不會，川普不可能反猶太人，他女婿就是猶太人啊。

・　・　・

於是，川普當選後過了三年，多數共和黨人已經滑到巨大自我辯護金字塔底端。彼得‧韋納（Peter Wehner）感嘆地說，「共和黨已經徹頭徹尾變成川普的政黨了。」[26]《美國大屠殺》（*American Carnage*）作者與《政客》（*Politico*）首席記者蒂姆‧阿爾貝塔（Tim Alberta），就詳述許多先前自認死都不會支持川普的人，後來是如何投降妥協的。多數人都從金字塔頂端往「永遠支持川普」的方向滑下，壓抑內心源自於良知的雜音，刻意不理會他那是非不分的道德觀、波動劇烈的情緒、說謊的習慣以及多變的性格。他們或許還會告訴自己：「他其實也沒有那麼壞。管他的，他都已經將兩位保守派法官送進最高法院，也在許多下級法院內任命幾十位保守派法官，還替我們減了一大筆稅，而且整頓了那些扼殺商業活動的該死環境法規。大規模槍擊事件是很可怕沒錯，我們也希望他講話能再收斂一些。但如果他不改變，好吧，他可能算是一位煽動者，但至少他是我們陣營的煽動者。」

美國最高法院裁定，川普與執政團隊不得在 2020 年人口普查中，詢問受訪者的公民身分。司法部長威廉‧巴爾（William Barr）在白宮玫瑰花園的一場公開活動中，向川普表示這整件事只不過是在「統籌」方面出了點問題、時間沒有安排好，還稱讚他遵

守最高法院決議的勇氣。巴爾說：「總統先生，再次恭喜您。」有什麼好恭喜的？難道是恭喜他接受最高法院的裁決？根據憲法，這不是所有總統的義務嗎？還是恭喜他沒有再發一頓脾氣？

威廉・巴爾就是從金字塔頂端一路通暢滑到底的實例。他原本是備受敬重的律師，後擔任美國司法部長，最後成為川普的私人律師，對川普極盡阿諛奉承之能事，而且還周遊列國，勸說他國政府接受普丁拒絕為干預選舉擔責的態度。等到其他政府官員跟巴爾同樣抵達金字塔底部時，他們有多大的機率會回心轉意、質疑總統差勁的判斷力，並且試著重新長途跋涉回到頂端呢？史蒂芬妮・戴寧就在她的《富比世》專欄中，針對當年由川普親自任命、但現在已經棄船先逃（無論是自願還是非自願）的官員，拋出一個哀傷的問題。她寫道：「從一個公民的角度來看，川普政府的行為舉止、愚昧無知和混亂，肯定會讓人坦承自己很後悔當初答應加入團隊。但顯然沒有任何人出面承認。為什麼大家都不承認自己錯了？」[27]

為什麼？因為當你已經來到金字塔底端，承認錯誤就代表承認自己為了眼前私利犧牲更佳的判斷力，或是承認聰明、懂政治、專業經驗豐富的你，根本沒辦法控制、約束甚至是影響暴躁易怒的老闆。這就代表你先前所有的自我辯護都是……錯的。因為失調得到緩解，許多川普的忠實擁護者，甚至是那些被解僱的人，都不會將自己視為叛國賊或幫凶。他們會說服自己共和黨的政治目的，以及那項讓他們口袋塞滿鈔票的大規模減稅政策，都值得他們付出一點小代價，也就是稍微拍一下川普馬屁，對他的不當行為睜一隻眼閉一隻眼。真是恭喜這些人！

對於位處金字塔底端的人來說，降低失調的終極理由無疑是「為達目的，不擇手段」。政治學家葛雷格‧韋納（Greg Weiner）觀察發現，最費勁替川普辯護的人，早已將所有針對他的指控一掃而空，而且還自信滿滿、厚顏無恥地說我們應該「認真看待川普，而不是用外在言行來評價他」，因為川普提供他們想要的政策，而這些政策能替國家帶來更大利益，或是能滿足他們的宗教目標。韋納還發現另一種更扭曲的自我辯護法，這些人會辯解，要是不說謊、態度不這麼粗俗下流而且行為謹守法律分際，川普就**無法**滿足他的政治目標和理念，所以這一切其實都提升了他的執政效力。韋納將這種論調稱為「後川普，故因川普」謬誤，他解釋：「這就是所謂的『後此故因此』（post hoc ergo propter hoc）邏輯謬誤，因為先發生了這件事，所以這件事是後續事件的成因。最經典的謬誤範例，就是認為公雞啼叫導致太陽上升，因為公雞啼叫比太陽上升更早發生。而在川普辯護者主張的謬誤推論中，川普先是違反傳統的總統行為標準，接著再提供他們想要的政策，所以他們認定違規行為造就那些政策。」[28]

「為達目的，不擇手段」的想法錯在哪？來自各黨派的總統，包含必須面對經濟大蕭條以及二戰的富蘭克林‧羅斯福（Franklin D. Roosevelt），全都用過這種既定藉口。不過韋納認為，當「手段」踐踏民主的常規、規範與傳統時，會對社會構成長遠影響的，就不是那些作為藉口的暫時性政策，而是**那些手段**。手段越是惡劣、不道德，川普支持者就越得替這些手段找藉口，辯稱這些手段對他的目標和政治企圖來說至關重要。這種站不住腳的謬論令韋納

感到氣憤。韋納表示，川普粗魯無禮和有失總統格調的行徑，對他的所有成就來說根本都是非必要又毫無助益的。

　　大家應該還記得，我們在第 1 章提到積極涉入水門醜聞的馬格魯德。他就描述了自己是如何一步步靠自我辯護來到金字塔底端，深陷尼克森政府的腐敗和犯罪泥沼中。2019 年 5 月，詹姆士・柯米（James Comey）也描述川普政府官員沿著相同軌跡滑到金字塔底端，並清楚分析為何要再度爬回頂端是如此困難。身為前聯邦調查局長、著有《更高的忠誠：真相、謊言和領導》（*A Higher Loyalty: Truth, Lies, and Leadership*）的柯米被川普解僱，只因他沒有公開發表聲明說川普並未因通俄門接受調查。柯米首先想知道，為什麼像巴爾這樣「聰明而且成就非凡的律師」，以及川普身邊的其他重要人物，最後竟然讓總統反覆將「沒有勾結」掛在嘴邊，還讓他指控聯邦調查局「暗中監視」他。柯米還問，巴爾在參議院司法委員會作證時，怎麼有辦法以如此風輕雲淡的方式，帶過川普在羅伯特・穆勒完成調查報告前將他解僱的企圖？[29] 答案就是循序漸進，得寸進尺。

　　首先，他在撒謊、做出錯誤判斷，並且編織出一張你跟同事都不反對的「替代現實之網」時，你始終坐在一旁默不吭聲。你被拉進「沉默的同意圈」中。他吹噓自己的就職典禮是史上觀禮人數最多的一場，對此你毫不質疑。他抱怨自己遭到媒體不公平對待時，你卻表達同情。

　　第二步，你配合他那華而不實的要求，在公開場合稱讚他，並在內閣會議或其他公開活動中宣誓效忠於他。柯米寫道：「會議桌

邊的其他人都做些什麼，你就跟著做。你稱讚國家領導人有多了不起，還說能跟他有所往來是無比光榮的事。」

第三步，川普猛烈攻擊你重視的價值和誓言守護的體制時，你依然一語不發。你之所以沉默，是因為什麼也沒辦法說。他是美國總統。他荒腔走板的行徑讓你感到困擾，但你認為自己必須留下來，因為你必須保護這些價值和民主體制。你太重要了，所以不能離開。

綜合上述看法，柯米總結表示：

你沒辦法將這些想法宣之於口，甚至也無法向家人透露。但是在如此十萬火急的時刻，在國家領導者極度缺乏道德觀的情況下，這就是你對國家的貢獻，是你為美國做出的犧牲。你比唐納・川普更聰明，你正在為自己的國家打一場長期抗戰，這樣你才能在其他軟弱的官員敗下陣來、被川普透過推特解僱時，打贏這場仗。

當然，為了留下來，你必須讓自己看起來像是他那個陣營的人，所以你做出更多妥協。你使用他的語言，稱讚他的領導才能，吹捧他對價值的承諾與奉獻。

然後你就輸了，他已經把你的靈魂給吃了。

抵達金字塔底端：「我們已經看過他的真心。」

當然，川普的死忠支持者從來就不會騎牆觀望。他們投票給他的理由，正好就是讓其他人感到認知失調的原因。他們的確認偏誤

被福斯新聞網的大聲公進一步擴大。福斯新聞網常將川普的惡行轉化成美德，甚至還會提供事先包裝好的理由和藉口，讓那些共和黨的忠心選民能時常覆述引用，例如：「他不是政治人物」、「他只是比較大刺刺，有些小缺點而已」、「他的本意很棒」或「他只是比較政治不正確而已」。當然還少不了最經典的自我辯護，也就是輕忽證據的說詞：「他是有些缺點沒錯，但誰沒有呢？」有位女子在川普集會上這麼說。

他的行為是否有失總統格調？他們會說總統格調其實沒那麼重要。而且，這正是我們投給他的原因。在賓州的川普女性後援會集會上，一名女子對《費城詢問報》（*Philadelphia Inquirer*）的記者說：「他懂我們，他不是政治人物，他很有氣魄。他很敢大膽說出自己的想法，而且他說的剛好是我們的心聲。」[30] 在南卡羅萊納州的另一場集會上，一名 64 歲的退休護士表示：「他的每句話都說中我的心聲。我了解這位總統。我參加過他的就職典禮跟其他集會。他說的每句話我都能認同。他就是在為我發聲。他可能有點隨興不羈，但他不是政治人物。」

那好，難道他就沒有每天在推特上發一些令人尷尬的貼文，嘲諷那些惹他不悅的人嗎？像是蘿西·歐唐納（Rosie O'Donnell）、貝蒂·蜜勒（Bette Midler），還有外交官跟其他國家的元首？當然有，但這有什麼好氣的呢？一位女子在川普集會上表示：「大家都會在推特上亂講話啊。大家都會！幹嘛要特別針對他？」（呃，因為他是總統吧？）[31]

他覺得被羞辱或批評時，難道不會大發雷霆嗎？一位 32 歲的

男子表示：「他有時候確實是沒辦法好好控制情緒。他算是滿情緒化的，情緒很激昂。但是我很喜歡他的政策，而且他的本意也是好的。」

他是種族歧視者嗎？當然不是。有位支持川普的年輕男性，被問及川普妖魔化四位民主黨少數族裔女性議員的行徑時，他說：「他只是在表達觀點，說出自己的想法而已。這很重要。現在已經很少有人能這麼直接表達想法了。大家都講求政治正確，你沒辦法把想講的話說出來。我真的很欣賞他這點。」

那他反覆無常的行為、政府人員流動率、穆勒調查案、彈劾公聽會，還有部屬說他是白癡的評論呢？我們發現，在政府與共和黨內的川普支持者，其實都知曉這些令人不自在的資訊的存在，但他們都跟阿里・弗萊舍一樣，用「民主黨人更糟糕」的說法來打發這些資訊。不過，川普最忠實的支持者會用最簡單的說法，來讓任何失調的感受隨風散去──這些不受歡迎的資訊全是假新聞。穆勒調查 2016 年總統大選的貪汙與腐敗？這只是民主黨的計謀，他們不想讓我們的人好好做事。確實，根據失調理論推斷，**只要批評越強烈、越具說服力，忽略批評的需求也會更龐大。**「川普的批評者每天都在惡意造謠攻擊他，每天都是。」一位 69 歲的房地產經紀人對記者這麼說，而且她還不經意揭露消減失調的最後一步，她表示：「這讓我們更想支持他。」[32]

· · · ·

川普在共和黨全國代表大會上，向觀眾保證自己會替「我國被

遺忘的男女」發聲。當時，很多人聽到的是讓工廠持續營運並且推動保守派理念的承諾，不過有一大群少數派還聽出了其他意涵，那就是台上的男子承諾會減輕他們的焦慮，讓他們不再對世界上真實或想像的危險與變化感到擔憂。一位 69 歲的退休呼吸治療師對記者說：「他想保護這個國家，想守護這個國家的安全，他會讓入侵者、移民隊伍等現有社會問題全都消失。他知道我們為什麼會生氣，他想要解決問題。」[33]

著有《白人身分認同政治》（*White Identity Politics*）的政治學家艾希莉‧亞爾迪納（Ashley Jardina）研究這股怒氣，發現這群人之所以如此憤慨，大多是因為他們誤以為白人獲得的國家資源太少。亞爾迪納發現，許多白人選民支持川普，因為他們認為：「川普是為了我的族群而存在，他會幫白人一把。他就是白人的總統。」[34] 他們需要相信川普是「白人的總統」，而基於這份需求的情感力量，他們其實不在乎他到底有沒有履行特定承諾。他們覺得終於有人能代表、理解他們。**他就是我們的代言人。**

談到宗教認同，他尤其是他們的代言人。假如支持川普讓人感到認知失調，最清楚感受到失調的，就是那些以宗教信念為自我概念核心的選民。選民自己的基本信仰，以及支持一位違反此信仰之倫理與道德要素的政治人物，這兩項認知的差距引發的失調越大，背棄該政治人物或是為其行為辯護的需求就越強烈。白人福音派基督徒的選擇最明確，在 2016 年總統大選中，這群人占總選民的26％，其中有 81％的人把票投給川普。即便他跟烏克蘭總統通了那通事關重大的電話、在電話中談交換條件，後來更引發相關彈劾

偵查，他們依然忠心耿耿地支持他。多數收看福斯新聞網的福音派基督徒與共和黨人，都在一項調查中表示，不管川普做什麼他們都一樣支持他，而且他到目前為止都沒做過任何「有失總統尊嚴」的事。[35] 他們是如何維持這番信念的？

川普成為共和黨候選人之前，自詡「先知牧師」的旺達·阿爾格（Wanda Alger），替保守派基督教刊物《靈恩新訊》（*Charisma News*；標語：信仰與政治的交叉口）的專欄寫了一篇文章，標題為〈公民領袖必須敬畏主〉（We Need the Fear of the Lord in Our Leaders）。她寫道：「比起以往，這個國家現在更需要一種禱告與懇求，那就是對主的敬畏。無論是擔任公職者還是投票的選民，他們的心與思維中都必須存有對主的敬畏。」她列出十六項特質，表示「全心全意向主」的領導人都該具備這些特質，其中包含：

• 虛心接納他人建議（箴言 1：7）
• 願意受教（詩篇 25：12）
• 不偏頗，不受賄賂（申命記 10：17）
• 不認為自己比他人優越（申命記 17：19）
• 口出善言（箴言 16：9-13）
• 厭惡各種形式的邪惡（箴言 8：13）
• 以充滿智慧和謙卑的態度行事（箴言 15：33）
• 家庭井然有序（詩篇 128：1-4）
• 順從主的指令（詩篇 86：11）
• 不讓自己被罪孽支配（詩篇 119：133）

- 不懼怕人，但敬畏主（箴言 29：25）
- 以正義、忠告與威能來統治臣民（以賽亞書 11：2-4）

　　得知以下事實後，虔誠的基督徒該怎麼面對隨之而來的認知失調？川普不僅不「受教」，也不「虛心接納他人建議」；他也收受賄賂，而別人賄賂他的方法，就是和他進行交易，透過這些交易讓他的控股公司受益；他幾乎不曾「以充滿智慧和謙卑的態度行事」，很少「口出善言」，根本沒有讓他家（白宮）井然有序；他根本稱不上謙虛，還認為自己「比他人優越」，肆無忌憚地認為自己比所有人更棒更聰明。他曾說：「沒有人比我更尊重女性。」「我讀《聖經》的次數比別人還多。」「我對平等的貢獻無人能及。」「搞不好在全球史上，我是最懂稅務的人。」「沒有人比我更成功。」[36] 他宣稱自己是「天選之人」，是「擁有無比過人智慧」的人。

　　現在，身為虔誠基督徒的你位於金字塔頂端。川普這傢伙根本算不上什麼道德高尚的人。他的外遇出軌史說也說不完，對女性的態度粗俗又下流，而且你對比爾・柯林頓也沒有像對川普一樣那麼氣。儘管他聲稱自己讀了無數次《聖經》，但他從來沒有表現過對基督教的支持，更遑論虔誠信奉了。「川普肯定不符合我們對一位虔誠領袖的要求，所以我們最好選別人。」你難道會下這種結論嗎？不太可能，你反而更有可能以旺達・阿爾格的方式來消減失調。兩年下來，觀察川普的一言一行後，阿爾格神奇地意識到一位好的領導人不一定要對神虔敬。她認為假如領導人剛好信奉主，那就算是錦上添花，但如果沒有也不要緊，而且這從來就不是重點

（她顯然忘了，在大選之前這對她來說超級重要）。2019 年，她在一篇文章中寫道，民眾唯一該關心的是川普是否為一位優秀的領導人：「對於包含總統在內的領導人，他們的舉止或作風或許不符合我們身為基督徒的期望，但我們可以參考《聖經》提到的首要資格，來判斷他們是否有治理國家的能力。教會領袖必須在群眾面前展現基督的榜樣，公民政府領導人則得展現強大的魄力，讓所有人民安身立命、受到保護，並享有自由。」

優秀的領導人需具備哪些《聖經》提到的首要資格？阿爾格表示，羅馬書 13：1-6 與彼得前書 2：13-14 中就描述人民需要何種領導者：

- 上帝的僕人，任務為謀求人民之福利。
- 佩劍懲處行為不端者。
- 承擔復仇者之責，對不法之徒施以上帝之懲罰。
- 上帝的僕人，負責徵收人民之稅款。
- 在上帝的派遣下懲罰為惡者、讚許為善者。[37]

這串清單確實非常川普，尤其是佩劍、復仇跟徵稅的部分，不過我們在此先不討論《聖經》中其他探討徵稅的段落：其實在經文當中，耶穌在乎的是向富人徵稅、使窮人受益，而不是反過來剝削窮人、讓富人得利（馬克福音 10：21、25；箴言 19：17）阿爾格寫道：「在這些上帝對公民領導人的要求中，個人道德觀與虔誠敬主並非必要條件。雖然大家都希望領導人能具備這些特色，但這並

必要。我們必須繼續禱告，祈求所有當選的官員能與耶穌基督有真誠的交會、建立個人連結。不過，那些還沒聽見召喚，或是還在旅途上的領導人，他們依然保有擔任領導者的資格。假如身為公民領導人的他們確實傳遞神的旨意，他們的行動會比言語更具說服力，而他們的成就也比個人缺陷來得重要。」

翻譯：「我們超愛他的政策跟態度，所以我們願意放棄自己的道德觀來支持他，並忽略他犯下的種種罪行。同時，我們也繼續抱持自己原有的信念，相信自己是善良、正直、有同情心、虔誠的基督徒。」要達到這種平衡，他們必須動用迂迴繁瑣的心理策略。基督教價值與川普行為之間的差距如此懸殊，福音派川普支持者都得格外努力忽視批評川普的論調。阿爾格指出，那些「反對宗教自由與保守價值的左派自由主義者，積極尋求各種手段來證明現任總統不適任，他們對川普的批評尤其不值得在意。無論是川普在推特上發布的負面言詞，還是他那非正統的執政方式，他的反對者四處尋找各種跡象，想證明他不適合治理國家。」

這些福音派人士得出結論，反正這些批評都不值得在意，因為目的比手段還重要，而上帝就派了川普來實現我們的目的和企圖。川普不僅在各大法院中任命保守派法官，他也支持那些反對同性婚姻或避孕的基督教大學與組織，還讓宗教團體不受反歧視法約束，更將以色列的美國大使館移到耶路撒冷。他們的終極目的，就是讓川普將美國恢復成他們認為美國原有、應有的樣貌，也就是一個白人基督教國家。為了達成此目的，他會阻擋那些「有色人種」、非基督徒、非異性戀者，以及入侵美國的外國人帶來的衝擊，就算那

些外國人是在紐約或辛辛那提出生也一樣。《相信我：通往川普的福音之路》(*Believe Me: The Evangelical Road to Donald Trump*) 的作者約翰・費亞 (John Fea) 表示：「為了達成自己的政治企圖，福音派基督徒會對有失道德的言行舉止視而不見。」

歷史上也出現過這種利益互換的現象嗎？問庇護十一世就知道了。

在那些選擇視而不見的人當中，肯定少不了蓬佩奧 (Mike Pompeo)，身為福音派基督徒的他，在川普將雷克斯・提勒森開除後成為國務卿。在總統大選前，蓬佩奧秉持保守派國際主義者的理念，認為美國的力量是穩定全球局勢的關鍵，因此他極力反對川普的「美國優先」(America First) 政策。然而，面對一份需要他犧牲個人政治觀點（大概還有宗教價值）的工作邀約時，他卻爽快答應，說國務卿的職責就是替總統服務，以及完成總統交辦的所有工作。某位前白宮官員說，蓬佩奧是「川普身邊最諂媚、最順從的官員之一」。某前美國大使更直白地說：「他就像跟著川普屁股跑的追熱飛彈。」蓬佩奧如何替自己的行為辯解？上帝捧起川普，就像上帝舉起拯救其人民的以斯帖皇后 (Queen Esther) 一樣，讓他們登上崇高的王位。因此，我們必須服從上帝與川普。[38] 就算這代表他得違背就職宣誓，還得阻撓國會的要求，不讓國會取得與彈劾調查相關的資訊，還是得照川普的話做。

不過對福音派基督徒來說，十誡中有一誡是無論如何都不能違反的，即便違反者是川普，他們也無法寬容。當然囉，這一誡並不是不可姦淫，也不是不可作假見證（雖然此人在總統任期的頭三

年，就發表超過一萬五千次的虛假或誤導性聲明）。這一誠也不是不可貪戀別人的財產，畢竟換個角度來看，貪戀別人的財產不就是做一筆能讓自己獲利的好生意嗎？福音派基督徒絕對不能違反的一誠是「不可濫用上帝之名」。因此，當川普與眾議院共和黨代表談論能源政策，拿「該死的風車」（goddamn windmills，當中包含上帝（god）一字）開玩笑時，許多福音派支持者都氣到不行。身為川普顧問和死忠支持者的福音派牧師羅伯特・傑夫瑞斯（Robert Jeffress）表示：「我絕不寬恕濫用上帝之名的行為。有一整條誠命專門禁止這種行為。我認為濫用上帝之名是非常冒犯的舉動。除此之外，其他行為我都能接受。」[39] 至於川普每天藐視的「所有其他誠命」，這就不用在意了。

在其中一種消滅失調的極端方式中，許多福音派川普支持者不僅會替他的婚外情和謊言找藉口，辯稱那些沒什麼大不了的，他們甚至將這些行為當成證據，證明自己一路以來支持他的決定是正確的。事實上，川普越是粗野下流，他就越能完成他那所謂神聖的使命。所以我們才會看到寫了下列這句話的汽車貼紙：「川普是我的天選之人。」（Donald is mine/chosen divine）。他根本**就是**神，或至少是神派來拯救我們的。福音派基督徒不認為他們對川普的支持是偽善，更遑論是異端邪說。費亞說：「他們相信川普是上帝特別在這個時刻派來的領導者。他們認為上帝會指派敗壞之人。《聖經》裡就有這種例子，所以他們都會引用這些經文。」上帝的行事作風畢竟挺神祕的，而沒有人的行事風格比唐納・川普更神祕了。川普不是有一長串在性與財務方面的罪孽嗎？是啊，那也沒什麼，上帝

喜歡罪人。他們說川普正在通往基督的「旅途」上。他可能得花好一陣子才能抵達終點，但我們是基督徒，我們已經準備好要包容幾位罪人了，只要他們是我們陣營的罪人就行。費亞表示，有些福音派基督徒會進一步聲稱川普**早已**經歷過聖靈覺醒，而他在白天（和夜晚）的墮落與敗壞早已是過往雲煙。退休的南希・艾倫（Nancy Allen）是北卡羅萊納州的浸信會教友，曾寫過〈選擇人民的總統，唐納・川普〉（Electing the People's President, Donald Trump）這篇文章。她表示：「我全心全意相信他已經改變了。他已經沒有任何婚外情。他雖然不完美，但世上沒有所謂的完人。我們知道他的內心已經產生變化，他尊重我們的信念與價值觀。我相信他也懷抱某些相同的信念與價值觀。」

2019 年，在信仰與自由聯盟（Faith and Freedom Coalition）集會上，聯盟主席勞夫・里德（Ralph Reed）對歡呼的群眾說：「我國過去曾有過幾位偉大的領導人，但沒有人比唐納・川普更保護我們、更願意為我們而戰，也沒有人比他更受我們喜愛。我們已經看過他的真心，他會成為他所承諾的總統，還會超出我們的期望。」[40]

如同墨索里尼對德國外交部長吹噓，表示想贏得梵蒂岡的支持根本易如反掌，川普有一次與大老黨❾議員交談時，也搖搖頭、笑著說「那些該死的福音派」。蒂姆・阿爾貝塔則在《美國大屠殺》中寫道，在川普的盤算之中，他會「提供福音派基督徒渴望的政策和取得權力的機會，而他們將在他背後毫不動搖地支持他，以此作為回報」。

---

❾ GOP（Grand Old Party），共和黨之別稱。

停止繼續下滑：「這比當今的政局權位更重要！」

> 我對川普先生的忠誠讓我失去一切。我的家庭幸福、友誼、律師執照、公司、生活、榮譽、名聲都已消失，接下來就輪到自由了。我祈禱這個國家不要跟我犯下相同錯誤。
>
> ——邁克爾·科恩
>
> （川普的前私人律師，並且暗中以不正當手段幫他「喬事情」。談到被判處三年徒刑時，他這麼說。）

邁克爾·科恩並不是什麼純真無邪的人，他跟傑布·斯圖爾特·馬格魯德沒什麼共通點。無論是與川普來往之前還是之後，科恩一直以來都用專業身分幹過許多骯髒事，那一大串黑歷史肯定會將馬格魯德的「道德指南針」擊個粉碎。不過科恩被捕時，他看清自己得為那盲目的忠誠付出哪些代價。他決定認罪以求輕判，並願意背黑鍋，承擔一切罪責。他曾經逃過稅，但他無法閃避盲目聽命於騙子的後果。

在科恩的大半人生中，目的永遠是手段的最佳藉口。他始終秉持這個信念，直到目的再也不能替手段辯解為止。不管目標是大是小、是關乎個人還是涉及政治，許多人在一生中都得判斷目標跟手段到底哪個比較要緊。一般來說，我們都得權衡自己在乎的特定目標，是否有比用來達成目標的手段還重要，當這個目標涉及正義時更是如此，例如替受虐者討公道、終結職場性騷擾，或是推動特定政治改革。那麼，假如我們必須締結一些不光彩的合作關係才能達成目標，那會是如何？假如必須將幾位無辜者推入火坑，利用他

們，會造成什麼後果？教宗庇護十一世就親身經歷過這些，所以他早就知道答案了——最後我們自己也會掉進火坑，只是時間早晚的問題……或者，大家最後會一起跌入萬丈深淵。

我們已在這本書中分析過，為什麼多數人在面對野心與道德衝撞產生的認知失調時，會選擇往野心的方向滑下選擇金字塔。在方便行事、同儕支持、工作保障和其他回饋等因素的推波助瀾之下，多數人把疑慮吞回去，讓自我辯護紓解良心不安。我們也在多數章節的尾聲舉出實例，描述有些人選擇踏上那條更艱難的道路。對我們來說，這些故事體現的不僅是個人勇氣，更顯示消減失調的需求會編織出強大的網絡，讓我們維持一致與協調。

讓我們再來回想，那群在 2016 總統大選前就已發起「永遠拒絕川普運動」的共和黨人，是朝什麼方向從金字塔頂端往下滑的。有些人仍然堅決反川普，喬治・威爾就是一例。對他來說，**永遠**就是**永遠**。但誠如我們所見，多數人滑到金字塔底端時，都成了川普的支持者，默許川普政府的言行舉止。還有一些人在中途碰到終極臨界點時，發現已經想不出理由說服自己繼續效忠川普，因此決定拒絕妥協，不繼續往金字塔底端滑。

就馬克斯・布特（Max Boot）來看，他對共和黨的幻滅「是痛苦且漫長的。事實上，這種幻滅感還攸關存亡」。在 2018 年出版的《保守主義的侵蝕》（*The Corrosion of Conservatism*）中，他表示共和黨現在該替「推崇白人民族主義和無知主義」付出代價了。他寫道，如果要真正付出代價，「現階段的大老黨必須徹底砍掉重練、重新來過。」[41]

對前任國防部長詹姆士·馬提斯（James Mattis）來說，壓倒駱駝的最後一根稻草，是川普在 2018 年底，宣布要撤回在敘利亞對抗伊斯蘭國的美軍。此舉代表美國將拋棄庫德（Kurd）盟軍，讓土耳其和俄羅斯獲得他們渴望的優勢政治地位。馬提斯認為締結盟軍才是最佳戰略，他知道假如讓美軍撤出敘利亞，駐紮在該地區其他據點的美軍會受到威脅，更會激怒庫德人和其他反伊斯蘭國聯盟的盟友，他們會無可非議地認為自己被美軍背棄。馬提斯要求川普重新考慮這項決定，但川普依然固執己見。馬提斯原本還願意多留任兩個月，好整頓部門的混亂狀況，但川普對於異議的忍耐度不超過一週，幾天後就將馬提斯解僱。❿

　　對影響力甚鉅的新保守派人士比爾·克里斯托（Bill Kristol）來說，穆勒在 2019 年將調查報告提交國會時，共和黨不願要求川普對調查報告舉證的不正當行為負責，這就是壓倒駱駝的最後一根稻草。他跟其他志同道合的籌備者共同組成「共和黨支持法治」（Republicans for the Rule of Law）團體，團體中的一位發言人對《新聞週刊》（Newsweek）表示：「雖然共和黨人尤甚，但不管是共和黨人還是民主黨人，大家都得站出來說：『喂，這比當今的政局權位更重要，這關乎我們的民主制度。』」假如我們不捍衛法治和民主，就會深切影響我國未來幾十年的發展。川普總統還是不願承

---

❿ 在馬提斯離開後沒多久，川普就立刻改變立場。他讓數百支軍隊留在當地，不過在 2019 年 10 月，他卻在沒有諮詢國防軍事專家的情況下，衝動將美軍全數撤回，馬提斯預測會發生的災難也立刻應驗。在對抗伊斯蘭國的戰役中，拋棄庫德人這群關鍵盟友的舉動不僅失德，還引發慘烈的軍事與政治後果。就連堅決支持川普的共和黨員也氣憤不已。為了抵制川普的撤軍決定，民主黨議員與三分之二的共和黨議員共同批准一項決議。

認報告內容屬實，更不認為這是錯誤、荒謬而且危險的舉動。共和黨人不能再繼續吞忍這種行為了。」

對於首位要求彈劾川普的共和黨議員賈斯汀・阿馬什（Justin Amash）來說，讀完穆勒的調查報告後，他就再也無法繼續依循原本的路徑往金字塔底端滑了。2019 年 7 月 4 日，阿馬什宣布他要離開共和黨自立門戶。

曾在三任共和黨總統底下任職的保守派專欄作家彼得・韋納，一直努力用川普在保守主義方面的成就（例如任命保守派法官），來抵銷他造成的傷害以及對共和黨與美國帶來的影響[42]，但是韋納再也無法繼續掙扎，因為川普的成就遠不及他造成的傷害。他寫道：「川普清楚證明自己是個病入膏肓的騙子。對客觀事實、現實與真理進行無差別攻擊的他，徹底抹滅這些自治政府仰賴的基本概念。總統性格殘酷，不把對手當成人來對待。他反覆無常、情緒不穩定，樂於將美國人劃分成不同種族與民族。他就像喝醉駕車衝破護欄的司機一樣，從頭到腳、從裡到外都爛到極點。」

套用馬克斯・布特的形容，假如一個人原本的政黨歸屬已經「攸關存亡」，甚至界定那人的價值觀、自我概念和世界觀時，要他擺脫這種歸屬絕非易事。然而，對於上述思維合乎倫理道德的共和黨員來說，與川普劃清界線並沒有威脅到他們的生計。對其他人來說，脫離自己原先所屬的團體更困難，付出的代價也更高。

沙恩・克萊伯恩（Shane Claiborne）是一位傳福音的福音派基督徒，他會跟等待被處刑的死刑犯交朋友，自己動手做衣服，還跟窮困人家一起生活。2018 年，他抵達維吉尼亞州的林奇堡，來到

傑瑞・法威爾（Jerry Falwell）創立的自由大學（Liberty University），準備在基督復興布道會上傳福音。抵達當地時，地方警察局長卻警告他，假如他踏進校園，就會以侵入他人土地的罪名被逮捕，最高得面臨十二個月的有期徒刑與 2,500 美元的罰金。沙恩・克萊伯恩到底是打算做什麼，竟然招來如此違反基督教精神的對待？克萊伯恩跟一小群敢於發聲的自由派福音派基督徒，想到「有害的基督教義存在之處」，從道德以及神學的角度，來反對多數福音派人士對川普的支持。教會一直支持川普驅逐外來移民、煽動族群對立與衝突，更力挺那些減少對窮人的幫助、讓富人減稅的方案與政策，這讓他們非常憤慨。克萊伯恩告誡參加他的布道大會的聽眾：「現在我們國家還有另一個教義，那就是川普的教義。那跟耶穌基督的教義不太一樣。」在嚴格的福音派家庭中成長的班・浩威（Ben Howe），對此說法也深有共鳴，他在《不道德的多數》（*The Immoral Majority: Why Evangelicals Chose Political Power over Christian Values*）這本書中表示：「現在，有些人認為福音派基督徒是毫無說服力的偽君子。假如想讓那些人再次敞開心胸、聆聽我們的聲音，我們就得承認自己的錯誤，導正基督教社群中的次文化。不過到目前為止，面對這份挑戰，基督徒顯得意興闌珊。他們似乎更願意為川普背棄自己的原則，不願努力讓失望的公眾重拾對福音派的信任。」[43]

當權派的福音派基督徒不怎麼歡迎這些異議分子。林奇堡是一座公司市鎮，而自由大學就是整個地區最大的雇主，所以大家都不敢惹小傑瑞・法威爾（Jerry Falwell Jr.）。新聞記者蘿利・古德斯坦

（Laurie Goodstein）到林奇堡訪問當地牧師時，多數支持異議分子的牧師都表示自己還是會繼續保持沉默，因為他們害怕惹會眾不悅，危及自己的飯碗。有位神職人員就說：「大家都怕。那些言論非常激烈。大家說話的時候都很小心，也很注意自己傳達真相的方式。在林奇堡這種地方，要說真話太難了。」[44]

瑪麗亞・卡弗里（Maria Caffrey），在國家公園管理局的自然資源管理與科學局（Natural Resource Stewardship and Science Directorate）擔任氣候科學家。她因為拒絕隱瞞解釋氣候變遷危機的事實（真正的事實，而不是替代事實）而丟了工作。她寫道：「國家公園管理局的資深官員，反反覆覆、咄咄逼人地向我施壓，強迫我將提及氣候危機之人類成因的段落刪除。這不是正常的編輯修改，這是對氣候科學的否認……他們威脅說要是我不照辦，他們就會在未經我同意之下自行刪節，並且在發表報告時不將我列為第一作者，或甚至不發表這份研究。不管選擇哪一個選項，我的職業生涯和科學誠信都會受到嚴重打擊。我堅持原本的立場。」[45] 起先，卡弗里向媒體與國會議員傳話，因此得以不屈服於長官、完整如實地發表她的研究報告。但國家公園管理局的官員持續對她採取報復行為，除了減薪跟降職之外，最後還拒絕繼續提撥資金，不讓她進行先前提出、而且已經著手執行的研究計畫。同事建議她辭職，以自願研究員的身分繼續做研究。卡弗里照辦了，但她的自願研究員申請依然被回絕。

卡弗里已經盡力了，但她最後落得被解僱的下場。多數人都咬牙忍耐，安分不惹事，盡力做好份內的工作，直到再也忍耐不下去

為止。朴查克（Chuck Park）是美國外交人員服務局的官員，身為南韓移民之子的他，始終處在一種認知失調的狀態，因為他得「努力向外籍人士解釋國內各種擺明就是自相矛盾的說法」。他在一篇專欄特稿中表示，根據行政優先事項來拒發簽證，陳述關於邊境安全的行政談話要點，並且協助川普任命的官員，幫忙他們在世界各地推行川普的「有害政治意圖」，這些工作對他來說越來越難。面對自身的認知失調，他闡述其中相互衝突的概念，身為外交官，他有義務「順著美國總統的意思」行事，並且配合行政單位的「意願」，不然他就得辭職。他說：「我讓工作上的額外好處掩蓋良知。免費的住房、即將到來的退休金，還有在海外代表強國執行公務的名望，這些都讓我迷失方向，忘了曾經對我來說無比重要的理想。我沒辦法繼續這樣下去了。我的兒子在厄爾巴索出生，他這個月剛過 7 歲生日……就在同一座城市，才剛有二十二人被一名槍手射殺。那位槍手標榜的行凶『宣言』，跟我國總統的煽動性言論相互呼應。我無法繼續向自己或兒子辯解了，我就是政府惡行的共犯，所以我決定辭職。」[46]

對於某些人來說，例如中情局內部首位正式控告川普行為不當的告發者，以堅守原則和秉持愛國主義的方式來消減失調，他要面對的風險其實更大。研究告密心理學的社會科學家，就知道這種行為有多危險。願意向社會大眾揭露雇主有哪些違反安全、犯罪和不道德的行為，這種員工相當罕見，美國人都**表示**他們很賞識這些告發者的勇氣。不過，多數告發者最後都付出極大代價，往往會失去工作、家庭、朋友與安全感。知道有可能要付出這些代價，還聽到

川普說告發者就是「叛國賊」的恫嚇言論，即使這位（目前仍然）不具名的情報官員是依規定流程提出正式控訴，他的勇氣還是無比驚人。

被趕下台的烏克蘭大使瑪麗‧約瓦諾維奇（Marie L Yovanovitch），違抗政府指令，堅持出席眾議院的彈劾調查時，無疑也展現驚人勇氣。已在國務院服務三十三年，具有豐富外交經驗的她，曾在六任總統底下做事，其中包含共和黨與民主黨總統。她的上級主管說她的決定「完全沒錯」，而且在烏克蘭累積豐富經驗與知識的她，對國家來說更是寶貴的資產，但川普卻想把她趕下台。川普之所以不想讓約瓦諾維奇繼續留任，是因為她的反腐敗政策，使總統的私人律師魯迪‧朱利安尼和他的兩名同事，無法找出能用來擊垮拜登的負面資訊（隨後，這兩名同事因違反競選財務法等罪名被起訴，並且在持著單程機票登上國際航班時被捕）。她說這幾名男子四處散播關於她的「下流謊言」。她在對國會的聲明中表示：「就我所知，有些顯然動機可疑的人士在外散播毫無根據的錯誤說法，而美國總統卻根據這些說法，決定撤銷一名大使的職位。雖然我知道自己服務的對象是總統，但對這份決定我還是感到不可置信。」她還提出警告，說國務院正一步步「從內部被掏空」。

這個國家最忠誠、最有才幹的公僕絕對會一個接一個辭職，但傷害不僅止於此。當那些堅守崗位、盡最大努力代表我國的外交官，被海外合作夥伴質疑無法真正代表美國總統、無法被當成可靠的合作夥伴來信賴時，也會對國家造成衝擊。私人利益團體罔顧全

民福祉，為了個人利益來陷害、阻撓專業外交官，這時國家就會受到損傷。[47]

約瓦諾維奇率先發難後，其他人也接續跟進。不久之後，其他傑出且經驗豐富的公務人員，都來到眾議院情報委員會證明約瓦諾維奇的發言屬實。他們都說自己是出於責任感才這麼做的。

• • •

除了探討承認自身錯誤有多困難，這本書也強調如果我們希望持續學習進步，就得面對、坦承自己犯下的錯。數百萬名美國公民在投票跟選擇支持川普時犯了重大錯誤。一旦他從政治舞台上消失，自我原諒的扭曲記憶會讓許多先前支持他的人說：「反正我從來沒把票投給他。」或是「我本來就對他充滿疑慮。」許多從前反對他的人會鬆一口氣，說：「謝天謝地，鬧劇終於落幕了。」但我們不能就此沾沾自喜。我們必須退一步捫心自問：「我們到底學到什麼？」

我們學到民主有多麼不堪一擊，發現恐懼與憤怒有多容易淪為操弄群眾的工具。即便候選人當中沒有我們心目中最完美理想的選擇，即使必須在兩顆爛蘋果中選一顆沒那麼爛的，我們也了解到選舉有多重要。同時，我們也體認到民主不僅取決於其法律與制度，仰賴其規範與價值觀，而且更倚重全民的共識。換句話說，社會大眾必須共同認為這些規範與價值觀值得維護，民主才得以延續。我們也學到，遵守公民禮儀、展現正派氣度，並且以圓滑的手腕來待

人接物，這些都不是國家軟弱無能的跡象，而是強大的象徵。

　　川普以明目張膽的傲慢態度破壞民主規則與規範，但自由派與保守派都發現，川普的作為迫使我們注意到美國其實相當脆弱，也強迫大家認真思索我們到底想建構出什麼樣的國家。左派的《紐約客》編輯大衛‧雷姆尼克（David Remnick）寫道：「公眾形象慘不忍睹的唐納‧川普，很有可能無意間幫了美國一個大忙。他以他那特別駭人聽聞的行事作風，讓我們看清自己最深刻的內在缺陷，辨明那迫在眉睫的危機。」[48] 而來自右派的詹姆士‧馬提斯上將，也就是川普的前任國防部長，則寫道：「美國全民都必須有所體認，了解我們的民主其實是一場實驗，而且是能被逆轉的實驗。我們都知道當前政治局勢絕不是我們的最佳表現。千萬不能讓部族意識毀了我們的實驗。」[49]

　　川普對美國的道德結構造成的影響，讓某些共和黨、民主黨與無黨派人士感到恐懼。對他們來說，前進之路絕對不好走，方向也未必清晰明確。大家都不想繼續跟姐夫或妹婿爭執，很多人真的累了，就這樣。但是有太多事情懸而未決而且至關重要，我們不能就這樣置之不顧。了解到底是在什麼樣的心理機制之下，我們竟然會巴著原先用來合理化某決定的理由不放，全民就能憑藉著清晰的洞察力和承認錯誤的意願，讓國家重新步上正軌。川普沒有從他的錯誤中學到教訓，但我們依舊滿懷希望，期盼我們的國家能從錯誤中學習。

致謝

　　這本書的作者順序是擲硬幣決定的，我們的合作關係就是如此平衡對等。話雖如此，從開始動筆到完稿成書，我們都深信對方比自己更有才華。所以，我們想先向對方致上謝意，謝謝你／妳讓我在合寫這本書的時候，能夠彼此鼓勵、互相學習，而且過程還充滿樂趣。

　　許多同事仔細用心地詳閱我們的手稿，讓這本書獲益良多。這些同事是來自各領域的專家，專長分別為記憶、法律、伴侶諮商、商業，以及臨床研究和治療。我們要特別感謝以下同事，謝謝他們仔細審讀有關他們專業領域的章節，並提供無數精闢建議：安德魯‧克莉史汀森（Andrew Christensen）、黛博拉‧戴維斯（Deborah Davis）、傑拉德‧戴維森（Gerald Davison）、瑪麗安‧加里（Maryanne Garry）、塞繆爾‧R‧葛羅斯（Samuel R. Gross）、布魯斯‧海（Bruce Hay）、布萊德‧海爾（Brad Heil）、理查‧萊奧（Richard Leo）、史考特‧利林費爾德（Scott Lilienfeld）、伊莉莎白‧羅芙特斯（Elizabeth Loftus）、安德魯‧麥克盧爾格（Andrew McClurg）、戴文‧波拉契克（Devon Polachek）、唐納德‧薩波斯內克（Donald Saposnek）以及蕾歐諾‧蒂芙（Leonore Tiefer）。此外，我們也非常感謝以下人士提供的評論、想法、故事、研究與其他資訊：J‧J‧科恩（J. J. Cohn）、約瑟‧德‧里維拉（Joseph De

Rivera）、拉爾夫・哈伯（Ralph Haber）、羅伯・卡頓（Robert Kardon）、索爾・卡辛（Saul Kassin）、伯頓・那努斯（Burt Nanus）、戴波拉・波勒（Debra Poole）、安東尼・普拉特卡尼斯（Anthony Pratkanis）、荷莉・史托金（Holly Stocking）以及麥可・扎戈（Michael Zagor）。感謝戴波拉・卡迪（Deborah Cady）跟卡瑞爾・麥克茉莉（Caryl McColly）協助編輯。

我們的編輯與製作團隊一路以來都超級優秀。在初稿編輯過程中，我們想特別感謝組稿編輯珍・伊西（Jane Isay），她的故事和想法讓這本書更有生命，也謝謝她在後續修訂工作中持續給予建議和支持。謝謝總編輯珍娜・強森（Jenna Johnson）、編輯主任大衛・休（David Hough）以及瑪格瑞特・瓊斯（Margaret Jones），謝謝他們這麼仔細謹慎地審稿與查核事實。針對增修版，我們想向以下合作夥伴說聲謝謝：總編輯肯・卡本特（Ken Carpenter）；書籍設計師克里斯多弗・莫伊山（Christopher Moisan）、葛瑞塔・西布利（Greta Sibley）與克莉西・庫佩斯基（Chrissy Kurpeski）；事必躬親的編輯提姆・穆迪（Tim Mudie）；還有超級仔細、幽默風趣的審稿編輯崔西・羅伊（Tracy Roe），她挑出許多我們本來不該犯的錯誤，讓我們感到一定程度的認知失調。她沒有對我們感到厭煩，還願意繼續用她那對銳利的鷹眼、慧黠的語調和令人受益良多的建議，陪著我們一路推出最新的第三版，真的是謝天謝地。

針對最新的第三版，我們想向編輯部經理妮可・安格洛羅（Nicole Angeloro）道謝，謝謝她積極提供新增修訂這本書的機會，讓我們進一步探討近年來的重要議題。謝謝資深製作編輯麗

莎‧格洛弗（Lisa Glover），感謝她在緊繃的製作日程表中，依然耐心仔細地帶著這本書從零走到出版。謝謝艾蜜莉‧史奈德（Emily Snyder），感謝她發揮創意，沿用舊版書封的概念，設計出超美的新版封面。感謝麥可‧戴丁（Michael Dudding），謝謝他發揮專業行銷長才，讓這本書能觸及各式各樣的讀者。最後，感謝所有水手出版（Mariner Books）優秀製作團隊的同仁與夥伴。

卡蘿想將這本書獻給羅南‧奧凱西（Ronan O'Casey），謝謝他在他們相知相伴的無數年間給予這麼多愛與扶持。而艾略特則不改掛在嘴邊的口頭禪，「理所當然地」想將愛和感謝獻給維拉‧亞隆森（Vera Aronson）。我們都在人生中犯過各種錯，但針對人生伴侶，我們的選擇絕對是正確的。

卡蘿‧塔芙瑞斯 & 艾略特‧亞隆森

參考資料

　　在我們成為作家之前，我們先是讀者。作為讀者，我們經常發現閱讀故事的過程中，參考資料是一種不受歡迎的干擾。我們通常不喜歡翻到書的最後面，去瞭解作者內文的來源出處可能起於一些有說服力或荒謬的想法與研究發現，不過卻也常因此發現如糖果般的驚喜，例如，個人評論，一個有趣的題外話，或是一個好故事。我們喜歡整理這些資料，利用這個機會參考，有時也擴展我們在章節中提出的觀點。這裡還有一些糖果。

前言

1. "Spy Agencies Say Iraq War Worsens Terrorism Threat," *New York Times,* September 24, 2006; the comment to conservative columnists was reported by one of them, Max Boot, in "No Room for Doubt in the Oval Office," the *Los Angeles Times,* September 20, 2006. For a detailed accounting of George Bush's claims to the public regarding the war in Iraq, see Frank Rich, *The Greatest Story Ever Sold: The Decline and Fall of Truth from 9/11 to Katrina* (New York: Penguin, 2006). In his State of the Union address in January 2007, Bush acknowledged that "where mistakes were made" in a few tactics used in conducting the war, he was responsible for them. But he held firm that there would be no major changes in strategy; on the contrary, he would increase the number of troops and invest even more money in the war. In their memoirs, high-ranking members of Bush's administration have painted a portrait of Bush and his inner circle as people driven by certainty and "groupthink"; anyone who offered unwelcome facts was ignored, demoted, or fired. See, for example, Robert Draper, *Dead Certain: The Presidency of George W. Bush* (New York: Free Press, 2007); Jack Goldsmith, *The Terror Presidency: Law and Judgment Inside the Bush Administration* (New York: W. W.

Norton, 2007); and Michael J. Mazarr, *Leap of Faith: Hubris, Negligence, and American's Greatest Foreign Policy Tragedy* (New York: PublicAffairs, 2019). Within one day of 9/11, Mazarr writes, the decision to overthrow Saddam Hussein "had been essentially sealed in cognitive amber."

2. The American Presidency Project (online), www.presidency.ucsb.edu/ws/index.php, provides documented examples of every instance of "mistakes were made" said by American presidents. It's a long list. Bill Clinton said that "mistakes were made" in the pursuit of Democratic campaign contributions and later joked about the popularity of this phrase and its passive voice at a White House Press Correspondents dinner. Of all the presidents, Richard Nixon and Ronald Reagan used the phrase most, the former to minimize the illegal actions of the Watergate scandal, the latter to minimize the illegal actions of the Iran-Contra scandal. See also Charles Baxter's eloquent essay "Dysfunctional Narratives, or: 'Mistakes Were Made,' " in Charles Baxter, *Burning Down the House: Essays on Fiction* (Saint Paul, MN: Graywolf Press, 1997).

3. Gordon Marino, "Before Teaching Ethics, Stop Kidding Yourself," *Chronicle of Higher Education* (February 20, 2004): B5.

4. On the self-serving bias in memory (and the housework study in particular), see Michael Ross and Fiore Sicoly, "Egocentric Biases in Availability and Attribution," *Journal of Personality and Social Psychology* 37 (1979): 322–36. See also Suzanne C. Thompson and Harold H. Kelley, "Judgments of Responsibility for Activities in Close Relationships," *Journal of Personality and Social Psychology* 41 (1981): 469–77.

5. John Dean, interview by Barbara Cady, *Playboy,* January 1975, 78.

6. Robert A. Caro, *Master of the Senate: The Years of Lyndon Johnson* (New York: Knopf, 2002), 886.

7. Katherine S. Mangan, "A Brush with a New Life," *Chronicle of Higher Education* (April 2005): A28–A30.

8. Sherwin Nuland, *The Doctors' Plague: Germs, Childbed Fever, and the Strange Story of Ignac Semmelweis* (New York: Norton, 2003).

9. Ferdinand Lundberg and Marynia F. Farnham, *Modern Woman: The Lost Sex* (New York: Harper and Brothers, 1947), 11, 120.

10. Edward Humes, *Mean Justice* (New York: Pocket Books, 1999).

Chapter 1　認知失調：自我辯護的動力來源

1. Press releases from Neal Chase, representing the religious group Baha'is Under the Provisions of the Covenant, in "The End Is Nearish," *Harper's,* February 1995, 22,

24.

2. Leon Festinger, Henry W. Riecken, and Stanley Schachter, *When Prophecy Fails* (Minneapolis: University of Minnesota Press, 1956).

3. O. Fotuhi et al., "Patterns of Cognitive Dissonance-Reducing Beliefs Among Smokers: A Longitudinal Analysis from the International Tobacco Control (ITC) Four Country Survey," *Tobacco Control: An International Journal* 22 (2013): 52–58; and F. Naughton, H. Eborall, and S. Sutton, "Dissonance and Disengagement in Pregnant Smokers," *Journal of Smoking Cessation* 8 (2012): 24–32.

4. "Showdown at the Cognitive Dissonance Bridge"

5. "Cognitive Dissonances I'm Comfortable With"

6. Leon Festinger, *A Theory of Cognitive Dissonance* (Stanford, CA: Stanford University Press, 1957). See also Leon Festinger and Elliot Aronson, "Arousal and Reduction of Dissonance in Social Contexts," in *Group Dynamics,* eds. D. Cartwright and Z. Zander (New York: Harper and Row, 1960–61); and Eddie Harmon-Jones and Judson Mills, eds., *Cognitive Dissonance: Progress on a Pivotal Theory in Social Psychology* (Washington, DC: American Psychological Association, 1999).

7. Elliot Aronson and Judson Mills, "The Effect of Severity of Initiation on Liking for a Group," *Journal of Abnormal and Social Psychology* 59 (1959): 177–81.

8. Harold Gerard and Grover Mathewson, "The Effects of Severity of Initiation on Liking for a Group: A Replication," *Journal of Experimental Social Psychology* 2 (1966): 278–87.

9. Dimitris Xygalatas et al., "Extreme Rituals Promote Prosociality," *Psychological Science* 24 (2013): 1602–5.

10. Many cognitive psychologists and other scientists have written about the confirmation bias. See Thomas Kida, *Don't Believe Everything You Think* (Amherst, NY: Prometheus Press, 2006), and Raymond S. Nickerson, "Confirmation Bias: A Ubiquitous Phenomenon in Many Guises," *Review of General Psychology* 2 (1998): 175–220.

11. Claudia Fritz et al., "Soloist Evaluations of Six Old Italian and Six New Violins," *Proceedings of the National Academy of Sciences* 111 (2014): 7224–29, doi: 10.1073/pnas.1323367111.

12. Adrian Cho, "Million-Dollar Strads Fall to Modern Violins in Blind 'Sound Check,' " ScienceMag.org, May 9, 2017.

13. Lenny Bruce, *How to Talk Dirty and Influence People* (Chicago: Playboy Press, 1966), 232–33.

14. Steven Kull, director of the Program on International Policy Attitudes (PIPA) at the University of Maryland, commenting on the results of the PIPA/Knowledge

Networks poll "Many Americans Unaware WMD Have Not Been Found," June 14, 2003.

15. Gary C. Jacobson, "Perception, Memory, and Partisan Polarization on the Iraq War," *Political Science Quarterly* 125 (Spring 2010): 1–26. See also his paper "Referendum: The 2006 Midterm Congressional Elections," *Political Science Quarterly* 122 (Spring 2007): 1–24.

16. Drew Westen et al., "The Neural Basis of Motivated Reasoning: An fMRI Study of Emotional Constraints on Political Judgment During the U.S. Presidential Election of 2004," *Journal of Cognitive Neuroscience* 18 (2006): 1947–58. For readers interested in the neuroscience of dissonance, see also Eddie Harmon-Jones, Cindy Harmon-Jones, and David M. Amodio, "A Neuroscientific Perspective on Dissonance, Guided by the Action-Based Model," in *Cognitive Consistency: A Fundamental Principle in Social Cognition,* eds. B. Gawronski and F. Strack (New York: Guilford, 2012), 47–65; and S. Kitayama et al., "Neural Mechanisms of Dissonance: An fMRI Investigation of Choice Justification," *NeuroImage* 69 (2013): 206–12.

17. Charles Lord, Lee Ross, and Mark Lepper, "Biased Assimilation and Attitude Polarization: The Effects of Prior Theories on Subsequently Considered Evidence," *Journal of Personality and Social Psychology* 37 (1979): 2098–2109.

18. Brendan Nyhan and Jason Reifler, "When Corrections Fail: The Persistence of Political Misperceptions," *Political Behavior* 32 (2010): 303–30; Stephan Lewandowsky et al., "Misinformation and Its Correction: Continued Influence and Successful Debiasing," *Psychological Science in the Public Interest* 13 (2012): 106–31.

19. Doris Kearns Goodwin, *No Ordinary Time* (New York: Simon and Schuster, 1994), 321. (Emphasis in original.)

20. In one of the earliest demonstrations of postdecision dissonance reduction, Jack Brehm, posing as a marketing researcher, showed a group of women eight different appliances (a toaster, a coffeemaker, a sandwich grill, and the like) and asked them to rate each item for its desirability. Brehm then told each woman that she could have one of the appliances as a gift, and he gave her a choice between two of the products she had rated as being equally appealing. After she chose one, he wrapped it up and gave it to her. Later, the women rated the appliances again. This time, they increased their rating of the appliance they had chosen and decreased their rating of the appliance they had rejected. See Jack Brehm, "Postdecision Changes in the Desirability of Alternatives," *Journal of Abnormal and Social Psychology* 52 (1956): 384–89.

21. Robert E. Knox and James A. Inkster, "Postdecision Dissonance at Post Time,"

Journal of Personality and Social Psychology 8 (1968): 319–23. There have been many replications of the finding that the more permanent and less revocable the decision, the stronger the need to reduce dissonance. See Lottie Bullens et al., "Reversible Decisions: The Grass Isn't Merely Greener on the Other Side; It's Also Very Brown Over Here," *Journal of Experimental Social Psychology* 49 (2013): 1093–99.

22. Katherine S. Mangan, "A Brush with a New Life," *Chronicle of Higher Education* (April 2005): A28–A30.

23. Brad J. Bushman, "Does Venting Anger Feed or Extinguish the Flame? Catharsis, Rumination, Distraction, Anger, and Aggressive Responding," *Personality and Social Psychology Bulletin* 28 (2002): 724–31; Brad J. Bushman et al., "Chewing on It Can Chew You Up: Effects of Rumination on Triggered Displaced Aggression," *Journal of Personality and Social Psychology* 88 (2002): 969–83. The history of research disputing the assumption of catharsis is summarized in Carol Tavris, *Anger: The Misunderstood Emotion* (New York: Simon and Schuster, 1989.

24. Michael Kahn's original study was "The Physiology of Catharsis," *Journal of Personality and Social Psychology* 3 (1966): 78–98. For another early classic, see Leonard Berkowitz, James A. Green, and Jacqueline R. Macaulay, "Hostility Catharsis as the Reduction of Emotional Tension," *Psychiatry* 25 (1962): 23–31.

25. Jon Jecker and David Landy, "Liking a Person as a Function of Doing Him a Favor," *Human Relations* 22 (1969): 371–78.

26. Nadia Chernyak and Tamar Kushnir, "Giving Preschoolers Choice Increases Sharing Behavior," *Psychological Science* 24 (2013): 1971–79.

27. Benjamin Franklin, *The Autobiography of Benjamin Franklin* (New York: Touchstone, 2004), 83–84.

28. Ruth Thibodeau and Elliot Aronson, "Taking a Closer Look: Reasserting the Role of the Self-Concept in Dissonance Theory, "*Personality and Social Psychology Bulletin* 18 (1992): 591–602.

29. Jonathon D. Brown, "Understanding the Better than Average Effect: Motives (Still) Matter," *Personality and Social Psychology Bulletin* 38 (2012): 209–19. Brown showed in a series of experiments that the "I'm better than average" effect increases after a person experiences a threat to his or her self-worth.

30. There is a large and lively research literature on the self-serving bias, the tendency to believe the best of ourselves and explain away the worst. It is a remarkably consistent bias in human cognition, though there are interesting variations across cultures, ages, and genders. See Amy Mezulis et al., "Is There a Universal Positivity Bias in Attributions? A Meta-Analytic Review of Individual, Developmental, and Cultural Differences in the Self-Serving Attributional Bias," *Psychological Bulletin*

130 (2004): 711–47; and Keith E. Stanovich et al., "Myside Bias, Rational Thinking, and Intelligence," *Psychological Science* 22 (2013): 259–64.

31. Philip E. Tetlock, *Expert Political Judgment: How Good Is It? How Can We Know?* (Princeton, NJ: Princeton University Press, 2005). In clinical psychology, the picture is the same; there is an extensive scientific literature showing that behavioral, statistical, and other objective measures of behavior are consistently superior to the insight of experts and their clinical predictions and diagnoses. See Robin Dawes, David Faust, and Paul E. Meehl, "Clinical Versus Actuarial Judgment," *Science* 243 (1989): 1668–74; W. M. Grove and Paul E. Meehl, "Comparative Efficiency of Formal (Mechanical, Algorithmic) and Informal (Subjective, Impressionistic) Prediction Procedures: The Clinical/ Statistical Controversy," *Psychology, Public Policy, and Law* 2 (1996): 293–323; and Daniel Kahneman, "The Surety of Fools," *New York Times Magazine,* October 23, 2011.

32. Josh Barro, "The Upshot: Sticking to Their Story: Inflation Hawks' Views Are Independent of Actual Monetary Outcomes," *New York Times,* October 2, 2014.

33. Elliot Aronson and J. Merrill Carlsmith, "Performance Expectancy as a Determinant of Actual Performance," *Journal of Abnormal and Social Psychology* 65 (1962): 178–82. See also William B. Swann Jr., "To Be Adored or to Be Known? The Interplay of Self-Enhancement and Self-Verification," in *Motivation and Cognition,* eds. R. M. Sorrentino and E. T. Higgins (New York: Guilford, 1990); and William B. Swann Jr., J. Gregory Hixon, and Chris de la Ronde, "Embracing the Bitter 'Truth': Negative Self-Concepts and Marital Commitment," *Psychological Science* 3 (1992): 118–21.

34. We are not idly speculating here. In a classic experiment conducted half a century ago, social psychologist Judson Mills measured the attitudes of sixth-grade children toward cheating. He then had them participate in a competitive exam with prizes offered to the winners. He arranged the situation so that it was almost impossible for a child to win without cheating and also so the children thought that they could cheat without being detected. (He was secretly keeping an eye on them.) About half the kids cheated and half did not. The next day, Mills asked the children again how they felt about cheating and other misdemeanors. Those children who had cheated became more lenient toward cheating, and those who resisted the temptation adopted a harsher attitude. See Judson Mills, "Changes in Moral Attitudes Following Temptation," *Journal of Personality* 26 (1958): 517–31.

35. Vivian Yee, "Elite School Students Describe the How and Why of Cheating," *New York Times,* September 26, 2012; Jenna Wortham, "The Unrepentant Bootlegger," *New York Times,* September 27, 2014.

36. Jeb Stuart Magruder, *An American Life: One Man's Road to Watergate* (New York:

Atheneum, 1974), 4, 7.

37. Ibid., 194–95, 214–15.
38. The number of total participants is an informed estimate from psychologist Thomas Blass, who has written extensively about the original Milgram experiment and its many successors. About eight hundred people participated in Milgram's own experiments; the rest were in replications or variations of the basic paradigm over a twentyfive-year span.
39. The original study is described in Stanley Milgram, "Behavioral Study of Obedience," *Journal of Abnormal and Social Psychology* 67 (1963): 371–78. Milgram reported his study in greater detail and with additional supporting research, including many replications, in his subsequent book, *Obedience to Authority: An Experimental View* (New York: Harper and Row, 1974).
40. William Safire, "Aesop's Fabled Fox," *New York Times,* December 29, 2003.

Chapter 2 傲慢與偏見，以及其他盲點

1. James Bruggers, "Brain Damage Blamed on Solvent Use," *Louisville Courier-Journal,* May 13, 2001; James Bruggers, "Researchers' Ties to CSX Raise Concerns," *Courier-Journal,* October 20, 2001; Carol Tavris, "The High Cost of Skepticism," *Skeptical Inquirer* (July/August, 2002): 42–44; Stanley Berent, "Response to 'The High Cost of Skepticism,' " *Skeptical Inquirer* (November/ December 2002), 61, 63, 64–65. On February 12, 2003, the Office for Human Research Protections wrote to the vice president for research at the University of Michigan noting that the university's institutional review board, of which Stanley Berent had been head, had "failed to document the specific criteria for waiver of informed consent" for Berent and Albers's research. The case of CSX, its arrangement with Stanley Berent and James Albers, and their conflict of interest is also described in depth in Sheldon Krimsky, *Science in the Private Interest* (Lanham, MD: Rowman and Littlefield, 2003), 152–53.
2. Joyce Ehrlinger, Thomas Gilovich, and Lee Ross, "Peering into the Bias Blind Spot: People's Assessments of Bias in Themselves and Others," *Personality and Social Psychology Bulletin* 31 (2005): 680–92; Emily Pronin, Daniel Y. Lin, and Lee Ross, "The Bias Blind Spot: Perceptions of Bias in Self versus Others," *Personality and Social Psychology Bulletin* 28 (2002): 369–81. Our blind spots also allow us to see ourselves as being smarter and more competent than most people, which is why all of us, apparently, feel we are above average. See David Dunning et al., "Why People Fail to Recognize Their Own Incompetence," *Current Directions in Psychological Science* 12 (2003): 83–87, and Joyce Ehrlinger et al.,

"Why the Unskilled Are Unaware: Further Explorations of (Absent) Self-Insight Among the Incompetent," *Organizational Behavior and Human Decision Processes* 105 (2008): 98–121.

3. Quoted in Eric Jaffe, "Peace in the Middle East May Be Impossible: Lee D. Ross on Naive Realism and Conflict Resolution," *American Psychological Society Observer* 17 (2004): 9–11.

4. Geoffrey L. Cohen, "Party over Policy: The Dominating Impact of Group Influence on Political Beliefs," *Journal of Personality and Social Psychology* 85 (2003): 808–22. See also Donald Green, Bradley Palmquist, and Eric Schickler, *Partisan Hearts and Minds: Political Parties and the Social Identities of Voters* (New Haven, CT: Yale University Press, 2002). This book shows how once people form a political identity, usually in young adulthood, the identity does their thinking for them. That is, most people do not choose a party because it reflects their views; rather, once they choose a party, its policies become their views.

5. Lee Epstein, Christopher M. Parker, and Jeffrey A. Segal, "Do Justices Defend the Speech They Hate?," paper presented at the 2013 annual meeting of the American Political Science Association, http://ssrn.com/abstract=2300572.

6. Emily Pronin, Thomas Gilovich, and Lee Ross, "Objectivity in the Eye of the Beholder: Divergent Perceptions of Bias in Self versus Others," *Psychological Review* 111 (2004): 781–99.

7. When privilege is a result of birth or another fluke of fortune rather than merit, many of its possessors will justify it as being earned. John Jost and his colleagues have been studying the processes of system justification, a psychological motive to defend and justify the status quo; see, for example, John Jost and Orsolya Hunyady, "Antecedents and Consequences of System-Justifying Ideologies," *Current Directions in Psychological Science* 14 (2005): 260–65. One such systemjustifying ideology is that the poor may be poor but they are happier and more honest than the rich; see Aaron C. Kay and John T. Jost, "Complementary Justice: Effects of 'Poor but Happy' and 'Poor but Honest' Stereotype Exemplars on System Justification and Implicit Activation of the Justice Motive," *Journal of Personality and Social Psychology* 85 (2003): 823–37. See also Stephanie M. Wildman, ed., *Privilege Revealed: How Invisible Preference Undermines America* (New York: New York University Press, 1996).

8. D. Michael Risinger and Jeffrey L. Loop, "Three Card Monte, Monty Hall, Modus Operandi and 'Offender Profiling': Some Lessons of Modern Cognitive Science for the Law of Evidence," *Cardozo Law Review* 24 (November 2002): 193.

9. Dorothy Samuels, "Tripping Up on Trips: Judges Love Junkets as Much as Tom DeLay Does," *New York Times,* January 20, 2006.

10. Melody Petersen, "A Conversation with Sheldon Krimsky: Uncoupling Campus and Company," *New York Times,* September 23, 2003. Krimsky also recounted the Jonas Salk remark.

11. Krimsky, *Science in the Private Interest;* Sheila Slaughter and Larry L. Leslie, *Academic Capitalism* (Baltimore: Johns Hopkins University Press, 1997); Derek Bok, *Universities in the Marketplace: The Commercialization of Higher Education* (Princeton, NJ: Princeton University Press, 2003); Marcia Angell, *The Truth about the Drug Companies* (New York: Random House, 2004); and Jerome P. Kassirer, *On the Take: How Medicine's Complicity with Big Business Can Endanger Your Health* (New York: Oxford University Press, 2005).

12. National Institutes of Health Care Management Research and Educational Foundation, "Changing Patterns of Pharmaceutical Innovation," cited in Jason Dana and George Loewenstein, "A Social Science Perspective on Gifts to Physicians from Industry," *Journal of the American Medical Association* 290 (2003): 252–55.

13. Investigative journalist David Willman won a Pulitzer Prize for his series on conflicts of interest in bringing new drugs to market; two of them include "Scientists Who Judged Pill Safety Received Fees," *Los Angeles Times,* October 29, 1999; and "The New FDA: How a New Policy Led to Seven Deadly Drugs," *Los Angeles Times,* December 20, 2000.

14. Nicholas S. Downing et al., "Postmarket Safety Events Among Novel Therapeutics Approved by the US Food and Drug Administration Between 2001 and 2010," *Journal of the American Medical Association* 317 (2017): 1854–63.

15. Daniel C. Murrie et al., "Are Forensic Experts Biased by the Side That Retained Them?" *Psychological Science* 24 (2013): 1889–97.

16. Dan Fagin and Marianne Lavelle, *Toxic Deception* (Secaucus, NJ: Caro Publishing, 1996).

17. Richard A. Davidson, "Source of Funding and Outcome of Clinical Trials," *Journal of General Internal Medicine* 1 (May/June 1986): 155–58.

18. Lise L. Kjaergard and Bodil Als-Nielsen, "Association Between Competing Interests and Authors' Conclusions: Epidemiological Study of Randomised Clinical Trials Published In *BMJ,*" *British Medical Journal* 325 (August 3, 2002): 249–52. See also Krimsky, *Science in the Private Interest,* chapter 9, for a review of these and similar studies.

19. Alex Berenson et al., "Dangerous Data: Despite Warnings, Drug Giant Took Long Path to Vioxx Recall," *New York Times,* November 14, 2004.

20. Richard Horton, "The Lessons of MMR," *Lancet* 363 (2004): 747–49.

21. Andrew J. Wakefield, Peter Harvey, and John Linnell, "MMR —Responding to

Retraction," *Lancet* 363 (2004): 1327–28.

22. Two of the best books on the subject are Paul Offit, *Deadly Choices: How the Anti-Vaccine Movement Threatens Us All* (New York: Basic Books, 2011), and Seth Mnookin, *The Panic Virus: The True Story Behind the Vaccine-Autism Controversy* (New York: Simon and Schuster, 2012). Thimerosal (variously spelled thimerosol and thimerserol) has been used commonly since the 1930s as a preservative in vaccines and many household products, such as cosmetics and eye drops. Anti-vaxxers maintain that the mercury contained in this preservative has toxic effects that cause autism and other diseases, but their arguments have largely been based on anecdotes, exaggerated fears, unsupported claims, and the antivaccine research conducted by Mark Geier and David Geier, president of a company specializing in litigating on behalf of alleged vaccine injury claimants. As for the research, in a study of all children born in Denmark between 1991 and 1998 (over half a million), the incidence of autism in vaccinated children was actually a bit lower than in unvaccinated children; see Kreesten M. Madsen et al., "A Population-Based Study of Measles, Mumps, and Rubella Vaccination and Autism," *New England Journal of Medicine* 347 (2002): 1477–82. Moreover, after vaccines containing thimerosal were removed from the market in Denmark, there was no subsequent decrease in the incidence of autism; see Kreesten M. Madsen et al., "Thimerosal and the Occurrence of Autism: Negative Ecological Evidence from Danish Population-Based Data," *Pediatrics* 112 (2003): 604–6. See also L. Smeeth et al., "MMR Vaccination and Pervasive Developmental Disorders: A Case-Control Study," *Lancet* 364 (2004): 963–69. Another good review of the issues and studies is in Nick Paumgarten, "The Message of Measles," *New Yorker,* September 2, 2019.

23. Willem G. van Panhuis et al., "Contagious Diseases in the United States from 1888 to the Present," *New England Journal of Medicine* 369 (November 28, 2013): 2152–58; Paul A. Offit, *Do You Believe in Magic? The Sense and Nonsense of Alternative Medicine* (New York: HarperCollins, 2013), 139.

24. Brendan Nyhan et al., "Effective Messages in Vaccine Promotion: A Randomized Trial," *Pediatrics,* March 3, 2014, doi: 10.1542/peds.2013- 2365. On their study of people who won't get flu shots on the mistaken belief that the vaccination can give them the flu, see Brendan Nyhan and Jason Reifler, "Does Correcting Myths About the Flu Vaccine Work? An Experimental Evaluation of the Effects of Corrective Information," *Vaccine* 33 (2015): 459–64.

25. http://www.prnewswire.com/news-releases/statement-from-dr-andrewwakefield—no-fraud-no-hoax-no-profit-motive-113454389.html.

26. Clyde Haberman, "A Discredited Vaccine Study's Continuing Impact on Public Health," *New York Times,* February 1, 2015.

27. Dana and Loewenstein, "A Social Science Perspective on Gifts to Physicians from Industry."

28. Eric G. Campbell et al., "Physician Professionalism and Changes in Physician-Industry Relationships from 2004 to 2009," *Archives of Internal Medicine* 170 (November 8, 2010): 1820–26.

29. The Affordable Care Act mandated the Open Payments website, which went online October 1, 2014. Consumers can see how much money health-care professionals receive from drug companies as well as see whether their own physicians might have conflicts of interest. See Charles Ornstein's reports at ProPublica, http://www.propublica.org/article/our-first-dive-into-the-new-open-paymentssystem?utm_source=et&utm_medium=email&utm_campaign=dailynewsletter. His follow-up report on October 6, 2014, revealed that the Open Payments database of industry payments had underestimated the amount by about $1 billion.

30. Robert B. Cialdini, *Influence: The Psychology of Persuasion,* rev. ed. (New York: William Morrow, 1993).

31. Carl Elliott, "The Drug Pushers," *Atlantic Monthly,* April 2006, 82–93.

32. Carl Elliott, "Pharma Buys a Conscience," *American Prospect* 12 (September 24, 2001), www.prospect.org/print/V12/17/elliott-c.html.

33. C. Neil Macrae, Alan B. Milne, and Galen V. Bodenhausen, "Stereotypes as Energy-Saving Devices: A Peek Inside the Cognitive Toolbox," *Journal of Personality and Social Psychology* 66 (1994): 37–47.

34. Marilynn B. Brewer, "Social Identity, Distinctiveness, and In-Group Homogeneity," *Social Cognition* 11 (1993): 150–64.

35. Charles W. Perdue et al., "Us and Them: Social Categorization and the Process of Inter-Group Bias," *Journal of Personality and Social Psychology* 59 (1990): 475–86.

36. Henri Tajfel et al., "Social Categorization and Intergroup Behaviour,"*European Journal of Social Psychology* 1 (1971): 149–78.

37. Nick Haslam et al., "More Human Than You: Attributing Humanness to Self and Others," *Journal of Personality and Social Psychology* 89 (2005): 937–50.

38. Gordon Allport, *The Nature of Prejudice* (Reading, MA: Addison- Wesley, 1979), 13–14.

39. Jeffrey W. Sherman et al., "Prejudice and Stereotype Maintenance Processes: Attention, Attribution, and Individuation," *Journal of Personality and Social Psychology* 89 (2005): 607–22.

40. Aaron Panofsky and Joan Donovan, "Genetic Ancestry Testing Among White Nationalists: From Identity Repair to Citizen Science," *Social Studies of Science,* July 2, 2019, https://doi.org/10.1177/0306312719861434.

41. Christian S. Crandall and Amy Eshelman, "A Justification-Suppression Model of the Expression and Experience of Prejudice," *Psychological Bulletin* 129 (2003): 425. See also Benoit Monin and Dale T. Miller, "Moral Credentials and the Expression of Prejudice," *Journal of Personality and Social Psychology* 81 (2001): 33–43. In their experiments, when people felt that their moral credentials as unprejudiced individuals were not in dispute — when they had been given a chance to disagree with blatantly sexist statements — they felt more justified in their subsequent vote to hire a man for a stereotypically male job.

42. For the interracial experiment, see Ronald W. Rogers and Steven Prentice-Dunn, "Deindividuation and Anger-Mediated Interracial Aggression: Unmasking Regressive Racism," *Journal of Personality and Social Psychology* 4 (1981): 63–73. For the English- and French-speaking Canadians, see James R. Meindl and Melvin J. Lerner, "Exacerbation of Extreme Responses to an Out-Group," *Journal of Personality and Social Psychology* 47 (1985): 71–84. On the studies of behavior toward Jews and gay men, see Steven Fein and Steven J. Spencer, "Prejudice as Self-Image Maintenance: Affirming the Self through Derogating Others," *Journal of Personality and Social Psychology* 73 (1997): 31–44.

43. Paul Jacobs, Saul Landau, and Eve Pell, *To Serve the Devil,* vol. 2, *Colonials and Sojourners* (New York: Vintage Books, 1971), 81.

44. Albert Speer, *Inside the Third Reich: Memoirs* (New York: Simon and Schuster, 1970), 291.

45. Doris Kearns Goodwin, *Team of Rivals: The Political Genius of Abraham Lincoln* (New York: Simon and Schuster, 2005).

46. Magruder, *An American Life,* 348.

Chapter 3　記憶──自我辯護的歷史學家

1. George Plimpton, *Truman Capote* (New York: Doubleday, 1997), 306 We are taking Vidal's version of this story on the grounds that he has never had compunctions about talking about either subject — politics or bisexuality — and therefore had no motivation to distort the event in his memory.

2. Anthony G. Greenwald, "The Totalitarian Ego: Fabrication and Revision of Personal History," *American Psychologist* 35 (1980): 603–18.

3. Edward Jones and Rika Kohler, "The Effects of Plausibility on the Learning of Controversial Statements," *Journal of Abnormal and Social Psychology* 57 (1959): 315–20.

4. Michael Ross, "Relation of Implicit Theories to the Construction of Personal Histories," *Psychological Review* 96 (1989): 341–57; Anne E. Wilson and Michael

Ross, "From Chump to Champ: People's Appraisals of Their Earlier and Present Selves," *Journal of Personality and Social Psychology* 80 (2001): 572–84; and Michael Ross and Anne E. Wilson, "Autobiographical Memory and Conceptions of Self: Getting Better All the Time," *Current Directions in Psychological Science* 12 (2003): 66–69.

5. E. S. Parker, L. Cahill, and J. L. McGaugh, "A Case of Unusual Autobiographical Remembering," *Neurocase* 12, no. 1 (February 2006): 35–49.

6. Marcia K. Johnson, Shahin Hashtroudi, and D. Stephen Lindsay, "Source Monitoring," *Psychological Bulletin* 114 (1993): 3–28; Karen J. Mitchell and Marcia K. Johnson, "Source Monitoring: Attributing Mental Experiences," in *The Oxford Handbook of Memory,* eds. E. Tulving and F.I.M. Craik (New York: Oxford University Press, 2000).

7. Mary McCarthy, *Memories of a Catholic Girlhood* (San Diego: Harcourt, Brace, 1957), 80–83.

8. Barbara Tversky and Elizabeth J. Marsh, "Biased Retellings of Events Yield Biased Memories," *Cognitive Psychology* 40 (2000): 1–38; see also Elizabeth J. Marsh and Barbara Tversky, "Spinning the Stories of Our Lives," *Applied Cognitive Psychology* 18 (2004): 491–503.

9. Brooke C. Feeney and Jude Cassidy, "Reconstructive Memory Related to Adolescent-Parent Conflict Interactions: The Influence of Attachment-Related Representations on Immediate Perceptions and Changes in Perceptions Over Time," *Journal of Personality and Social Psychology* 85 (2003): 945–55.

10. Daniel Offer et al., "The Altering of Reported Experiences," *Journal of the American Academy of Child and Adolescent Psychiatry* 39 (2000) 735– 42. Several of the authors also wrote a book on this study. See Daniel Offer, Marjorie Kaiz Offer, and Eric Ostrov, *Regular Guys: 34 Years Beyond Adolescence* (New York: Kluwer Academic/Plenum, 2004).

11. On "mismemories" of sex, see Maryanne Garry et al., "Examining Memory for Heterosexual College Students' Sexual Experiences Using an Electronic Mail Diary," *Health Psychology* 21 (2002): 629–34. On the overreporting of voting, see R. P. Abelson, Elizabeth D. Loftus, and Anthony G. Greenwald, "Attempts to Improve the Accuracy of Self-Reports of Voting," in *Questions About Questions: Inquiries into the Cognitive Bases of Surveys,* ed. J. M. Tanur (New York: Russell Sage, 1992). See also Robert F. Belli et al., "Reducing Vote Overreporting in Surveys: Social Desirability, Memory Failure, and Source Monitoring," *Public Opinion Quarterly* 63 (1999): 90–108. On misremembering donating money, see Christopher D. B. Burt and Jennifer S. Popple, "Memorial Distortions in Donation Data," *Journal of Social Psychology* 138 (1998): 724–33. College students'

memories of their high-school grades are also distorted in a positive direction; see Harry P. Bahrick, Lynda K. Hall, and Stephanie A. Berger, "Accuracy and Distortion in Memory for High School Grades," *Psychological Science* 7 (1996): 265–71.

12. J. Guillermo Villalobos, Deborah Davis, and Richard A. Leo, "His Story, Her Story: Sexual Miscommunication, Motivated Remembering, and Intoxication as Pathways to Honest False Testimony Regarding Sexual Consent," in R. Burnett, ed., *Vilified: Wrongful Allegations of Sexual and Child Abuse* (Oxford: Oxford University Press, 2016); Deborah Davis and Elizabeth F. Loftus, "Remembering Disputed Sexual Encounters," *Journal of Criminal Law and Criminology* 105 (2016): 811–51.

13. Lisa K. Libby and Richard P. Eibach, "Looking Back in Time: Self-Concept Change Affects Visual Perspective in Autobiographical Memory," *Journal of Personality and Social Psychology* 82 (2002): 167–79. See also Lisa K. Libby, Richard P. Eibach, and Thomas Gilovich, "Here's Looking at Me: The Effect of Memory Perspective on Assessments of Personal Change," *Journal of Personality and Social Psychology* 88 (2005): 50–62. The more consistent our memories are with our present selves, the more accessible they are. See Michael Ross, "Relation of Implicit Theories to the Construction of Personal Histories," *Psychological Review* 96 (1989): 341–57.

14. Michael Conway and Michael Ross, "Getting What You Want by Revising What You Had," *Journal of Personality and Social Psychology* 47 (1984): 738–48. Memory distortions take many different paths, but most are in the service of preserving our self-concepts and feelings about ourselves as good and competent people.

15. Anne E. Wilson and Michael Ross have shown how the self-justifying biases of memory help us move psychologically, in their words, from "chump to champ." We distance ourselves from our earlier "chumpier" incarnations if doing so allows us to feel better about how much we have grown, learned, and matured, but, like Haber, we feel close to earlier selves we thought were champs. Either way, we can't lose. See Wilson and Ross, "From Chump to Champ."

16. The full text of *Fragments,* along with the true story of Wilkomirski's life, is in Stefan Maechler, *The Wilkomirski Affair: A Study in Biographical Truth,* trans. John E. Woods (New York: Schocken, 2001). Maechler discusses the ways in which Wilkomirski drew on Kosinski's novel. For another investigation into Wilkomirski's life and the cultural issues of real and imagined memories, see Blake Eskin, *A Life in Pieces: The Making and Unmaking of Binjamin Wilkomirski* (New York: W. W. Norton, 2002).

17. The Will Andrews story is in Susan Clancy, *Abducted: How People Come to*

Believe They Were Kidnapped by Aliens (Cambridge, MA: Harvard University Press, 2005). On the psychology of belief in alien abduction, see also Donald P. Spence, "Abduction Tales as Metaphors," *Psychological Inquiry* 7 (1996): 177–79. Spence interprets abduction memories as metaphors that have two powerful psychological functions: they encapsulate a set of free-floating concerns and anxieties that are widespread in today's political and cultural climate and have no ready or easy remedy, and, by providing a shared identity for believers, they reduce the believers' feelings of alienation and powerlessness.

18. Maechler, *The Wilkomirski Affair,* 273.

19. Ibid., 27.

20. Ibid., 71. Wilkomirski accounted for having restless legs syndrome by telling a horrifying story: that when he was in Majdanek, he learned to keep his legs moving while he slept or otherwise "the rats would gnaw on them." But according to Tomasz Kranz, head of the research department at the Majdanek Museum, there were lice and fleas at the camp, but not rats (unlike other camps, such as Birkenau). See ibid., 169.

21. On the physical and psychological benefits of writing about previously undisclosed secrets and traumas, see James W. Pennebaker, *Opening Up* (New York: William Morrow, 1990).

22. On imagination inflation, see Elizabeth F. Loftus, "Memories of Things Unseen," *Current Directions in Psychological Science* 13 (2004): 145–47, and Loftus, "Imagining the Past," *Psychologist* 14 (2001): 584–87; Maryanne Garry et al., "Imagination Inflation: Imagining a Childhood Event Inflates Confidence That It Occurred," *Psychonomic Bulletin and Review* 3 (1996): 208–14; Giuliana Mazzoni and Amina Memon, "Imagination Can Create False Autobiographical Memories," *Psychological Science* 14 (2003): 186–88. On dreams, see Giuliana Mazzoni et al., "Changing Beliefs and Memories through Dream Interpretation," *Applied Cognitive Psychology* 2 (1999): 125–44.

23. Brian Gonsalves et al., "Neural Evidence that Vivid Imagining Can Lead to False Remembering," *Psychological Science* 15 (2004): 655–60. They found that the process of visually imagining a common object generates brain activity in regions of the cerebral cortex, which can lead to false memories of those imagined objects.

24. Mazzoni, "Imagination Can Create False Autobiographical Memories."

25. The effect is called "explanation inflation"; see Stefanie J. Sharman, Charles G. Manning, and Maryanne Garry, "Explain This: Explaining Childhood Events Inflates Confidence for Those Events," *Applied Cognitive Psychology* 19 (2005): 67–74. Preverbal children do the visual equivalent of what adults do: They draw a picture of a completely implausible event, such as having a tea party in a hot-air

balloon or swimming at the bottom of the ocean with a mermaid. After drawing these pictures, they often import them into their memories. A week later, they are far more likely than children who did not draw the pictures to say yes, that fanciful event really happened. See Deryn Strange, Maryanne Garry, and Rachel Sutherland, "Drawing Out Children's False Memories," *Applied Cognitive Psychology* 17 (2003): 607–19.

26. Maechler, *The Wilkomirski Affair,* 104.

27. Ibid., 100, 97 (emphasis ours).

28. Richard J. McNally, *Remembering Trauma* (Cambridge, MA: Harvard University Press, 2003), 233.

29. Michael Shermer, "Abducted!," *Scientific American* (February 2005): 33.

30. Clancy, *Abducted,* 51.

31. Ibid., 33, 34.

32. Giuliana Mazzoni and her colleagues showed in their laboratory how people can come to regard an impossible event (witnessing a demonic possession when they were children) as a plausible memory. One step in the process was reading about demonic possession in passages that said it was much more common than most people realized, accompanied by testimonials. See Giuliana Mazzoni, Elizabeth F. Loftus, and Irving Kirsch, "Changing Beliefs About Implausible Autobiographical Events: A Little Plausibility Goes a Long Way," *Journal of Experimental Psychology: Applied* 7 (2001): 51–59.

33. Clancy, *Abducted,* 143, 2.

34. Ibid., 50.

35. Richard McNally, personal communication with the authors.

36. Richard J. McNally et al., "Psychophysiologic Responding During Script-Driven Imagery in People Reporting Abduction by Space Aliens," *Psychological Science* 5 (2004): 493–97. See also Clancy, *Abducted,* and McNally, *Remembering Trauma,* for reviews of this and related research.

37. It is interesting that the autobiographies that once served as inspiring examples of a person's struggle to overcome racism, violence, disability, exile, or poverty seem today so out of fashion. Modern memoirists strive to outdo one another in the gruesome details of their lives. For an eloquent essay on this theme, see Francine Prose, "Outrageous Misfortune," her review of Jeannette Walls's *The Glass Castle: A Memoir* for the *New York Times Book Review,* March 13, 2005. Prose begins, "Memoirs are our modern fairy tales, the harrowing fables of the Brothers Grimm reimagined from the perspective of the plucky child who has, against all odds, evaded the fate of being chopped up, cooked and served to the family for dinner."

38. Ellen Bass and Laura Davis, *The Courage to Heal: A Guide for Women Survivors of*

Child Sexual Abuse (New York: Harper and Row, 1988), 173.

39. For the best full account of this story, see Moira Johnston, *Spectral Evidence: The Ramona Case: Incest, Memory, and Truth on Trial in Napa Valley* (Boston: Houghton Mifflin, 1997).

40. Mary Karr, "His So-Called Life," *New York Times,* January 15, 2006.

Chapter 4　好心腸，壞科學：臨床診斷的封閉迴路

1. The story of Grace was told to us by psychologist Joseph de Rivera, who interviewed her and others in his research on the psychology of recanters. See Joseph de Rivera, "The Construction of False Memory Syndrome: The Experience of Retractors," *Psychological Inquiry* 8 (1997): 271–92; and Joseph de Rivera, "Understanding Persons Who Repudiate Memories Recovered in Therapy," *Professional Psychology: Research and Practice* 31 (2000): 378–86.

2. The most comprehensive history of the recovered-memory epidemic remains Mark Pendergrast, *Victims of Memory,* 2nd ed. (Hinesburg, VT: Upper Access Press, 1996; revised and expanded for a HarperCollins British edition, 1996). See also Richard J. Ofshe and Ethan Watters, *Making Monsters: False Memory, Psychotherapy, and Sexual Hysteria* (New York: Scribner's, 1994); Elizabeth Loftus and Katherine Ketcham, *The Myth of Repressed Memory* (New York: St. Martin's Press, 1994); and Frederick Crews, ed., *Unauthorized Freud: Doubters Confront a Legend* (New York: Viking, 1998). For an excellent sociology of hysterical epidemics and moral panics, see Philip Jenkins, *Intimate Enemies: Moral Panics in Contemporary Great Britain* (Hawthorne, NY: Aldine de Gruyter, 1992). The woman who claimed that her father molested her from the ages of five to twenty-three, Laura B., sued her father, Joel Hungerford, in the state of New Hampshire in 1995. She lost.

3. For analyses of the rise and fall of MPD, see also Joan Acocella, *Creating Hysteria: Women and Multiple Personality Disorder* (San Francisco: Jossey-Bass, 1999). On hypnosis and other means of creating false memories of abduction, multiple personality disorder, and child abuse, see Nicholas P. Spanos, *Multiple Identities and False Memories: A Sociocognitive Perspective* (Washington, DC: American Psychological Association, 1996).

4. Judith Levine, "Bernard Baran, RIP," *Seven Days,* September 13, 2014. As a gay man and convicted child molester in prison, Baran suffered twenty-one years of violence before he was freed on retrial. In 2014, eight years after his release, he died of an aneurysm.

5. Three of the best books on the daycare scandals and claims of widespread cults that

were promoting ritual satanic sexual abuse are Debbie Nathan and Michael Snedeker, *Satan's Silence: Ritual Abuse and the Making of a Modern American Witch Hunt* (New York: Basic Books, 1995); Stephen J. Ceci and Maggie Bruck, *Jeopardy in the Courtroom: A Scientific Analysis of Children's Testimony* (Washington, DC: American Psychological Association, 1995); and, a superb and detailed account of the McMartin case, Richard Beck, *We Believe the Children: A Moral Panic in the 1980s* (New York: Public Affairs, 2015). Dorothy Rabinowitz, a *Wall Street Journal* editorial writer, was the first to publicly question the conviction of Kelly Michaels and get her case reopened; see Rabinowitz, *No Crueler Tyrannies: Accusation, False Witness, and Other Terrors of Our Times* (New York: Free Press, 2003).

6. In 2005, a Boston jury convicted a seventy-four-year-old former priest, Paul Shanley, of sexually molesting twenty-seven-year-old Paul Busa when Busa was six. This claim followed upon the Church scandals that had revealed hundreds of documented cases of pedophile priests, so emotions understandably ran high against the priests and the Church's policy of covering up the accusations. Yet the *sole* evidence in Shanley's case was Busa's memories, which, Busa said, he recovered in vivid flashbacks after reading a *Boston Globe* article on Shanley. There was no corroborating evidence presented at the trial and indeed much that disputed Busa's claims. See Jonathan Rauch, "Is Paul Shanley Guilty? If Paul Shanley Is a Monster, the State Didn't Prove It," *National Journal,* March 12, 2005, and JoAnn Wypijewski, "The Passion of Father Paul Shanley," *Legal Affairs* (September/October 2004). Other skeptical reporters included Daniel Lyons of *Forbes,* Robin Washington of the *Boston Herald,* and Michael Miner of the *Chicago Reader.* For an even more sensational story of the conviction of a man based almost entirely on repressed-and-recovered memories, consider the case of Jerry Sandusky: Mark Pendergrast, *The Most Hated Man in America: Jerry Sandusky and the Rush to Judgment* (Mechanicsburg, PA: Sunbury Press, 2017). For a summary of the case, see Frederick Crews, "Trial by Therapy: The Jerry Sandusky Case Revisited," *Skeptic,* https://www.skeptic.com/reading_room/trial-by-therapy-jerrysandusky-case-revisited/.

7. Debbie Nathan, *Sybil Exposed: The Extraordinary Story Behind the Famous Multiple Personality Case* (New York: Free Press, 2011).

8. Some studies find that combined approaches — medication plus cognitive-behavior therapy (CBT) — are most effective; others find that CBT alone does as well. For a review of the issues and bibliography of research studies, see the American Psychological Association Presidential Task Force on Evidence-Based Practice, "Evidence-Based Practice in Psychology," *American Psychologist* 61 (2006): 271–

83. See also Dianne Chambless et al., "Update on Empirically Validated Therapies," *Clinical Psychologist* 51 (1998): 3–16, and Steven D. Hollon, Michael E. Thase, and John C. Markowitz, "Treatment and Prevention of Depression," *Psychological Science in the Public Interest* 3 (2002): 39–77. These articles contain excellent references regarding empirically validated forms of psychotherapy for different problems.

9. Tanya M. Luhrmann, *Of Two Minds: The Growing Disorder in American Psychiatry* (New York: Knopf, 2000). Her findings echo precisely what Jonas Robitscher described about his profession twenty years earlier in *The Powers of Psychiatry* (Boston: Houghton Mifflin, 1980).

10. For an excellent review of the issues and the rise of pseudoscientific methods and practices in psychotherapy — including unvalidated assessment tests, treatments for autism and ADHD, and popular therapies — see Scott O. Lilienfeld, Steven Jay Lynn, and Jeffrey M. Lohr, eds., *Science and Pseudoscience in Clinical Psychology*, 2nd ed. (New York: Guilford, 2015). And for the other side of the story, articles on the most important contributions of clinical science, see Scott O. Lilienfeld and William T. O'Donohue, eds., *The Great Ideas of Clinical Science* (New York: Routledge, 2007).

11. On evidence that hypnosis is effective for a large number of acute and chronic pain conditions, see David R. Patterson and Mark P. Jensen, "Hypnosis and Clinical Pain," *Psychological Bulletin* 29 (2003): 495–521. Hypnosis can also add to the effectiveness of cognitive-behavioral techniques for losing weight, quitting smoking, and other behavior problems; see Irving Kirsch, Guy Montgomery, and Guy Sapirstein, "Hypnosis as an Adjunct to Cognitive-Behavioral Psychotherapy: A Meta-Analysis," *Journal of Consulting and Clinical Psychology* 2 (1995): 214–20. But the evidence is overwhelming that hypnosis is unreliable as a way of retrieving memories, which is why the American Psychological Association and the American Medical Association oppose the use of "hypnotically refreshed" testimony in courts of law. See Steven Jay Lynn et al., "Constructing the Past: Problematic Memory Recovery Techniques in Psychotherapy," in Lilienfeld, Lynn, and Lohr, *Science and Pseudoscience in Clinical Psychology;* and John F. Kihlstrom, "Hypnosis, Delayed Recall, and the Principles of Memory," *International Journal of Experimental Hypnosis* 42 (1994): 337–45.

12. Paul Meehl, "Psychology: Does Our Heterogeneous Subject Matter Have Any Unity?," *Minnesota Psychologist* (Summer 1986): 4.

13. Bessel van der Kolk's deposition was taken by attorney and psychologist R. Christopher Barden in van der Kolk's office in Boston, Massachusetts, December 27 and 28, 1996. Barden has posted the deposition online; see "Full Text of 'Bessel

van der Kolk, Scientific Dishonesty, and the Mysterious Disappearing Coauthor,' " https://archive.org/stream/BesselVanDerKolkScientificDishonestyTheMysteriousDi sappearing/VanDerKolk_djvu.txt.

14. John F. Kihlstrom, "An Unbalanced Balancing Act: Blocked, Recovered, and False Memories in the Laboratory and Clinic," *Clinical Psychology: Science and Practice* 11 (2004). He added that "if confidence were an adequate criterion for validity, Binjamin Wilkomirski might have gotten a Pulitzer Prize for history."

15. Dr. Courtois's testimony was given on November 14, 2014, in the case of *John Doe v. Society of Missionaries of the Sacred Heart*, Chicago, Illinois.

16. See Deena S. Weisberg et al., "The Seductive Allure of Neuroscience Explanations," *Journal of Cognitive Neuroscience* 20 (2008): 470–77.

17. Sigmund Freud, "The Dissolution of the Oedipus Complex," in *The Standard Edition of the Complete Psychological Works of Sigmund Freud,* ed. J. Strachey, vol. 19 (London: Hogarth, 1924).

18. Rosenzweig wrote: "On two separate occasions (1934 and 1937), first in gothic script and then in English, Freud made a similar negative response to any attempts to explore psychoanalytic theory by laboratory methods. This exchange clearly underscored Freud's distrust of, if not opposition to, experimental approaches to the validation of his clinically derived concepts. Freud consistently believed that the clinical validation of his theories, which were based originally and continuously on his self-analysis, left little to be desired from other sources of support." In Saul Rosenzweig, "Letters by Freud on Experimental Psychodynamics," *American Psychologist* 52 (1997): 571. See also Saul Rosenzweig, "Freud and Experimental Psychology: The Emergence of Idio-Dynamics," in *A Century of Psychology as Science,* eds. S. Koch and D. E. Leary (New York: McGraw-Hill, 1985). This book was reissued by the American Psychological Association in 1992.

19. Lynn et al., "Constructing the Past."

20. Michael Nash offers one example in his article "Memory Distortion and Sexual Trauma: The Problem of False Negatives and False Positives," *International Journal of Clinical and Experimental Hypnosis* 42 (1994): 346–62.

21. McNally, *Remembering Trauma,* 275.

22. The recovered-memory advocates in question are Daniel Brown, Alan W. Scheflin, and D. Corydon Hammond, authors of *Memory, Trauma Treatment, and the Law* (New York: W. W. Norton, 1998); their rendering of the Camp Erika study is on page 156. For a review of this book that documents its authors' long association with the recoveredmemory movement, their belief in the prevalence of satanic ritualabuse cults, and their endorsement of the use of hypnosis to "recover" memories of abuse and generate multiple personalities, see Frederick Crews's "The

Trauma Trap," *New York Review of Books* 51 (March 11, 2004). This essay has been reprinted, with other writings exposing the fallacies of the recovered-memory movement, in Frederick Crews, *Follies of the Wise* (Emeryville, CA: Shoemaker and Hoard, 2006).

23. Rosemary Basson et al., "Efficacy and Safety of Sildenafil Citrate in Women with Sexual Dysfunction Associated with Female Sexual Arousal Disorder," *Journal of Women's Health and Gender-Based Medicine* 11 (May 2002): 367–77.

24. Joan Kaufman and Edward Zigler, "Do Abused Children Become Abusive Parents?" *American Journal of Orthopsychiatry* 57 (1987): 186–92. Ever since Freud, there has been a widespread cultural assumption that childhood trauma always, inevitably, produces adult psychopathology. Research has shattered this assumption too. Psychologist Ann Masten has observed that most people assume there is something special and rare about the children who recover from adversity. But "the great surprise" of the research, she concluded, is how ordinary resilience is. Most children are remarkably resilient, eventually overcoming even the effects of war, childhood illness, having abusive or alcoholic parents, early deprivation, or being sexually molested. See Ann Masten, "Ordinary Magic: Resilience Processes in Development," *American Psychologist* 56 (2001): 227–38.

25. William Friedrich et al., "Normative Sexual Behavior in Children: A Contemporary Sample," *Pediatrics* 101 (1988): 1–8. See also www.pediatrics.org/cgi/content/full/101/4/e9. For an excellent review of the behavioral-genetics research on the stability of temperament regardless of a child's experiences, see Judith Rich Harris, *The Nurture Assumption* (New York: Free Press, 1998). That nonabused children often have nightmares and other symptoms of anxiety, see McNally, *Remembering Trauma.*

26. Kathleen A. Kendall-Tackett, Linda M. Williams, and David Finkelhor, "Impact of Sexual Abuse on Children: A Review and Synthesis of Recent Empirical Studies," *Psychological Bulletin* 113 (1992): 164–80. The researchers also found, not surprisingly, that the children's symptoms were related to the severity, duration, and frequency of the abuse, whether force had been used, the perpetrator's relationship to the child, and the degree of support from the mother. In contrast to the predictions of recovered-memory therapists, about two-thirds of the victimized children recovered during the first twelve to eighteen months.

27. In reviewing the research, Glenn Wolfner, David Faust, and Robyn Dawes concluded, "There is simply no scientific evidence available that would justify clinical or forensic diagnosis of abuse on the basis of doll play"; see their paper "The Use of Anatomically Detailed Dolls in Sexual Abuse Evaluations: The State of the Science," *Applied and Preventive Psychology* 2 (1993): 1–11.

28. When the little girl was asked if this really happened, she said, "Yes, it did." When her father and the experimenter both tried to reassure her by saying, "Your doctor doesn't do those things to little girls. You were just fooling. We know he didn't do those things," the child clung tenaciously to her claims. "Thus, repeated exposure to the doll, with minimal suggestions," the researchers cautioned, "resulted in highly sexualized play for this one child." Maggie Bruck et al., "Anatomically Detailed Dolls Do Not Facilitate Preschoolers' Reports of a Pediatric Examination Involving Genital Touching," *Journal of Experimental Psychology: Applied* 1 (1995): 95–109.

29. Thomas M. Horner, Melvin J. Guyer, and Neil M. Kalter, "Clinical Expertise and the Assessment of Child Sexual Abuse," *Journal of the American Academy of Child and Adolescent Psychiatry* 32 (1993): 925–31; Thomas M. Horner, Melvin J. Guyer, and Neil M. Kalter, "The Biases of Child Sexual Abuse Experts: Believing Is Seeing," *Bulletin of the American Academy of Psychiatry and the Law* 21 (1993): 281–92.

30. Many decades ago, Paul Meehl showed that relatively simple mathematical formulas outperformed clinicians' intuitive judgments in predicting patients' outcomes; see Paul E. Meehl, *Clinical versus Statistical Prediction: A Theoretical Analysis and a Review of the Evidence* (Minneapolis: University of Minnesota Press, 1954); and Robyn Dawes, David Faust, and Paul E. Meehl, "Clinical versus Actuarial Judgment," *Science* 243 (1989): 1668–74. Meehl's findings have been repeatedly reconfirmed. See Howard Grob, *Studying the Clinician: Judgment Research and Psychological Assessment* (Washington, DC: American Psychological Association, 1998).

31. Our account of the Kelly Michaels case is based largely on Ceci and Bruck, *Jeopardy in the Courtroom,* and Pendergrast, *Victims of Memory.* See also Maggie Bruck and Stephen Ceci, "Amicus Brief for the Case of *State of New Jersey v. Margaret Kelly Michaels,* Presented by Committee of Concerned Social Scientists," *Psychology, Public Policy, and Law* 1 (1995).

32. Pendergrast, *Victims of Memory,* 423.

33. Jason J. Dickinson, Debra A. Poole, and R. L. Laimon, "Children's Recall and Testimony," in *Psychology and Law: An Empirical Perspective,* eds. N. Brewer and K. Williams (New York: Guilford, 2005). See also Debra A. Poole and D. Stephen Lindsay, "Interviewing Preschoolers: Effects of Nonsuggestive Techniques, Parental Coaching, and Leading Questions on Reports of Nonexperienced Events," *Journal of Experimental Child Psychology* 60 (1995): 129–54.

34. Sena Garven et al., "More Than Suggestion: The Effect of Interviewing Techniques from the McMartin Preschool Case," *Journal of Applied Psychology* 83 (1998):

347–59; and Sena Garven, James M. Wood, and Roy S. Malpass, "Allegations of Wrongdoing: The Effects of Reinforcement on Children's Mundane and Fantastic Claims," *Journal of Applied Psychology* 85 (2000): 38–49.

35. Gabrielle F. Principe et al., "Believing Is Seeing: How Rumors Can Engender False Memories in Preschoolers," *Psychological Science* 17 (2006): 243–48.

36. Debbie Nathan, "I'm Sorry," *Los Angeles Times Magazine,* October 30,2005.

37. Debra A. Poole and Michael E. Lamb, *Investigative Interviews of Children* (Washington, DC: American Psychological Association, 1998). Their work became the basis of new protocols drafted by the State of Michigan Governor's Task Force on Children's Justice and Family Independence Agency and the National Institute of Child Health and Human Development (NICHD), which prepared an investigative interview protocol that is widely used in research and assessment: https://youth.gov/content/nichd-investigative-interview-protocol. See Michael E. Lamb, Yael Orbach, Irit Hershkowitz, Phillip W. Esplin, and Dvora Horowitz, "Structured Forensic Interview Protocols Improve the Quality and Informativeness of Investigative Interviews with Children: A Review of Research Using the NICHD Investigative Interview Protocol," *Child Abuse and Neglect* 31 (2007): 1201–31.

38. Ellen Bass and Laura Davis, *The Courage to Heal: A Guide for Women Survivors of Child Sexual Abuse* (New York: Harper and Row, 1998), 18.

39. In a study conducted in the mid-1990s, researchers drew random samples of American clinical psychologists with PhDs from names listed in the National Register of Health Service Providers in Psychology. They asked respondents how often they regularly used certain techniques specifically "to help clients recover memories of sexual abuse": hypnosis, age regression, dream interpretation, guided imagery related to abuse situations, and interpreting physical symptoms as evidence of abuse. Slightly more than 40 percent said they used dream interpretation; about 30 percent said they used hypnosis; the fewest, but still about 20 percent, used age regression. About the same percentages disapproved of using these techniques; those in the middle apparently had no opinion. See Debra A. Poole et al., "Psychotherapy and the Recovery of Memories of Childhood Sexual Abuse: U.S. and British Practitioners' Opinions, Practices, and Experiences," *Journal of Consulting and Clinical Psychology* 63 (1995): 426–37. Yet the scientist practitioner gap continues; see Lawrence Patihis et al., "Are the 'Memory Wars' Over? A Scientist-Practitioner Gap in Beliefs About Repressed Memory," *Psychological Science* 25 (2014): 519–30.

40. According to a meta-analysis of the leading studies, the notion that childhood sexual abuse is a leading cause of eating disorders has not been supported by empirical evidence. See Eric Stice, "Risk and Maintenance Factors for Eating

Pathology: A Meta-Analytic Review," *Psychological Bulletin* 128 (2002): 825–48.

41. Patihis et al., "Are the 'Memory Wars' Over?"

42. Henry Otgaar, Mark L. Howe, Lawrence Patihis, Harald Merckelbach, Steven Jay Lynn, Scott O. Lilienfeld, and Elizabeth F. Loftus, "The Return of the Repressed: The Persistent and Problematic Claims of Long-Forgotten Trauma," *Perspectives on Psychological Science* 14, no. 6 (2019): 1072–95.

43. Some have simply shifted focus. Bessel van der Kolk lost his affiliation with Harvard Medical School, and his lab at Massachusetts General Hospital was closed, but he still believes that repressed memories are a common feature of traumatic stress disorders. He went on to bypass mental mechanisms as explanations and argue that traumatic memories get "stuck in the machine" and are expressed in the body, which "betrayed" the sufferer during the traumatic episode. See Jeneen Interlandi, "How Do You Heal a Traumatized Mind?," *New York Times Magazine,* May 25, 2014.

44. Richard J. McNally, "Troubles in Traumatology," *Canadian Journal of Psychiatry* 50 (2005): 815.

45. John Briere made this statement at the Twelfth International Congress on Child Abuse and Neglect in 1998, in Auckland, New Zealand. These remarks were reported by the *New Zealand Herald,* September 9, 1998. The paper quoted Briere as saying that "missing memories of abuse are reasonably common, but evidence suggests that false memories of abuse are quite uncommon." See http://www.menz. org.nz/Casualties/1998%20newsletters/Oct%2098.htm.

46. Pendergrast, *Victims of Memory,* 567.

47. Hammond made these remarks in his presentation "Investigating False Memory for the Unmemorable: A Critique of Experimental Hypnosis and Memory Research," at the Fourteenth International Congress of Hypnosis and Psychosomatic Medicine, San Diego, June 1997.

48. One group of psychiatrists and other clinical experts asked the United States Department of Justice to pass a law making it illegal to publish excerpts of children's testimony in the actual daycare cases. The DOJ refused. Basic Books was threatened with an injunction if it published Debbie Nathan and Michael Snedeker's *Satan's Silence,* an expose of the daycare hysteria; Basic Books did not comply with the threateners' demands. The American Psychological Association was threatened with a lawsuit if it published Stephen Ceci and Maggie Bruck's *Jeopardy in the Courtroom;* the APA delayed publication for several months. (Our source is personal communications from the investigators involved.)

49. But how do you kill the messenger when there are hundreds of messengers? One way to resolve the dissonance between "I'm certain I'm right" and "I'm in a small

minority" is to claim that scientific consensus reflects a "conspiracy" to suppress the truth of child sexual abuse. For example, political scientist Ross Cheit claims that a conspiracy of journalists, defense attorneys, social scientists, and critics of the criminal justice system invented a "witch-hunt narrative." He maintains that there was no witch-hunt against those hundreds of daycare workers; most of those who were convicted and later released were, he maintains, guilty. But Cheit cherry-picked the evidence, looking for arguments to support his allegations and distorting or omitting the evidence he didn't like. See Ross E. Cheit, *The Witch-Hunt Narrative* (New York: Oxford University Press, 2014). For readers interested in detailed rebuttals of this book, see "The Witch Hunt Narrative: Rebuttal," http://www.ncrj.org/resources-2/response-to-ross-cheit/the-witch-hunt-narrativerebuttal/; and Cathy Young, "The Return of Moral Panic," *Reason,* October 25, 2014, http://reason.com/archives/2014/10/25/the-returnof-moral-panic.

50. To our knowledge, neither Bass nor Davis has ever acknowledged that she was wrong in any of the basic claims about memory and trauma; they have never admitted that their ignorance of psychological science might have caused them to overreach. In the preface to the third edition of *The Courage to Heal,* Bass and Davis responded to the scientific criticism directed at their book and attempted to justify their claims of expertise despite their lack of professional training: "As authors, we have been criticized for our lack of academic credentials. But you do not have to have a Ph.D. to listen carefully and compassionately to another human being." That is true, but training in science might prevent all those compassionate listeners from leaping to unwarranted, implausible, potentially harmful conclusions. In the book's twentieth-anniversary edition, published in 2008, the section "Honoring the Truth" has been removed. Not because it was wrong, the authors hastened to explain, but "to make room for new stories and information about healing," including a new boxed feature called "The Essential Truth of Memory."

51. National Public Radio, *This American Life,* episode 215, June 16, 2002.

Chapter 5　法律與失序

1. Timothy Sullivan, *Unequal Verdicts: The Central Park Jogger Trials* (New York: Simon and Schuster, 1992). See also Sarah Burns's *The Central Park Five: A Chronicle of a City Wilding* (New York: Knopf, 2012). A film based on her book, directed by Ken Burns, Sarah Burns, and David McMahon, was released in 2012, and Ava DuVernay's dramatized film *When They See Us* came out in 2019.

2. Reyes confessed because, entirely by chance, he met one of the convicted defendants, Kharey Wise, in prison and apparently came to feel guilty about Wise's

wrongful incarceration. Later he told prison officials that he had committed a crime for which others had been wrongly convicted, and a reinvestigation began. Steven A. Drizin and Richard A. Leo, "The Problem of False Confessions in the Post-DNA World," *North Carolina Law Review* 82 (2004): 891–1008.

3. Stuart Jeffries, "The Rapist Hunter," *Guardian,* February 26, 2004.

4. Linda Fairstein, "Netflix's False Story of the Central Park Five," *Wall Street Journal,* June 10, 2019.

5. See www.innocenceproject.org for latest updates and the classic book by Barry Scheck, Peter Neufeld, and Jim Dwyer, *Actual Innocence* (New York: Doubleday, 2000).

6. Samuel R. Gross, "How Many False Convictions Are There? How Many Exonerations Are There?," University of Michigan Public Law Research Paper No. 316, February 26, 2013, available at https://papers.ssrn.com/sol3/papers.cfm?abstract_id=2225420. See C. R. Huff and M. Killias, eds., *Wrongful Convictions and Miscarriages of Justice: Causes and Remedies in North American and European Criminal Justice Systems* (New York: Routledge, 2013).

7. See http://www.law.umich.edu/special/exoneration/Pages/about.aspx. As DNA has become more widely used in forensic investigations before trial, some legal scholars have predicted that the number of clear, DNAbased exonerations will fade, and the focus will turn to other bases for overturning wrongful convictions. For a thoughtful assessment of the difference between "factual innocence" and "exoneration" and how this might apply to the innocence movement, see Richard A. Leo, "Has the Innocence Movement Become an Exoneration Movement? The Risks and Rewards of Redefining Innocence," in Daniel Medwed, ed., *Wrongful Convictions and the DNA Revolution: Twenty-Five Years of Freeing the Innocent* (Cambridge, MA: Cambridge University Press, 2017), 57–83.

8. Quoted in Richard Jerome, "Suspect Confessions," *New York Times Magazine,* August 13, 1995.

9. Daniel S. Medwed, "The Zeal Deal: Prosecutorial Resistance to Post-Conviction Claims of Innocence," *Boston University Law Review* 84 (2004): 125. Medwed analyzes the institutional culture of many prosecutors' offices that makes it difficult for prosecutors to admit mistakes and correct them.

10. Joshua Marquis, "The Innocent and the Shammed," *New York Times,* January 26, 2006. As of 2014, he was unmoved by evidence of wrongful convictions. If Samuel Gross's estimates that 4.1 percent of all death row defendants were falsely convicted, Marquis told an interviewer, "I would quit my job and become a Buddhist monk if it was one-fifth accurate." But according to Gross, "one fifth accurate" *is* agreed as the lowest estimate. See https://www.nytimes.com/2014/

05/02/science/convictions-of-4-1-percent-facing-death-said-to-be-false.html.

11. Registry of Prosecutorial Misconduct, www.prosecutorintegrity.org/registry/. See Kathleen M. Ridolfi and Maurice Possley, "Preventable Error: A Report on Prosecutorial Misconduct in California 1997–2009," a VERITAS Initiative Report by the Northern California Innocence Project, 2010.

12. *Harmful Error: Investigating America's Local Prosecutors,* published by the Center for Public Integrity, Summer 2003, reports on their analysis of 11,452 cases across the nation in which appellate court judges reviewed charges of prosecutorial misconduct.

13. Quoted in Mike Miner, "Why Can't They Admit They Were Wrong?," *Chicago Reader,* August 1, 2003.

14. The main problem with the voice stress analyzer is that the confirmation bias gets in the way. If you think the suspect is guilty, you interpret the microtremors as signs of lying, and if you think the suspect is innocent, you pay them no attention. One major study, "The Validity and Comparative Accuracy of Voice Stress Analysis," found (contrary to the title) that "the CVSA examiners were not able to distinguish truth tellers from deceivers at higher than chance levels." See https://www.polygraph.org/assets/docs/VoiceStressStudies/palmatier%20study.pdf.

15. Paul E. Tracy, *Who Killed Stephanie Crowe?* (Dallas, TX: Brown Books, 2003), 334.

16. The account of Vic Caloca's involvement in the case, including the quotes by him, comes from a story written by investigative reporters John Wilkens and Mark Sauer, "A Badge of Courage: In the Crowe Case, This Cop Ignored the Politics While Pursuing Justice," *San Diego Union-Tribune,* July 11, 2004. Druliner's quote is in Mark Sauer and John Wilkens, "Tuite Found Guilty of Manslaughter," *San Diego Union-Tribune,* May 27, 2004.

17. Deanna Kuhn, Michael Weinstock, and Robin Flaton, "How Well Do Jurors Reason? Competence Dimensions of Individual Variation in a Juror Reasoning Task," *Psychological Science* 5 (1994): 289–96.

18. Don DeNevi and John H. Campbell, *Into the Minds of Madmen: How the FBI's Behavioral Science Unit Revolutionized Crime Investigation* (Amherst, NY: Prometheus Books, 2004), 33. This book is, unintentionally, a case study of the unscientific training of the FBI's Behavioral Science Unit.

19. Tracy, *Who Killed Stephanie Crowe?,* 184.

20. Ralph M. Lacer, interview by Connie Chung, *Eye to Eye with Connie Chung,* CBS, broadcast January 13, 1994.

21. Introductory comments by Steven Drizin, "Prosecutors Won't OpposeTankleff 's Hearing," *New York Times,* May 13, 2004.

22. Edward Humes, *Mean Justice* (New York: Pocket Books, 1999), 181.

23. Andrew J. McClurg, "Good Cop, Bad Cop: Using Cognitive Dissonance Theory to Reduce Police Lying," *U.C. Davis Law Review* 32 (1999): 395, 429.

24. This excuse is so common that it, too, has spawned a new term: *dropsy testimony*. David Heilbroner, a former New York assistant district attorney, wrote: "In dropsy cases, officers justify a search by the oldest of means: they lie about the facts: "As I was coming around the corner I saw the defendant drop the drugs on the sidewalk, so I arrested him." It was an old line known to everyone in the justice system. One renowned federal judge many years ago complained that he had read the same testimony in too many cases for it to be believed any longer as a matter of law." David Heilbroner, *Rough Justice: Days and Nights of a Young D.A.* (New York: Pantheon, 1990), 29.

25. McClurg, "Good Cop, Bad Cop," 391.

26. Norm Stamper, *Breaking Rank: A Top Cop's Expose of the Dark Side of American Policing* (New York: Nation Books, 2005), and Norm Stamper, "Let Those Dopers Be," *Los Angeles Times,* October 16, 2005.

27. McClurg, "Good Cop, Bad Cop," 413, 415.

28. In Suffolk County, New York, in September 1988, homicide detective K. James McCready was summoned to a home where he found the body of Arlene Tankleff, who had been stabbed and beaten to death, and her unconscious husband, Seymour, who had also had been brutally attacked. (He died a few weeks later.) Within hours, McCready declared that he had solved the case: the killer was the couple's son, Martin, age seventeen. During the interrogation, McCready repeatedly told Martin that he knew he had killed his parents because his father had briefly regained consciousness and told police that Marty was his attacker. This was a lie. "I used trickery and deceit," McCready said. "I don't think he did it. I know he did it." The teenager finally confessed that he must have killed his parents while in a blackout. When the family lawyer arrived at the police station, Martin Tankleff immediately disavowed the confession and never signed it, but it was enough to convict him. Martin was sentenced to fifty years to life in prison. Bruce Lambert, "Convicted of Killing His Parents, but Calling a Detective the Real Bad Guy," *New York Times,* April 4, 2004. Tankleff was released from prison in 2007 after his conviction was overturned. In 2014 he was awarded $3.4 million from the state under a settlement of his wrongful-conviction lawsuit. His civil rights lawsuit against McCready and Suffolk County is pending.

29. Tracy, *Who Killed Stephanie Crowe?,* 175.

30. Fred E. Inbau et al., *Criminal Interrogation and Confessions,* 5th ed.(Burlington, MA: Jones and Bartlett Learning, 2011), xi.

31. Ibid., 352.
32. Ibid., 5.
33. One of the most thorough dissections of the Reid Technique and the Inbau et al. manual is Deborah Davis and William T. O'Donohue, "The Road to Perdition: 'Extreme Influence' Tactics in the Interrogation Room," in *Handbook of Forensic Psychology*, eds. W. T. O'Donohue and E. Levensky (New York: Elsevier Academic Press, 2004), 897–996. See also Timothy E. Moore and C. Lindsay Fitzsimmons, "Justice Imperiled: False Confessions and the Reid Technique," *Criminal Law Quarterly* 57 (2011): 509–42; Lesley King and Brent Snook, "Peering Inside a Canadian Interrogation Room: An Examination of the Reid Model of Interrogation, Influence Tactics, and Coercive Strategies," *Criminal Justice and Behavior* 36 (2009): 674–94.
34. Louis C. Senese, *Anatomy of Interrogation Themes: The Reid Technique of Interviewing* (Chicago: John E. Reid and Associates, 2005), 32.
35. Saul Kassin, "On the Psychology of Confessions: Does Innocence Put Innocents at Risk?," *American Psychologist* 60 (2005): 215–28.
36. Saul M. Kassin and Christina T. Fong, "I'm Innocent! Effects of Training on Judgments of Truth and Deception in the Interrogation Room," *Law and Human Behavior* 23 (1999): 499–516. In another study, Kassin and his colleagues recruited prison inmates who were instructed to give a full confession of their own crime and a made-up confession of a crime committed by another inmate. College students and police investigators judged the videotaped confessions. The overall accuracy rate did not exceed chance, but the police were more confident in their judgments. See Saul M. Kassin, Christian A. Meissner, and Rebecca J. Norwick, " 'I'd Know a False Confession If I Saw One': A Comparative Study of College Students and Police Investigators," *Law and Human Behavior* 29 (2005): 211–27.
37. This is why innocent people are more likely than guilty people to waive their Miranda rights to silence and to having a lawyer. In one of Saul Kassin's experiments, seventy-two participants who were guilty or innocent of a mock theft of a hundred dollars were interrogated by a male detective whose demeanor was neutral, sympathetic, or hostile and who tried to get them to give up their Miranda rights. Those who were innocent were far more likely to sign a waiver than those who were guilty, and by a large margin — 81 percent to 36 percent. Two-thirds of the innocent suspects even signed the waiver when the detective adopted a hostile pose, shouting at them, "I know you did this and I don't want to hear any lies!" The reason they signed, they later said, was they thought that only guilty people needed a lawyer, whereas they had done nothing wrong and had nothing to hide. "It appears," the experimenters concluded mournfully, "that people have a naive faith

in the power of their own innocence to set them free." Saul M. Kassin and Rebecca J. Norwick, "Why People Waive Their Miranda Rights: The Power of Innocence," *Law and Human Behavior* 28 (2004): 211–21.

38. Drizin and Leo, "The Problem of False Confessions in the Post-DNA World," 948.
39. For example, one teenager, Kharey Wise, was told that the jogger was hit with a "very heavy object" and then was asked, "Was she hit with a stone or brick?" Wise said first that it was a rock; moments later that it was a brick. He said one of the others had pulled out a knife and cut the jogger's shirt off, which wasn't true; there were no knife cuts. Saul Kassin, "False Confessions and the Jogger Case," *New York Times,* November 1, 2002.
40. *New York v. Kharey Wise, Kevin Richardson, Antron McCray, Yusef Salaam, and Raymond Santana;* affirmation in response to motion to vacate judgment of conviction, Indictment No. 4762/89, by Assistant District Attorney Nancy Ryan, December 5, 2002, 46.
41. Gary L. Wells, "Eyewitness Identification: Probative Value, Criterion Shifts, and Policy Regarding the Sequential Lineup," *Current Directions in Psychological Science* 23 (2013): 11–16.
42. Adam Liptak, "Prosecutors Fight DNA Use for Exoneration," *New York Times,* August 29, 2003. See also Medwed, "The Zeal Deal," for a review of the evidence of prosecutorial resistance to reopening DNA cases. For the story of Wilton Dedge, see http://www.innocenceproject.org/casesfalse-imprisonment/wilton-dedge.
43. Sara Rimer, "Convict's DNA Sways Labs, Not a Determined Prosecutor," *New York Times,* February 6, 2002.
44. "The Case for Innocence," a *Frontline* special for PBS by Ofra Bikel, first aired October 31, 2000. Transcripts and information available at http://www.pbs.org/wgbh/pages/frontline/shows/case/etc/tapes.html.
45. Drizin and Leo, "The Problem of False Confessions in the Post-DNA World," 928, footnote 200.
46. Adam Liptak, "In Appeal, Scrutiny on Not One but 3 Confessions," *New York Times,* May 20, 2014. See also www.thedailybeast.com/articles/2014/06/19/the-supreme-court-must-right-the-wrong-done-tobilly-wayne-cope.html.
47. In a famous case in North Carolina in which a victim identified the wrong man as the man who raped her, the DNA was eventually traced back to the true perpetrator; see James M. Doyle, *True Witness: Cops, Courts, Science, and the Battle Against Misidentification* (New York: Palgrave Macmillan, 2005). Sometimes, too, a cold case is solved with DNA evidence. In Los Angeles in 2004, detectives working in the newly formed cold case unit got samples of semen from the body of a woman who had been raped and murdered years earlier and checked them against the

state's database of DNA from convicted violent felons. They got a match to Chester Turner, who was already in prison for rape. The detectives kept submitting DNA samples from other unsolved murders to the lab, and every month they got another match with Turner. Before long, they had linked him to twelve slayings of poor black prostitutes. Amid the general exhilaration of catching a serial killer, district attorney Steve Cooley quietly released David Jones, a janitor with severe mental retardation, who had spent nine years in prison for three of the murders. If Turner had murdered only those three women, he would still be at large and Jones would still be in prison. But because Turner killed nine other women whose cases were unsolved, Jones was the lucky beneficiary of the efforts of the cold case unit. Justice, for him, was a byproduct of another investigation. No one, not even the cold case investigators, had any motivation to check Jones's DNA against the samples from the victims during those long nine years. But the new team of detectives had every motivation to solve old unsolved crimes, and that is the only reason that justice was served and Jones was released.

48. Deborah Davis and Richard Leo, "Strategies for Preventing False Confessions and Their Consequences," in *Practical Psychology for Forensic Investigations and Prosecutions,* eds. M. R. Kebbell and G. M. Davies (Chichester, England: Wiley, 2006), 121–49. See also the essays in Saundra D. Westervelt and John A. Humphrey, eds., *Wrongly Convicted: Perspectives on Failed Justice* (New Brunswick, NJ: Rutgers University Press, 2001); and Saul M. Kassin, "Why Confessions Trump Innocence," *American Psychologist* 67 (2012): 431–45.

49. "The Case for Innocence," *Frontline.*

50. D. Michael Risinger and Jeffrey L. Loop, "Three Card Monte, Monty Hall, Modus Operandi and 'Offender Profiling': Some Lessons of Modern Cognitive Science for the Law of Evidence," *Cardozo Law Review* 24 (November 2002): 193.

51. Mark Godsey, *Blind Justice: A Former Prosecutor Exposes the Psychology and Politics of Wrongful Convictions* (Oakland: University of California Press, 2017), 27–28.

52. Davis and Leo, "Strategies for Preventing False Confessions," 145.

53. McClurg, "Good Cop, Bad Cop." McClurg's own suggestions for using cognitive dissonance to reduce the risk of police lying are in this essay.

54. Updated statistics on the states that require electronic recording are courtesy of Rebecca Brown, Director of Policy, Innocence Project, 40 Worth Street, Suite 701, New York, NY 10013. See also the section on "Videotaping Interrogations: A Policy Whose Time Has Come," in Saul M. Kassin and Gisli H. Gudjonsson, "The Psychology of Confession Evidence: A Review of the Literature and Issues," *Psychological Science in the Public Interest* 5 (2004): 33–67. See also Drizin and

Leo, "The Problem of False Confessions in the Post-DNA World"; Davis and O'Donohue, "The Road to Perdition."

55. Quoted in Jerome, "Suspect Confession."

56. Thomas P. Sullivan, "Police Experiences with Recording Custodial Interrogations," 2004. This study, with extensive references on the benefits of recordings, is posted at http://www.law.northwestern.edu/wrongfulconvictions/Causes/ custodialInterrogations.htm. Sullivan keeps a running tally of how many states are using electronic recordings; see www.nacdl.org/electronicrecordingproject. However, further research has shown that the camera angle can bias observers' judgments, especially if the camera is focused exclusively on the suspect and does not include the interviewer. G. Daniel Lassiter et al., "Videotaped Interrogations and Confessions: A Simple Change in Camera Perspective Alters Verdicts in Simulated Trials," *Journal of Applied Psychology* 87 (2002): 867–74.

57. Gisli H. Gudjonsson and John Pearse, "Suspect Interviews and False Confessions," *Current Directions in Psychological Science* 20 (2011): 33–37.

58. Davis and Leo, "Strategies for Preventing False Confessions," 145.

59. Moore and Fitzsimmons, "Justice Imperiled," 542.

60. Douglas Starr, "The Interview," *New Yorker,* December 9, 2013, 42–49. Quote is on page 49. Starr ends his piece with the story of Darrel Parker, who made a false confession to John Reid in 1955 that the courts later agreed had been coerced. In 2012, Nebraska's state attorney general publicly apologized to Parker, then eighty years old, and offered him $500,000 in damages. "Today, we are righting the wrong done to Darrel Parker more than fifty years ago," he said. "Under coercive circumstances, he confessed to a crime he did not commit." To our knowledge, John Reid has never discussed, much less apologized for, his role in Parker's false confession.

61. Thomas Vanes, "Let DNA Close Door on Doubt in Murder Cases," *Los Angeles Times,* July 28, 2003.

Chapter 6 愛情殺手：婚姻中的自我辯護

1. John Butler Yeats to his son William, November 5, 1917, in *Letters to W. B. Yeats,* eds. Richard J. Finneran, George M. Harper, and William M. Murphy, vol. 2 (New York: Columbia University Press, 1977), 338.

2. Andrew Christensen and Neil S. Jacobson, *Reconcilable Differences* (New York: Guilford, 2000). We have taken excerpts from the story of Debra and Frank at the opening of chapter 1. This story remains in the book's updated second edition, by Andrew Christensen, Brian D. Doss, and Neil S. Jacobson, published in 2014.

3. See Neil S. Jacobson and Andrew Christensen, *Acceptance and Change in Couple Therapy: A Therapist's Guide to Transforming Relationships* (New York: W. W. Norton, 1998).

4. Christensen and Jacobson, *Reconcilable Differences*, 9.

5. There is a very large body of research on the way a couple's attributions about each other affect their feelings about each other and the course of their marriage. See Adam Davey et al., "Attributions in Marriage: Examining the Entailment Model in Dyadic Context," *Journal of Family Psychology* 15 (2001) 721–34; Thomas N. Bradbury and Frank D. Fincham, "Attributions and Behavior in Marital Interaction," *Journal of Personality and Social Psychology* 63 (1992): 613–28; and Benjamin R. Karney and Thomas N. Bradbury, "Attributions in Marriage: State or Trait? A Growth Curve Analysis," *Journal of Personality and Social Psychology* 78 (2000): 295–309.

6. June P. Tangney, "Relation of Shame and Guilt to Constructive versus Destructive Responses to Anger Across the Lifespan," *Journal of Personality and Social Psychology* 70 (1996): 797–809.

7. John Gottman, *Why Marriages Succeed or Fail* (New York: Simon and Schuster, 1994). Fred and Ingrid are on page 69.

8. Benjamin R. Karney and Thomas N. Bradbury, "The Longitudinal Course of Marital Quality and Stability: A Review of Theory, Method, and Research," *Psychological Bulletin* 118 (1995): 3–34; and Frank D. Fincham, Gordon T. Harold, and Susan Gano-Phillips, "The Longitudinal Relation between Attributions and Marital Satisfaction: Direction of Effects and Role of Efficacy Expectations," *Journal of Family Psychology* 14 (2000): 267–85.

9. Gottman, *Why Marriages Succeed or Fail*, 57.

10. Quoted in Ayala M. Pines, "Marriage," in *Every-Woman's Emotional Well-Being*, ed. C. Tavris (New York: Doubleday, 1986), 190–91.

11. Julie Schwartz Gottman, ed., *The Marriage Clinic Casebook* (New York: W. W. Norton, 2004), 50.

12. Gottman, *Why Marriages Succeed or Fail*, 127, 128.

13. Donald T. Saposnek and Chip Rose, "The Psychology of Divorce," in *Handbook of Financial Planning for Divorce and Separation*, eds. D. L. Crumbley and N. G. Apostolou (New York: John Wiley, 1990). Their article is available online at http://www.mediate.com/articles/saporo.cfm. For a classic study of the ways that couples reconstruct their memories of their marriage and each other, see Janet R. Johnston and Linda E. Campbell, *Impasses of Divorce: The Dynamics and Resolution of Family Conflict* (New York: Free Press, 1988).

14. Jacobson and Christensen, *Acceptance and Change in Couple Therapy,* discuss new

approaches to help partners accept each other rather than always trying to get the other to change.

15. Vivian Gornick, "What Independence Has Come to Mean to Me: The Pain of Solitude, the Pleasure of Self-Knowledge," in *The Bitch in the House,* ed. Cathi Hanauer (New York: William Morrow, 2002), 259.

Chapter 7　傷口、嫌隙及戰爭

1. Our portrayal of this couple is based on the story of Joe and Mary Louise in Andrew Christensen and Neil S. Jacobson, *Reconcilable Differences* (New York: Guilford, 2000), 290.

2. The story of the Schiavo family battle is drawn from news reports and the in-depth reporting by Abby Goodnough, "Behind Life-and-Death Fight, a Rift that Began Years Ago," *New York Times,* March 26, 2005.

3. Sukhwinder S. Shergill et al., "Two Eyes for an Eye: The Neuroscience of Force Escalation," *Science* 301 (July 11, 2003): 187.

4. Roy F. Baumeister, Arlene Stillwell, and Sara R. Wotman, "Victim and Perpetrator Accounts of Interpersonal Conflict: Autobiographical Narratives about Anger," *Journal of Personality and Social Psychology* 59 (1990): 994–1005. The examples of typical remarks are ours, not the researchers'.

5. Timothy Garton Ash, "Europe's Bloody Hands," *Los Angeles Times,* July 27, 2006.

6. Luc Sante, "Tourists and Torturers," *New York Times,* May 11, 2004.

7. Amos Oz, "The Devil in the Details," *Los Angeles Times,* October 10, 2005.

8. Riccardo Orizio, *Talk of the Devil: Encounters with Seven Dictators* (New York: Walker and Company, 2003).

9. Louis Menand, "The Devil's Disciples: Can You Force People to Love Freedom?," *New Yorker,* July 28, 2003.

10. Keith Davis and Edward E. Jones, "Changes in Interpersonal Perception as a Means of Reducing Cognitive Dissonance," *Journal of Abnormal and Social Psychology* 61 (1960): 402–10; see also Frederick X. Gibbons and Sue B. McCoy, "Self-Esteem, Similarity, and Reactions to Active versus Passive Downward Comparison," *Journal of Personality and Social Psychology* 60 (1961): 414–24.

11. Yes, he really said it. Derrick Z. Jackson, "The Westmoreland Mind-Set," *Boston Globe,* July 20, 2005. Westmoreland made these remarks in the 1974 Vietnam documentary *Hearts and Minds.* According to Jackson, "The quote so stunned director Peter Davis that he gave Westmoreland a chance to clean it up." He didn't.

12. Ellen Berscheid, David Boye, and Elaine Walster, "Retaliation as a Means of Restoring Equity," *Journal of Personality and Social Psychology* 10 (1968): 370–

76.
13. Stanley Milgram, *Obedience to Authority* (New York: Harper and Row, 1974), 10.
14. On demonizing the perpetrator as a way of restoring consonance and maintaining a belief that the world is just, see John H. Ellard et al., "Just World Processes in Demonizing," in *The Justice Motive in Everyday Life,* eds. M. Ross and D. T. Miller (New York: Cambridge University Press, 2002).
15. John Conroy, *Unspeakable Acts, Ordinary People* (New York: Knopf, 2000), 112.
16. On December 9, 2014, the Senate Intelligence Committee released its sweeping indictment of the CIA's program to detain, interrogate, and torture terrorism suspects.
17. Cheney appeared on *Meet the Press* on December 14, 2014, http://www.nbcnews.com/meet-the-press/meet-press-transcript-december-14-2014-n268181. See also Paul Waldman, "Why It Matters That Dick Cheney Still Can't Define Torture," *Washington Post,* December 15, 2014.
18. Bush made his remark on November 7, 2005, after news that detainees were being held in secret "terror jails" and the abuses at Abu Ghraib prison had been exposed. Inhofe made his comments on May 11, 2004, during the Senate Armed Services Committee hearings regarding abuses of Iraqi prisoners at Abu Ghraib prison. In February 2004, the International Committee of the Red Cross issued its findings, "Report of the International Committee of the Red Cross (ICRC) on the Treatment by the Coalition Forces of Prisoners of War and Other Protected Persons by the Geneva Conventions in Iraq during Arrest, Internment and Interrogation." This document is available at http://www.globalsecurity.org/military/library/report/2004/icrc_report_iraq_feb2004.htm. Under #1, "Treatment During Arrest," see point 7: "Certain CF [Coalition Forces] military intelligence officers told the ICRC that in their estimate between 70% and 90% of the persons deprived of their liberty in Iraq had been arrested by mistake."
19. Charles Krauthammer made the case for the limited use of torture in "The Truth about Torture: It's Time to Be Honest About Doing Terrible Things," *Weekly Standard,* December 5, 2005.
20. *New York Times* editorial, December 10, 2005, commenting on the case of Ibn al-Shaykh al-Libi, a former al-Qaeda leader who was captured in Pakistan by American forces and sent for "questioning" to Egypt. The Egyptians sent him back to the American authorities when he finally confessed that al-Qaeda members had received chemical weapons training in Iraq — information the Americans wanted to hear. Later, Libi said he made the story up to appease the Egyptians, who were torturing him, with American approval.
21. Remarks of Condoleezza Rice at Andrews Air Force Base, December 5, 2005, as

she was departing for a state visit to Europe.

22. William Schulz, "An Israeli Interrogator, and a Tale of Torture," letter to the *New York Times,* December 27, 2004.

23. An anonymous sergeant describing the handling of detainees in Iraq in a Human Rights Watch report, September 2005; reprinted with other commentary in "Under Control," *Harper's,* December 2005, 23–24.

24. For poll numbers, see the Pew Research center website, http://www.people-press. org/2014/12/15/about-half-see-cia-interrogation-methodsas-justified/. For a Pew Center review of the polls, see http://www.pewresearch.org/fact-tank/2014/12/09/ americans-views-on-use-oftorture-in-fighting-terrorism-have-been-mixed/.

25. Quoted in Jane Mayer, "Torture and the Truth," *New Yorker,* December22 and 29, 2014, 43–44. See also Antonio M. Taguba, "Stop the CIA Spin on Torture," *New York Times,* August 6, 2014. In 2004, Major General Taguba was sent to investigate the abuses at Abu Ghraib, and he'd reported systematic problems of criminal actions: "My report's findings, which prompted a Senate Armed Services Committee hearing, documented a systemic problem: military personnel had perpetrated 'numerous incidents of sadistic, blatant, and wanton criminal abuses.' The report led to prosecutions, reform of interrogation and detention regulations, and improved training. "But the military's path to accountability was a long one, and its leaders hardly welcomed oversight." In 2007, he was asked to resign.

26. Senator McCain's statement is available on his website, http://www.mccain.senate. gov/public/index.cfm/2014/12/floor-statement-by-senmccain-on-senate-intelligence-committee-report-on-cia-interrogationmethods.

27. Christensen and Jacobson, *Reconcilable Differences,* 291

28. For a thoughtful analysis of the social and personal costs of forgiveness that is uncritical and premature, letting perpetrators off the hook of responsibility and accountability for the harm they caused, see Sharon Lamb, *The Trouble with Blame: Victims, Perpetrators, and Responsibility* (Cambridge, MA: Harvard University Press, 1996).

29. Solomon Schimmel, *Wounds Not Healed by Time: The Power of Repentance and Forgiveness* (Oxford, England: Oxford University Press, 2002), 226. Psychologist Ervin Staub, himself a Holocaust survivor, has been studying the origins and dynamics of genocide for many years and has devoted himself to the project of reconciliation between the Tutsi and Hutu in Rwanda. See Ervin Staub and Laurie A. Pearlman, "Advancing Healing and Reconciliation in Rwanda and Other Postconflict Settings," in *Psychological Interventions in Times of Crisis,* eds. L. Barbanel and R. Sternberg (New York: Springer-Verlag, 2006); and Daniel Goleman, *Social Intelligence* (New York: Bantam Books, 2006).

30. Broyles told this story in a May 27, 1987, PBS documentary *Faces of the Enemy,* based on the book of the same title by Sam Keen.

Chapter 8　釋懷與坦白

1. Wayne Klug et al., "The Burden of Combat: Cognitive Dissonance in Iraq War Veterans," in *Treating Young Veterans,* eds. Diann C. Kelly et al. (New York: Springer, 2011), 33–80.
2. Dexter Filkins, "Atonement: A Troubled Iraq Veteran Seeks Out the Family He Harmed," *New Yorker,* October 29 and November 5, 2012, 92–103.
3. Nell Greenfieldboyce, "Wayne Hale's Insider's Guide to NASA," NPR *Morning Edition,* June 30, 2006.
4. Jennifer K. Robbennolt, "Apologies and Settlement Levers," *Journal of Empirical Legal Studies* 3 (2008): 333–73.
5. Cass Sunstein, "In Politics, Apologies Are for Losers," *New York Times,* July 27, 2019, https://www.nytimes.com/2019/07/27/opinion/sunday/when-should-a-politician-apologize.html.
6. Ronald Reagan perfected the apology-without-its-essence language in his response to the Iran-Contra scandal of the mid-1980s, in which administration officials secretly arranged an illegal sale of arms to Iran and used the money to fund the Contras in Nicaragua. Reagan's defense started out well — "First, let me say I take full responsibility for my own actions and for those of my administration" — but then he added a series of "but they did it"s: "As angry as I may be about activities undertaken without my knowledge, I am still accountable for those activities. As disappointed as I may be in some who served me, I'm still the one who must answer to the American people for this behavior. And as personally distasteful as I find secret bank accounts and diverted funds — well, as the Navy would say, this happened on my watch." And this is how he took "full responsibility" for breaking the law: "A few months ago I told the American people I did not trade arms for hostages. My heart and my best intentions still tell me that's true, but the facts and the evidence tell me it is not."
7. Lisa Leopold, *The Conversation,* February 8, 2019, https://theconversation.com/how-to-say-im-sorry-whether-youve-appeared-ina-racist-photo-harassed-women-or-just-plain-screwed-up-107678.
8. Daniel Yankelovich and Isabella Furth, "The Role of Colleges in an Era of Mistrust," *Chronicle of Higher Education* (September 16, 2005): B8–B11.
9. Posted on the website of an advocacy group called Sorry Works!, a coalition of physicians, hospital administrators, insurers, patients, and others concerned with the

medical-malpractice crisis. See also Katherine Mangan, "Acting Sick," *Chronicle of Higher Education* (September 15, 2006), and Robbennolt, "Apologies and Settlement Levers."

10. Atul Gawande, *Being Mortal* (New York: Henry Holt, 2014). See also "The Problem of Hubris," the third of his fourth 2014 Reith lectures recorded on BBC4: http://www.bbc.co.uk/programmes/articles/6F2X8TpsxrJpnsq82hggHW/dr-atul-gawande-2014-reithlectures.

11. Richard A. Friedman, "Learning Words They Rarely Teach in Medical School: 'I'm Sorry,'" *New York Times,* July 26, 2005.

12. Warren G. Bennis and Burt Nanus, *Leaders: Strategies for Taking Charge,* rev. ed. (New York: HarperCollins, 1995), 70.

13. Atul Gawande, *The Checklist Manifesto: How to Get Things Right* (New York: Henry Holt, 2009).

14. *Harmful Error: Investigating America's Local Prosecutors,* Center for Public Integrity (Summer 2003), http://www.publicintegrity.org.

15. Meytal Nasie et al., "Overcoming the Barrier of Narrative Adherence in Conflicts Through Awareness of the Psychological Bias of Naïve Realism," *Personality and Social Psychology Bulletin* 40 (2014): 1543–56.

16. Quoted in Dennis Prager's *Ultimate Issues* (Summer 1985): 11.

17. Joe Coscarelli, "Michael Jackson Fans Are Tenacious. 'Leaving Neverland' Has Them Poised for Battle," *New York Times,* March 4, 2019, https://www.nytimes.com/2019/03/04/arts/music/Michael-jackson-leaving-neverland-fans.html?searchResultPosition=2.

18. Amanda Petrusich, "A Day of Reckoning for Michael Jackson with 'Leaving Neverland,'" *New Yorker,* March 1, 2019.

19. Margo Jefferson, introduction to new edition of *On Michael Jackson* (New York: Penguin, 2019).

20. Anthony Pratkanis and Doug Shadel, *Weapons of Fraud: A Source Book for Fraud Fighters* (Seattle, WA: AARP, 2005).

21. Stigler recalled this story in an obituary for Harold Stevenson, the *Los Angeles Times,* July 22, 2005. For their research, see Harold W. Stevenson and James W. Stigler, *The Learning Gap* (New York: Summit, 1992); and Harold W. Stevenson, Chuansheng Chen, and Shin-ying Lee, "Mathematics Achievement of Chinese, Japanese, and American Schoolchildren: Ten Years Later," *Science* 259 (January 1, 1993): 53–58.

22. Carol S. Dweck, "The Study of Goals in Psychology," *Psychological Science* 3 (1992): 165–67; Claudia M. Mueller and Carol S. Dweck, "Praise for Intelligence Can Undermine Children's Motivation and Performance," *Journal of Personality*

and Social Psychology 75 (1998): 33–52.

23. Hampton Stevens has also made this point. "The idea that Fitzgerald, of all people, didn't believe Americans could reinvent themselves is a like thinking Tolstoy didn't believe in snow," he wrote. See "Why Tiger Woods Isn't Getting a 'Second Act,'" *Atlantic,* April 2010.

24. Laura A. King and Joshua A. Hicks, "Whatever Happened to 'What Might Have Been'? Regrets, Happiness, and Maturity," *American Psychologist* 62 (2007): 625–36.

25. Matt Richtel, "A Texting Driver's Education," *New York Times,* September 13, 2014. Richtel is also the author of *A Deadly Wandering: A Tale of Tragedy and Redemption in the Age of Attention* (New York: William Morrow, 2014). As of 2019, Reggie Shaw's website still lists his lectures, volunteering, and other work to promote driving safety.

26. Eric Fair, "I Can't Be Forgiven for Abu Ghraib," *New York Times,* December 10, 2014.

27. Tina Nguyen, "Fox's Andrea Tantaros Dismisses Torture Report Because 'America Is Awesome,'" December 9, 2014, http://www.mediaite.com/tv/foxs-andrea-tantaros-dismisses-torture-report-because-america-is-awesome/.

28. Quoted in Charles Baxter, "Dysfunctional Narratives, or: 'Mistakes Were Made,'" in *Burning Down the House: Essays on Fiction* (Saint Paul, MN: Graywolf Press, 1997), 5. There is some dispute about the second sentence of Lee's remarks but not about his assuming responsibility for the disastrous results of his military decisions.

29. Daniel Bolger, "Why We Lost in Iraq and Afghanistan," *Harper's,* September 2014, 63–65.

30. Eisenhower's handwritten document is available at http://www.archives.gov/education/lessons/d-day. See also Michael Korda, *Ike:An American Hero* (New York: HarperCollins, 2007). On the *Charlie Rose* show on November 16, 2007, Korda said of Eisenhower: "When things went right, he praised his subordinates and made sure they got the praise; and when things went wrong, he took the blame. Not many presidents have done that, and very few generals."

Chapter 9　衝突、民主與政治煽動者

1. David I. Kertzer, *The Pope and Mussolini: The Secret History of Pius XI and the Rise of Fascism in Europe* (New York: Random House,2014).
2. Ibid., 29.
3. Ibid., 56.
4. Peter Eisner, *The Pope's Last Crusade: How an American Jesuit Helped Pope Pius*

XI's Campaign to Stop Hitler (New York: William Morrow, 2013), 51.

5. https://www.nbcnews.com/think/opinion/trump-s-presidency–was-made-possible-historical-demagogues-joe-mccarthy-ncna817981.

6. Peter Baker and Michael D. Shear, "El Paso Shooting Suspect's Manifesto Echoes Trump's Language," *New York Times,* August 4, 2019. Other reporters and organizations have been keeping track of the "Trump supporters, fans, and sympathizers [who] have beaten, shot, stabbed, run over, and bombed their fellow Americans . . . while aping the president's violent rhetoric"; see https://theintercept.com/2018/10/27/here-is-a-list-of-far-right-attackers-trump-inspired-cesar-sayoc–wasn't-the-first-and-wont-be-the-last/.

7. https://qz.com/1307928/fire-and-fury-author-michael-wolff–breaks-down-donald-trumps-sales-tactics/.

8. Emily Ekins, "The Five Types of Trump Voters: Who They Are and What They Believe," Research Report from the Democracy Fund Voter Study Group, Pew Research Center, June 19, 2017.

9. https://www.washingtonpost.com/opinions/ari-fleischer-heres-how-i-figured-out-whom-to-vote-for/2016/11/04/7bcee1ec-a1fd-11e6-8d63-3e0a660f1f04story.html?utm_term=.1a26e9d00616. See also Isaac Chotiner, "Ari Fleischer on Why Former Republican Critics of Trump Now Embrace Him," *New Yorker,* July 9, 2019.

10. See https://www.businessinsider.com/trump-cruz-feud-history-worst-attacks-2016-9#trump-the-state-of-iowa-should-disqualify-ted–cruzfrom-the-most-recent-election-on-the-basis-that-he-cheated-a-total-fraud-11. Cruz's quote about holding Mussolini's jacket is from Tim Alberta, *American Carnage: On the Front Lines of the Republican Civil War and the Rise of President Trump* (New York: Harper, 2019). See also https://www.washingtonpost.com/politics/new-book-details-how-republican-leaders-learned-to-stop-worrying-and-love-trump/2019/07/10/be75eff8-a27d-11e9-b7b4-95e30869bd15_story.html.

11. Lindsey Graham, CNN interview, December 8, 2015, https://www.mcclatchydc.com/news/politics-government/election/article62680527.html #storylink=cpy.

12. Jonathan Freedland, "Anti-Vaxxers, the Momo Challenge . . . Why Lies Spread Faster Than Facts," *Guardian,* March 8, 2019, https://www.theguardian.com/books/2019/mar/08/anti-vaxxers-the-momo-challenge-why-lies-spread-faster-than-facts?CMP=share_btn_link.

13. Zachary Jonathan Jacobson, "Many Are Worried About the Return of the 'Big Lie.' They're Worried About the Wrong Thing," *Washington Post,* May 21, 2018.

14. Aaron Rupar, "Trump's Bizarre 'Tim/Apple' Tweet Is a Reminder the President Refuses to Own Tiny Mistakes," *Vox,* March 11, 2019.

15. Glenn Kessler, Salvador Rizzo, and Meg Kelly, "President Trump Has Made 15,413 False or Misleading Claims Over 1,055 Days," *Washington Post,* December 16, 2019, https://www.washingtonpost.com/politics/2019/12/16/president-trump-has-made-false-or-misleading-claims-over-days/?smid=nytcore-ios-share.

16. At an infamous July 18, 2019, rally in which he launched into an attack on Omar, his fans began shouting "Send her back!" Trump stood at his podium, passively absorbing their chant for a full thirteen seconds, before moving on. Yet when he was criticized later for not stopping the mob's nasty refrain, he said he "disagreed with it" but there was nothing he could do, so "I started speaking very quickly." The videotape shows that he did not.

17. Justin Baragona, "Fox Business Host Stuart Varney Tells Joe Walsh: Trump Has Never Lied," *Daily Beast,* August 30, 2019.

18. The list of people who had resigned or been fired as of June 2019 can be found at https://www.businessinsider.com/who-has-trump-fired-so-far-james-comey-sean-spicer-michael-flynn-2017-7.

19. See https://qz.com/1267508/all-the-people-close-to-donald-trump-who-called-him-an-idiot/; Annalisa Merelli and Max de Haldevang, "All the Ways Trump's Closest Confidants Insult His Intelligence," *Quartz,* May 2, 2018.

20. From the beginning of Trump's presidency, his mental stability has been called into question, specifically his narcissism and grandiosity, his detachment from reality, his erratic behavior, and his rages. See George T. Conway III, "Unfit for Office," *Atlantic,* October 3, 2019.

21. Anonymous, "I Am Part of the Resistance Inside the Trump Administration," *New York Times,* September 5, 2018.

22. Eric Levitz, "Mueller Report Confirms Trump Runs the White House Like It's the Mafia," *New York,* April 18, 2019. See also Jonathan Chait, "Trump Wants to Ban Flipping Because He Is Almost Literally a Mob Boss," *New York,* August 23, 2018.

23. Kevin Liptak, "Trump Says Longstanding Legal Practice of Flipping 'Almost Ought to Be Illegal,'" CNN, August 23, 2018, https://www.cnn.com/2018/08/23/politics/trump-flipping-outlawed/index.html.

24. Isaac Chotiner, "Ari Fleischer on Why Former Republican Critics of Trump Now Embrace Him," *New Yorker,* July 9, 2019.

25. Lisa Lerer and Elizabeth Dias, "Israel's Alliance with Trump Creates New Tensions Among American Jews," *New York Times,* August 17, 2019, https://www.nytimes.com/2019/08/17/us/politics/trump-israel-jews.html.

26. Peter Wehner, "What I've Gained by Leaving the Republican Party," *Atlantic,* February 6, 2019, https://www.theatlantic.com/ideas/archive/2019/02/i-left-gop-because-trump/581965/.

27. Stephanie Denning, "Why Won't the Trump Administration Admit a Mistake?," *Forbes,* March 17, 2018.

28. Greg Weiner, "The Trump Fallacy," *New York Times*, July 1, 2019.

29. James Comey, "How Trump Co-Opts Leaders Like Barr," *New York Times*, May 1, 2019. Comey tells of his disgust at Barr's "Congratulations, Mr. President" remark.

30. Jamelle Bouie, "The Joy of Hatred," *New York Times,* July 19, 2019, https://www.nytimes.com/2019/07/19/opinion/trump-rally.html.

31. Adam Gopnik, "Europe and America Seventy-Five years after D-Day," *New Yorker,* June 6, 2019. The only thing more alarming than Trump'sassault on the principles and practices of liberal democracy, Gopnik wrote, is "the ease with which his actions have been normalized and treated as eccentricities rather than the affronts to liberal democratic values that, for all their seeming triviality, they are. Principles are built out of many bricks; even the loss of one weakens the whole."

32. Peter Nicholas, "It Makes Us Want to Support Him More," *Atlantic,* July 18, 2019.

33. Julie Hirschfeld Davis and Katie Rogers, "At Trump Rallies, Women See a Hero Protecting Their Way of Life," *New York Times,* November 3, 2018.

34. Ashley Jardina, interview by Chauncey DeVega, *Salon,* July 17, 2019, https://www.salon.com/2019/07/17/author-of-white-identity–politics-we-really-need-to-start-worrying-as-a-country/. See also Ashley Jardina, *White Identity Politics* (Cambridge: Cambridge University Press, 2019).

35. See https://www.theatlantic.com/politics/archive/2019/10/trump-white-evangelical-impeachment/600376/?utm source=atl&utm_medium = email & utm campaign = share.

36. See https://www.minnpost.com/eric-black-ink/2016/06/donald-trump-s-breathtaking-self-admiration/.

37. Hemant Mehta, "Contradicting Herself, Christian Says Morality Is Now Optional for a President," *Friendly Atheist,* July 27, 2019; https://friendlyatheist.patheos.com/2019/07/27/contradicting-herself-christian-says-morality-is-now-optional-for-a-president/?utm source = dlvr .it &utm medium = facebook.

38. Susan B. Glasser, "Mike Pompeo, the Secretary of Trump," *New Yorker,* August 26, 2019. On March 21, 2019, Pompeo was interviewed on the Christian Broadcasting Network, where he was reminded of Esther's role in persuading the Persian king not to follow Haman's evil plan to eradicate the Jews. "Could it be that President Trump right now has been sort of raised for such a time as this, just like Queen Esther, to help save the Jewish people from the Iranian menace?" "As a Christian, I certainly believe that's possible," replied Pompeo. See https://www.washingtonpost.com/opinions/this-is-trumps-year-of-living-biblically/2019/03/27/e3d00802-50c9-11e9-8d28-f5149e5a2fda_story.html.

39. https://beta.washingtonpost.com/politics/trump-uttered-what–many-supporters-consider-blasphemy-heres-why-most-will-probably-forgive-him/2019/09/13/685 c0bce-d64f-11e9-9343-40db57cf6abd_story.html.

40. Allen and Reed both quoted in Tom McCarthy, "Faith and Freedoms: Why Evangelicals Profess Unwavering Love for Trump," *Guardian,* July 7, 2019; https://www.theguardian.com/us-news/2019/jul/07/donald-trump-evangelical-supporters ?CMP = share_btn_link

41. Max Boot, *The Corrosion of Conservatism: Why I Left the Right* (New York: Norton, 2018), xxi, 58.

42. Wehner, "What I've Gained by Leaving the Republican Party." What did he gain? "I'm more willing to listen to those I once thought didn't have much to teach me" — a dissonance lesson for all of us.

43. Ben Howe, *The Immoral Majority: Why Evangelicals Chose Political Power Over Christian Values* (New York: Broadside, 2019), 170.

44. Laurie Goodstein, " 'This Is Not of God': When Anti-Trump Evangelicals Confront Their Brethren," *New York Times,* May 23, 2018.

45. Maria Caffrey, "I'm a Scientist. Under Trump I Lost My Job for Refusing to Hide Climate Crisis Facts," *Guardian,* July 25, 2019.

46. Chuck Park, "I Can No Longer Justify Being a Part of Trump's 'Complacent State.' So I'm Resigning," *Washington Post,* August 8, 2019; Bethany Milton, *New York Times,* August 26, 2019, wrote a similar piece explaining her resignation from the State Department.

47. Sharon La Franiere, Nicholas Fandos, and Andrew E. Kramer, "Ukraine Envoy Says She Was Told Trump Wanted Her Out Over Lack of Trust," *New York Times,* October 11, 2019.

48. David Remnick, "Trump Clarification Syndrome," *New Yorker,* August 23, 2019.

49. Jim Mattis and Bing West, *Call Sign Chaos: Learning to Lead* (New York: Random House, 2019).

錯不在我

Mistakes Were Made (but Not by Me) Third Edition: Why We Justify Foolish
Beliefs, Bad Decisions, and Hurtful Acts

作　　者　卡蘿・塔芙瑞斯（Carol Tavris）、艾略特・亞隆森（Elliot Aronson）
譯　　者　溫澤元
主　　編　呂佳昀（二版）、林玟萱（初版）

總 編 輯　李映慧
執 行 長　陳旭華（steve@bookrep.com.tw）

出　　版　大牌出版 / 遠足文化事業股份有限公司
發　　行　遠足文化事業股份有限公司（讀書共和國出版集團）
地　　址　23141 新北市新店區民權路 108-2 號 9 樓
電　　話　+886- 2- 2218-1417
郵撥帳號　19504465 遠足文化事業股份有限公司

封面設計　許晉維
排　　版　新鑫電腦排版工作室
印　　製　通南彩色印刷有限公司
法律顧問　華洋法律事務所　蘇文生律師

定　　價　580 元
初　　版　2021 年 7 月
二　　版　2023 年 9 月
有著作權　侵害必究（缺頁或破損請寄回更換）
本書僅代表作者言論，不代表本公司／出版集團之立場與意見

電子書 E-ISBN
9786267305737 (EPUB)
9786267305720 (PDF)

國家圖書館出版品預行編目資料

錯不在我 / 卡蘿・塔芙瑞斯 (Carol Tavris), 艾略特・亞隆森 (Elliot
Aronson) 著；溫澤元 譯 . -- 二版 . -- 新北市：大牌出版；遠足文化發行，
2023.09
432 面；14.8×21 公分
譯自：Mistakes were made (but not by me) third edition : why we justify foolish
　　　beliefs, bad decisions, and hurtful acts
ISBN 978-626-7305-75-1 (平裝)

1. CST: 認知心理學　2. CST: 欺騙

176.3   112011540